Ulrich Schiel
Com participação de Raul Sidnei Wazlawick

Elementos de Sistemas de Informação e Bancos de Dados

Ulrich Schiel
Com participação de Raul Sidnei Wazlawick

Elementos de Sistemas de Informação e Bancos de Dados

EDITORA CIÊNCIA MODERNA

Elementos de Sistemas de Informação e Bancos de Dados

Editor: Paulo André P. Marques
Produção Editorial: Dilene Sandes Pessanha
Capa: Daniel Jara
Diagramação: Daniel Jara
Copidesque: Equipe Ciência Moderna

FICHA CATALOGRAFICA

SCHIEL, Ulrich.

Elementos de Sistemas de Informação e Bancos de Dados

Rio de Janeiro: Editora Ciência Moderna Ltda., 2021.

1. Informática
I — Título

ISBN: 978-85-399-1086-1 CDD 001.642

Editora Ciência Moderna Ltda.
R. Alice Figueiredo, 46 – Riachuelo
Rio de Janeiro, RJ – Brasil CEP: 20.950-150
Tel: (21) 2201-6662/ Fax: (21) 2201-6896
E-MAIL: LCM@LCM.COM.BR
WWW.LCM.COM.BR **03/21**

PREFÁCIO

Este livro é uma introdução aos principais conceitos de sistemas de informação e de bancos de dados. É dada ênfase na problemática de detectar e representar fenômenos e ocorrências do 'mundo real' no computador para facilitar a solução de problemas inerentes. Dado a diversidade de aplicações para as quais é viável a utilização do computador, estas terão que ser delimitadas adequadamente para se procurar a solução computadorizada. Em outras palavras, existe uma diversidade significativa de sistemas de informação e cada tipo de sistema terá uma demanda específica para a solução de seus problemas. Os bancos de dados aparecem como a solução de representação dos dados, adequada para estes tipos de sistemas.

Segue-se uma abordagem *top-down*, ou seja, parte-se dos conceitos associados aos sistemas de informação, para então descrever sua 'implantação' no computador na forma de um banco de dados. Na primeira parte são discutidos os principais tipos de sistemas de informação e introduzidos os componentes e elementos componentes de um sistema, sem considerar um modelo de dados específico mais ou menos popular no momento. Assim, o tripé de qualquer sistema de informação: *estrutura, controle* e *comportamento,* pode ser explorado em toda sua importância. Na segunda parte, dedicada aos bancos de dados que irão dar suporte ao sistema, o leitor é familiarizado com os diversos tipos de estruturas de dados que podem dar suporte a um sistema de informação. Entre estas duas partes, será discutido o processo de desenvolvimento de sistemas de informação e a criação das estruturas e operações necessárias para a implantação do sistema.

Espera-se atender ao princípio básico de uma boa modelagem de um sistema, o princípio ***Tudo-e-Somente-Tudo***: Um Sistema de Informação Computadorizado deve conseguir fazer tudo o que se espera dele, e evitar tudo que não é permitido que ele faça.

Como linguagem visual para ilustrar os conceitos, utilizamos a linguagem UML, que é suficientemente rica para ilustrar a maioria dos conceitos definidos. Para o leitor não familiarizado com esta linguagem, o texto poderá servir como boa introdução a seus principais elementos. Uma exceção ocorre no capítulo sobre o comportamento de um sistema, em que lançamos mão das Redes de Petri de alto nível, por considerarmos UML menos adequada para descrever, de forma integrada, o comportamento global de um sistema.

Com a abordagem *top-down* de apresentação dos assuntos, espera-se conseguir uma maior naturalidade na introdução dos conceitos, em proveito também dos leitores menos familiarizados com detalhes técnicos da computação.

O texto se baseia em notas da disciplina com o mesmo nome, ministrada no curso de Mestrado em Informática da Universidade Federal de Campina Grande, assim como em alguns cursos de especialização em Informática, oferecidos em Salvador, Natal, Maceió e Aracaju. Apesar de não pressupor nenhum conhecimento prévio explícito, uma certa familiaridade com formalismos lógicos e conhecimentos de bancos de dados, serão úteis na compreensão de alguns dos assuntos apresentados.

Além de não faltarem os conceitos já conhecidos da maioria dos livros sobre bancos de dados, como o modelo relacional, a normalização e as linguagens de bancos de dados, damos uma ênfase grande aos elementos da modelagem conceitual da aplicação e introduzimos todos os principais conceitos dos modelos semânticos de dados. Alguns tópicos, que também consideramos importantes e que infelizmente não tiveram muita consideração nem em livros de bancos de dados nem em livros de sistemas de informação, são considerados. São eles:

- A proposta ANSI/SPARC sobre a descrição de um Sistema de Bancos de Dados em duas dimensões: *ponto-de-vista* e *intenção/extensão*;
- A noção de *Redes de Petri* para a modelagem comportamental de um sistema complexo;
- Discussão do processo de desenvolvimento de sistemas, em particular, aplicado ao desenvolvimento de sistemas de informação.
- A utilização sistemática da linguagem de modelagem UML, incluindo OCL, para descrever a estrutura, a integridade e o comportamento de sistemas de informação.

Também a orientação a objetos recebeu a devida consideração tanto na parte dos modelos de dados como na metodologia de projeto de sistemas de informação.

Além das características consagradas de sistemas de informação e dos bancos de dados, as novas opções para esses sistemas obtidas pela imensa rede de informações disponíveis na internet, denominada *Web*, são levadas em consideração. Tanto as linguagens para os dados existentes na web (seção 9.9), os serviços disponíveis (seção 2.3.5) e a integração de bancos de dados convencionais na web (seção 8.3) são descritos. Os bancos de dados não convencionais, denominados Bancos de Dados NoSQL são tratados na seção 7.7.

No capítulo introdutório (Cap. 1) fazemos uma caracterização do conceito de banco de dados através de duas perspectivas ortogonais: primeiro, damos uma visão histórica dos sistemas de informação na forma de gerações, começando nos sistemas convencionais de processamento de dados e indo até os sistemas de inteligência criativa. Mostramos as características de cada geração e os motivos que levaram ao surgimento da próxima. A seguir, partimos do conceito geral de *sistema*, damos uma taxonomia de tipos de sistemas, para então chegar aos sistemas de informação e sistemas de bancos de dados.

A arquitetura geral dos sistemas de informação e as especificidades dos diversos tipos de sistemas de informação são detalhadas no capítulo 2.

Os capítulos 3, 4 e 5 descrevem detalhadamente os elementos para se modelar a estrutura, a integridade e o comportamento de um sistema de informação.

Após tomar conhecimento com os principais elementos de um sistema de informação, o capítulo 6 discute a metodologia de desenvolvimento de um sistema, destacando, no domínio da engenharia de software, as particularidades para a criação de um sistema de informação.

A segunda parte, que fala sobre bancos de dados, começa no capítulo 7 introduzindo os modelos de dados para a estrutura, comportamento e integridade de um banco de dados. Em seguida, no capítulo 8, são mostradas as diversas arquiteturas de um banco de dados, destacando as diferenças entre uma organização centralizada ou distribuída dos dados. Também são considerados bancos de dados na Web.

Com os modelos e a arquitetura definidos passamos, no capítulo 9, à apresentação das principais linguagens de bancos de dados, tanto os relacionais como os orientados a objetos. Além de SQL, OQL, ODL e OCL também são mostradas as linguagens formais mais conhecidas e as linguagens para sistemas na Web, XQuery e SPARQL.

O livro é encerrado com uma discussão detalhada dos possíveis tipos de dados que podem vir a ser processados por um sistema de informação. Este capítulo 10 pode ser utilizado como referencial de tipos de dados utilizados nos diversos tipos de sistemas de informação e poderá, conforme a necessidade, ser consultado como detalhamento dos tipos de dados de um sistema específico.

O que está fora do escopo deste livro são os detalhes sobre a implementação de um Sistema de Gerência de Bancos de Dados (SGBD). São as questões sobre as estruturas de armazenamento dos dados, o processamento de consultas, o processamento de transações e seu controle de concorrência. Estas informações podem ser encontradas na maioria dos livros clássicos sobre Sistemas de Bancos de Dados. Também da parte do Sistemas de Informação, alguns assuntos ficaram de fora, como aspectos gerencias e de planejamento.

Optamos por evitar referências bibliográficas durante a apresentação dos assuntos, colocando um parágrafo especial no final de cada capítulo para discutir as principais referências sobre o assunto tratado nele. A maioria dos capítulos é encerrada por uma série de exercícios. Os Apêndices I e II ilustram a criação de duas de aplicações, a partir do modelo conceitual até o banco de dados relacional. O exemplo do sistema de biblioteca (Apêndice I) é utilizado como guia durante a maior parte do livro.

A ilustração da parte I, sobre Sistemas de Informação, é um Kolam da Índia, cujos pontos simbolizam as tarefas da vida e as linhas são a viagem da vida. Já a parte II, sobre Bancos de Dados, é ilustrada por um Quipo dos Incas, que era um meio de registrar dados contábeis a serem enviados a outro local.

Parte do material deste livro foi utilizado na disciplina 'Modelos de Dados' do Mestrado em Informática, depois como 'Bancos de Dados', da Pós-Graduação em Ciência a Computação, da Unversidade Federal de Campina Grande. Queremos agradecer aos alunos destas disciplinas pelas discussões e sugestões.

Ao professor Valdemar Setzer um agradecimento especial pela leitura de boa parte do livro, sugestões sobre o texo e, principalmente, pela análise crítica dos conceitos expostos. Contribuiram para melhorar e relativizar melhor a colocação dos conceitos. O professor Cláudio Baptista também ajudou na revisão de uma parte do livro.

O professor Raul Waslawick revisou o texto completo e me ajudou a evitar vários equívocos.

Um muito obrigado especial à revisora de Editora Ciência Moderna pelo trabalho minucioso de revisão de todo o texto, eliminando inúmeros erros de escrita e outros de compreensão.

Como este livro está em sua primeira edição, convido o leitor a fazer uma leitura crítica do seu conteúdo, me informando sobre todos os erros, omissões e falhas que ele certamente contém, para serem aproveitados em uma possível próxima edição.

Sumário

Capítulo 1

Parte I
Sistemas de Informação

Capítulo 2

Capítulo 3

Capítulo 4

Capítulo 5

Capítulo 6

(Por Raul Sidnei Waslawick)

Parte II
Bancos de dados

Capítulo 7

Capítulo 8

Capítulo 9

Capítulo 10

Apêndice 1

Apêndice 2

Apêndice 3

Capítulo 1

INTRODUÇÃO

Apresentamos neste capítulo uma caracterização dos conceitos de banco de dados e sistema de informação por dois caminhos ortogonais. Primeiro, analisamos a evolução histórica do conceito de banco de dados, identificando cinco gerações distintas. Elas abrangem desde o processamento convencional de arquivos até os sistemas evolutivos.

Após um histórico da evolução do conceito de banco de dados na seção 1.1 caracterizamos um sistema de informação e um sistema de banco de dados partindo do conceito geral de sistemas e da discussão sobre os diversos tipos de sistemas na seção 1.2. Conseguimos assim, detectar a fronteira entre sistemas de informação e outros sistemas correlatos, como sistemas especialistas, sistemas de recuperação de informação etc. e localizar os sistemas de gerência de bancos de dados como parte dos sistemas de informação computadorizados (SICs).

1.1. Histórico – Gerações de Bancos de Dados

Faremos um pequeno retrospectivo da evolução das formas de armazenamento dos dados em um sistema de informação. Apesar de sua curta história, como toda a computação eletrônica, podem ser distinguidas nitidamente cinco gerações de sistemas de bancos de dados. Passaremos a descrever as características de cada geração, e os problemas relacionados a ela que motivaram o surgimento da seguinte.

Antes de descrevê-las, cabe definir bem quais são as aplicações que seriam potenciais candidatas ao uso de um banco de dados e, portanto, se enquadrariam nas aplicações de interesse desta nossa análise. Seriam as aplicações chamadas por vezes de dado-intensivas, isto é, se caracterizam por um uso intensivo de grandes massas de dados. Por outro lado, existem aplicações algoritmo-intensivas, nas quais a complexidade maior reside nos algoritmos de processamento e não nos dados a serem processados.

Nas aplicações dado-intensivas a forma de armazenamento e recuperação dos dados pode ser decisiva para a qualidade do sistema.

1ª Geração: Processamento de Dados em Arquivos Independentes

Esta pode ser considerada praticamente a pré-história dos bancos de dados, pois refere-se ao tempo em que estes não existiam. Em sistemas de computação que exigiam um uso intensivo de dados, cada funcionalidade era processada por um programa independente, com seus arquivos próprios. O elo entre um programa e outro era o uso conjunto de um mesmo arquivo, talvez gerado por um e lido pelo outro programa. E, vice-versa, a única conexão entre arquivos era a utilização de dois arquivos pelo mesmo programa, sendo que a criação de um deles poderia depender dos dados contidos no outro.

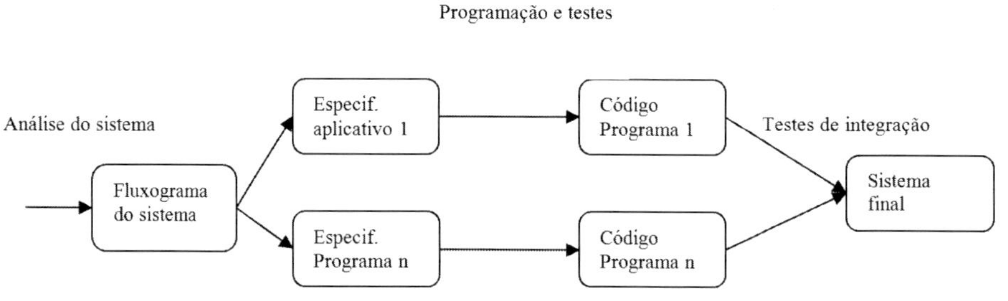

Figura 1.1. Projeto de sistemas de 1ª geração

O desenvolvimento de um sistema de 1ª geração está ilustrado na figura 1.1. A análise global do sistema gera o fluxograma do sistema e a descrição de cada programa. Cada descrição de um programa é entregue a um programador, que desenvolve o respectivo programa. Encerrada a fase de programação, são efetuados os testes de integração e então o sistema estará operacional.

Note-se que, apesar desta geração ser considerada como pré-histórica aqui, um grande número de aplicações dado-intensivas atuais não usa bancos de dados. Isto se justifica por 4 motivos:

1. Muitas aplicações não necessitam de bancos de dados pois os dados necessários, apesar de possivelmente serem abundantes, são de uma estrutura simples, podendo ser armazenados em um único arquivo ou em vários arquivos, sem que haja uma conexão lógica entre eles. Um caso típico é o processamento das apostas de uma loteria.
2. Muitos usuários não possuem *software* gerenciador de bancos de dados, a ser definido na 2ª geração.
3. Existe um certo receio em passar de um sistema convencional para um sistema de banco de dados, pois fica a impressão de se perder o controle sobre os dados ou receia-se que certos programas se tornem menos eficientes.
4. Novas aplicações como as de *big data* requerem um sistema específico, pois os princípios básicos dos bancos de dados não são adequados.

Sobre o terceiro motivo, vale dizer que a 'perda de controle' pelo programador é realmente um dos objetivos de um banco de dados. A maior parte deste controle deverá ficar a cargo do sistema de gerência dos dados, que é muito mais seguro que um controle humano, que produz uma coleção dispersa de programas aplicativos. Uma queda de eficiência em certas aplicações poderá realmente ocorrer, mas deverá ser recompensada por possíveis acréscimos de eficiência em outras aplicações, e pela extrema facilidade de se desenvolver novas aplicações a partir de um banco de dados existente.

O primeiro motivo acima justifica a sobrevivência dos sistemas convencionais ao lado dos sistemas de 2ª, 3ª e 4ª geração, a serem apresentados a seguir.

Na Figura 1.2 mostramos o exemplo de um pequeno sistema de folha de pagamento de uma empresa. O programa `Cadastrar` registra novos empregados e `Atualizar` atualiza informações de cargos e salários. Dados da frequência de trabalho determinam as horas trabalhadas e, no final do mês um programa prepara os vencimentos baseados nas horas trabalhadas e nos respectivos salários. `Emitir folha` associa os vencimentos com os dados dos empregados para gerar a folha de pagamento.

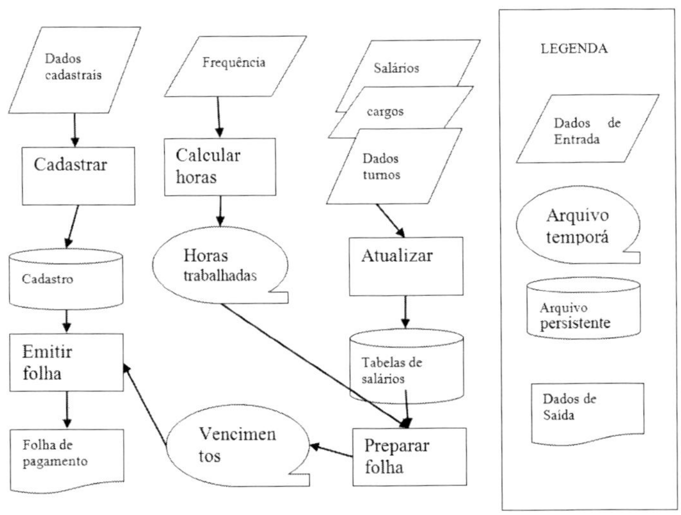

Figura 1.2. Exemplo de um Sistema de 1ª Geração

2ª Geração: Processamento de Dados em Arquivos Integrados

Para aplicações típicas de bancos de dados, ou seja, aplicações que necessitam de uma utilização intensiva de dados em diversas estruturas, as técnicas de 1ª geração mostraram-se incapazes de gerar soluções satisfatórias. Os principais problemas surgidos foram os seguintes:

1. **Redundância**. Como os dados são estruturados para servirem a um programa específico, o uso dos mesmos por diversos programas gera a necessidade de os repetir diversas vezes em arquivos diferentes. Isto pode aumentar consideravelmente o volume total de dados armazenados para um sistema. A redundância em si pode até ser benéfica por uma questão de eficiência (rapidez no processamento), principalmente em sistemas distribuídos (sistemas com partes em vários computadores) mas, nesse caso, é necessário um software que gerencia essa redundância, para evitar inconsistências.
2. **Inconsistência**. Em consequência da necessidade de repetir os mesmos dados em diversos arquivos, manipulados por programas distintos, há um grande risco de ser feita uma alteração em um arquivo e não nas duplicatas, tornando os dados inconsistentes. Em um banco de dados, mesmo havendo dados repetidos, o sistema de gerência pode evitar inconsistências, assim como pode garantir regras de consistência a serem observadas entre diversos itens armazenados no sistema, independente de programas aplicativos específicos. Essas regras são globais e transcendem o escopo de um programa, e só podem ser asseguradas se os arquivos forem integrados.
3. Impossibilidade de **uso aleatório** dos dados por um não programador. Nos sistemas convencionais (de 1ª geração), a única maneira de fazer uso dos dados armazenados, é dominar a linguagem de programação que gerou o respectivo arquivo, codificar, compilar e executar um programa na respectiva linguagem, gerando os resultados desejados. A integração dos dados com o software básico de acesso aos mesmos, facilita o desenvolvimento de sistemas de apoio ao usuário esporádico, que somente deseja fazer uma consulta a certos dados, gerar algumas estatísticas ou resumos.

4. Anomalias de **acesso concorrente:** Se dois usuários, por meio de dois programas, necessitam acessar o mesmo dado, existem duas possibilidades: Um recebe o arquivo correspondente que contém o dado e o outro só pode processá-lo após o término do primeiro; ou cada programa acessa o mesmo dado em um arquivo diferente. Isto poderá produzir inconsistências ou anomalias no sentido de um programa acessar um dado que pode ter sido modificado pelo outro, sem que este tenha conhecimento desse fato.

Para solucionar esses problemas surgiram os primeiros sistemas chamados Sistemas de Gerenciamento de Bancos de Dados (SGBDs). São formados por uma coleção de arquivos interligados física ou logicamente, e toda a manipulação dos arquivos fica a cargo de um *software* básico, que é parte integrante do sistema e é independente dos programas que processam os dados.

A arquitetura básica do desenvolvimento de um sistema de 2ª geração está na figura 1.3. Vê-se que as estruturas dos arquivos (o BD) é independente do projeto dos programas aplicativos, que só são iniciados após a definição integral do banco de dados.

Todos os programas compartilham uma única coleção de 'arquivos' entre si, formando um arquivo integrado que é o banco de dados. Na figura 1.4 é mostrada a mesma aplicação da figura 1.2, mas agora como sistema de 2ª geração. Note-se que todos os arquivos temporários e persistentes foram substituídos por um único arquivo integrado.

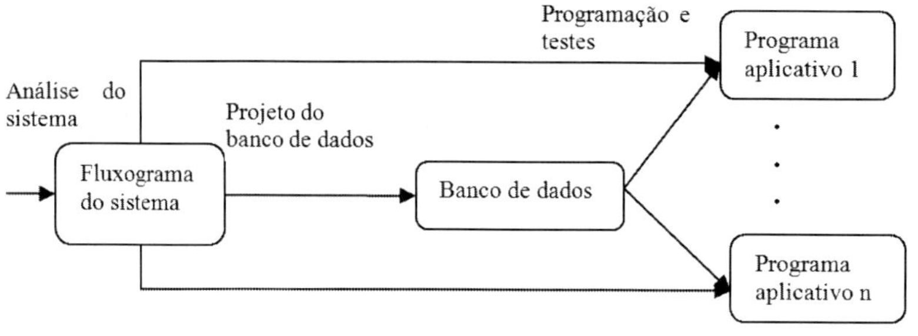

Figura 1.3. Projeto de sistemas de 2ª geração

Um banco de dados é controlado por um sistema especial, chamado de **Sistema de Gerenciamento de Banco de Dados (SGBD)**, que coordena o acesso dos diversos programas que processam os dados do banco de dados. O SGBD assume diversas tarefas que antes estavam dispersas nestes programas. As principais tarefas são:

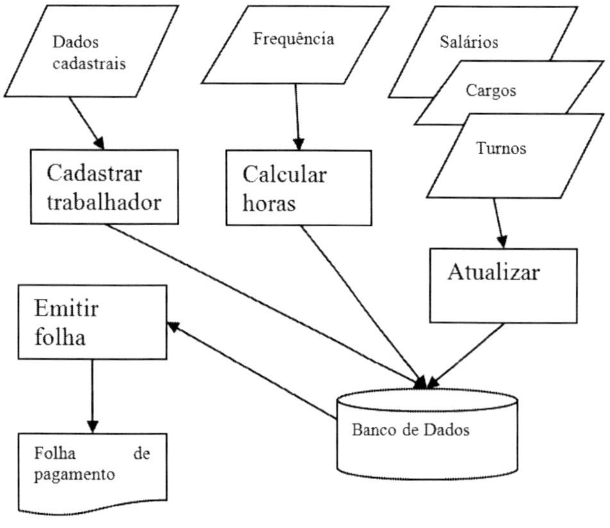

Figura 1.4. Sistema de 2ª Geração

- **Independência dos dados**: a estruturação e manutenção dos dados não depende de uma aplicação específica. Estas podem, se necessário receber uma visão específica do banco de dados, adequado a suas necessidades.
- **Controle de consistência:** como os dados não estão mais sob controle dos programas, o sistema terá que assumir a tarefa de tentar evitar inconsistências entre os dados do banco. Para tal, poderá haver a necessidade de uma linguagem especial, chamada de Linguagem de Controle dos Dados (LCD), na qual as regras de consistência serão especificadas durante o projeto do sistema.

- **Segurança dos dados**: o sistema deverá cuidar para que os dados só possam ser utilizados pelos usuários autorizados, e cada um com sua autorização específica do que pode fazer com os dados.
- **Tolerância a falhas**: deve ser previsto que a qualquer hora pode ocorrer uma queda parcial ou total do sistema sem que os dados se percam. Para isso é necessário um 'sistema de recuperação', que permite recompor um sistema interrompido em um estado consistente.
- **Eficiência**: Como um banco de dados aglomera dados de diversas aplicações, podem surgir problemas de desempenho. Terão de haver diversas alternativas de organizar o banco de dados, para poder-se optar pela forma que aumenta a eficiência das aplicações críticas.
- **Acesso aleatório**: a possibilidade de acesso ao banco de dados independente de um programa deve ser controlada pelo SGBD. Ele pode oferecer uma linguagem amigável de consulta aos dados, que pode usar uma interface visual de interação entre o usuário e o banco de dados.
- **Estatísticas** de uso dos dados, possibilitando uma organização mais eficiente dos dados.

3ª. Geração: Processamento da Informação

Os sistemas de 2ª geração resolveram o problema de uma utilização mais racional e segura dos dados de um sistema computacional. Com isso, tornou-se possível transferir toda a manutenção da consistência dos dados entre si para um ambiente único, o Sistema de Gerência do Banco de Dados independente dos programas que processam os dados.

Um nível mais alto de consistência é a consistência dos dados com a parte do mundo real que está sendo modelada e processada, chamada de **Universo do Discurso**. Em outras palavras, os dados não devem estar somente consistentes entre si, o que um sistema de controle pode verificar até certo ponto, mas devem sempre tentar refletir a situação real da aplicação. Isso é uma questão de uma boa modelagem da aplicação. Quanto mais 'parecido' o modelo for com o Universo do Discurso, maior é a possibilidade de a consistência poder ser mantida, pois neste mundo não há redundâncias. Por exemplo, uma pessoa, com todos seus atributos, é única.

Para este tipo de consistência, os modelos de dados de 2ª geração apresentam certos problemas. Eles foram concebidos para possibilitar a integração de arquivos de ou fornecer uma fundamentação matemática do conceito de banco de dados e não se preocupam tanto com a necessidade de conseguir descrever da forma mais completa possível a aplicação. Com isto, utilizam conceitos como item, registro, normalização, chave primária etc., termos que são estranhos ao modelo de uma aplicação real. Por outro lado, existem estruturas naturais, como a relação entre um livro e os principais termos contidos nele, que ocorrem com grande frequência, mas são modeladas com dificuldades e com o uso de artifícios.

Esta orientação dos modelos, mais para o computador do que para mundo externo, tem duas consequências indesejáveis:

1. Dificuldade de representar no banco de dados certas estruturas naturais à aplicação, e consequentes restrições na utilidade do banco de dados.

2. Em consequência dos artifícios ou das simplificações usadas para representar os dados, o sistema permite operações totalmente absurdas e inconsistentes com a aplicação. Em outras palavras, o banco de dados não

consegue captar com precisão as restrições estruturais inerentes à aplicação.

Esta diferença entre o mundo externo, ou Universo do Discurso, e o mundo representado no computador em um banco de dados, foi denominado de ***gap*-semântico.**

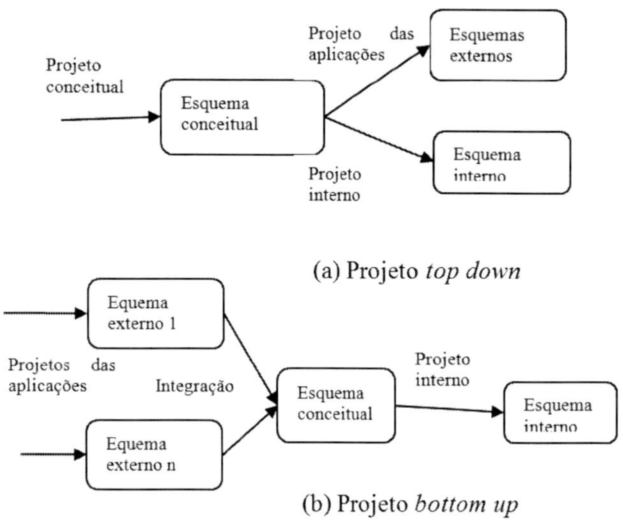

Fig. 1.5. Projeto de sistemas de 3ª geração

Com a finalidade de eliminar ou, pelo menos, reduzir estes problemas, apareceram os chamados modelos 'semânticos' de dados, que levaram aos sistemas de 3ª geração. O objetivo principal destes modelos é descrever o significado dos dados a serem processados no sistema, evitando assim processamentos inválidos devidos a interpretações errôneas do seu significado. Assim, numa primeira fase, tentam captar o máximo da semântica do sistema de informação, sem se preocupar com problemas de armazenamento e processamento das informações no computador. Numa segunda etapa, um especialista em bancos de dados resolverá o problema de como converter este modelo externo para um interno que possibilite armazenar e processar as informações. Um dos trabalhos pioneiros nesta área chamou estes dois níveis de modelo Infológico e modelo Datalógico, respectivamente [Su-74]. Atualmente, segue-se a proposta de uma seção da sociedade americana de normas ANSI/SPARC [ANSI-78, ANSI-86], que divide a descrição de um sistema de informação em três níveis:

1. **Nível externo**: modelagem da semântica de cada subaplicação que compõe o sistema. É neste nível que o usuário final interage com o sistema.
2. **Nível conceitual**: modelagem integrada do sistema como um todo por uma linguagem abstrata que descreve os principais elementos que compõem a aplicação.
3. **Nível interno**: descrição das estruturas lógicas e físicas de armazenamento dos dados e das operações sobre eles.

O projeto de um sistema de 3ª geração pode ser desenvolvido de duas maneiras: (1) começando pelo nível conceitual, para depois derivar os níveis externo e interno (figura 1.5a) ou (2) descrevendo primeiro todas as aplicações no nível externo, integrá-las para gerar o nível conceitual para, finalmente, derivar as estruturas de nível interno (figura 1.5b).

4ª. Geração: Processamento Ampliado

Com a terceira geração todos os problemas parecem resolvidos. A segunda definiu uma estrutura mais adequada dos dados da aplicação, criando os bancos de dados. A terceira, por sua vez, considerou o 'mundo' a ser modelado, criando uma linguagem mais abstrata, mas não menos precisa, para descrever este mundo, independentemente de uma particular implementação. Com isto, um bom sistema fica bem modelado pelo esquema conceitual (abstrato), e bem implementado pelo esquema interno do banco de dados (concreto).

Neste sentido, não há mais o que fazer. Mas, para que a pesquisa em bancos de dados não pare, e se faça uma evolução que ainda é possível, deve-se ampliar os tipos de Universos do Discurso, considerando novos tipos de sistemas de informação a serem processados pelo banco de dados. Em outras palavras, a evolução da própria informática fez com que os sistemas de informação fossem estendidos para domínios não imaginados anteriormente.

Por isso, demos a essa geração o nome de *processamento ampliado*, sendo que esta ampliação pode ocorrer nos mais diversos sentidos. De uma forma geral costuma-se denominar os sistemas dessa geração de **Bancos de Dados Avançados**, enquanto os BDs de terceira geração podem ser chamados de **Bancos de Dados Convencionais**.

A limitação dos bancos de dados convencionais é devida à própria definição e caracterização do que seja um banco de dados. Destacamos essa caracterização na forma de três paradigmas:

1. **Paradigma dos Dados**: os dados de um banco de dados são bem formatados (de um tipo predefinido); são explícitos (todas as informações válidas estão armazenadas no banco); são precisos (não existem informações vagas ou incompletas); e são atuais (toda informação armazenada é atual).

2. **Paradigma dos Bancos de Dados:** todos os dados estão centralizados em um BD; os dados armazenados são independentes de aplicações específicas e o BD é universal (os dados são válidos em qualquer circunstância).

3. **Paradigma dos Sistemas de Gerenciamento de Bancos de Dados:** o SGBD é um sistema aberto (toda ação sobre ele vem de fora); é um sistema passivo (sem estímulo externo não acontece nada); e determinístico (toda consulta ou operação de alteração tem um resultado preciso). Essas características sistêmicas serão definidas melhor na próxima seção.

Todas essas características de um banco de dados convencional podem ser consideradas como limitação para o uso do conceito de banco de dados em sistemas de informação mais amplos.

Existem diversos fatores que podem levar a uma ampliação do domínio de aplicação de um sistema de informação. Vejamos, para as formas de ampliações, quais tecnologias atendem a estes requisitos:

a. Quanto à natureza dos objetos processados:

- Banco de Dados Multimídia: armazenam e processam de forma integrada, além de valores numéricos e nomes, outras mídias, como diagramas, fotos, vídeos, áudios, textos integrais e outros;
- Banco de Dados Textuais: dão especial atenção à indexação e recuperação de documentos textuais a partir do seu conteúdo;
- Dados incompletos, inexistentes ou imprecisos: levam em consideração situações em que o valor exato de um atributo não é conhecido mas, possivelmente, algum dado aproximado.

b. Quanto ao comportamento do sistema:

- Banco de Dados Ativo: armazena, além dos dados, regras ativas que, caso certas condições se tornem

verdadeiras, disparam automaticamente ações de atualização dos dados ou mensagens;
- Banco de Dados em Tempo Real: nesse caso há ações associadas a condições temporais fortes, isto é, têm um tempo de execução estabelecido. Se esse tempo não for mantido, as ações tornam-se inválidas.

c. Quanto à abrangência espaço-temporal dos objetos:

- Banco de Dados Temporais: certos objetos e atributos armazenados têm um tempo de validade determinado. Quando um desses valores é alterado o valor antigo é mantido no banco de dados como informação histórica;
- Banco de Dados Espaciais: objetos espaciais são entidades que têm uma localização espacial definida;
- Banco de Dados Móveis: neste caso o foco do sistema não está nos objetos em si, mas nas trajetórias que eles percorrem ou percorreram em um certo tempo.

d. Quanto à presença dos dados e lógica do processamento:

- Banco de Dados Dedutivo: além dos dados armazenados no banco são determinadas regras de dedução lógica com as quais podem ser deduzidos dados implícitos a partir dos existentes explicitamente;
- Base de Conhecimento: semelhante aos bancos de dados dedutivos sendo que, nesse caso, a obtenção de dados derivados pode ser determinada não só a partir de regras lógicas segundo um formalismo lógico, mas também por heurísticas menos precisas.

e. Quanto à distribuição dos dados:

- Banco de Dados Distribuído (Homogêneo e Heterogêneo): os dados do sistema de informação estão distribuídos em diversas fontes logicamente separadas entre si. Se todas as fontes formam bancos de dados com estruturas semelhantes, baseadas no mesmo modelo de dados, o banco é denominado homogêneo, se as fontes forem mais diversificadas, podendo algumas até nem terem uma estrutura de banco de dados, fala-se de um banco de dados distribuído heterogêneo;
- Banco de dados abertos: é um sistema de informações distribuídas em que as fontes, suas estruturas e seus conteúdos são desconhecidos. O sistema não tem controle sobre quais dados existem para serem usados. A comunicação e descoberta dos dados ocorre por meio de protocolos conhecidos que permitem acesso aos dados. O ambiente mais conhecido para bancos de dados abertos é a Web. Neste caso falamos em Banco de Dados na Web.

f. Quanto ao suporte gerencial:

- Sistema de Informação Gerencial (SIG): é um sistema que leva em consideração um público de usuários específico com necessidades específicas. São as informações gerenciais, ou seja, resumos e tabelas obtidos a partir de sumarizações e análises dos dados armazenados no banco de dados, inclusive estatísticas;
- Sistema de Suporte à Decisão (SSD): nesse caso trata-se de um suporte gerencial específico que não se baseia só em sumarizações e análises rotineiras, mas também no atendimento a uma consulta gerencial momentânea baseada na necessidade de uma tomada de decisão pelos usuários segundo certas circunstâncias;
- *Data Warehouse*: é um caso especial dos dois casos anteriores, em que a organização convencional dos dados no banco não permite o atendimento de uma solicitação das necessidades gerenciais em um prazo

satisfatório. Por esse motivo, os dados existentes são preparados periodicamente para poderem atender melhor as necessidades gerenciais. Os dados brutos transacionais armazenados são sumarizados e reorganizados atualizando um banco de dados derivado, o *Data Warehouse*. Dados passados são mantidos para permitir análises históricas.

g. Quanto à facilidade de desenvolvimento e manutenção:

- Prototipagem: para possibilitar a criação de um sistema mais confiável e íntegro, na técnica clássica de desenvolvimento evolutivo do sistema como um todo o desenvolvimento se dá pela criação e teste de pequenas unidades funcionais (protótipos), que passam a ser incrementadas com novas funcionalidades até obter-se o sistema todo. Protótipos também podem ser usados para o projeto inicial de uma aplicação, por exemplo, para testar telas e relatórios.
- Orientação a objetos: semelhante à prototipagem, nesse caso são projetadas unidades estruturais, os objetos. Com esta composição do sistema a extensibilidade e adaptabilidade do sistema a novas situações se torna muito mais simples, pois basta alterar alguns objetos ou acrescentar novos reaproveitando todo o resto do sistema.
- *Workflow Management*: como o processo de desenvolvimento de sistemas complexos passa por diversos estágios, desde a concepção das primeiras necessidades até a implementação do sistema final, o planejamento e a manutenção da consistência entre esses estágios é fundamental para garantir a qualidade do sistema desenvolvido e futuras alterações.

h. Quanto à forma de acesso e apresentação dos resultados:

- Interfaces visuais: a forma convencional de fazer consultas a um banco de dados é por meio de linguagens de consulta como SQL. Estas linguagens têm restrições quanto à usabilidade, uma vez que exigem o conhecimento preciso do esquema do banco de dados e de boa habilidade para conseguir expressar corretamente a necessidade de informação nesta linguagem textual. Uma alternativa a esta forma de interação são interfaces visuais que permitem 'examinar o banco de dados e expressar a consulta, com o uso do mouse e auxílio de janelas, diagramas e outras formas.
- Visualização da informação: assim como expressar uma consulta de forma visual pode ser mais amigável para certos usuários, o resultado de uma consulta também pode ser apresentado de uma forma diferente dos valores contidos em registros de dados. Podem ser mostrados diagramas, mapas e outras formas visuais.
- Processamento de linguagem natural: assim como para bancos de dados convencionais, para bancos de dados textuais pode ser criada uma interface em que a consulta é expressa em forma de linguagem natural e o sistema analisa essa expressão para detectar a necessidade de informação contida nela.

Enquanto os itens 1-4 representam aplicações não previstas anteriormente para bancos de dados, os itens 5-8 são técnicas que facilitam sua organização (5), seu desenvolvimento (7) e seu uso (6 e 8). Cada um dos itens citados envolve um vasto campo de pesquisa em bancos de dados. Vale ressaltar que muitas aplicações avançadas combinam diversas formas de ampliação. No entanto, essas aplicações avançadas, com os novos conceitos introduzidos, muitas vezes acabam indo contra o paradigma básico de um banco de dados convencional, como sendo um sistema integrado, fechado, passivo, preciso e atualizado com os dados que processa. Mais detalhes sobre esta caracterização dos bancos de dados convencionais e dos avançados serão mostrados na seção 1.2 sobre sistemas.

As informações armazenadas em um banco de dados convencional são dados numéricos ou textos determinando valores de atributos. O item (1) considera a possibilidade de armazenar objetos de estrutura mais complexa, como objetos multimídia, ou menos estruturados. Pode-se representar, indexar e processar imagens estáticas ou animadas, sons, textos, gráficos, mapas, etc. Cada tipo de objeto multimídia possui características peculiares que exigem um processamento próprio (vide mais detalhes no capítulo 10). Em particular, o armazenamento e recuperação de textos é um campo de aplicação tão antigo quanto os próprios bancos de dados, denominado Sistemas de Recuperação da Informação. A novidade consiste em tratar, de forma integrada, dados não formatados (textos) com dados formatados dos bancos de dados convencionais.

Outra situação que pode ocorrer em um sistema de informação é que, apesar de os dados serem formatados de forma convencional, alguns atributos são desconhecidos ou só parcialmente conhecidos. Como em uma estrutura de um banco de dados convencional todo atributo deve ter um valor preciso dentro de um domínio previamente determinado, para alguns objetos esses valores podem não existir ou não serem conhecidos com precisão. Para poder-se armazenar e processar essas entidades, técnicas específicas têm que ser desenvolvidas para processar informações imprecisas.

Em (2) é considerada a possibilidade de o sistema detectar e executar automaticamente certas tarefas previamente definidas, sem interferência do operador do sistema (Bancos de Dados Ativos) ou de certas tarefas terem restrições temporais fortes durante as quais têm que ser executadas (Sistemas em Tempo Real). Já em (3) considera-se que certos dados não têm validade universal, mas descrevem situações em certos locais (Bancos de Dados Espaciais) ou válidas por certos períodos de tempo (Bancos de Dados Temporais). No último caso, isso significa que dados que não são mais válidos não são apagados do banco de dados, mas recebem um selo da validade (passada) de sua existência. É claro que também é comum haver sistemas cujos objetos podem ser temporais e espaciais. Temos os bancos de dados Espaço-Temporais, dos quais os Bancos de Dados Móveis seriam um caso particular.

Os dados armazenados em um BD representam fatos válidos da aplicação modelada. Mas, além desses fatos explícitos, pode haver outras verdades deriváveis a partir deles. Considerar essa situação significa programar regras que possibilitem a derivação de novos fatos, dando origem aos Bancos de Dados Dedutivos (4). Se além de regras formais forem consideradas heurísticas para a descoberta de novas informações fala-se em Bases de Conhecimento. Essa evolução acaba afetando as estruturas básicas de armazenamento de informações. Se um banco de dados convencional consistia principalmente de grandes arquivos de dados e de operações mais ou menos complexas para manipular esses dados, uma base de conhecimento contém algo mais. Além de fatos básicos, equivalentes aos arquivos de dados, são armazenadas regras de dedução, que são utilizadas por um processador de regras.

O item (5) parte do fato de que, por motivos técnicos ou administrativos, nem sempre é possível ou recomendável desenvolver um único banco de dados centralizado para todas as aplicações da organização. Neste caso acabam existindo diversos bancos de dados operacionais, distribuídos pela empresa, que podem estar interligados na forma de um Banco de Dados. Empresas de porte médio ou grande geralmente têm suas fontes de informação espalhadas por diversos setores, na forma de arquivos ou bancos de dados heterogêneos. Necessitam, portanto, para dar apoio a decisões gerenciais, um sistema específico de recolhimento e sintetização das informações espalhadas pela organização, que serão colocadas à disposição da administração da empresa. Temos neste caso o chamado *Data Warehouse* (6).

A evolução tecnológica das formas de interagir com o computador está afastando cada vez mais o paradigma de que desenvolver e acessar sistemas significa codificar e executar programas. Geradores de aplicações, interfaces visuais e administração integrada dos diversos pontos de vista de uma aplicação são temas cada vez mais atuais (7).

Também as formas de acesso ao banco de dados estão sofrendo grandes transformações no sentido de evitar que o usuário tenha que aprender algum tipo de linguagem textual para poder utilizar o seu banco de dados (8). Novos paradigmas de interação visual (diagramática, icônica) estão dando novas formas à interação com o banco de dados. Por outro lado, a rápida expansão da Internet vem exigindo a integração dessa nova tecnologia com os bancos de dados. Para atender esta expansão, surgiram os conceitos de Banco de Dados Online, Banco de dados na Web e Bancos de Dados em Nuvens. São bancos de dados localizados na Internet e acessíveis pelos navegadores, com acesso livre ou controlado por senhas de uso.

Para se adaptar a tantas novidades, é cada vez mais importante a noção de sistemas abertos, que possuem potencial para serem adaptados a novos requisitos gerais. Para tal surge a noção de *metanível*, no qual as ferramentas de projeto e os modelos de dados poderão ser adaptados às novidades de uma forma coerente.

Para encerrar esta seção, vamos tentar esclarecer uma questão de terminologia que pode surgir quando se fala em sistemas de informação, processamento de dados, bancos de dados, bases de conhecimento, etc. Como podemos caracterizar a diferença entre os conceitos de 'dado', informação' e 'conhecimento'? Estes três conceitos são conhecidos como **hierarquia D-I-K (Dados-Informação-Conhecimento)**. Mesmo que não haja um consenso universal na definição destes três conceitos, vamos colocar o que nos parece o mais razoável.

Um **dado** é algo que está registrado em um meio eletrônico, em papel ou outra mídia. Por exemplo, posso escrever 33 ou `trinta e três` ou 33,0 ou 3,3*10 ou 100001. Temos quatro registros do mesmo dado, sem saber o que este dado significa. Se dermos uma *interpretação* a um dado temos uma **informação.** Se dizemos '*33 metros*', ou '*ele tem 33 anos*', ou '*R$ 33,00*', temos um dado com alguma informação. Note-se que a passagem de um dado para informação pode ocorrer de forma gradativa. Por exemplo, '*33 metros*' já indica que o número 33 significa uma distância no sistema métrico. Podemos ir acrescentando mais informação a esse dado, especificando '*um terreno medindo 33 metros de frente*', ou mais, '*meu terreno mede 33 metros de frente*'. Este significado de um dado ainda pode ser contextualizado, dando um significado específico a ele. Por exemplo, se para os três últimos exemplos dizermos '*o terreno é grande*' ou '*ele é jovem*' ou '*isto está caro*', a informação se transformou em conhecimento, pois a informação foi qualificada dentro de um certo contexto que a determina como sendo 'grande', 'jovem' ou 'caro'.

A passagem de dado para informação pode não ser imediata, mas ser um processo contínuo de acréscimo de mais informação sobre o dado. Por exemplo, se considerarmos:

- 33 (um número)
- R$ 33,00 (um valor em reais)
- Preço de R$ 33,00 (um preço)
- O preço do CD do Chico é R$ 33,00 (o preço de um CD)
- O CD de Chico que você me deu ano passado foi comprado por R$ 33,00, o dobro do preço de hoje.

Cada passo acrescenta mais informação ao anterior. Neste sentido, o fato de termos chamados as duas primeiras gerações de processamento de dados e a terceira de processamento da informação, indica uma tendência, no sentido de que na terceira geração foi dado ênfase na 'semântica' dos dados.

Antes de prosseguirmos, é importante destacar um detalhe importante sobre o conceito de informação. Dissemos que uma informação é um dado interpretado ou com um significado. Aí pode-se perguntar, quem é esse alguém que interpreta ou dá o significado? De uma forma geral, definimos este alguém como uma entidade que tem uma reação específica determinada pelo dado em questão. Se esta entidade é um sujeito humano, falamos em **informação subjetiva**, e se for uma máquina, temos uma **informação objetiva**. Mesmo que não seja consenso se a informação objetiva pode ser considerada informação, nesse texto chamamos os dois conceitos de informação, sem fazer distinção entre os dois.

Para chegarmos ao **conhecimento**, a informação deve ser *contextualizada*. Nessa contextualização diversas informações temáticas são reunidas e organizadas, formando um conhecimento sobre este tema. Assim, uma receita de bolo, o conteúdo de um manual que descreve a construção de um carro, são conhecimentos. Um conhecimento está associado a um indivíduo, o conhecedor. Mas, além desse conhecimento pessoal, denominamos, por um certo abuso de linguagem, diversas informações organizadas sobre um tema para um dado objetivo de conhecimento (impessoal). Este pode estar em diversas mídias, como um livro, uma ficha ou um documento digital. Um conhecimento mais amplo sobre um tema pode estar armazenado no computador formando uma **Base de Conhecimento**, a ser utilizada sob demanda por um indivíduo que necessita dele para uma tomada de decisão.

Portanto se a informação é um dado munido de um significado, o conhecimento é a informação organizada per um certo propósito. Citamos ainda duas outras definições muito boas de conhecimento:

- "*é entendimento obtido por experiência, observação ou estudo*" (Oxford Dictionary)
- "*é informação organizada para solução de problemas*" (Webster's Dictionary)

Podemos dizer que, internamente, o computador sempre armazena e processa dados, mas os resultados que gera representam alguma informação (dados com significado). Este significado é determinado pelo contexto em que o dado se encontra e é apresentado. O contexto será dado pela localização do dado (em um arquivo, um atributo, uma frase).

Em um sistema de 3ª geração, podemos falar em processamento da informação, pois o software de gerência dos dados se baseia em esquemas que determinam o significado dos dados armazenados e, com isso, conseguem controlar a integridade 'semântica' dos mesmos. Esse contexto é determinado por um esquema dos dados, neste caso chamado de metadados.

Existem variantes da hierarquia D-I-K, por exemplo, uma extensão para D-I-K-S (Dados-Informação-Conhecimento-Sabedoria). A **sabedoria** seria algo inerente a um ser humano. Ao conhecimento ela acrescenta algo como bom-senso e intuição para tirar uma conclusão adequada sobre um problema.

Existe uma vasta discussão sobre estes conceitos de interesse para um sistema computacional. Em particular, discute-se o que pode ser representado e processado pelo computador e o que só faz sentido em associação à mente humana. Seriam, respectivamente, o domínio universal e o domínio subjetivo.

5ª. Geração: Processamento Evolutivo

Mais uma vez estamos em uma situação em que parece que todas possíveis evoluções já foram consideradas. O que é armazenado no banco de dados tem um significado bem determinado, e foram consideradas as mais diversas possibilidades do que pode ser armazenado e processado considerando, além de nomes e números, textos, imagens, mapas, etc.

O problema que ainda pode ocorrer com um sistema com toda esta riqueza de informação é que, com o tempo, ele deixe de refletir corretamente o mundo que está sendo modelado, inclusive devido a mudanças em leis e procedimentos e a descoberta de incoerências que podem ocorrer nele. Toda mudança que ocorre nesse mundo tem que ser considerado no sistema por meio de operações de inserção de novos objetos ou atualização dos atualmente armazenados. Neste sentido, o sistema pode ser considerado estático, ou seja, enquanto nada é alterado explicitamente pelo usuário, significa que nada mudou.

Ocorre que o mundo não para e, para ficar consistente com ele, o sistema deve acompanhar todas mudanças que afetam os dados armazenados. Outra situação que pode ocorrer é que certos objetos armazenados não são utilizados ou se tornam inúteis com o decorrer do tempo. Em outras palavras, o sistema não é inconsistente, mas se torna superdimensionado.

Diversas situações deste tipo podem ser analisadas a priori e uma adaptação automática do sistema a uma nova realidade pode ser programada. Vamos analisar brevemente as duas situações que podem ocorrer e como elas podem ser detectadas.

1. Inconsistência com o mundo externo: podem ser criadas regras baseadas em sensores externos ou eventos internos que detectam uma inconsistência e providenciam a adaptação. Por exemplo, o sistema analisa a situação do mercado e detectar uma situação propícia a um certo tipo de investimento e, nesse caso, deve-se alterar a política atual de investimentos considerando a nova situação.

2. Superdimensionamento: uma rotina de criação de estatísticas de uso de certos relatórios detecta que certos relatórios raramente ou nunca são utilizados. Com isso a geração desses relatórios e os dados mantidos especificamente para eles são eliminados da base.

Estudos sobre esta característica evolutiva ou dinâmica dos sistemas de informação fazem parte de uma área denominada Dinâmica de Sistemas, que faz parte da teoria geral de sistemas. Veremos, no final da próxima seção, uma discussão sobre o comportamento de sistemas complexos, que se enquadra nesta situação.

Um caso típico de um processamento evolutivo é a análise automática da aceitação de um novo tipo de produto a ser incluído na gama de produtos vendidos por uma empresa. Essa análise pode determinar a viabilidade da manutenção deste produto pela empresa. Outra técnica, denominada análise de sentimentos, verifica continuamente as reações dos clientes aos produtos comercializados e, se detectar certas situações inadequadas, pode alterar a política de vendas.

1.2. Sistemas

Nesta seção analisamos os sistemas de bancos de dados não mais em seu contexto histórico, mas em relação à sua posição e seu significado dentro da teoria geral de sistemas. Começamos com uma caracterização do conceito de sistema e uma classificação dos principais tipos de sistemas. Com esta classificação e o conceito de informação chegamos aos sistemas de informação que, por sua vez englobam os sistemas de bancos de dados.

Como acontece com a maioria dos conceitos mais genéricos, o conceito geral de sistema transcende uma única explicação clara e sem ambiguidade. Ou se dá uma definição informal e descritiva, tentando reproduzir as principais características do conceito, ou então, uma definição matemática formal mais precisa embora correndo o risco de não englobar todas as características de todos os sistemas.

Uma definição de sistema, breve e clara, foi dada por Churchman:
"*Um sistema é um conjunto de partes coordenadas para realizar um conjunto de finalidades*".

Essa definição deixa claro que um sistema existe ou funciona para alcançar um objetivo ou finalidade bem definida. Para alcançar este fim, os seus componentes estão organizados de uma forma específica, sem a qual o sistema não alcança os objetivos propostos.

Formalmente, um sistema pode ser definido como sendo uma quíntupla

$$S = \langle T, E, S, X, \Theta \rangle$$

em que
T = conjunto do tempo, que é um conjunto totalmente ordenado de valores denominados instantes,
E = conjunto de todas as entradas possíveis,
S = conjunto de todas as saídas possíveis,
X = conjunto de todos estados. Um estado é o conjunto dos fatos válidos em um instante.
Θ é uma função de mudança de estado:

$$\Theta : E \times X \times T \rightarrow X \times S$$

que, para cada entrada (e) em um certo estado (x) num instante (t), produz um novo estado (x') e uma saída (s). Note-se que, com esta definição, uma mudança de estado depende de três parâmetros: a entrada, o estado e o tempo. Por exemplo, uma mesma entrada no mesmo estado pode produzir uma saída diferente, dependendo do tempo. Chamamos Θ de uma função mas, como veremos a seguir, em sistemas reais a mudança de estado nem sempre pode ser matematicamente bem definida, pois um valor $\Theta(e,x,t)$ só é determinado após a ocorrência da mudança.

Todos os componentes do domínio (E x X x T) e do contradomínio (X x S)de Θ são opcionais. Por exemplo, uma mudança de estado pode não ter entrada ('às 17hs, fechar as portas') ou não ter estado de saída, ou seja, o valor de X não se altera com a aplicação de Θ ('às 17hs, emitir um som de aviso').

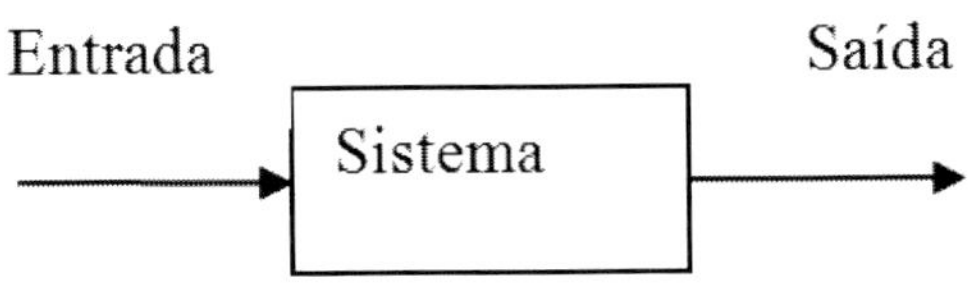

Figura 1.6. Ambiente de um sistema

Um conceito importante relacionado com um sistema é o seu **ambiente**. O ambiente não faz parte dos estados nem do mecanismo do sistema, mas é a parte externa que interage diretamente com ele. Na definição formal, o ambiente seria a união das entradas (E) com as saídas (S).

Para facilitar a descrição da interação de vários sistemas entre si, um sistema é denotado graficamente como na figura 1.6.

Nem sempre é tão fácil determinar, à primeira vista, a fronteira entre um sistema e o seu ambiente. Por exemplo, pensando em um relógio como um sistema que fornece as horas, parece ser um sistema bem definido e delimitado. Mas, será que foram considerados os seguintes detalhes:

a. a pessoa que lê as horas faz parte do sistema?
b. os atos de dar corda ou trocar a pilha e de alterar a posição dos ponteiros, fazem parte do sistema?
c. foi previsto o desgaste natural e a imprecisão do relógio?
d. foi prevista uma paralisação por uma ação externa ou desgaste interno e a correspondente atividade de conserto do relógio?
e. foram considerados os diferentes tipos de relógios, como relógios de pulso, de bolso, de parede, de igreja etc.? Quanto à sua técnica, existem relógios mecânicos de corda manual ou automática, e eletrônicos digitais ou analógicos;
f. os detalhes mecânicos e eletroeletrônicos de construção e funcionamento do relógio fazem parte do sistema relógio?

O exemplo acima ilustra dois fatores importantíssimos na definição de um sistema. Dependendo do ponto-de-vista em que um sistema é considerado

- Devem-se prever todos os detalhes que influem no comportamento do sistema;
- Não deve ser considerado nenhum detalhe que não interessa, do ponto de vista do qual estamos considerando o sistema.

Assim, pode-se estar interessado no sistema *relógio* em geral, cuja parte mais importante é a saída, que fornece as horas; ou pensamos no sistema *relógio eletrônico digital* que vai possuir todas propriedades do sistema mais geral *relógio* mais algumas particularidades do sistema *relógio eletrônico digital* referentes à forma como o tempo é mostrado (digital) e ao funcionamento interno (eletrônico).

Pela teoria geral de sistemas um sistema é composto por duas partes que se complementam:

- **Acoplamento estrutural**: são as ações do sistema determinadas pelas interações com o ambiente, recebendo entradas e gerando saídas. Por exemplo, a audição e a fala de um ser humano;
- **Fechamento operacional**: são os processos internos necessários para que o sistema alcance seus objetivos. Por exemplo, a digestão em um ser humano.

Ao considerar os detalhes do acoplamento destrutural em um sistema, torna-se importante distinguir dois tipos de interações dele com seu ambiente. As interações principais e as interações secundárias. As **interações principais** são os elementos determinantes para que o sistema possa cumprir seu objetivo. As **interações secundárias** são elementos que podem ocorrer mas podes ser desprezados para a caracterização do sistema. Ou elas são muito detalhadas e não influenciam no funcionamento do sistema, ou elas são muito esporádicas e podem ser desprezadas. Além destes tipos de entradas e saídas devem ser destacadas um tipo de entradas especiais, as perturbações. Uma **perturbação** é uma entra especial que pode atrapalhar o bom funcionamento do sistema. Ao contrário das entradas secundárias, as perturbações devem ser consideradas na caracterização do sistema. Destacamos a importância de, ao descrever um sistema e suas interações deve-se sempre focar nas suas principais características e interações que o diferenciam de outros sistemas, desprezando um excesso de detalhes que podem confundir sua compreensão. Considerando estes detalhes a visão gráfica de um sistemaa poderá ser representada como na figura 1.7.

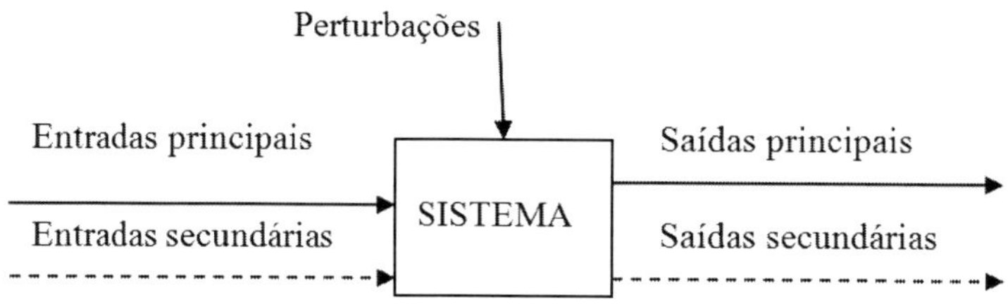

Figura 1.7. Interações de um sistema

Retomemos o exemplo de um 'Relógio de Pulso', que terá as seguintes características:

- Entradas principais: não tem. Um relógio só produz uma saída;
- Entradas secundárias: trocar a pilha, movimento dos ponteiros, ajuste do alarme
- Saidas principais: exibição da hora no mostrador, alarme;
- Saídas secundárias: Movimento dos ponteiros, ajuste do alarme
- Perturbações: quebra no mecanismo, uma queda, atraso na hora exibida, falta de luz para ler a hora;
- Fechamento operacional: movimento das engrenagens.

Vejamos mais um exemplo Seja uma a loja comercial, ela terá as seguintes interações:

- Entradas principais: Clientes, dinheiro, novas mercadorias;
- Entradas secundárias: abertura da loja, chegada de funcionários;
- Saidas principais: Clientes, mercadorias vendidas;
- Saídas secundárias: fechamento da loja, saída de funcionários;
- Perturbações: falta de luz, catástrofes, assaltos, greves;
- Fechamento operacional: fechamento do caixa diário, contabilidade.

Outra característica de quase todo sistema é que podemos analisar partes do mesmo, eventualmente incluindo mais detalhes, como subsistemas, ou integrar partes do ambiente formando um sistema mais amplo. Assim, no relógio (de corda) os ponteiros são um subsistema que tem como entrada os impulsos da máquina e, como saída, o movimentos dos ponteiros. Uma extensão seria incluir o processo de dar corda como parte integrante do sistema, transformando o relógio em um sistema com entradas.

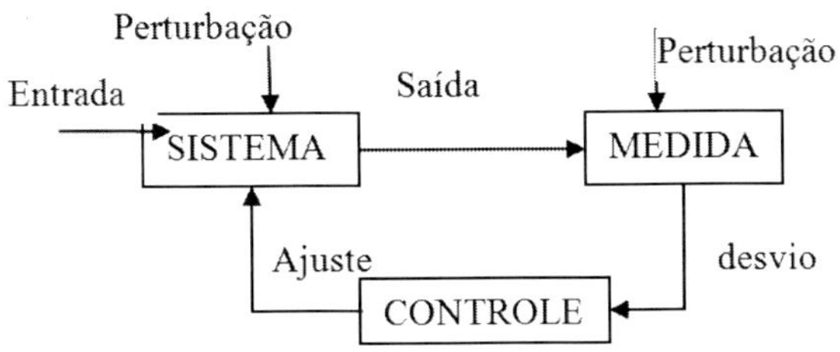

Figura 1.8. Um sistema controlado

Um sistema pode ter um mecanismo de controle que detecta as perturbações e, eventualmente, as corrige. Seria algo como mostrado na figura 1.8.

Observe que o próprio sistema de medida também pode sofrer perturbações que por sua vez irão afetar a eficácia do sistema de controle. No caso do relógio, MEDIDA seria a comparação da hora marcada com outra informação mais correto do tempo. O CONTROLE seria o ato de acertar o relógio. Caso a MEDIDA mostre que o relógio está parado, o CONTROLE seria dar corda ou trocar a pilha do mesmo.

1.2.1. Tipos de sistemas

Vejamos agora como os sistemas podem ser classificados, de acordo com as peculiaridades de cada um. Mostraremos como estas propriedades se refletem nos componentes de um sistema

$$S = \langle T, E, S, X, \Theta \rangle$$

1) Quanto a interação com o ambiente

Fechados: não interagem com o ambiente, isto é $E = S = \varnothing$. Exemplos: O sistema solar, uma reação química, certos modelos abstratos como algumas Redes de Petri ou alguns sistemas matemáticos como sistemas de equações diferenciais.

Abertos: interagem com o ambiente. Quase todos os sistemas são mais ou menos abertos. Essa interação muitas vezes é a principal finalidade do sistema. Em outros casos a interação é só secundária e esporádica, como a ocorrência de ajustes, quebras ou defeitos. Neste caso o sistema deve ser considerado praticamente fechado.

Antes de continuar, vale ressaltar que a classificação de um sistema pode depender do ponto de vista do qual ele é considerado. Por exemplo, o sistema solar foi classificado como um sistema fechado, pois a sua interação com o resto do universo, como a passagem de asteroides, foi considerada irrelevante.

2) Quanto ao tempo:

Atemporais: O tempo não influi nas mudanças de estado, ou seja

$$\forall e, x, t_1, t_2 \; (\Theta(e,x,t_1) = \Theta(e,x,t_2))$$

Exemplos: um relógio, exceto um relógio solar, é um sistema atemporal pois, apesar de a função do relógio indicar o tempo, seu funcionamento independe do tempo real físico.

Temporais: Os mesmos dados de entrada provocam alterações distintas no sistema em tempos diferentes. Por exemplo, uma loja comercial, que funciona em determinado tempo por dia e em que uma venda (saída) só é possível durante este tempo.

3) Quanto à previsibilidade de seu comportamento:

Determinísticos: a função de mudança de estado do sistema é bem definida, ou seja, para cada e, x, t existe um único $\Theta(e,x,t_1)$.
Exemplos: computador, máquina registradora, sistema de ar condicionado.

Estocásticos: a função de mudança de estado não pode ser bem determinada e só pode ser representada probabilisticamente, geralmente devido à complexidade dos seus elementos ou ignorância de como o sistema se aplica a elementos individuais. Exemplos: sistema econômico, jogar uma moeda, previsão do tempo.

Muitos sistemas são basicamente determinísticos, mas em certas ocasiões, têm um comportamento estocástico. Assim o comportamento normal do relógio é determinístico, mas devido ao desgaste ou alguma perturbação imprevista, ele pode se atrasar ou parar.

Outros sistemas são estocásticos por natureza, devido à sua grande complexidade, que impede uma previsão do seu comportamento futuro. Um caso típico é um sistema econômico como a economia brasileira, cujo comportamento certamente não é previsível. No caso do lançamento de uma moeda, apesar de a entrada ser extremamente simples (uma moeda com dois estados e um movimento de lançamento), não é possível determinar o resultado do lançamento.

4) *Quanto ao "feedback"* (retroalimentação):

Estático: quando as saídas produzidas não têm nenhuma influência no comportamento futuro do sistema. Exemplo: um relógio que nunca é acertado.

Dinâmico: se as saídas de um sistema são influenciadas por entradas ou saídas passadas ele é chamado sistema dinâmico ou com *feedback*. Por exemplo, em uma loja ou empresa, as vendas atuais vão influenciar as compras futuras.

Em um sistema estocástico controlado, a MEDIDA e CONTROLE são um tipo de *feedback*. Em geral temos dois tipos de *feedback*:

***Feedback* negativo**: quando o sistema procura alcançar um objetivo e reage em consequência de certos resultados negativos, tentando corrigir a situação. Exemplo: redução da superprodução de um produto.

***Feedback* positivo**: se o resultado regular produzido pelo sistema provoca um incremento no comportamento futuro do sistema. Por exemplo, em uma economia doméstica, uma evolução profissional pode provocar a compra de um novo carro.

1.2.2. Modelos

Para os sistemas que serão estudados com maiores detalhes, é fundamental o conceito de modelo. Um **modelo** é um sistema criado artificialmente, que simula as principais funções de um sistema real, abstraindo grande número de detalhes que podem dificultar a construção do sistema, mas que não impossibilitam o estudo do mesmo. Existem três tipos de modelos:

Icônicos: São cópias do sistema original, restringindo-se a certas características e geralmente em dimensão menor. Exemplo: projetos arquitetônicos ou modelos em escala reduzida de casas, automóveis ou camadas geológicas.

Analógicos: São sistemas concretos distintos do original, mas com um comportamento semelhante. Exemplo: Sistemas de simulação de ambientes para teste de veículos.

Simbólicos: São modelos abstratos que expressam certas características estruturais ou comportamentais do sistema. Podem ser **matemáticos** ou **diagramáticos**. Exemplos: equações diferenciais, Redes de Petri, diagramas de classes, diagramas de circuitos elétricos, mapas geográficos.

Existem muitos motivos para a criação e utilização de modelos de um sistema a ser construído. Citamos alguns:

- *Pensar* sobre a qualidade da solução;
- *Comunicar*-se com outros membros do projeto;
- *Prever* e *controlar* alguns comportamentos do sistema;
- *Ensinar* e *treinar* pessoas a usarem o sistema.

Um fenômeno interessante ocorre com o desenvolvimento de sistemas de informação computadorizados (SIC), em que o próprio modelo pode evoluir e se transformar no sistema final.

Tendo-se um primeiro modelo ou protótipo da parte computacional do sistema, pode-se usá-lo para testar algumas funcionalidades. Os resultados dessa análise irá mostrar a necessidade de fazer alterações e acréscimos que serão incorporadas ao modelo, possibilitando nova simulação. Este processo poderá ser repetido até se obter o sistema final. A técnica de desenvolvimento de software baseada nesse procedimento é chamada de prototipagem evolutiva. Ocorre uma passagem progressiva do modelo (protótipo) para o sistema final. Uma abordagem mais clássica consiste em criar um modelo abstrato o mais completo possível, denominado modelo conceitual, que é transformado em um modelo concreto executável no computador, chamado de modelo interno.

À modelagem e análise ainda podemos acrescentar o *controle* do sistema final como terceiro componente básico no desenvolvimento e manutenção de sistemas. Como já foi dito na apresentação dos sistemas controlados, a medida e o controle consistem na averiguação dos resultados fornecidos por um sistema e, dependendo desses dados, fornece entradas adequadas que possibilitem a manutenção do sistema dentro dos seus objetivos globais.

Por exemplo, o uso de um relógio em uma estação exige eu ele seja ajustado uma vez por semana, para atender aos requisitos de precisão necessários.

Em sistemas de informação, pode-se distinguir o uso de dois modelos: o modelo conceitual e o modelo interno. O modelo conceitual abstrai totalmente os detalhes da implementação do sistema, para determinar a lógica de suas estruturas e comportamento. Usa modelos simbólicos e icônicos. Já o modelo interno estuda detalhes da implementação do sistema e determina estruturas que podem ser representadas e inseridas em computadores. Em certos casos podem-se testar diversos modelos de implementação para averiguar o seu desempenho. Estes modelos serão analógicos ou simbólicos.

Vale ressaltar que o termo **modelo de dados** tem um significado distinto da definição de modelo aqui apresentada. Esse deveria ser chamado de meta-modelo, pois um modelo de dados é uma linguagem utilizada para descrever modelos de aplicações a serem desenvolvidas ou implementadas.

1.2.3. Sistemas complexos

Sistemas reais, dependendo do nível de detalhamento, podem ser muito complexos. Por isso é tão importante, na criação de modelos de sistemas, a identificação de quais elementos são importantes para a necessidade fim e quais são desprezíveis. Como este nível ideal de abstração não é bem definido, deve-se ter sempre em mente a complexidade inerente do sistema original.

Uma forma de lidar com a complexidade de um sistema a ser desenvolvido, consiste em estudar o sistema em vários níveis, cada nível decompondo o nível superior em subsistemas que interagem entre si.

Na construção de sistemas complexos será fundamental o conceito de **abstração**, que será discutido em maiores detalhes no próximo capítulo sobre modelagem de dados. Essa técnica consiste em abstrair detalhes de componentes de um sistema para poder obter uma descrição abrangente, mas livre de detalhes desnecessários ao nível em consideração. Subsistemas podem representar componentes distintos do sistema (fig. 1.9a) ou casos mais específicos de um sistema mais genérico (Fig. 1.9b). Ilustramos estes dois tipos de subsistemas para o exemplo do relógio. No caminho inverso da abstração, a concretização para casos específicos de um sistema genérico, são acrescentados mais detalhes que foram desconsiderados no nível mais abstrato. Por exemplo, há características de todos os relógios em geral e há detalhes de um relógio digital. Já o sistema concreto 'Meu relógio' herda propriedades dos relógios analógicos e dos relógios eletroeletrônicos.

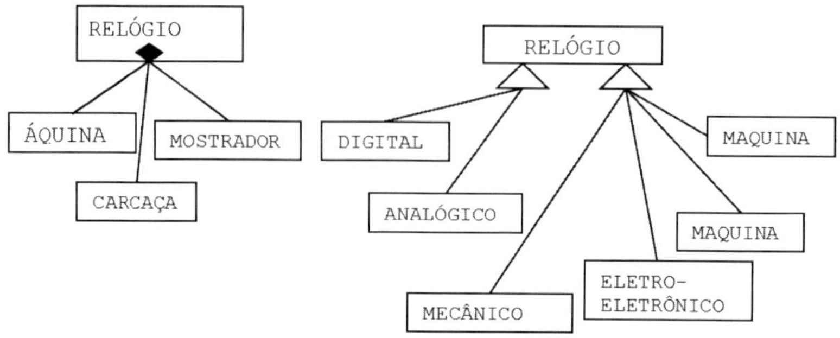

Figura 1.9. Componentes e subsistemas de um sistema

Encerramos este capítulo ressaltando que a análise dos componentes de um sistema pode não ser suficiente para induzir o comportamento do sistema composto, pois pode haver características operacionais e de interação que só aparecem no sistema composto.

Existem duas teorias sobre sistemas complexos e seus componentes. Por um lado, o **reducionismo** afirma que um sistema complexo pode ser entendido e descrito a partir de seus componentes. Se estes ainda forem complexos, também podem ser reduzidos a subsistemas até se ter uma descrição completa do sistema todo a partir de suas partes. O **holismo**, também chamado de **emergência** na biologia, diz que o todo é mais do que a soma de suas partes, ou seja, não é suficiente analisar os componentes de um sistema e sua interação para determinar o sistema composto. Nesse caso, um sistema complexo tem algo mais, algum comportamento especial, que não pode ser deduzido da análise dos componentes e sua agregação. A teoria da emergência é uma das justificativas da biologia para explicar seres vivos em geral e, em particular, a característica de que os seres vivos não são sistemas determinísticos.

Uma técnica de estudo de sistemas complexos é denominada **Dinâmica de Sistemas**. Foi criada inicialmente para, por meio de simulações, entender o comportamento de sistemas complexos fechados, principalmente questões de *feedback*. As principais aplicações foram a dinâmica industrial e dinâmica urbana. Na Dinâmica de Sistemas é criado um modelo matemático que tenta levar em consideração as principais variáveis que influem no comportamento do sistema e a interação entre elas. O sistema é avaliado com dados de teste até poder ser aceito como viável. Em seguida ele é alimentado com dados reais para, com os resultados obtidos, tomar decisões influenciando o sistema real de maneira positiva. Em sistemas que modelam uma cadeia de produção deve ser levado em conta o chamado **efeito chicote**. Por diversas razões (logísticas, econômicas) o fluxo de saída (vendas) de um membro da cadeia pode ser distinto do fluxo de entradas (compras). Esta diferença tende a crescer (em forma de chicote) para os membros anteriores da cadeia, provocando possíveis problemas de abastecimento.

1.3. Comentários bibliográficos

Não conhecemos uma referência que faça uma classificação dos sistemas de bancos de dados em quatro ou cinco gerações, como apresentado aqui. As diferenças entre sistemas convencionais (1ª geração) e bancos de dados (2ª geração) podem ser vistas, por exemplo, no livro de Furtado & Santos [FS83] ou nas seções 1.3 e 1.4 de Ramakrishnan & Gehrke [RG07]. Justificativas para a introdução de modelos semânticos são dadas por Abrial [Abr74]. Uma boa crítica das restrições dos modelos de 1ª e 2ª geração foi feita por Kent [Ken79]. Entre os modelos conceituais de dados o Modelo Entidades-Relacionamentos [Che76] hoje faz parte da maioria dos livros texto de bancos de dados. Em particular, o livro de Setzer & Corrêa da Silva [SC05] apresenta uma análise bastante abrangente deste modelo e de suas diversas extensões. As mudanças do modelo relacional para sistemas orientados a objetos é o tema do livro de Delobel, Lecluse & Richard [DLR95].

Para a 4ª geração existem textos específicos sobre os diversos tipos de extensões. Kim [Kim95] discute, além dos bancos de dados orientados a objetos, características de sistemas multimídia, bancos de dados espaciais, bancos de dados temporais, bancos de dados ativos, bancos de dados distribuídos e tratamento de incertezas nos dados. Uma boa introdução às bases de conhecimento de um ponto de vista de bancos de dados é dada por Mattos [Mat91]. O livro de Bertino, Catania e Zarri [BCZ01] analisa detalhadamente modelos semânticos de dados, o modelo de objetos, a integração com modelos de conhecimento e outros avanços como bancos de dados temporais, ontologias e a internet. Uma análise detalhada sobre as mais variadas definições dos conceitos que compõem a hierarquia

D-I-K foi feita por Zins [Zin07]. Ele mostrou 45 definições da hierarquia D-I-K e registrou quais conceitos se encaixam no domínio universal e quais no domínio subjetivo. Outro estudo sobre esses conceitos foi feito por A. Liew [Lie07].

A definição de sistemas dada por Churchmann está em {Chu68]. Quanto à teoria de sistemas e sua classificação, o primeiro capítulo do livro de Palm [Pal83] dá uma introdução geral aos sistemas e à modelagem, análise e controle dos mesmos. Os três aspectos de *modelagem, análise* e *controle* de sistemas dinâmicos são o tema desse livro. Outro livro que aborda a teoria de sistemas é o de Warfield [War06]. Palazzo mostra a importância de sistemas complexos com qualidades autoadaptativas e evolutivas [Pal99]. Luhmann, em sua Teoria Geral dos Sistemas Sociais [Lum95], introduziu os conceitos de acoplamento estrutural e fechamento operacional. Um estudo detalhado destes dois conceitos também pode ser visto na dissertação de R.F. Neves [Nev05]. Uma interessante análise das qualidades que caracterizam um sistema vivo é o trabalho de F. Capra [Cap97].

1.4. Exercícios

1. Dê exemplos de aplicações para cada uma das 5 gerações de bancos de dados.

2. Leia o trabalho de Kent [Ke79] e relacione as limitações dos sistemas de 1ª e 2ª geração.

3. Com o aparecimento de novas gerações de bancos de dados, as gerações anteriores desapareceram? Porque?

4. Considere um sistema que processa as aposta de uma loteria esportiva e após os resultados, determina os vencedores. Porque esse sistema pode ser considerado um sistema de 1ª geração?

5. Elabore a descrição do sistema de uma companhia transportadora. A descrição deve ser composta dos seguintes documentos:

- Fluxograma do sistema
- Estruturas das entradas
- Estruturas das saídas
- Estruturas dos arquivos
- Descrição sucinta da funcionalidade de cada programa

A descrição das estruturas de entrada, saída e dos arquivos deve conter as seguintes informações:

NOME DO ITEM TIPO TAMANHO

O tipo pode ser *numérico*, *alfanumérico* ou *grupo*.

O sistema a ser elaborado deve satisfazer à seguinte descrição geral:

Um transporte inicia-se com a entrada de um pedido de transporte, que é composto de dados sobre o cliente, a mercadoria a ser transportada, o trajeto e uma informação sobre a época quando o transporte deve ser efetuado.

Se o cliente é novo, deve ser previ amente cadastrado.

Existe um planejamento de alocação de transportes que faz o seguinte:

- verifica quais transportes podem ser conjugados em um caminhão, devido a possuírem o mesmo destino, e a soma do volume não ultrapassar a capacidade do caminhão;
- analisa os pedidos novos, se podem ser aceitos no prazo desejado. Se a capacidade de todos os caminhões estiver esgotada, deve sugerir um outro prazo.

Finalmente, a execução do transporte é preparada pela emissão de uma nota de transporte e uma nota fiscal. Após a confirmação da entrega, processa-se a cobrança (que não faz parte do sistema).

Sugira um ou vários relatórios periódicos ou aleatórios, que possam servir à gerência da companhia.

6. Porque é difícil encontrar sistemas reais totalmente fechados e determinísticos?

7. Classifique os seguintes sistemas indicando, caso existam, o ambiente e as possíveis perturbações. Justifique a classificação.

   Um relógio elétrico, que sempre anda correto;
   Um relógio solar;
   Uma vela;
   Uma vela, considerando o ar como parte do sistema;
   Um automóvel.

8. Para os sistemas da questão anterior descreva, se existirem, suas entradas (principais e secudárias), saídas (principais e secundárias), perturbações e fechamento operacional.

9. Considere o corpo humano como um sistema. Determine possíveis subsistemas com suas entradas e saídas. Faça um diagrama mostrando a hierarquia de todos esses subsistemas encontrados e suas interdependências.

10. Qual a diferença entre uma base de conhecimento e um banco de dados dedutivos, quanto a sua classificação como sistema?

11. Procure exemplos (além dos citados no texto) para todos os tipos de sistemas.

12. O objetivo principal de um sistema de informação é receber e fornecer informações, portanto é um sistema de comunicação. Dê exemplos de comunicações 'humano- humano', 'humano-máquina', 'máquina-humano' e 'máquina-máquina'.

13. Analise uma geladeira como sistema dinâmico, tendo o termostato como sistema de controle.

14. Descreva o pensamento e a memória de uma pessoa como um sistema complexo, com diversos subsistemas. Recebe informações do exterior através dos sentidos, armazena estas impressões, pensa e reage. Existe um subsistema de lembrança, que é ativado geralmente por impressões externas. Observe que as imagens vistas podem ser processadas como imagens ou, no caso de textos lidos, são interpretadas e convertidas em impressões internas. Todas as impressões de impulsos externos, de pensamentos ou lembranças são 'visualizadas' internamente em um espaço interno que pode ser pensado como um quadro negro ou monitor de vídeo, em que aparecem os pensamentos.

15. Considere uma universidade como um sistema. Mostre que ela é um:

    a. sistema aberto (quais as principais entradas e as principais saídas?)
    b. sistema temporal (quais os aspectos temporais?)
    c. considerando três subsistemas "Ensino-de-Graduação","Ensino-de-Pós-Graduação" e "Administração" descreva as entradas e saídas principais e secundárias, as perturbações e como esses sistemas interagem entre si, i.e. quais as entradas e saídas de cada um em relação ao outro. Também descreva o fechamento operacional de cada subsistema.

16. Para o sistema de biblioteca SOBI, descrito no Anexo 1, faça um diagrama que mostra as interações entre os diversos subsistemas e deles com o ambiente externo, formado pelo bibliotecário e pelo usuário.

Parte I

Sistemas de Informação

Capítulo 2

ARQUITETURA

Neste capítulo estudaremos, em detalhes, a composição dos sistemas que nos interessam, os **Sistemas de Informação (SI)**. A principal característica destes sistemas é que os estados do sistema e os elementos de entrada e saída são informações.

Uma boa definição destes sistemas foi dada por G. Richter [Ri85]:

"Um sistema de informação é uma coleção de unidades funcionais que interagem entre si, trocando informações de acordo com regras pré-estabelecidas."

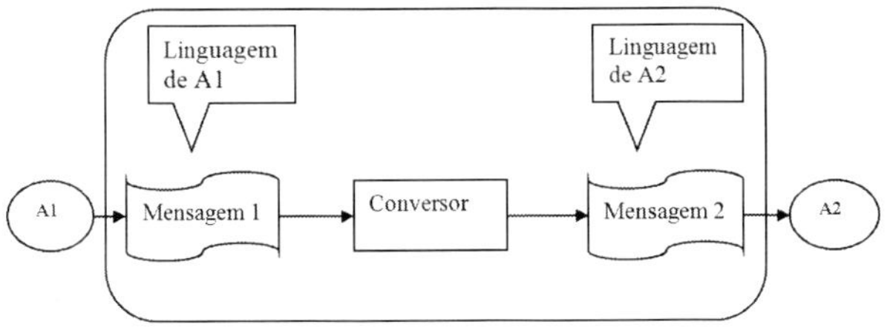

Figura 2.1. Sistema de comunicação

Como unidades funcionais entende-se tanto componentes internos do sistema que realizam uma tarefa específica de armazenamento ou localização de dados, como a comunicação do sistema com o ambiente externo. A interação entre as unidades funcionais é um tipo de **sistema de comunicação**, pois tem como objetivo principal a troca de mensagens (informações) entre as unidades funcionais do sistema e entre o sistema e seu ambiente. Chamaremos estes componentes de agentes. Note-se que estes agentes (unidades funcionais) podem ser humanos ou componentes de uma máquina (agente de software, impressora, gravador, etc.).

Para haver uma comunicação entre dois agentes A1 e A2 deve haver, antes de mais nada, a necessidade dessa comunicação, ou seja, haver um assunto a ser comunicado. A mensagem que transmite este assunto tem que estar codificada em uma linguagem conhecida pelo remetente A1 e pelo sistema de comunicação. Se o receptor A2 só entende outra linguagem terá que haver um processo de conversão da mensagem enviada por A1 para a mensagem recebida por A2 (Figura 2.1). As linguagens devem ser ricas o suficiente para que se possa expressar, sem ambiguidades, a mensagem a ser transmitida e para que ela seja entendida corretamente pelo receptor. As linguagens de A1 e A2 podem variar desde uma linguagem de máquina do computador até uma linguagem natural escrita, oral ou gráfica. Se a comunicação for uma simples troca de informações, o conversor só terá o trabalho de traduzir a mensagem enviada. Podemos distinguir dois tipos de mensagens:

- mensagens **descritivas:** transmitem uima informação sem consequência direta no resto do sistema;
- mensagens **impositivas**: determinam para A2 executar algum procedimento contido na mensagem. O resultado da execução deste procedimento pode gerar uma resposta, que seria uma mensagem emitida por A2 para A1.

A forma exata da expressão de uma comunicação e sua legibilidade dependerá fortemente do contexto da comunicação, determinado pelo estado atual do sistema. Por exemplo, a frase "*já vou*" será precisa no caso de o sistema saber quem criou (disse) esta expressão, aonde ele se encontra no momento e para onde pretende ir.

Imaginemos uma aula em que o professor diz "*silêncio*" à sua audiência. Neste caso, o sistema é uma aula expositiva, o assunto é a dificuldade do professor de ser ouvido e a linguagem é o português falado. Se mudarmos só o assunto nesse contexto para "*uma aula sobre cinema*" esta mesma mensagem pode significar a resposta a uma pergunta de um aluno sobre o nome de um filme de Ingmar Bergman.

Uma comunicação impositivo seria uma mensagem "*aumente meu salário em 10%*". Nesse caso o conversor recebe minha identificação e a instrução de aumentar o salário em 10%. Para realizar esta instrução ele terá que realizar outra comunicação com o banco de dados obtendo meu salário atual. Após os cálculos, a mensagem de saída será o salário aumentado enviado ao banco de dados.

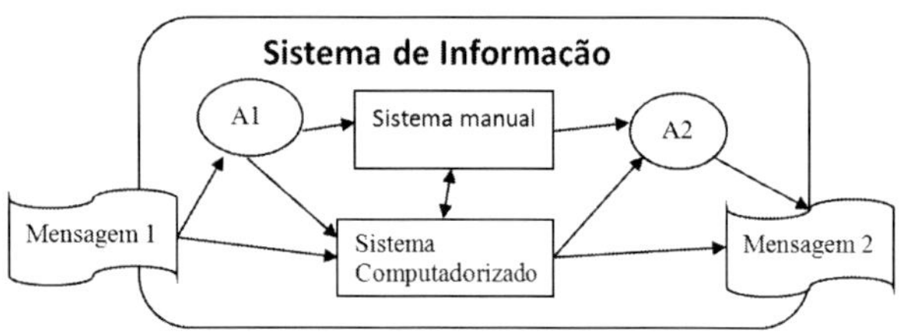

Figura 2.2. Sistema de Informação

Em um sistema de informação, pode-se tornar difícil distinguir quais unidades funcionais (pessoas ou subsistemas) fazem parte do sistema e quais do seu ambiente. Isto irá depender até que ponto queremos modelar e integrar estes elementos ao sistema ou se os consideramos fornecedores e consumidores externos de informação.

Se considerarmos os atores envolvidos como parte integrante do sistema, um sistema de informação pode ser considerado um sistema (parcialmente) fechado (Figura 2.2). Mensagens externas interagem com os atores e o Sistema Computadorizado que, por sua vez também interage com a parte manual do sistema. Além disso, um Sistema de Informação também pode ser considerado temporal, estocástico e dinâmico. A maioria dos sistemas de informação é sensível às épocas do ano (balancetes, características sazonais, etc.), aos dias da semana (fim-de-semana) ou às horas do dia (expediente), portanto são sistemas temporais. Sistemas um pouco mais complexos podem apresentar comportamento imprevisível, pois envolvem muitos componentes, seres humanos, etc., portanto são estocásticos. Em muitos casos um sistema de informação pode ter um comportamento estático no sentido de que em situações semelhantes ele se comportar de maneira semelhante. Mas, ele também pode ser dinâmico, pois, com a experiência de uma série de resultados negativos, ele irá reagir de forma diferente em uma futura situação semelhante. Ou seja, sua experiência anterior servirá como *feedback* para seu comportamento futuro.

Um sistema de informação, da forma como foi definido, não precisa envolver, necessariamente, um computador. Uma aula, uma reunião, uma partida de xadrez e muitos outros sistemas são sistemas de informação, por terem como elemento essencial a troca de informações.

Quando um computador[1] é utilizado como meio principal para processamento e armazenamento da informação, temos um **Sistema de Informação Computadorizado (SIC)**.

[1] Computador aqui é entendido em um sentido amplo, podendo ser uma rede de computadores

Em um SIC a principal função do computador é o processamento e armazenamento de informações. Pelo papel central exercido pela informação nestes sistemas a parte computadorizada de manutenção dos dados do sistema geralmente é assumida por um **Sistema de Gerência de Banco de Dados (SGBD)**, que é um software de armazenamento e processamento integrado de todas as informações do SIC. Fazem parte do SGBD um ou vários bancos de dados, os programas de acesso aos dados tanto os pré-compilados como os acessos esporádicos, todo o software de controle e armazenamento de dados e os meios físicos de entrada, saída e armazenamento, como terminal, impressora e discos. Pode-se distinguir entre o SGBD e os programas aplicativos. Um programa aplicativo seria um programa escrito em uma linguagem de programação que, para realizar seu objetivo, utiliza os dados do banco de dados. Para tal, se comunica com o SGBD por meio de chamadas embutidas no programa. A tendência atual é esvaziar cada vez mais estes programas aplicativos e passar suas tarefas ao SGBD. Vemos na figura 2.2 uma ilustração de um SGBD embutido em um SIC. Em sistemas de 1ª geração não existe um SGBD integrado para todo o SIC, mas sim, uma série de programas aplicativos, cada um gerenciando seus arquivos. Veremos mais adiante que existe uma tendência, principalmente para sistemas de informação complexos e distribuídos, da interoperação de vários SGBDs entre si e com outros tipos de arquivos, por meio de uma rede local ou pela Internet. Neste caso fala-se em Bancos de Dados Distribuídos ou Bancos de Dados Federados. Pode acontecer que a parte computacional do SIC é mais abrangente do que um sistema de gerência de informações, como é o caso dos Sistemas Baseados em Conhecimento, Sistemas em Tempo Real e outras aplicações especializadas. Também há aplicações em que os dados não necessitam de um SGBD, como os *Web Services* e *Blockchains*, a serem vistos mais adiante.

Um dos objetivos de um SIC é passar o maior número de tarefas para o SGBD, restando à parte externa do sistema o papel de ambiente gerador e consumidor de informações.

A parte computadorizada de um SIC (SGBD) é um (sub-)sistema aberto, geralmente atemporal, determinístico e estático. O ambiente seriam os processos manuais do sistema e as pessoas envolvidas. Como um computador trabalha da mesma forma a qualquer hora e todo programa é determinístico, o SGBD será atemporal e determinístico. Comparando as características sistêmicas de um SGBD com o SIC, vê-se que são quase todas opostas. Assim, um dos principais objetivos da pesquisa em bancos de dados avançados deve ser aproximar as características do SGBD às características do SIC, incluindo componentes ativos, temporais, heurísticos e dedutivos no sistema computadorizado.

O desenvolvimento de um SIC tem por objetivo delimitar e modelar um universo de *fatos, regras, objetos* e *ocorrências* atuais e futuras, para serem processados com o auxílio de um computador. Ele terá por objetivo substituir tarefas executadas manualmente e gerar novos dados ou informações inexistentes anteriormente.

Este universo é chamado de Universo do Discurso (UoD) da aplicação. Ao projetar um sistema de informação obtém-se um modelo do UoD chamado de Descrição do Universo do Discurso (DUoD). Esta descrição pode ser em forma de linguagem natural, de formulários preenchidos, de diagramas, tabelas e figuras, de expressões em lógica formal ou em programas de computador. Durante o projeto de desenvolvimento de um SIC, a sua descrição (DUoD) pode passar por várias destas formas.

Um SIC possui vários componentes ou aspectos fundamentais que serão analisados em maiores detalhes nos próximos capítulos. Temos o **componente estático**, que determina a estrutura das informações e as regras que determinam quais informações podem ser processadas e armazenadas pelo sistema e o **componente dinâmico**, que modela o processamento, a manipulação da informação, as mudanças que podem ocorrer no sistema. O componente estático pode ser dividido em **aspectos estruturais**, que são as estruturas do banco de dados e os **aspectos de controle**, que são regras e restrições que determinam quais estados e mudanças de estado do sistema são válidas e quais não. Estas regras podem incluir, além do formato exigido para os dados armazenados, procedimentos a serem tomados pelo sistema caso ocorra uma potencial violação da integridade do banco de dados. Nos aspectos de controle devemos distinguir entre regras do negócio ou regras corporativas e regras de integridade dos dados. As primeiras são determinadas pelos regulamentos da empresa, políticas, leis, etc. As regras de integridade dos dados são regras desenvolvidas pelo projetista da aplicação, para impedir o armazenamento e processamento de dados inconsistentes com o domínio da aplicação.

Existem outros aspectos de um sistema de informação que não serão detalhados neste livro. São eles:

- Usabilidade: formas de entrada e saída de dados, interfaces, formatos, etc.;
- Eficiência: formas e alternativas de armazenamento e recuperação dos dados para otimizar o tempo de processamento;
- Gerência: quem será responsável pelo fornecimento e consumo de qual informação, quem controlará o processamento da informação.

2.1. Arquitetura de um SIC

Veremos, nesta seção, os conceitos globais sobre os componentes de um SIC, principalmente sobre a parte computadorizada. Baseamo-nos na proposta conhecida como arquitetura ANSI/SPARC. A figura 2.3 mostra as interfaces de um SGBD com os outros componentes de um sistema de computação.

Figura 2.3. Interação do SGBD com seu ambiente

Os principais tipos de pessoas envolvidas em um SIC são:

- **Administrador da empresa**[2]: é a pessoa essencial que determina a política de informática na empresa, o software e hardware a serem adquiridos e os sistemas a serem desenvolvidos;
- **Administrador do Banco de Dados (ABD)**: é o especialista em bancos de dados que, após um levantamento das necessidades, indicará ao administrador da empresa o software de banco de dados recomendado e, em função das aplicações desenvolvidas, irá projetar o banco de dados, suas estruturas internas, autorizações de acesso, técnicas de acesso e a manutenção dos dados e procedimentos;

[2] Chamamos aqui de 'empresa' a organização, única ou múltipla, que é responsável pelo sistema.

- **Administrador da Aplicação**: deve ser um bom conhecedor do funcionamento da aplicação a ser informatizada, e fará o projeto da aplicação que será entregue ao administrador do banco de dados;
- **Usuário paramétrico**: são as pessoas envolvidas no uso contínuo de uma aplicação, desenvolvida pelo administrador da aplicação;
- **Usuário casual**: pode ser um gerente ou o administrador da empresa, que necessita do sistema para resolver um problema imediato e fará uso de uma interface amigável, sem grandes necessidades de programação.

A classificação acima não significa que, em casos reais, uma única pessoa possa incorporar mais de um das funções acima e, por outro lado, uma função poderá ser preenchida por várias pessoas.

Cada uma das interfaces com o SGBD, mostradas na figura 2.3., pode possuir vários componentes.

(1) *Programas aplicativos*:
- Chamadas explícitas de programas aplicativos;
- Programas em linguagens integradas;

(2) *Ferramentas para SGBDs:*
- Desenvolvimento de aplicações
- Projeto de banco de dados
- Suporte a decisões
- Ajuste de performance
- Utilitários de manutenção
- Suporte de entrada e saída

(3) *Dicionário de Dados:*
- Descrição das estruturas lógicas e físicas de esquemas e sub-esquemas
- Descrição das transformações entre esquemas
- Regras de acesso
- Regras de integridade
- Estatísticas de performance
- Catálogo de distribuição

As interfaces (4) e (5) contém detalhes técnicos de armazenamento dos dados no computador e de comunicação com outros computadores, no caso de o sistema ser distribuído.

De acordo com a proposta ANSI/SPARC um sistema de informação computadorizado possui duas dimensões, que são a *dimensão de ponto-de-vista* e a *dimensão de intenção/extensão*. Passamos a descrever cada uma destas dimensões, que irão compor a arquitetura de qualquer SIC.

Dimensão de Ponto-de-Vista: Nesta dimensão, um SIC é composto de três níveis ou camadas, cada um repetindo a descrição do sistema, mas com uma finalidade específica (Figura 2.4). A cada um destes níveis está associado um ou mais esquemas de descrição da aplicação.

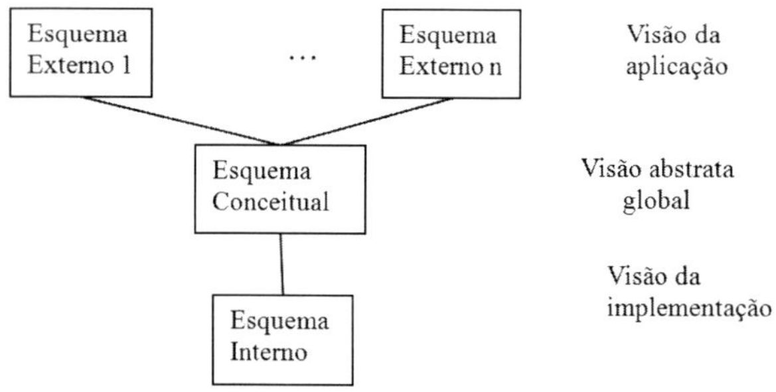

Figura 2.4. ANSI/SPARC - Dimensão ponto-de-vista

1. **Nível externo:** como um banco de dados tem por finalidade, ser utilizados por diversos setores de uma organização, cada um destes setores é considerado uma aplicação específica do sistema de informação. Para cada uma destas aplicações específicas é desenvolvido um esquema, denominado **esquema externo**, que descreve a estrutura e comportamento do subesquema que ele irá utilizar. Os esquemas externos também são conhecidos como **visões** do banco de dados.
2. **Nível conceitual:** Como um banco de dados é uma visão integrada de todos os dados e processos de uma organização, no nível conceitual é elaborado um esquema integral do sistema todo, denominado **esquema conceitual**. É importante ressaltar que este esquema descreve a semântica do sistema global, ou seja, tenta em sua linguagem, se assemelhar ao máximo aos conceitos naturais dos elementos da aplicação e é independente do sistema computacional que será criado para solucionar os problemas da organização. Pode ser considerada, assim, uma descrição formal da aplicação como um todo. É a existência deste esquema que distingue a 3ª geração de sistemas de bancos de dados da 2ª. Note-se que este esquema deve envolver tanto as estruturas de dados, as restrições de integridade e os processos conceituais.
3. **Nível interno:** Neste nível o esquema conceitual é tomado como base para desenvolver um modelo computacional para implementar o sistema proposto nos níveis superiores. Farão parte do **esquema interno** as estruturas internas dos arquivos de dados, transações, formas de acesso, indexação, otimização, etc.

Dimensão de Extensão/Intenção: Para se entender esta dimensão, vamos primeiro explicar os conceitos de extensão e intenção. Estes conceitos são bem conhecidos no âmbito de estruturas de dados. Por exemplo, em uma pilha de dados, a estrutura da pilha é a intenção e as pilhas concretas utilizadas em um programa são a extensão do conceito de pilha naquele sistema num dado instante. Em um programa, a declaração de variáveis é a intenção e o conteúdo delas, durante a execução, é a extensão. Em modelos de dados temos uma distinção análoga entre classe e instância. Veremos agora que, em uma aplicação de banco de dados, podemos identificar quatro níveis distintos (Figura 2.5.) com a característica interessante de que cada nível intermediário é a intenção do nível inferior e, ao mesmo tempo, a extensão do nível superior. Começamos a descrever estes níveis do mais inferior ao mais superior.

1. **Dados aplicativos:** este nível é a extensão real do banco de dados. Contém todos os dados armazenados em um dado instante, refletindo o estado do sistema naquele instante. Em um sistema de 4ª geração devem ser considerados, neste nível, também os dados implícitos, deriváveis a partir dos dados existentes, por meio de regras armazenadas na base de conhecimento.

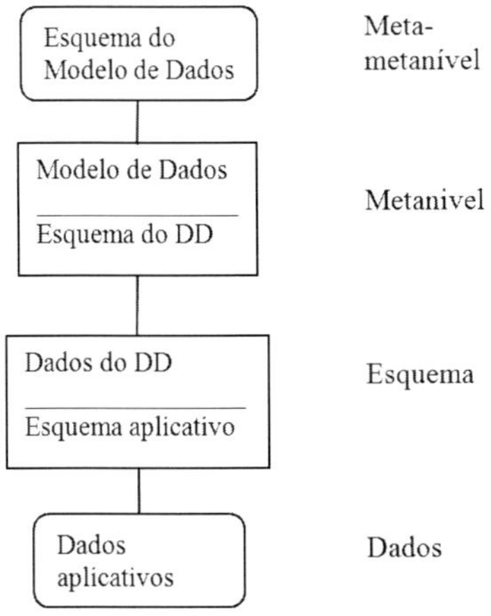

Fig. 2.5. Dimensão de Extensão/Intenção

2. Esquema da Aplicação/Dicionário de Dados: temos aqui o modelo da aplicação, por meio de um esquema conceitual, um esquema interno ou esquemas externos. Trata-se das estruturas de dados resultantes de um processo de projeto do sistema. Estas informações estruturais são também conhecidas como dicionário de dados. Fica claro que este nível significa a intenção dos dados aplicativos do nível descrito anteriormente. Cabe esclarecer que, como as duas dimensões aqui sendo descritas, são ortogonais, teremos três tipos de esquemas da aplicação: interno, conceitual e externos. Em consequência desta ortogonalidade, também devemos ter três tipos de dados aplicativos, do nível 1. A extensão do esquema interno é o banco de dados propriamente dito; a extensão do esquema conceitual é um banco de dados hipotético, conhecido como banco de informações. Conterá a visão global de todos objetos como são vistos pelo projetista e não como são armazenados no sistema. Finalmente, cada esquema externo terá um subesquema do esquema conceitual, que é o universo de objetos conceituas daquela aplicação específica, também conhecido como visão.

3. **Esquema do Dicionário de Dados/Modelo de Dados:** Certamente para o esquema interno serão necessários outros meios de descrição do que para o esquema conceitual e para os esquemas externos. Estes meios de descrição são denominados **modelos de dados.** Um modelo de dados é, portanto, uma especificação precisa dos conceitos e elementos que podem ser utilizados para se descrever o esquema de uma aplicação. Assim, conhecemos o modelo relacional, modelos semânticos e modelos orientados a objetos. Cada esquema específico de uma aplicação em um modelo é, portanto, uma extensão deste modelo e, o modelo em si, é a intenção.
4. **Esquema do Modelo de Dados:** O próprio modelo de dados precisa ser descrito em uma linguagem. Nesta (meta-)linguagem são descritas todas as características específicas do modelo de dados que poderão ser utilizadas para modelar uma aplicação. Uma metalinguagem para descrever um modelo de dados específico, deverá servir para descrever diversos modelos distintos. Com esta metalinguagem podemos descrever os modelos específicos para cada nível da dimensão de ponto-de-vista, ou mesmo acrescentar novas características a um modelo previamente descrito. Assim, cada modelo de dados é uma extensão desta metalinguagem que é chamada de esquema do modelo de dados. Candidatos ao esquema do modelo de dados são linguagens formais como VDM, MooZ, KBZ, F-logic ou Description Logic. Também a própria linguagem conceitual do modelo semântico pode ser usada, como é sugerido em [ANSI86]. Outro caso é a linguagem UML [UML05], que também pode ser considerada uma linguagem para modelos de dados, e possui uma linguagem específica para sua especificação que é a MOF (*Meta-Object Facility)* [MOF02]. A integridade do modelo UML é especificada por cláusulas da linguagem OCL (*Object Constraint Language*) [OCL02]. Mostramos a seguir uma figura da arquitetura completa de um sistema de banco de dados segundo a proposta ANSI/SPARC [ANSI86]:

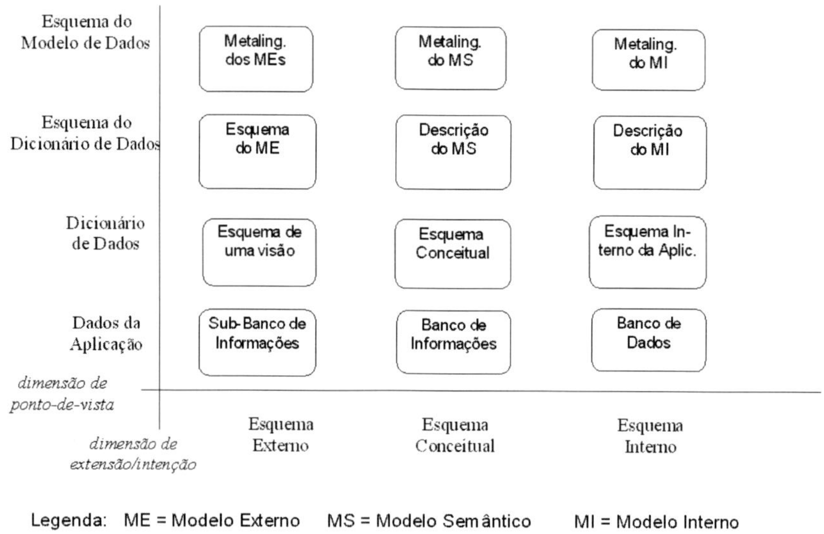

Figura 2.6. Dimensões de um Sistema de Informações

A figura 2.6 mostra a combinação das duas dimensões de um sistema de informação.

Os quatro níveis da dimensão de extensão/intenção foram considerados na especificação da linguagem de modelagem universal UML, com as denominações 'objetos do usuário', 'modelo', 'metamodelo', 'meta-metamodelo'. Neste contexto os objetos do usuário são as instâncias do banco de dados, o modelo é o esquema de classes da aplicação, o metamodelo é a UML e o meta-metamodelo é denominado MOF – *Meta-Object Facility*.

2.2. Princípio básico da modelagem de sistemas de informação

Um conjunto de conceitos ou elementos linguísticos e gráficos, utilizados para descrever a estrutura de um sistema de informação é chamado modelo de dados[3]. Nos últimos 10 a 20 anos foram propostas várias dezenas de modelos de dados, cada qual ressaltando mais alguns aspectos e menos outros. Nos capítulos seguintes serão estudados, em detalhe, as principais características e elementos de um modelo de dados.

Na figura 2.7. mostramos que o objetivo da modelagem consiste na representação de objetos ou entidades concretas ou abstratas de tal forma que possam ser reinterpretados corretamente. A parte do mundo real a ser modelada é denominada **universo do discurso**. Dividimos o mundo real em mundo concreto e mundo abstrato. Em um sistema de informação são representados e processados, indistintamente, objetos do mundo concreto (como uma casa, uma pessoa) ou do mundo abstrato (como um número). O esquema da aplicação ou o dicionário de dados fica em uma camada denominada Mundo Modelo. Os três pontos-de-vista da descrição da aplicação (segundo a proposta ANSI/SPARC) são os níveis externos, o nível conceitual e o nível interno. Representam diversas formas de representar a mesma informação do mundo real.

[3] Usamos a terminologia comum em textos de bancos de dados. Em outros contextos, como por exemplo na especificação UML [UML05], modelo é o esquema da aplicação e a linguagem de modelagem é chamada de metamodelo.

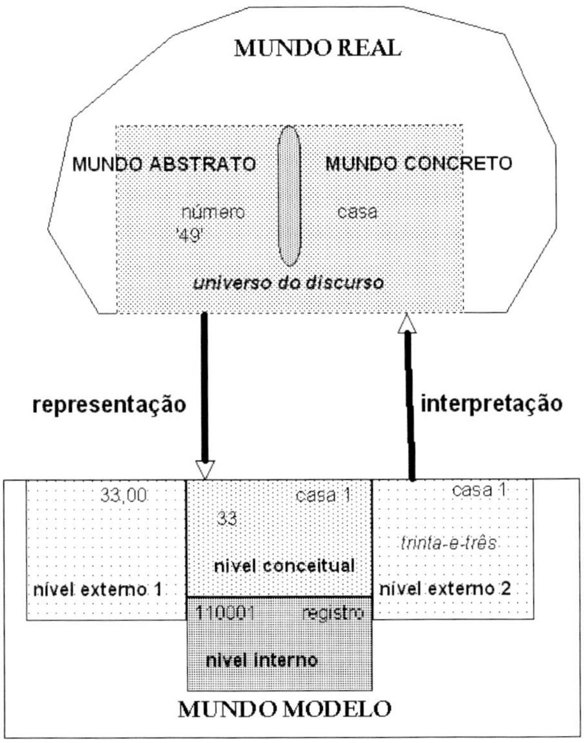

Figura 2.7. Os três mundos.

Vale a pena observar que, ao criarmos um SIC (criar uma representação no mundo modelo), haverá muitos objetos ou informações criadas exclusivamente no mundo modelo (o computador). São valores criados internamente sem correspondente direto no exterior. É claro que, por outro lado, tudo que está no computador também está no mundo real, pois o computador é real. O que queremos dizer é que ao criar um SIC, o papel deste sistema não é somente de acompanhar o que está acontecendo no 'exterior' mas também de substituir processos manuais ou criar novos processos exclusivos da parte computadorizada.

Antes de introduzirmos os principais conceitos da modelagem, destacamos que um bom modelo de uma aplicação deve ser uma representação exata do universo do discurso, nem mais nem menos. Nestes termos vamos enunciar o princípio central que deve reger toda e qualquer modelagem de um sistema computacional:

> **PRINCÍPIO TST (Tudo e Somente Tudo):**
> *Um bom sistema consegue representar e processar todos requisitos da aplicação* (Tudo) *e não representa nem processa nada que esteja em desacordo com a aplicação* (somente Tudo).

Este princípio, também conhecido como *princípio dos 100%,* destaca dois aspectos igualmente importantes e difíceis de serem alcançados em sua totalidade. Primeiro, um sistema deve *fazer tudo* a que se propõe e, segundo, deve *impedir tudo* que estiver em desacordo com a realidade do universo do discurso. Para o primeiro objetivo, o modelo de dados deve possuir riqueza semântica suficiente para captar todos os requisitos do projeto do sistema. Para atender ao 'somente tudo', deve possuir um mecanismo de controle de consistência suficientemente potente para captar todas as restrições inerentes à aplicação e evitar todas ações que possam tornar o sistema inconsistente com a realidade. Voltaremos a citar este princípio durante o decorrer deste texto, e mostraremos as dificuldades em se conseguir atendê-lo plenamente.

2.3. Tipos de Sistemas de Informação

Em sistemas computacionais podemos distinguir, de acordo com sua finalidade, duas grandes classes de sistemas: Sistemas Transformacionais e Sistemas Reativos. Cada classe tem características bem específicas que determinará a forma de construção e uso do mesmo.

Um **Sistema Transformacional** geralmente tem um único objetivo com um início e fim bem definidos. Ele é iniciado por uma entrada que irá gerar uma saída dependente (principalmente) desta entrada. Exemplos de sistemas transformacionais são compiladores de programas, funções numéricas, programas de emissão de folhas de pagamento ou de faturas, sistemas de reservas de passagens, sistemas de pesquisa em bibliotecas.

Um **Sistema Reativo** tem um comportamento bem diferente. Ele realiza diversas funcionalidades, executa tarefas distintas de forma mais ou menos independente, mas que podem interagir entre si. Ele é acionado por eventos diversos que podem ser ações externas ou um estado específico em que o sistema se encontra. A execução de um processo pode interagir repetidamente com o usuário e com outros processos existentes. Nesta forma se classificam a maioria dos sistemas de informação, sistemas de gerência de projetos, comércio eletrônico, redes sociais.

É claro que também pode haver sistemas híbridos, que possuem características de ambas as classes. Por exemplo, um sistema de reserva de passagens, apesar de ser transformacional no sentido de ter um objetivo claro, reservar uma passagem, pode ter características reativas no sentido de sugerir alternativas para a reserva solicitada que podem atender melhor o solicitado.

A tabela 2.1 mostra as características de cada tipo de sistema.

SISTEMA TRANSFORMACIONAL	SISTEMA REATIVO
Pouco interativo	Muito interativo
Processo determinístico	Processos não-determinístico
Contínuo	Orientado a interrupções
Processo único	Processos paralelos
Resultado depende da entrada	Resultado depende do estado e da entrada
Aberto	Semi-fechado

Tabela 2.1. Classes de sistemas computacionais

Sistemas também podem ser classificados, de acordo como o enfoque no tipo de modelagem, em duas escolas: Modelagem Baseada em Fatos e Modelagem Baseada em Regras.

Na **Modelagem Baseada em Fatos** o foco é dado às estruturas objetivas da informação a ser armazenada, processada e utilizada. Este foco é claramente a modalidade mais difundida de criação de sistemas de informação. As modalidades da orientação a objetos, estruturação da informação e criação de bancos de dados estão baseadas neste foco. Parte-se do princípio da independência da informação, ou seja, cria-se toda a estrutura da informação para, depois, determinar as formas de seu uso. Todas as aplicações cuja estrutura central é um banco de dados, são desta categoria.

Já na **Modelagem Baseada em Regras** a estruturação da informação fica em segundo plano. A ênfase é na criação de uma base de regras que determinarão afirmações ou asserções verdadeiras. Regras são esquemas que determinam quais combinações de fatos são aceitos (verdadeiros) ou não. Geralmente são da forma *SE fato ENTÃO conclusão*. Vale ressaltar que uma regra é uma unidade abstrata que pode ser instanciada por dados reais. Além disso, na Modelagem Baseada em Regras tenta-se armazenar explicitamente um número mínimo de regras que descreve satisfatoriamente o mundo a ser considerado. Muitas verdades são obtidas a partir de uma dedução de novas regras implícitas, obtidas a partir de outras regras (explícitas ou implícitas).

Exemplos de sistemas com modelagem baseada em regras são Sistemas de Suporte a Decisão, Sistemas de Informações Legais e Sistemas Baseados em Conhecimentos. A linguagem mais difundida para o desenvolvimento destes sistemas é a linguagem Prolog, mas também há ambientes para domínios específicos, como o LEGOL (*Legally Oriented Language*) para a formalização do raciocínio jurídico.

Um sistemas que combina uma base da fatos com uma base de regras, incluindo um mecanismo de inferência baseado nestas regras, pode ser chamado de **Banco de Dados Inteligente**.

Uma variante da Modelagem Baseada em Regras é o **Raciocínio Baseado em Casos**. Neste caso, em vez de serem armazenadas regras abstratas de validade geral, são armazenados casos concretos representando ocorrências verdadeiras. Se em situações futuras ocorre outro caso, identificado como semelhantes a um já armazenado, a conclusão deste caso já confirmado é induzida para o novo caso. Exemplos de sistemas com este enfoque são Sistemas de Apoio ao Médico, Sistemas de Jurisprudência, Sistemas de Empréstimos Bancários.

Como foi visto no capítulo anterior, um sistema de informação é um sistema de processamento de dados cuja principal finalidade é o tratamento de informações. Podemos distinguir diversos tipos de sistemas de informação, determinados principalmente pela finalidade do sistema, ou seja, qual o público-alvo do sistema e para que propósito ele foi desenvolvido.

Cada tipo de finalidade determinará uma especificidade de tipos e formatos das informações de entrada e de saída do sistema, diferentes formas de processamento, assim como origem e o destino das informações. Estas diferenças implicarão em diferentes arquiteturas de construção do sistema, diferentes metodologias de desenvolvimento e diferentes estruturas de dados e de processamento.

Vale ressaltar que a classificação apresentada não é mutuamente exclusiva. Muitas aplicações reais poderão ter características de vários tipos de sistemas. O importante é identificar estas características para escolher as tecnologias adequadas à aplicação.

Mostraremos aqui as principais características de cada tipo de sistema de informação, sem entrarmos em detalhes dos diversos problemas e soluções existentes para cada um. No capítulo 7 serão dados detalhes dos modelos de bancos de dados para atender aos sistemas de informação e no capítulo 10 serão estudados diversos tipos de dados a serem processados.

2.3.1. Sistemas de Processamento de Transações

Por Sistema de Processamento de Transações são denominados sistemas de informação cuja principal finalidade é substituir tarefas rotineiras de processamento de grandes massas de dados ou procedimentos trabalhosos, envolvendo cálculos complexos, emissão de documentos, etc. São sistemas transformacionais no sentido de que para as mesmas entradas produzirem as mesmas saídas.

Para estes sistemas, os dados geralmente ficam armazenados em um banco de dados e os procedimentos (ou transações) são programados previamente em uma linguagem de programação convencional, com chamadas de acesso ao banco de dados, ou são programados na linguagem procedural oferecida pelo SGBD.

O banco de dados agrega as informações de diversas aplicações e, para cada aplicação, pode ser especificada uma visão (esquema externo) que garante que aquele setor tenha a sua disposição exatamente os dados de que precisa. Como os dados são processados por múltiplas transações, o SGBD terá que oferecer um controle de concorrência, que garante que cada transação tenha a sua disposição dados corretos e que não interfira no processamento das outras transações.

Uma **transação** representa uma sequência de ações de acesso ao banco de dados, podendo englobar leituras de dados e transformações como remoções, inclusões e alterações. Cada transação implementa uma operação conceitual que é atômica, ou seja, deixa o banco de dados em um estado consistente após sua execução completa mas, se for interrompida poderá gerar estados inconsistentes. A questão é que normalmente em um sistema de processamento de transações podem ocorrer, a partir dos diversos sistemas aplicativos, muitas transações simultaneamente, acessando os mesmos dados. Uma solução segura para esta concorrência é colocar todas transações em fila e executar uma após a outra. Mas, esta solução pode ser inviável em certos casos, por ser a mais lenta. Além disso, a maioria das transações não têm interferência entre si.

Deseja-se executar várias transações em paralelo. Com isto, surge um problema de acesso múltiplo aos mesmos dados por várias transações, que pode provocar inconsistências. Suponhamos, por exemplo, que existem duas transações T1 e T2, ambas compostas por três operações básicas sobre o mesmo registro r, ou seja, T1=<ler r, atualizar r, escreve r> e T2 é parecida. Ao intercalar T1 com T2 pode ocorrer a seguinte sequência

T1:ler r; T2:ler r; T1:atualizar r; T1:escreve r; T2:atualizar r; T2:escreve r.

Neste caso a atualização feita por T1 se perde, pois T2 leu o valor anterior de r e fez sua atualização baseada neste valor. Para evitar problemas como este, um complexo sistema de processamento de transações deve fazer parte integrante do SGBD. O tratamento desta problemática é denominado Controle de Concorrência.

As tecnologias geralmente usadas para Sistemas de Processamento de Transações são um Sistema de Gerência de Bancos de Dados (SGBD), que contém um subsistema de controle de concorrência, e um ambiente de desenvolvimento de aplicações. O tipo mais adequado de SGBD dependerá da complexidade da aplicação. Poderá ser um sistema monousuário como Delphi, poderá ser um SGBD relacional ou poderá ser um SGBD objeto-relacional.

Aplicações típicas de Sistemas de Processamento de Transações são programas de folha de pagamento, controle de estoques, processamento de vendas, emissão de balancetes e estatísticas, etc. Por outro lado, um sistema de processamento de apostas de uma loteria, processa grandes massas de dados mas, mesmo assim, pode nem precisar de um banco de dados, pois a estrutura dos dados é extremamente simples e também não existe a necessidade de concorrência entre múltiplas transações. Seria um Sistemas de Processamento de Transações elementar.

Sistemas de Processamento de Transações são implementados por Bancos de Dados Centralizados (vide seção 8.1.) ou Bancos de Dados Distribuídos Homogêneos (vide seção 8.2.).

2.3.2. Sistemas de Informação Gerencial

Enquanto um sistema transacional mantém um banco de dados com todas as informações primitivas do sistema, como saldos de contas, listas de empréstimos, prazos de vencimento, e muitos outros mais, existe outro tipo de necessidade de informação, que são as informações gerenciais. São volumes acumulados de vendas, cotações médias de preços, tendências, balancetes, etc. Para atender a esse tipo de necessidade, o sistemas de informação deve estar preparado adequadamente. A maioria das organizações informatizadas, possuem, além de um processo contínuo de processamento e atualização de seus dados, uma necessidade periódica de utilizar informações derivadas das informações primitivas para acompanhar o andamento do seu negócio. Estas informações são denominadas **informações gerenciais**.

Um gerente precisa saber regularmente, geralmente em períodos constantes, como se negócio esta andando, com isso poderá incorporar melhorias e evoluções do sistema. Na quinta geração dos bancos de dados, discutida no capítulo anterior, essas análises gerenciais poderão objeto de tentativas de automação e incorporação no próprio sistema.

Sobre a geração destas informações gerencias deve-se fazer as seguintes distinções.

Quanto ao momento da geração:

1. Assíncrona: independente das transações de geração de novas informações, periodicamente é executado um processo de sumarização dos dados primitivos, para servir de entrada ao Sistema de Informação Gerencial;
2. Síncrona: como efeito colateral de todas transações, todas modificações nos dados que têm influência nos dados gerenciais, provocam uma atualização destes dados derivados.

A versão síncrona tem a vantagem de que as informações estão sempre disponíveis, mas geram uma sobrecarga de processamento.

Quanto à fonte de dados:

1. Homogênea; Todos os dados estão em um banco de dados;
2. Heterogênea: Para a geração das informações gerenciais são utilizados diversas fontes, como bancos de dados dispersos, arquivos e fontes externas.

Para a solução (2) terá que ser realizado um complexo processo de integração das fontes, eliminando diferenças de formatos e possíveis inconsistências. O repositório para esses dados agregados é denominado *Data Warehouse* (vide seção 8,2,1). A alimentação do Data Warehouse geralmente é assíncrona com os processos transacionais.

2.3.3. Sistema de Suporte a Decisão - SSD

A informática tem como principal objetivo facilitar a solução de problemas associados ao processamento de informações. Estes problemas podem ser de natureza bastante diversa. Podem ser problemas operacionais, como os relativos ao volume de dados a serem processados (loterias, recenseamentos) ou à quantidade cálculos a serem feitos (folha de pagamento, cálculos estruturais de engenharia), ou são problemas estratégicos, em que a complexidade reside na diversidade de informações a serem levadas em consideração para se chegar ao resultado desejado.

Um **Sistema de Suporte a Decisão (SSD)** atende à solução de problemas estratégicos. Como o nome sugere, um SSD facilita a solução de problemas confrontados por um agente que precisa tomar uma decisão em uma dada situação e um dado momento. Para ajudar esta tomada de decisão, o sistema deve:

- Apresentar as alternativas de decisão sobre o problema dado,
- Sugerir em quais circunstâncias quais das alternativas são as mais recomendáveis.

Em certos casos o SSD não somente propõe uma solução, mas toma a decisão de escolher a melhor solução para continuar o processamento.

O desafio de um SSD é possibilitar a formulação do problema e ter a disposição os dados necessários para determinar uma solução do problema definido.

Um tomador de decisões humano que utiliza o SSD pode ser um médico, um jurista, o executivo de uma empresa, um investidor ou um comprador na internet. Já uma decisão a ser tomada por um agente de software pode ser, por exemplo, um sistema de investimento automático que recebe uma nova quantia a ser investida ou um sistema distribuído que deve decidir por qual canal deverá enviar uma mensagem a outro componente, levando em consideração questões de segurança e rapidez.

O SSD deve ser apto a agregar todas informações que podem ajudar na solução do problema. Podem ser consultas a um banco de dados local, pesquisas em documentos textuais, pesquisas em fontes externas. Sobre esta variedade de fontes de informação o sistema deve ter a habilidade de analisá-los e ter um poder de raciocínio que irá criar as alternativas de solução. Dada esta complexidade das fontes de dados e do seu processamento, todo SSD existe para resolver problemas em um contexto bem específico e bem delimitado. Cada tipo de SSD irá ter fontes de dados e tipos de processamento bem específicos. Dependendo do foco do sistema, podem ser distinguidos 5 classes de SSD:

a. **Sistemas orientados a dados**: a ênfase está no acesso e manipulação dos dados, que podem ser em grande quantidade, históricos ou de diversas fontes e formatos;
b. **Sistemas orientados a conhecimento**: o suporte não se baseia só em fontes de dados, mas também na interpretação dos mesmos por regras ou outras análises;
c. **Sistemas orientados a comunicação**: neste caso a problemática está solução de uma tarefa compartilhada por vários participantes que deverão tomar uma decisão conjunta;
d. **Sistemas orientados a documentos**: ao invés de processar dados, o foco está na manipulação e interpretação de documentos, que podem conter informações multimídia;

e. **Sistemas orientados a modelos**: a utilização dos dados está sujeita a sua interpretação segundo um modelo de negócio: financeiro, estatístico, ou de simulação.

A característica comum a todos estes sistemas é a existência de um usuário que formula um problema específico que ele pretende resolver, e o sistema procura encontrar uma solução.

Podemos distinguir duas abordagens para criar um sistema que da suporte ao tomador de decisão:

1. O sistema imita o raciocínio de um especialista em um assunto e, com isso, chega a conclusões semelhantes às quais o humano chegaria. A vantagem é que o sistema tem um poder de processamento e de acesso a dados muito maior do que a pessoa. Por exemplo, em um sistema de diagnóstico médico, ele poderá acessar milhares de casos semelhantes, armazenados em sua base. Estes sistemas são chamados de **Sistemas Especialistas**. O problema com estes sistemas é que o raciocínio humano também pode ser intuitivo, o que não é especificável formalmente.
2. O sistema possui uma modelagem formal e precisa, mas se diferencia de um agente humano pela capacidade de processamento de grandes massas de dados bem- ou semi-estruturadas. Para dar suporte à tomada de decisão os dados primitivos podem ser preparados previamente criando um banco de dados derivados denominado *Data Warehouse*. Os dados necessários para a criação do *Data Warehouse são coletados de diversas fontes, como Bancos de Dados, Documentos e fontes externas. Os dados são transformados e colocados em um banco de dados derivados e agregados. A partir deste banco de dados são extraídas as informações que irão dar suporte à tomada de decisão.*

A arquitetura básica de um SSD é mostrada na figura 2.8.

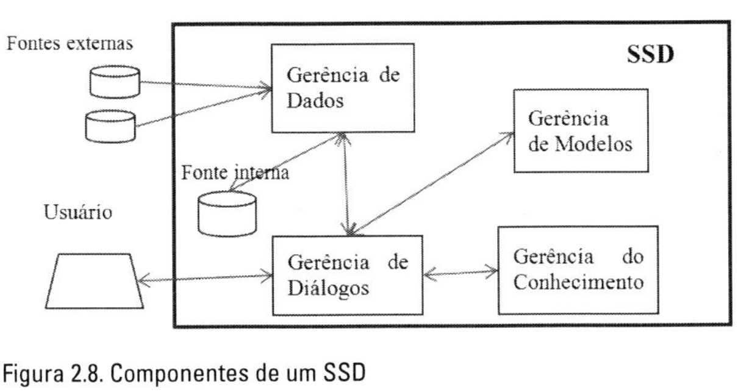

Figura 2.8. Componentes de um SSD

A Gerência de Diálogos identifica o problema do usuário e, com auxílio da Gerência de Modelos, identifica o tipo de problema a ser resolvido e a forma de solução. A Gerência de Dados é ativada para preparar e consultar as fontes de informação necessárias para determinar a solução. Dependendo do tipo de problema, será necessário utilizar a Gerência do Conhecimento para realizar os devidos raciocínios e deduções que irão determinar a solução do problema.

Vejamos alguns exemplos de tipos de Sistemas de Suporte a Decisão.

EXEMPLO 1: Sistema de suporte ao diagnóstico médico

Todo médico, para fazer o diagnóstico de um caso de um paciente, se apoia em duas fontes de conhecimento: a literatura especializada que, por meio de pesquisas e testes laboratoriais, oferece soluções para o diagnóstico do caso em questão; e o histórico da experiência do tratamento de outros pacientes em situações semelhantes.

Em analogia a esta situação, um sistema de apoio ao diagnóstico médico irá se basear em duas fontes de informação:

a. Uma base de conhecimento que descreve o conteúdo dos tratados médicos sobre a especialidade em questão – chamado de **Medicina Baseada em Evidências**;
b. Uma base de casos, que tem registrado as experiências de tratamentos de situações parecidas àquela que está em questão. A base conterá tanto casos de sucesso como de insucesso de tratamentos. O uso desta base é conhecido como **Raciocínio Baseado em Casos**.

O Sistema de Diagnóstico irá usar os dados do paciente e dos sintomas registrados, para consultar as recomendações baseadas nos tratados médicos e encontrar casos similares na base de casos. Estas fontes de informação terão que ser combinadas para gerar tratamentos adequados ao caso em questão.

O grande diferencial deste sistema em relação a um tratamento sem suporte computacional é o fato de a experiência do médico poder ser complementada com a base de casos, que conterá a experiência de um número expressivo de outros médicos, permitindo assim um diagnóstico e tratamento mais efetivo.

EXEMPLO 2: Sistema de Informações Executivas/Apoio ao investimento empresarial

A administração de uma empresa, ao tomar decisões estratégicas sobre investimentos ou mudanças gerenciais, necessita de um máximo de informações sobre a situação dos atuais negócios e tendências do mercado. Para tal, precisa de um histórico das evoluções positivas e negativas de seus setores de produção e da situação do mercado. Portanto, deverá ter em mãos estatísticas de produtividade de sua organização e do mercado.

Supondo que a organização é composta por diversos setores de produção relativamente independentes, terá vários bancos de dados para estes setores além de possíveis outras fontes documentais de informação, além de fontes externas de mercado. Para atender às necessidades gerenciais citadas, estas fontes deverão ser utilizadas continuamente para alimentar um banco de dados histórico com informações agregadas a partir destas fontes operacionais e informações externas sobre o mercado. Com estes dados acumulados poderão ser geradas as análises necessárias para as tomadas de decisão estratégicas.

EXEMPLO 3: Sistema de recomendação no comércio eletrônico

O comércio eletrônico envolve dois atores principais: o comprador e o(s) vendedor(es). O suporte a decisão ocorre quando o comprador expressa um desejo de compra. Este desejo pode ser expresso em um site específico de vendas pela internet (como a Amazon), um site genérico de suporte a compras diversas fontes (como o Buscapé) ou um browser (como o Google). Em todos os casos uma potencial transação de comércio eletrônico pode envolver ações preliminares, antes de o comprador começar a expressar seu desejo de compra. Assim como no comércio convencional um potencial comprador é induzido a se interessar por certos produtos pela propaganda, essa ação motivacional também ocorre no comércio eletrônico. Nesse caso, a propaganda não precisa ser só genérica em lugares públicos, mas pode ser personalizada caso o sistema consiga detectar as preferências do comprador, baseado em suas compras ou pesquisas anteriores. O módulo de Gerência do Conhecimento irá monitorar as navegações do potencial comprador na internet detectando suas preferências e criando um perfil em sua base, que será utilizado pela propaganda e na hora da realização de uma compra. P.ex. pela localização do comprador o frete poderá ser calculado automaticamente.

Outros exemplos de Sistemas de Suporte a Decisão seriam

1. Sistemas de apoio ao planejamento de investimento governamental. Dados de suporte seriam informações geopolíticas e econômicas das regiões da abrangência do governo.
2. Sistemas de empréstimos financeiros. Levará em conta o perfil financeiro do cliente,
3. Sistema de reserva de vôos. Confrontará o perfil do passageiro com as disponibilidades de vôos.
4. Sistemas de detecção de falhas em uma rede elétrica e recomendação de providências emergenciais. Irá detectar, automaticamente, a ocorrência de contingências na rede e, dependendo do tipo de falha, consultar as devidas providências a serem tomadas e notificar o agente controlador da rede.

As tecnologias que dão suporte aos Sistemas de Suporte a Decisão são os Sistemas Baseados em Conhecimento (Seção 10.7.) e os Data Warehouses que, por sua vez utilizam arquiteturas de Bancos de Dados Federados ou Multibancos de Dados (seção 8.2.1.) e tipos de dados não convencionais, como Dados Temporais (seção 10.4.), Dados Imprecisos (seção 10.2.) e Dados Textuais (seção 10.3.).

2.3.4. Sistemas de Informações Geográficas - SIG

Um sistema de informação armazena e processa informações válidas e de interesse para os seus usuários. Assim, se tenho a informação sobre um empréstimo de um livro `emprestado(eid, uid)` significa que o exemplar de um livro identificado por '`eid`' está emprestado para um usuário identificado por '`uid`'.

Entretanto, há casos em que um fato ou um objeto não têm uma validade universal, mas ela é limitada no espaço ou no tempo. Pode ser uma situação climática específica em uma região, pode ser um avião que está se aproximando de um aeroporto, pode ser uma batalha que ocorreu há 200 anos. Estes tipos de fatos têm sua validade em uma região específica no espaço e/ou no tempo. Esta característica, para ser considerada corretamente, merece um tratamento diferenciado em relação aos outros dados. Por exemplo, a informação sobre a localização espaço-temporal de um objeto tem um significado diferenciado. Um fato válido em uma certa região valerá para todo ponto ou área dentro desta região. O mesmo raciocínio se aplica às informações temporais.

Um **Sistema de Informações Geográficas (SIG)** é um sistema focado na observação de fenômenos geográficos que possuem características espaço-temporais. Fenômenos geográficos podem ser fenômenos como chuva, seca, um deslizamento, um acidente; entidades como rios, cidades, casas; e objetos móveis como pessoas e aviões. Podemos distinguir três tipos de informação espacial:

1. Objetos móveis: um avião, o trânsito em uma cidade;
2. Uma localização espacial: um restaurante, uma epidemia, uma queimada;
3. O usuário do sistema: o sistema está em um objeto portátil que se move em uma região e este movimento é determinante para a análise do ambiente.

Um SIG utiliza uma tecnologia denominada Geoprocessamento, que representa um domínio de aplicações que necessitam do processamento de fenômenos espaço-temporais. Entre estas aplicações podem ser citados o planejamento de uma administração municipal ou estadual, sistemas de GeoMarketing, sistemas de estudo sobre impacto ambiental, etc.

Em um SIG podemos verificar características específicas tanto na coleta, no processamento e nas formas de representação e apresentação dos dados geográficos. Enquanto um dado convencional é representado pelos atributos que o caracterizam, um dado geográfico possui, além desses atributos, informações de localização do objeto em questão. Esta localização pode ser um valor determinando sua posição geográfica ou, no caso de um objeto móvel, uma função que determina a posição do objeto no momento do acesso a ele.

2.3.4.1. Coleta dos dados

Um dado espaço-temporal completo tem três dimensões: factual, espacial e temporal. Ou seja, é determinado *o que* existe ou ocorreu *onde* e *quando*. Um exemplo de um dado espaço-temporal seria '*o atentado terrorista matou mais de 200 pessoas (fato) em Bagdá (espaço) em 3/7/2016 (tempo)*'. Se o dado não tiver dimensão temporal é chamado de dado espacial e se não tiver componente espacial, é um dado temporal.

Um dado espacial essencial para um SIG é o mapa. Um **mapa** é uma abstração de uma região na terra da qual são destacadas características de interesse para o sistema. Uma característica de interesse para uma região é chamada de tema e, nesse caso, temos um mapa temático. Exemplos de temas seriam o solo, uso da terra, cidades e estradas, geologia. Uma sobreposição de diversos temas constitui um mapa topográfico. Para criar um mapa deve-se definir uma orientação (norte/sul) e uma escala (km/cm).

A construção de um Sistema de Informações Geográficas pode ocorrer por etapas. Geralmente é determinado primeiro a área de interesse para o sistema (mapas) que pode estar preenchida com informações temáticas básicas para o sistema, como delimitações geográficas e/ou políticas, características geológicas e outras. Estas informações básicas são chamadas de feições ou entidades espaciais. Esta base espacial será atualizada por informações temáticas no decorrer do tempo (ocorrências na região ou em sub-regiões) com ou sem um parâmetro temporal.

Detalhes sobre o formato de entrada e armazenamento de mapas e dados espaciais serão dados na seção 10.5. Ressaltamos aqui somente a necessidade de determinação das duas (ou três) dimensões de um dado geográfico. Se o sistema se baseia em um mapa topográfico, também terá que ser especificado o tema a qual o dado factual se refere.

A entrada de novos dados sobre as entidades temporais poderão ser alocadas citando-se estas entidades ou por meio de um interface visual que mostra o mapa temático e no qual se escolhe a posição ou região para a qual os dados serão inseridos ou atualizados.

2.3.4.2. Processamento dos dados

Devido ao significado diferenciado dos dados espaciais e temporais, existem operações e relações específicas que podem ser exploradas ao processar estes dados.

Como vimos na seção anterior, um dado espaço-temporal tem três dimensões. As operações e relações específicas são definidas sobre as dimensões espacial e temporal em separado e os resultados são associados ao dado completo. Assim, falamos separadamente sobre dados espaciais e dados temporais, respectivamente.

DADOS ESPACIAIS

Uma entidade espacial ou feição representa um elemento definido em uma região geográfica, que pode ser um ponto (uma cidade, um cruzamento, um automóvel), uma linha (um rio, o percurso de uma viagem) uma região (um estado, uma fazenda) ou uma combinação de vários destes elementos. Vale destacar que, em certas situações a interpretação de uma entidade pode ser alterada, por exemplo, uma cidade que geograficamente é uma região é considerada um ponto. A esta entidade são associadas informações específicas, como a população de uma cidade ou a vazão de um rio.

Sejam p, p1 e p2 pontos e r, r1 e r2 regiões. As seguintes operações podem ser aplicadas a estes dados espaciais:

- *Distância(p1, p2)*: determina a distância entre os pontos em uma métrica predefinida. Como os dois pontos estão situados na superfície terrestre há várias formas de definir esta distância: a reta entre os pontos, a linha considerando a curvatura do globo e oscilações topográficas ou a linha de deslocamento entre os pontos considerando os meios de locomoção como estradas ou rios.
- *Movimento(p, contexto)*: o deslocamento de um ponto de acordo com um ambiente. O contexto será composto por uma linha como via de deslocamento e uma velocidade.
- *Zoom-in(r)*: altera a escala de uma região r mostrando mais detalhes e, possivelmente, uma área menor. O inverso desta operação será o Zoom-out(r).
- *Navegar(r)*: utiliza uma sub-região, chamada de janela, que pode ser movida dentro da região r e mostrar o conteúdo desta sub-região.
- *Mostrar(p)*: mostra o conteúdo de p, ou seja, os dados factuais definidos para este ponto. Também pode ser aplicada a uma região.
- *Local('nome')*: retorna a entidade espacial identificada pelo nome. Para esta função podem ocorrer os problemas característicos de linguagem natural. Podemos ter ambiguidades (São Paulo estado ou cidade) ou notações distintas (S. Paulo ou São Paulo).

Há diversas outras operações que podem ser aplicadas como *local(p)* que retorna a latitude e longitude do ponto ou área(r) que determina a área de uma região r em alguma medida predefinida.

Outra característica de um SIG é a possibilidade de determinar possíveis relações entre entidades espaciais. Dadas duas regiões r1 e r2, as principais relações que podem ocorrer são:

- *Contém(r1,r2)*: a região r2 contém a região r1.
- *Intercepta(r1,r2)*: as duas regiões têm uma sub-região em comum mas também têm sub-regiões distintas.
- *Disjuntas(r1,r2)*: as duas regiões não têm nada em comum.
- *Toca(r1,r2)*: a duas regiões são disjuntas, exceto uma linha, que é comum às duas.

DADOS TEMPORAIS

Em um SIG uma temporalidade pode determinar os dados associados às entidades espaciais. Assim a população de uma cidade, o trânsito em uma estrada ou as chuvas de uma região variam com o tempo. O tempo pode ser pensado como uma linha contínua e infinita de instantes temporais. Elementos temporais de interesse seriam pontos (instantes), intervalos (períodos) ou combinações disjuntas destes elementos primitivos.

Dado um objeto *o* qualquer (primitivo ou complexo), podemos associar um elemento temporal a ele *t(o)* que determinará o tempo de validade deste objeto. Baseado nesta validade de objetos temporais, poderão ser definidas relações semelhantes entre objetos temporais como as existentes para objetos espaciais. Assim, se tenho dois objetos temporais o_1 e o_2 poderá haver relações como

- *Antes*(o_1, o_2): a validade de o_1 termina antes de o_2 começar;
- *Intercepta*(o_1, o_2): os tempos de o_1 e o_2 têm instantes em comum;
- *Durante*(o_1, o_2): o tempo de o_1 é um subconjunto do de o_2.

Mais detalhes sobre esses tipos de dados serão dados na seção 10.4.

2.3.4.3. Apresentação dos dados

Uma das peculiaridades de um SIG é a possibilidade da apresentação visual de suas informações. Um mapa topográfico, como uma abstração de certa região geográfica, pode mostrar a situação específica desta região segundo um ou vários temas escolhidos pelo usuário. Neste contexto, a recuperação de informações geográficas também utiliza esta forma visual para expressar uma consulta. Escolhe-se primeiro uma região, nesta região marca-se um ponto (p.ex. uma cidade) ou uma área (um retângulo que cobre a área de interesse), para em seguida especificar os dados solicitados (população, incidência de chuvas). Se necessário, instantes ou intervalos temporais podem completar os dados da consulta. Por exemplo, após escolher a cidade de Campina Grande na Paraíba, especifica-se a pergunta '*quantas pessoas visitaram a cidade em 24.06.2017*'.

De uma forma mais geral, as seguintes questões podem ser respondidas por um SIG:

1. Dados locais: O que há aqui (Ex.: o exemplo anterior);
2. Condição: onde há isto (Ex.: '*em quais regiões do Brasil a temperatura média do ano atual aumentou em relação ao anterior*');
3. Tendência: como um local está mudando (Ex.: '*como o clima na região Nordeste do Brasil mudou do ano anterior para o corrente*');
4. Padrão: O que caracteriza certa situação (Ex. '*qual a frequência de acidentes de carro nas metrópoles do Brasil*' ou '*o que provocou um aumento da criminalidade em um bairro da cidade*');
5. Espaço: localização de um objeto ('*onde se encontra aquele automóvel*');
6. Tempo: determinação de um tempo ('*quando o açude de Boqueirão sangrou pela última vez*');
7. Movimentação: determinar o deslocamento de um objeto móvel ('*como o peixe se deslocou nos últimos 10 segundos*').

A apresentação das respostas a uma consulta a um SIG depende do tipo da consulta. Na consulta do tipo 1 (localização) provavelmente se pede um dado numérico, que será fornecido de forma convencional. A não ser que este '*o que há aqui*' seja a característica espacial do '*aqui*' que será mostrado como janela em um pequeno mapa.

Respostas a consulta do tipo 2 poderão ser pequenos mapas que satisfazem à condição da consulta. Perguntas de tendências (tipo 3) ou de tempos (6) poderão determinar um valor ou uma lista ou gráfico de valores, se a tendência se estender por vários períodos. Já os padrões (tipo 4) poderão ser tanto dados numéricos, caracterizando uma região, como regiões caracterizando o padrão solicitado. Para a descoberta destes padrões poderão ser aplicadas técnicas de mineração de dados. Respostas a perguntas de movimentação (7) poderão ser um tracejado em uma região ou um vídeo.

Para a construção de Sistemas de Informações Geográficas são utilizados dados espaciais (seção 10.5), que podem estar associados a dados temporais (seção 10.4).

2.3.5. Sistemas de Recuperação da Informação – SRI

O que diferencia um SRI de outros sistemas de informação é o tipo das fontes de informação com o qual ele trabalha. Enquanto um Sistema de Processamento de Transações, que utiliza um banco de dados convencional, processa dados formatados alocados em tabelas, um Sistema de Informações Geográficas processa, além destes dados convencionais, mapas geográficos, a fonte de informação de um Sistema de Recuperação da Informação são documentos. Mesmo que todo sistema de informações tem por objetivo recuperar informação, este termo é reservado para a recuperação de informações contidas em documentos. Um documento costuma conter texto corrido, informações de identificação como títulos, índices e também pode conter figuras, tabelas e gráficos. Um documento digital também pode conter trechos de vídeo ou áudio além de links para outras partes do documento ou para outros documentos.

De uma forma geral um documento em papel pode conter os seguintes tipos de dados:

1. Dados lineares
   a. **Textos em letra de forma** (impressa) – são sentenças linguísticas em um idioma predeterminado, que expressam alguma informação. Podem estar em alguma posição de destaque, como títulos e índices ou serem um texto corrido.
   b. **Textos manuscritos** – os mesmos tipos como nos textos em letra de forma, só que na forma cursiva.
   c. **Partituras** – são representações de expressões musicais, ao invés das expressões linguísticas dos textos.
   d. **Códigos** – são sequências de símbolos com algum significado não linguístico. Podem ser expressões matemáticas, lógicas, em uma linguagem de programação ou qualquer outro formalismo predeterminado.

1. Dados não lineares
   a. **Tabelas** – são seções bidimensionais, subdivididas em células que conterão os dados de interesse, que podem ser textuais ou numéricos.
   b. **Diagramas** – um diagrama ocupa uma certa área e expressa alguma estrutura. Pode ser um organograma

ou um grafo assim como formas visuais, às vezes coloridas, de expressar alguma situação.

c. **Mapas** – são representações visuais de áreas geográficas e algumas características destas áreas.
d. **Fotos** – são registros fotográficos de algum objeto.

Todos esses tipos de dados podem ser digitalizados e aparecer em documentos digitais. Mas, para cada um desses tipos é necessário a existência de uma codificação binária que permita a representação do dado em uma mídia de armazenamento digital. Para textos em geral é utilizada a codificação ASCII. Cada tipo de código terá uma interpretação específica assim como cada tipo de diagrama. Para dados não lineares, incluindo as partituras, podem ser utilizados formatos genéricos como png ou bmp, que não permitem analisar seu conteúdo. Para permitir uma análise do conteúdo destes dados além de uma possível alteração deste conteúdo, terão que ser utilizados formatos específicos para cada tipo de dado e programas adequados do acesso aos mesmos.

Em documentos digitais podem ser considerados mais alguns tipos de dados. Os principais são:

a. **Planilhas eletrônicas** – são uma extensão de tabelas permitindo alocar ás células da tabela, não só valores como fórmulas e referências a outras células.
b. **Vídeos e áudio** – em um local do documento estará um botão que irá acionar um arquivo de vídeo ou áudio.
c. **Apontadores** – um texto digital pode se transformar em um hipertexto com a colocação de ponteiros que ao serem clicados irão mover a posição do cursor para outro ponto do documento ou para outro documento.

Muitos destes dados podem estar contidos em arquivos de uma só mídia, como planilhas eletrônicas, vídeos, áudios e diagramas. Para cada tipo haverá softwares adequados que permitem editar e alterar estes dados.

Em um SRI todos os dados estão embutidos em um documento e o objetivo é extrair o máximo possível de informação destes dados. Neste sentido, um SRI é um sistema multimídia mas, o principal foco são os dados textuais.

O que interessa em um SRI não é o texto e as figuras contidas em um documento, mas a informação contida nesse texto e figuras. Um texto descreve alguma coisa, e é isto que interessa ao usuário de um SRI, saber quais documentos descrevem o que. Como os dados de interesse contidos em um documento estão dispersos ao longo do texto, de forma pouco acessível, um SRI possui duas fases distintas:

1. **Preparação** ou **Indexação**: consiste na varredura do conteúdo de um documento que irá integrar uma biblioteca, para extrair todos os termos significativos contidos nele. Como resultado desta fase é criado uma base de documentos e uma tabela de índices informando quais termos estão contidos em quais documentos.
2. **Utilização** ou **Consulta**: Um usuário informa um ou mais termos e deseja saber em quais documentos eles estão contidos. O resultado também pode fornecer, para cada documento, uma indicação em que trecho(s) do documento a informação procurada se encontra. Se a lista de documentos for extensa, eles serão ordenados por um critério de relevância.

Existem dois grandes domínios que utilizam um Sistema de Recuperação da Informação:

1. As **Bibliotecas Digitais**: Todos os documentos digitais são controlados e inseridos no sistema por um agente central, o bibliotecário, e os documentos são armazenados em um local controlado;
2. **Recuperação da Informação na Web**: Localizam documentos armazenados por usuários da Internet em locais denominados servidores Web. São indexados e recuperados por um programa denominado *motor de busca*.

A recuperação de informações na Web será analisada na próxima seção. Veremos aqui mais alguns detalhes sobre Bibliotecas Digitais.

Uma biblioteca digital é uma variante de uma biblioteca convencional de livros físicos, sendo que os documentos que fazem parte do acervo estão em forma digital armazenados em arquivos eletrônicos. Este formato e disposição dos documentos tem dois grandes diferenciais em relação a uma biblioteca convencional. Primeiro, uma grande facilidade de indexação precisa dos conteúdos dos documentos e, segundo, a disposição ilimitada dos documentos. A desvantagem é a impossibilidade de um usuário 'passear' pelos livros da biblioteca e encontrar livros desconhecidos.

As informações indexadas em um documento digital podem ser textos ou objetos multimídia.

RECUPERAÇÃO DE INFORMAÇÃO TEXTUAL

A recuperação da informação textual é uma das áreas mais antigas da informática, tendo se desenvolvido em paralelo com os sistemas de bancos de dados. Pela grande diferença, tanto na forma de aquisição dos dados como nos formatos de armazenamento, as duas áreas tiveram dificuldade de convergirem.

Depois dos números, textos são a forma mais 'amigável' a ser processada por um computador. Enquanto um número representa uma grandeza única, faltando só saber o que esta grandeza significa, um texto é formado por palavras e uma palavra tem seu significado léxico bem definido por um dicionário do respectivo idioma. Mas, a partir desta identificação léxica, a determinação do termo adequado para formar um índice do documento não é mais tão simples. A questão central é evitar a criação de muitos índices distintos que representam a mesma informação ou não representam nenhuma informação relevante. Uma palavra possui flexões gramaticais ou pequenas variações linguísticas que não devem gerar índices distintos, pois dificultam a recuperação. Por outro lado, muitas palavras, como artigos, pronomes, adjetivos e outras, não são de interesse para formarem um índice.

Sistemas de recuperação textual avançados também podem levar em consideração a desambiguação de termos ambíguos assim como considerar diversas relações semânticas entre termos como sinonímia, hiper-/hiponímia, meronímia, acronímia, etc. Para melhorar a determinação de índices adequados, a consideração de termos compostos também é essencial. Por exemplo, em um documento pode aparecer o trecho '*sistemas de bancos de dados*'. Este termo é significativo, assim como '*bancos de dados*' mas '*bancos*' e '*dados*' não interessam. Assim, após a remoção do plural, o trecho deverá gerar os índices: *sistema, banco de dados, sistema de banco de dados.*

Na fase de preparação em um SRI um documento integral será processado para se obter todos os termos significativos a serem escolhidos como índices deste documento. Após esta extração o documento e a lista de índices deverão ser incluídos na base textual de documentos e índices já existente. Para obter este resultado, a preparação pode ser dividida nas seguintes etapas:

1. **Filtragem**: O documento é analisado para a remoção de tudo que não é texto. São figuras, tabelas, numerações e outros sinais não textuais. Após a filtragem, o documento é formado por uma sequência de palavras, sentenças e parágrafos textuais.
2. **Análise sintática**: Do texto oriundo da etapa anterior, cada palavra é analisada e é determinada sua classificação gramatical. Para cada palavra, é destacado por tags se ela é um substantivo, artigo, verbo, etc. Elas também são agrupadas formando termos, denominados de sintagmas nominais, sintagmas verbais e outros.
3. **Remoção de *stopwords***: Muitos termos não têm significado para um processo de indexação. Por isso são removidos artigos, pronomes, preposição.
4. **Truncagem (stemming)**: Um termo candidato a formar um índice pode ter muitas variantes que não interessam. São flexões de tempo, gênero, flexões verbais e outras variações como os termos 'análise', 'analisando', 'analisar', 'analítico'. Para evitar esta multiplicação de termos com pequenas variações sintáticas, é determinado o radical do termo que será escolhido como índice do documento.
5. **Indexação**: Os termos identificados são incluídos em uma lista de índices e conectados ao novo documento que foi indexado. Para melhorar esta indexação, é determinado o peso de um termo como índice do documento. São calculados dois fatores determinantes: a frequência da ocorrência do termo no documento e o número de documentos que contém este termo. a frequência do mesmo termo em todos os documentos indexados (idf). Queremos aumentar o peso de termos mais representativos do documento, ou seja, termos que ocorrem mais vezes no documento e que ocorrem menos nos documentos restantes da base. Este peso é calculado da seguinte forma:

   Sejam:
   tf(t,d): a frequência da ocorrência do termo *t* no documento *d*;
   D: o conjunto de todos os documentos da base;
   N: o número total de documentos;
   $n(t,D)=|\{d \in D \,/\, t \in d\}|$ o número de documentos que contêm *t*;
   idf(t,D) = log(N/n(t,D)) é chamado de frequência inversa de *t* na coleção *D*;

   Então:
   w(t,d) = tf(t,d) . idf(t,D) é o **peso** da ocorrência de *t* em *d*, denominado de tf-idf.

   Este peso fica associado à relação entre o termo e o documento na tabela de índices.

Na fase de consulta ao SRI o usuário fornece uma lista de termos ao sistema que processa as mesmas quatro etapas iniciais da indexação para, em seguida, localizar os documentos associados a cada termo. O peso da ocorrência de um termo em um documento localizado é utilizado para ranquear a lista de documentos recuperados.

RECUPERAÇÃO DE INFORMAÇÃO MULTIMÍDIA

Os elementos não textuais em um documento necessitam de um tratamento diferenciado para serem aproveitados na recuperação de informação. Pela dificuldade deste tratamento, que envolve o processamento de dados multimídia, em muitos sistemas eles são totalmente desprezados. Vejamos algumas das possíveis formas de tratamento destes dados:

- **Metadados**: Legendas de figuras, gráficos e tabelas podem ser aproveitadas na recuperação. P.ex. com a legenda "*Organograma da empresa*" uma consulta a "Organograma" poderá mostrar o gráfico correspondente. Se para uma consulta por "*Pedro Fernandes*" houver uma figura com este nome na legenda, será mostrado da figura. O conceito de metadados também poderá ser utilizado na recuperação de capítulos, seções ou anexos em uma consulta pelos respectivos títulos.
- **Tabelas**: O SRI poderá identificar as colunas e linhas de uma tabela e acessar o conteúdo das células identificado pelas respectivas linha e coluna. Este processamento equivaleria a uma consulta a o banco de dados relacional. A situação pode complicar quando passa de uma página a outra. Nesse caso pode acontecer que o nome das colunas é repetido na nova página ou não. A recuperação também é difícil se houver células se estendendo por amis de uma coluna ou linha, ou se uma célula for, por sua vez, uma pequena tabela.
- **Objetos multimídia**: Se uma figura contiver uma foto, um gráfico ou um mapa, a forma de acesso ao conteúdo da figura, além dos metadados, terá que utilizar de técnicas específicas para o tipo de mídia do objeto (vide Capítulo 10). Para este caso será útil se a legenda da figura identificar o tipo da mesma por uma palavra como "Foto.." ou "Mapa..".

2.3.6. Web Semântica

Com o surgimento da Internet e a rede de dados contidos nela, a Web, os pesquisadores Tim Berners-Lee, James Haendler e Ora Lassila sugeriram estender o potencial da Web dando possibilidade de dar significado aos dados publicados e, com isso, permitir implantar módulos de raciocínio sobre o que está publicado e, além das informações, disponibilizar serviços e processos complexos.

Vamos descrever, nas próximas subseções, alguns elementos desta proposta.

INFORMAÇÕES NA WEB

A rede universal de computadores denominada **Internet** comporta a publicação de páginas contendo hipertextos, que estão no formato padrão **HTML** (*Hypertext Markup Language*) ou formatos derivados. Um hipertexto é um texto digital em que é possível destacar certos trechos (geralmente palavras simples ou compostas) como links que permitem uma navegação para outros documentos associados ao trecho destacado. Além do formato HTML, que permite a formatação de textos, imagens, gráficos e ligações entre páginas. Enquanto HTML tem como objetivo uma boa visualização dos dados na Web e o caminhamento na página ou entre páginas, por meio de links, existem outros formatos, que permitem determinar um melhor significado aos dados colocados, transformando-os em informações. Os principais formatos utilizados são os seguintes:

1. **XML** (*Extensible Markup Language*): termos podem ser embraçados por marcas, denominadas *tags*, dando significado ao termo. Exemplo: `<nome>Lao Tze</nome>;`

2. **RDF** (*Resource Description Framework*): permite determinar relações binárias entre termos, denominadas <sujeito, predicado, valor>. Exemplo: `<Lao Tze, escreveu, Tao Te King>`;
3. **DC** (*Dublin Core*): utiliza um vocabulário fixo de 15 termos para descrever recursos. Exemplo: `<dc:title>Tao Te King</dc:title>`.

Mais detalhes sobre estas linguagens serão dadas na seção 9.8 do capítulo 9.

Além desses formatos específicos, documentos digitais também podem ser publicados nos padrões e documentos digitais, como GIF, PDF e JPEG.

Com esta disponibilização pública em formatos padrão, temos uma riquíssima fonte de informações interligadas, conhecida como **Web**. O acesso a essas páginas ocorre por meio de um programa denominado navegador web, ou simplesmente **navegador**. O local de armazenamento das páginas a serem acessadas é denominado **servidor web**, que disponibiliza este acesso aos navegadores por meio de um protocolo de comunicação denominado **http** ou **https**. Cada servidor web possui um endereço único, denominado **URI** (p.ex. *https://pt.wikipedia.org/*), Este endereço determina o computador em que ficam armazenados os arquivos HTML contendo as páginas públicas (p.ex. *https://pt.wikipedia.org/wiki/Motor_de_Busca*). O computador de quem utiliza um navegador web como fonte de informação é chamado de **cliente web**.

Existem três formas de obter uma destas páginas, a partir de uma página aberta no navegador do cliente:

1. Escrevendo o endereço na janela de pesquisa do navegador;
2. Clicando no hiperlink de uma página HTML aberta, que contém a URL de outra página;
3. Colocando um valor em uma janela da página de um programa de busca na Web. Este valor poderá ser um nome ou um número e determinará o retorno de uma ou várias páginas relativas a este valor.

As principais modalidades de utilização da Web como um Sistema de Informação são os Motores de Busca, os Wikis e as Aplicações Web.

MOTORES DE BUSCA

Um **motor de busca na Web,** ou buscador, é um SRI (Sistema de Recuperação da Informação) com o detalhe de que os dados objeto do sistema (páginas web) estão espalhados em uma vasta rede de dados localizados na internet. Em um SRI convencional os dados estão localizados em uma biblioteca digital, cujos elementos foram previamente analisados e indexados por um componente do sistema. Já na Web, não há controle sobre o acréscimo e remoção de documentos, qualquer usuário conectado à rede pode realizar estas ações.

Um motor de busca na Web é um SRI que utiliza as publicações na Web como fonte de informações. Como tal, ele também tem que realizar as atividades de indexação e recuperação, como em um SRI convencional. A diferença é que no sistema da Web a dinâmica inerente às fontes de dados, as páginas Web, em que diariamente são acrescidas, alteradas e removidas milhões de páginas. Para levar isso em conta o buscador utiliza um **rastreador web** (*web crawler*), que é um programa ou agente de software que percorre ininterruptamente a web à procura de novas páginas ou páginas alteradas. As informações encontradas são entregues ao indexador para atualizar a lista de índices do sistema. Por isso, o rastreador precede o indexador no processo.

Além dos buscadores gerais, como Google, Yahoo e Bing, existem buscadores específicos, que procuram ressaltar algumas qualidades especiais das informações encontradas. Vejamos alguns exemplos significativos:

- Wolfram Alpha: busca científica com detalhes matemáticos, físicos ou químicos dos conceitos;
- Yippy: classifica os resultados por diversos critérios como 'tempo' ou 'tópicos';
- Sensebot: retorna explicações sobre os termos da consulta e permite refinar a consulta original;
- Swoogle: versão semântica do Google, utilizando a interpretação dos dados dada por cláusulas na linguagem RDF. Permite pesquisas por ontologias, documentos e termos;

Todos estes motores de busca podem ser chamados de **buscadores globais**, pois pesquisam todos documentos existentes, sem distinção. Outro tipo de buscador é o **buscador vertical**, que, ao invés de pesquisar a Web como um todo, utiliza uma base de dados própria para atender a um objetivo bem específico. Nesta categoria temos dicionários como WordNet e ConceptNet, portais de vídeo como o YouTube, a enciclopédia Wikipédia, bibliotecas públicas, portais de notícias, sites de informações governamentais, como a plataforma Lattes, e muitos outros sistemas.

A característica destes buscadores é que possuem uma fonte de dados própria para atender a uma demanda específica de informação. Em alguns casos o acesso é restrito a usuários específicos que devem estar cadastrados no sistema.

WIKIS

Um **Wiki** é um buscador vertical com uma característica peculiar. As informações a serem armazenadas e utilizadas são fornecidas pelos próprios usuários.

Uma página de um Wiki possui um modo de edição, no qual o usuário pode acessar a linguagem fonte em que a página está redigida. Neste modo o usuário pode acrescentar novos elementos, corrigir os existentes ou remover partes.

O Wiki mais conhecido é a Wikipedia, uma enciclopédia multimedia e multilíngue, como todo seu conteúdo formado por usuários. O portal de vídeo Youtube é outro exemplo de um Wiki, em que usuários podem publicar vídeos dos mais diversos assuntos. Neste caso, os usuários podem se cadastrar para publicar seus vídeos e comentar as publicações dos outros.

APLICAÇÕES WEB

Além da visualização de informações da Web por meio de buscadores e de uma possível atualização destas informações em páginas Wiki, existe uma gama vasta de outras possibilidades de utilização da Web de forma mais dinâmica, é o que chamamos de **aplicações Web**. Uma aplicação Web não só mostra informações, como executa alguma tarefa predeterminada. A forma de execução destas tarefas depende muito do tipo de aplicação, mas existem linguagens específicas para implementar esta dinâmica, as linguagens de *script* (vide seção 8.3). Outras formas são os Serviços na Web (seção 2.3.6) e os *Blockchains* (seção 2.3.7).

Vejamos os principais tipos de aplicações na Web:

- **Comunicação direta**: são programas que interligam dois usuários da internet com o objetivo de trocarem informações entre si. Pode ser uma comunicação síncrona, em conversas de fala (como o Skype) ou textual (sistemas de bate-papo) ou assíncrona, como troca de mensagens por correio eletrônico ou sistema de mensagens. No correio eletrônico geralmente também podem ser anexados arquivos digitais em qualquer formato. Também existem sistemas híbridos, que permitem comunicação tanto síncrona como assíncrona, como no WhatsApp. Em alguns sistemas também é possível interligar mais de duas pessoas.
- **Redes sociais**: uma rede social é um local público em que seus usuários podem disponibilizar mensagens, endereços de URLs, comentar mensagens dos outros e participar de grupos temáticos de discussão. Geralmente, cada usuário escolhe os outros usuários com os quais ele deseja interagir como 'amigos'.
- **Blogs**: ao contrário de uma rede social, que pode ser chamada de democrática, pois todos os usuários têm o mesmo papel de participação, um blog possui um *dono*, que publica artigos que ele considera interessantes e os *clientes*, que se interessam pelos assuntos publicados pelo dono e podem comentar o que for publicado, gerando uma discussão.
- **Comércio eletrônico**: no comércio eletrônico tem, como no comércio convencional, vendedores e compradores. O vendedor publica em um servidor Web os produtos que ele tem para vender e as respectivas condições. O comprador pesquisa a Web com um Motor de Busca para encontrar possíveis vendedores do produto desejado. Com o resultado oferecido pelo buscador, pode haver duas opções, ou o comprador acessa a página de um vendedor específico e inicia o processo de compra, ou existe um intermediário que lhe oferece várias opções onde comprar.

Além desses tipos de aplicações existem diversos outros como, sistemas de matrícula em cursos e o respectivo pagamento, acompanhamento de cursos de Ensino à Distância, reserva de voos e hotéis, e muitos outros.

Veremos na próxima seção como, para atender a aplicações Web, é possível manter disponível não só páginas, mas também serviços para a utilização destes dados por diversas aplicações que possam necessitar estes dados.

2.3.6.1. Serviços na Web

A internet disponibiliza uma imensa fonte de informações das mais diversas espécies na Web. Essas informações podem ser extremamente úteis para diversos sistemas de informação. Para possibilitar a utilização e atualização dessas informações é adequado prover módulos aplicativos que permitam acessar e modificar a informação que está exposta. A publicação e utilização destes módulos na internet cria a possibilidade de incluir mais dinâmica na Web e faz parte da proposta Web 2.0.

Existe uma certa analogia entre o uso ou não destes serviços disponibilizados com a programação convencional e a orientada a objetos. Na programação convencional, os dados estão disponíveis e são utilizados de acordo com a necessidade do programa. Já na programação orientada a objetos, aos objetos estão associados métodos que determinam a utilização adequada dos objetos. Assim, um serviço na Web determina como se deve utilizar uma informação publicada na Web.

Esses módulos aplicativos são conhecidos como *Web Services*. Um ***Web Service*** realiza alguma funcionalidade e interage com seus usuários por meio de um par $w=<Ew, Sw>$, em que Ew é um conjuntos de parâmetros de entrada para o serviço e Sw é um conjunto de saídas fornecidas por w. Em outras palavras podemos considerar um *Web service* uma função $w(Ew)= Sw$.

Para que esses tipos de serviços possam ser utilizados, eles têm que estar disponíveis de forma pública e permitirem um acesso padronizado a suas funcionalidades. Existem padrões que facilitam a utilização dos serviços por qualquer usuário. Os principais padrões são:

- **De interface:** WSDL (*Web-Service Description Language*);
- **De publicação:** UDDI (*Universal Description, Discovery and Integration*);
- **De encapsulamento de mensagens**: SOAP (*Simple Object Access Protocol*).

Tanto quem quer oferecer um serviço como quem quer encontrar um serviço disponível, utilizam o *framework* UDDI. A forma de acessar *Web Services* encapsulados em mensagens de documentos XML é determinada por SOAP. Já as funcionalidades como os formatos dos parâmetros de entrada e saída de dados das operações são descritos em WSDL.

O funcionamento dos *Web Services* é ilustrado na figura 2.9.

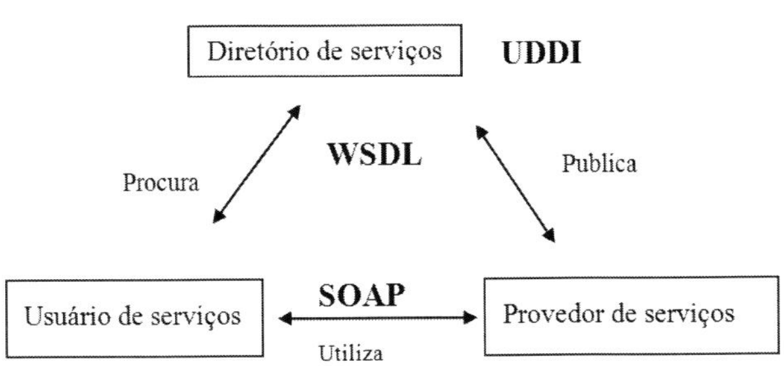

Figura 2.9. Sistema baseado em Web Services

O provedor de serviços publica os serviços que ele tem a oferecer no diretório UDDI. Quando um usuário necessita de algum serviço, ele o procura no diretório por meio de uma especificação WSDL. Encontrado o serviço requisitado, são enviados, pelo protocolo SOAP, mensagens ao provedor acessando o serviço encontrado. Este processa a requisição e retorna o resultado.

A qualidade de soluções por meio de *Web Services* pode ser incrementada para atender melhor o que um usuário necessita, Podem ser usadas ontologias para melhor identificar os serviços adequados a uma procura. Outro incremento pode ser a combinação de vários serviços para atender a uma solicitação mais complexa. Fala-se, nesse caso, em *Web Services* Compostos. Dois *Web Services* w_1 e w_2 podem ser compostos de forma sequencial (notação: $w_1 \rightarrow w_2$), quando w_2 depende das saídas de w_1, ou paralela (notação: $w_1 \mid\mid w_2$) quando os dois serviços são independentes e as saídas de ambos os serviços são necessárias para atender a requisição.

A determinação da possibilidade de composição de dois Web Services $w_1=<Ew_1, Sw_1>$ e $w_2=<Ew_2, Sw_2>$ depende do casamento das saídas Sw_1 com as entradas Ew_2.

Uma requisição a um *Web Service* é um par r= < *E*, *S* >, em que *E* é um conjunto de valores de entrada disponíveis e S é um conjunto de tipos de valores de retorno esperados que atendem a requisição. Dizemos que um serviço *w*=< *Ew*, *Sw* > atende a uma requisição r= <*E*, *S*> quando $E_w \subseteq E$ e $S_w \subseteq S$. No caso dos serviços compostos, temos que

Se w = $w_1 \rightarrow w_2$ então deve valer $E_{w1} \subseteq E$, $E_{w2} \subseteq S_{w1}$ e $S \subseteq S_{w2}$
Se w = $w_1 \parallel w_2$ então deve valer $E_{w1} \cup E_{w2} \subseteq E$ e $\subseteq S \subseteq S_{w1} \cup S_{w2}$

Para criar um *Web Service* Composto deve haver um suporte para as seguintes tarefas:

1. Definição dos domínios abrangidos pela requisição e das informações solicitadas;
2. Localização de provedores adequados e da forma de composição, que poderá ser sequencial ou paralela;
3. Execução dos serviços segundo o plano definido no passo anterior e retorno dos resultados.

Vamos ilustrar o processamento de um *Web Service* Composto por meio de um exemplo. Queremos criar uma programação de uma viagem de participação em um congresso. Esta programação deverá incluir as viagens de ida e volta, hospedagem, programação de participação no congresso e programação de lazer. As três tarefas citadas para a criação do serviço composto seriam:

1. Domínios de reserva de viagens, hospedagem, programação do congresso e programação local;

2. Considerando que a hospedagem depende das datas das viagens e a hospedagem deverá ser próxima ao local do congresso, mas a programação local será fora dos horários do congresso, os serviços poderão ser compostos da seguinte forma:

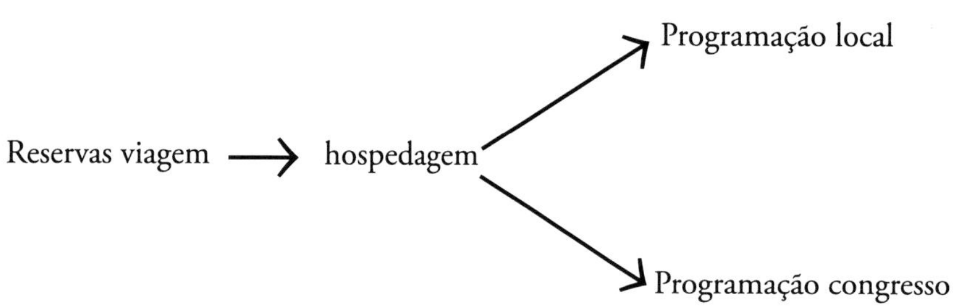

Os quatro serviços são executados na ordem estabelecida. Vale destacar que, dependendo dos resultados, a programação da viagem poderá ser revista.

Vejamos, um pouco mais detalhado, a questão da composição de serviços. Para a reserva de viagem é informada a cidade de origem, digamos A, e a cidade de destino, B. Mas, pode não existir transporte direto de A para B. Existe um transporte aéreo de A para uma cidade C e um transporte rodoviário de C para B. Então para atender o *Web Service* `transporte({A,B}, horários)`, teremos que combinar dois serviços `transporte-aéreo({A,C}, horários1)::transporte-rodoviário({C,B},horários2)`. Nesse caso, poderá ter várias cidades candidatas à conexão C. Poderão ser utilizados os horários determinados para escolher o serviço mais adequado.

2.3.6.2. Blockchains

Uma ideia, relativamente recente, é o uso da internet para criar um tipo de contabilidade virtual pública e compartilhada dos dados e transações de uma aplicação específica. São registrados todos os lançamentos de uma aplicação financeira de forma segura e compartilhada. Como todos os dados e transações são virtuais, esta tecnologia permite uma simplificação significativa dos processos em relação às contabilidades convencionais burocráticas. Os riscos e desafios neste caso são a segurança e privacidade dos dados. Para a criação de uma Blockchain são necessárias duas tecnologias computacionais:

1. Redes *Peer-to-Peer*: criação de uma rede de muitos computadores interligados para compartilhar tarefas e dados;
2. Dados distribuídos e descentralizados: os dados podem estar em vários nós da rede e a falha de um nó não impede o resto da rede continuar funcionando.

Vejamos algumas aplicações que estão surgindo com esta tecnologia:

- **Bitcoins**: uma das primeiras e mais significativas aplicações *blockchain* é a moeda virtual *bitcoin*. Dinheiro em uma moeda qualquer pode ser convertida em *bitcoin* e esses podem ser utilizados para efetuar pagamentos, aplicações e transferências. Estas operações são efetuadas no celular, sem nenhuma interferência de um banco. Elas são garantidas pela própria estrutura deste *blockchain*, que utiliza técnicas de criptografia para garantir a segurança dos dados.
- **Transações bancárias**: todas as movimentações financeiras entre dois correntistas são realizadas diretamente entre as partes, sem nenhuma interferência de um banco. Da mesma forma são realizadas as aplicações. Além dos 'correntistas' tradicionais de um banco, as pessoas físicas e jurídicas, um objeto, como um carro, pode ter uma conta da qual será pago o abastecimento no posto.
- **Cadeias produtivas invertidas**: toda a cadeia produtiva da criação de um produto final pode estar registrada em uma *blockchain*, possibilitando uma identificação precisa de todos os componentes do produto.

O uso de *blockchains* possibilita, além de uma redução drástica dos custos operacionais de processos econômicos, um controle bem aprimorado de transações financeiras, e particular a detecção de transações ilegais. Como todo o processo de movimentações financeiras e de produtos pode ser controlado com precisão, quaisquer desvios podem ser detectados.

De uma forma geral, essa tecnologia poderá revolucionar muitas das atividades econômicas e financeiras tanto no nível de uma nação como a nível internacional.

A tecnologia *blockchain* é considerada a 5ª geração da computação, considerando os seguintes paradigmas:

1. Computador de grande porte (*mainframe*) – anos 70
2. Computador pessoas (PC) – anos 80
3. Internet – anos 90
4. *Smartphone* – anos 2000
5. *Blockchain* – anos 2010

2.4. Comentários bibliográficos

A definição de Sistemas de Informação apresentada, foi dada por G. Richter [Ri85]. A tentativa de uma especificação formal dos conceitos de um sistema de informação foi o trabalho de um grupo de trabalho da IFIP (*International Federation for Information Processing*), que resultou no FRISCO Report [Fa98]. Por uma linguagem de primeira ordem são definidos conceitos como coisa, predicador, relacionamento, entidade, tipo, instância, transição, estado, ator, ação, actando, e muitos outros conceitos.

Foi elaborado pela ANSI (*American National Standard Institute*) uma proposta de padronização dos principais componentes da arquitetura de um SIC [ANSI86]. Também um trabalho da ISO (*International Standard Organization*) foi determinante para a compreensão dos aspectos do esquema conceitual [Gri87]. Este trabalho também faz uma distinção entre banco de dados (internos) e banco de informações (conceitual). Foram esses trabalhos que deram origem aos três tipos de esquemas da dimensão de ponto-de-vista e da dimensão extensão/intenção. Uma hierarquia semelhante à da dimensão de extensão/intenção foi considerada na definição de UML [UML05].

A denominação da extensão do esquema conceitual como banco de informações vem do trabalho da ISO sobre o esquema conceitual [Gri87].

O uso da própria linguagem conceitual para descrever o modelo de dados, como é sugerido na proposta ANSI/X3/SPARC [ANSI86], foi feito com o modelo de dados TOM [Schi91].

A distinção em Sistemas Computacionais entre Sistemas Transformacionais e Sistemas Reativos é de Wieringa [Wie03 Sec. 1.2]. Já as modelagens Baseadas em Fatos ou em Regras são tratadas por Hirschheim, Klein & Lyytinen [HKL08 seções 7.2 e 7.3].

O conceito de Banco de Dados Inteligente é o assunto do livro de Bertino, Catania & Zarri [BCZ01].

Enquanto os Sistemas de Processamento de Transações, que é outra denominação para um SGBD, podem ser vistos em todos livros clássicos sobre bancos de dados, as possíveis abordagens para criar um Sistema de Suporte a Decisão e a arquitetura de um SSD é discutido por Druzdzel & Flynn [DF02]. Mais detalhes sobre Sistemas de Informações Geográficas podem ser vistos no material de aula de Cláudio Baptista [Bap12]. Para os Sistemas de Recuperação da Informação há livros, como o de Baeza-Yates & Ribeiro Neto [BR99], e são tratados no livro de Elmasri & Navathe [EN17, capítulo 27]. Este último também trata da pesquisa por informação na Web.

A ideia da Web Semântica foi introduzida pelo artigo clássico de Berners-Lee, Haendler & Lassila [BHL01].

Uma introdução boa aos *Web Services* pode ser vista no livro de Alonso et al. [ACKM04]. Já a composição de Web Services é descrita formalmente por Rodriguez-Mier et al. [RPLM15] e também pode ser vista em Andrade, Schiel & Baptista [ASB07].

Sobre *Blockchains* ainda existe pouca literatura. Um livro bastante instrutivo é o de Swan [Swa15].

2.5. Exercícios

1. Considere o Sistema de Controle de uma Biblioteca SOBI, mostrado no Apêndice 1. Considere as tabelas do esquema de dados relacional `LIVRO, EXEMPLAR, USUARIO, EMPRESTIMO, RESERVA, ASSUNTO` e `ASSUNTO-DE-LIVRO` como o esquema conceitual. Para cada um dos módulos (SECADA, SAQUI, SEMP, SECON, SERES e SINT) defina um esquema externo, baseado no conceitual, determinando quais relações com quais atributos determinam o esquema. Lembre-se que todo valor existente no banco de dados precisa ser criado por algum esquema externo. Determine, para cada dado do banco, qual é o esquema externo que o cria.

2. Na figura 2.3 são mostradas 5 interações de um SGBD com seu ambiente. Dê exemplos para cada uma destas interações.

3. Porque um sistema de diagnóstico médico é um Sistema de Suporte a Decisão e não é um Sistema de Informações Gerenciais.

4. Considere um sistema de informações governamentais de um estado, que processa as seguintes informações:
    a. Mantém atualizado dados demográficos dos habitantes nos diferentes municípios da região;
    b. Mantém dados econômicos das regiões;
    c. Permite o acompanhamento da execução dos projetos do governo em andamento;
    d. Faz análises do impacto econômico de possíveis projetos a serem implantados, permitindo escolher a região mais adequada para um projeto.

    Mostre porque este sistema possui características da maioria dos tipos de sistemas discutidos neste capítulo.

5. Considere uma loja comercial como um sistema de informação, descrevendo cada componente da figura 2.2. Mensagem 1 e Mensagem 2 são as interações com os clientes e com os fornecedores de mercadorias.
    a. Descreva todos os componentes tanto para a interação com clientes como com fornecedores.
    b. Descreva que tipo de sistema da informação é essa aplicação, de acordo com a seção 2.3.

Justifique seus resultados.

CAPÍTULO 3

ESTRUTURAS DOS DADOS

Estudaremos, neste capítulo, o principal elemento de um sistema de informação, que é a **informação.** Uma caracterização precisa do que seja informação é bastante discutível e não há um consenso sobre este conceito. Antes de mais nada, a palavra *informação* pode ser um substantivo, que designa algo que tem um significado, ou um verbo, denominando o ato de transmitir uma mensagem que deve incrementar o conhecimento de um receptor. Utilizaremos aqui a primeira interpretação deste termo.

Vimos no capítulo 1, ao discutir a 3ª geração de bancos de dados, a hierarquia D-I-K (Dados-Informação-Conhecimento). Como a fronteira entre estes três conceitos não é precisa, usaremos aqui o termo "informação" sem maiores distinções.

O mundo das coisas ou ontologia pode ser dividido por dois critérios ortogonais, determinando quatro categorias. Primeiro há o universo substancial (concreto) e o universo não substancial (abstrato) e depois há as coisas universais e as coisas particulares. Na figura 3.1. mostramos exemplos das quatro categorias baseadas nestas duas classificações.

	Não substancial (abstrato)	**Substancial** (concreto)
Universal	Propriedades e relações ("*um livro é um objeto para ser lido por uma pessoa*")	Coisas naturais e classes de objetos concretos ("*um livro*", "*um usuário*")
Particular	Instâncias de propriedades e de relações ("*estou lendo 'O Processo' de Kafka*")	Instâncias individuais, objetos concretos ("*meu exemplar do livro 'O Processo' de Kafka*")

Figura 3.1. Ontologia de 4 categorias

Em um sistema de informação, tanto informações substanciais como não substanciais são processadas indistintamente. No caso de informações particulares deverá ficar claro a não universalidade do objeto. Esta particularidade será dada pelo contexto da informação em questão. O contexto pode ser determinado por uma pessoa ("*ele está nervoso*", contexto: '*ele*'), um objeto ('*o carro é vermelho*') ou por uma localização espaço-temporal ("*a chuva de ontem*", contexto: local e temporal, a hora desta chuva).

Outra distinção importante é o fato de que uma informação é um dado sobre alguma situação. Devemos distinguir a informação da situação informada. Esta distinção foi ilustrada no capítulo anterior considerando o Universo do Discurso-UD (a parte do mundo de interesse) e a Descrição do Universo do Discurso-DUD (o sistema de informação criado sobre o UD). Relembramos aqui o fato de que em um Sistema de Informação ocorre que partes destes dois universos podem se sobrepor. Isto acontece quando certas informações são geradas e mantidas no sistema, sem terem um correspondente explícito no mundo exterior ao sistema. Como são informações válidas, devemos considerá-las como sendo objetos não substanciais particulares implícitos.

O que diferencia um sistema de informação de outros sistemas é o seu objetivo de processar informações. O sistema de banco de dados, como subsistema de um sistema de informação, é o componente que irá receber os dados de uma informação, armazená-los e colocá-los à disposição dos usuários do sistema. A esta informação armazenada chamamos de **dado**. Em um sistema de informação, quase toda informação se baseia em um dado armazenado, e vice versa, os dados são interpretados para serem disponibilizados como informação.

Para se ter uma ideia da abrangência do conceito de informação, apresentamos uma taxonomia dos tipos de informação:

Informação:
- descritiva:
  - especificável e explícita
    - formatada (dado tipado, registro, arquivo homogêneo)
    - semiformatada (ficha médica, hipertexto, entrada em uma enciclopédia)
    - não formatada (texto literário)
    - multimídia (imagem, mapa, som, vídeo)
  - implícita
    - informação derivada
    - dado agregado, dado minerado
  - informativa (metainformação)
    - lista de endereçamento, ponteiro
    - restrição de integridade
    - catálogo, esquema, dicionário de dado
    - dado estatístico
- imperativa:
  - evento, regra de produção, mensagem
  - instrução, transação
  - programa, procedimento, método, operação

A primeira divisão da informação em descritiva e imperativa reflete a divisão das coisas do mundo em estáticas e dinâmicas, no que é e no que acontece[4]. Ao projetarmos um sistema de informação, esta divisão se estende para se prever *o que pode ser* e *o que pode acontecer*. Inversamente, um bom sistema de informação também deve prever *o que não pode ser* e *o que não pode acontecer*. Veremos mais adiante a diferença entre estas duas especificações e a importância da segunda.

A informação **especificável** é tudo aquilo que está modelado para ser explicitamente armazenado no banco de dados. Em outras palavras, um sistema de informação em seu estado inicial, não possui informação especificável e, com sua evolução, vai sendo alimentado com novas informações e alterações dos dados existentes. Dependendo da existência de um esquema conceitual sobre estes dados, eles são classificados como formatados, semiformatados, não formatados ou multimídia.

---

[4] Analogias a esta dualidade podem ser encontradas em outras áreas do conhecimento como a separação entre geometria e álgebra; entre espaço e tempo; entre abstrato e concreto ou ideal e material; entre ver e pensar, Ying e Yang.

Neste capítulo estaremos interessados principalmente na informação descritiva especificável formatada ou estruturada. Dada a sua crescente importância com o advento da Internet, os dados semiformatados, também conhecidos como dados semiestruturados, também será levada em consideração, em particular, a forma da relação entre estes dados e seus esquemas.

Pode haver sistemas de informação que, de acordo com sua especificação, representam informações muito extensas sem ser necessário armazená-las todas, explicitamente, no sistema. Eles podem ser descritos, com precisão, por um conjunto pequeno de regras. Imaginemos, por exemplo, uma classe `CADEIAS-A` de todas as cadeias de caracteres que começam com a letra 'a'. É uma classe potencialmente infinita que pode ser especificada pela única regra "*se* cad é uma cadeia *então* a||cad é uma instância de `CADEIAS-A`". A descrição e localização de informação implícita também nos leva a conceitos avançados de bancos de dados. Os dados derivados, obtidos a partir de regras de dedução são considerados em Bancos de Dados Dedutivos e Bases de Conhecimento.

Outro tipo de informação implícita, são dados que não estão explicitamente armazenados no sistema, mas podem ser obtidos por meio de funções estatísticas. Casos simples seriam o *salário médio* dos empregados de uma empresa ou a *idade,* obtida pela comparação da data atual com a data de nascimento. Existem outros casos de funções mais complexas que se baseiam em dados históricos ou combinações de grandes massas de dados. Estes dados são chamados de dados derivados e são a base para os Sistemas de Informação Gerenciais ou *Data Warehouses*.

A informação **imperativa** representa o comportamento do sistema de informação e será assunto do capítulo 5.

Especial atenção é dada à informação informativa. Ao ser desenvolvido um sistema de informação, o que se projeta são seus esquemas, catálogos e dicionários de dados. Eles descrevem o significado e o formato das informações válidas que poderão ocorrer no sistema. As regras do negócio e outras especificações sobre a forma e validade dos dados, são convertidas em restrições de integridade, a serem tratadas no capítulo 4. Listas de endereçamento e ponteiros são as formas internas de permitir o acesso aos dados armazenados (vide capítulo 7). As estatísticas são dados derivados de utilidade tanto para os usuários externos como para controles internos e ações de otimização de armazenamento e acesso aos dados.

A informação informativa também é conhecida como **metainformação,** pois ela não existe por si só, mas para descrever informações existentes. A existência ou não desta metainformação e a forma de como ela está relacionada com a respectiva informação básica irá distinguir os dados estruturados dos semiestruturados e dos não estruturados.

3.1. Dados Estruturados

3.1.1. Esquemas e Ontologias

Como foi descrito no capítulo anterior, um sistema de informação é descrito por vários esquemas, como o esquema conceitual, vários esquemas externos e um esquema interno. Um **esquema** descreve a intenção de um sistema a um certo nível, que mostrará quais tipos de dados ou objetos irão povoar o sistema e qual a estrutura destes objetos. Lembramos que o esquema conceitual deve descrever, da melhor forma possível, todos os elementos estruturais, regras e processos do sistema a ser criado. As características dos objetos a serem processados serão descritas na forma de **classe** que contém objetos com uma estrutura comum. O esquema conceitual descreverá estas classes por meio das propriedades de suas instâncias e os relacionamentos entre objetos.

Como a Web é uma imensa estrutura de dados públicos, pode se tornar interessante criar um esquema conceitual sobre as informações contidas na Web, para facilitar o uso adequado destas informações. Nesse contexto surgiu o conceito de **ontologia**, como uma especificação de uma parte do mundo descrito na Web. Assim como em esquemas para sistemas de informação localizados, uma ontologia também conterá classes, propriedades e relacionamentos entre objetos. O objetivo da ontologia poderá criar uma descrição integrada de informações dispersas na Web de forma heterogênea. Para se tornarem mais úteis, as ontologias geralmente são restritas a um domínio específico do conhecimento, chamadas, por isso, de ontologias de domínio. Por exemplo, o portal Ontobee possui muitas dezenas de ontologias temáticas, das mais diversas áreas do conhecimento.

Uma ontologia pode ser especificada de uma forma gráfica, como Redes Semânticas, *Topic Maps*, diagramas UML ou de forma lógica, como *Description Logic* ou *F-Logic*.

Para permitir um acesso aberto ao domínio descrito em uma ontologia e os respectivos documentos, ela terá que ser descrita em uma linguagem universal e acessível por programas na Web. Veremos na seção 9.8 uma introdução a algumas destas linguagens que permitem criar e acessar ontologias, em particular, a linguagem OWL, derivada de *Description Logic*.

Além de classes e relacionamentos também pode-se querer representar conhecimento por meio de regras. Por isso uma ontologia também deve ter este poder de raciocínio.

3.1.2. Objetos, atributos, relacionamentos e operações

Para a descrição dos elementos de uma aplicação, também conhecido como o universo de discurso, partimos de dois conceitos elementares: o objeto e o relacionamento entre objetos. **Objeto** é toda entidade ou conceito relevante para o sistema que tem uma existência por si só, enquanto o **relacionamento** expressa uma interdependência entre dois ou mais objetos. Os dados sobre um objeto, que são de interesse para o sistema, são seus **atributos,** cujos valores representam seu estado atual. As mudanças do estado de um objeto são realizadas por meio de **operações**.

Objetos podem ser agrupados ou classificados de acordo com seu **tipo**. Assim, objetos podem ser do tipo pessoa, máquina, empregado, livro, automóvel, time de futebol, salário, cor, idade, nota fiscal, número inteiro, etc. Vê-se, nestes exemplos, que o mesmo objeto pode ser de vários tipos. Distinguimos dois aspectos de um tipo: sua intenção e sua extensão. A **intenção** de um tipo é o seu significado, o seu formato e o seu nome. A **extensão** é o conjunto de todos os objetos que estão de acordo com a intenção do tipo. Tipos são representados, no sistema de informação, como **classes** ou conjuntos de objetos. Estes elementos são chamados **instâncias** das classes. Costuma-se chamar todos os objetos e procedimentos de uma aplicação do **Universo do Discurso**. Neste contexto, uma classe `PESSOA` descreve o conjunto de todas as pessoas que atualmente estão no Universo do Discurso enquanto o tipo `PESSOA` significa todas as pessoas, independente de estarem no Universo do Discurso ou não. Se não for estritamente necessário, não faremos distinção entre tipo e classe nem entre intenção e extensão. O contexto deixará claro a que estamos nos referindo. Quando quisermos destacar a extensão de uma classe, denotamos por |A| o conjunto das instâncias da classe A.

Como na maioria dos casos não é possível armazenar o próprio objeto do mundo real no sistema, ela será representada por informações conhecidas sobre este objeto e que são de interesse para o sistema. Estas informações ou propriedades do objeto são os seus atributos. Tudo o que se quer representar de um objeto do mundo real no sistema deverá estar em seus atributos.

É importante distinguir entre atributo e valor do atributo. Assim, 'nome' pode ser um atributo da classe `PESSOA` enquanto 'João' é o valor deste atributo para uma dada instância da classe.

Os atributos são, assim como os relacionamentos, definidos nas classes e, consequentemente, todas as instâncias de uma classe têm os mesmos atributos, sendo que os valores serão específicos para cada objeto, representando o estado atual deste objeto. Existem casos em que um atributo não especifica uma propriedade individual das instâncias da classe, mas um valor global da classe como um todo. São os **atributos de classe**. Por exemplo, uma classe `EMPREGADO` pode ter os atributos *salário-médio* ou *maior-salário*. São valores globais, derivados a partir das instâncias da classe.

Os atributos de um objeto assumem valores que são obtidos de um domínio (ou classe de domínio) de todos os valores possíveis para este atributo. Estes domínios são formados, geralmente, por conjuntos de números inteiros, de números reais, de cadeias de caracteres, valores booleanos, etc. Em certos casos, também são considerados valores compostos e valores múltiplos. Por exemplo, um atributo *endereço* seria formado por *rua, número, cep, cidade.* Um atributo *telefone* pode ser múltiplo, se a pessoa possui mais de um telefone. Os elementos destes domínios também são chamados de valores de atributos. Um domínio também é um tipo de classe, mas para distinguir estes valores dos objetos mais complexos modelados por classes, como `USUÁRIO` ou `EXEMPLAR`, eles são conhecidos como **literais**, objetos **léxicos,** ou objetos **imprimíveis.** São caracterizados por serem imutáveis, ou seja, não possuem um estado que pode ser modificado.

Mostramos, na figura 3.2, um exemplo que mostra dois relacionamentos distintos entre duas classes:

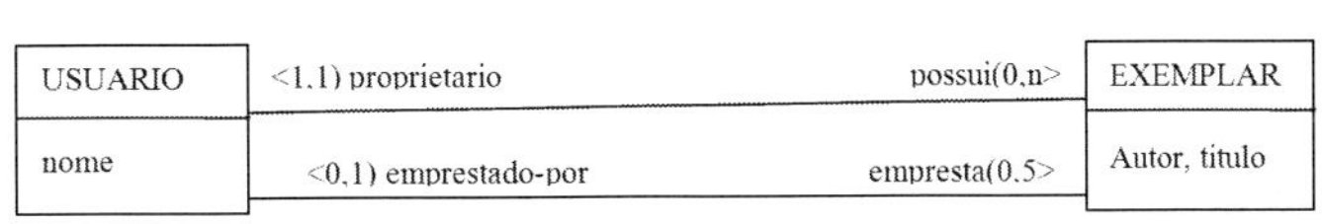

Figura 3.2. Relacionamentos entre classes

Cada exemplar de livro tem exatamente um proprietário e cada usuário pode emprestar de um a cinco exemplares. Com as duas cardinalidades para cada sentido do relacionamento, pode-se caracterizar melhor um relacionamento do que com os três tipos básicos acima. No relacionamento `empresta(USUÁRIO, EXEMPLAR)` da figura 3.3 está modelado que um usuário pode emprestar até 5 exemplares de livros e cada exemplar só pode estar emprestado a um usuário.

Em alguns casos, um relacionamento também pode ter atributos, que são propriedades associadas aos pares de objetos relacionados. Neste caso o relacionamento é chamado de classe associativa. Mostramos, na figura 3.3, classes de um sistema de biblioteca que representam os usuários da mesma, os livros catalogados e os exemplares de livros existentes no acervo. A classe `USUÁRIO` tem os atributos *nome* e *endereço*; já os livros terão os atributos *autor* e *título*. Os relacionamentos (ou classes associativas) `reserva(USUÁRIO, LIVRO)` e `empréstimo(USUÁRIO, EXEMPLAR)` têm um atributo *data*.

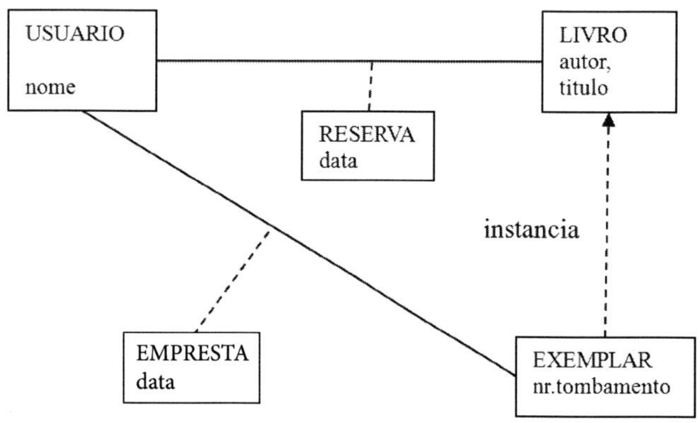

Figura 3.3. Classes e Relacionamentos com Atributos.

Para relacionamentos, também distinguimos entre intenção e extensão. Definir um relacionamento 'r' entre objetos de duas classes A e B significa determinar um predicado r(A, B) que se aplica a pares de instâncias <a,b>, com a ∈ A e b ∈ B. A *intenção* deste relacionamento é dada por um nome definido para o relacionamento, as classes cujos objetos estão relacionados e, eventualmente, regras que determinam quais objetos estão relacionados. Assim, poderíamos ter um relacionamento `emprestado(USUARIO, EXEMPLAR)` e a regra:

$$\text{emprestado}(u, e) \Leftrightarrow \exists t\, (t<\text{agora} \wedge \text{emprestar}(u,e,t) \wedge \neg \exists t' (\, t' \in [t,\text{agora}] \wedge \text{devolver}(u,e,t')));$$

Nesse caso *emprestar()* e *devolver()* são duas operações do sistema de empréstimos de uma biblioteca. A regra diz que um usuário (u) tem um exemplar (e) emprestado quando um empréstimo foi realizado no passado (t<agora) e ainda não foi devolvido.

A *extensão* de um relacionamento 'r' é um conjunto do tipo relação matemática entre as instâncias de A e B:

$$|\, r \,| \subseteq |\, A \,| \times |\, B \,|$$

Todo relacionamento r(A,B) define, naturalmente um relacionamento inverso

$$r^{-1}(B, A) = \{ <b, a> / <a, b> \in r\}$$

Dependendo das extensões válidas para um relacionamento, existem três tipos de relacionamentos entre duas classes A e B:

- 1-1: cada elemento de A está relacionado a, no máximo, um elemento de B e vice-versa.
- 1-n: cada elemento de A pode estar relacionado com vários elementos de B, mas cada elemento de B só está relacionado com um elemento de A.
- n-m: não existe restrição nenhuma quanto ao número de elementos relacionados.

Uma forma mais precisa de se expressar o tipo de um relacionamento é associar duas cardinalidades a ele, denominadas *min* e *max*, com o seguinte significado:

Dado um relacionamento *r* de A para B, escrevemos r(min. max), sendo:

- min: é o número mínimo de elementos de B associados a cada elemento de A.
- max: é o número máximo de elementos de B associado a cada elemento de A.

Pode acontecer que temos um relacionamento <a,b> entre um elemento *a* de uma classe A e o objeto *b* pode pertencer a classes diversas. Por exemplo, as instâncias de uma classe `ARTIGO` podem estar associadas, pela relação '*publicado-em*', aos anais de uma conferência, um livro ou um periódico. Uma solução, para evitar a criação de 3 relacionamentos independentes, é generalizar `ANAIS`, `LIVRO` e `PERIÓDICO`, para uma classe `MEIO-DE-PUBLICAÇÃO` e relacionar `ARTIGO` com `MEIO-DE-PUBLICAÇÃO`. A linguagem UML oferece uma construção específica para este caso, evitando a criação de uma classe genérica, definindo relacionamentos mutuamente exclusivos. Esta solução é ilustrada na figura 3.4.

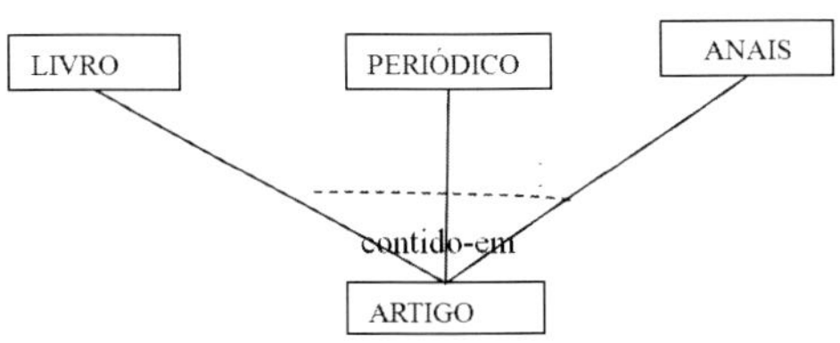

Figura 3.4. Relacionamentos mutuamente exclusivos

Assim como as cardinalidades, outras restrições podem ser associadas aos relacionamentos, o que veremos no capítulo 4, que trata da integridade e consistência.

Um relacionamento, como *trabalha-em* (`EMPREGADO`, `PROJETO`), pode ser considerado um predicado binário que se aplica aos membros das classes relacionadas. Assim, a afirmação *trabalha-em*('e_1', 'p_5') pode ser verdadeira ou falsa. Deste predicado derivamos uma função[5] *trabalha-em* (`EMPREGADO`) $\rightarrow$ `PROJETO` que, aplicada aos valores do domínio, retorna um ou mais valores do contradomínio. Podemos ter, por exemplo, *trabalha-em*(e_1) = $\{p_5, p_6\}$ ou $e_1 \in$ *tem-membro*(p_5).

Além dos relacionamentos diretos entre objetos, determinados pela aplicação, que são chamados de **associação** em UML, podem ocorrer outras relações entre classes. Nos parágrafos seguintes descreveremos, em detalhes, tipos especiais de relacionamentos chamados de abstrações. Outro tipo de relacionamento entre classes de objetos é a **dependência**. Uma dependência é uma associação entre dois objetos com uma semântica específica, determinada pelo tipo da dependência. As principais relações de dependência são:

1. *instancia*: esta relação pode ocorrer entre objetos de duas classes distintas. Se temos *instancia(A,B)* significa que os objetos de B são objetos abstratos que podem estar instanciados por vários objetos concretos, que estarão em A. Assim, por exemplo, em nosso sistema de biblioteca, temos uma classe `LIVRO`, que modela todos os livros catalogados e a classe `EXEMPLAR` que contém os exemplares concretos existentes dos livros do acervo (Figura 3.3), ou seja, cada livro como um todo é instanciado por seus exemplares. A dependência *instancia* implica que os objetos da classe concreta herdam toda a estrutura e algum comportamento dos objetos abstratos. Assim todo `EXEMPLAR` possui um título, um autor e quando um livro é removido, todas suas instâncias também são removidas. Por outro lado, as instâncias, além de terem seus próprios atributos, podem ser criadas e removidas independentemente dos objetos abstratos.

2. *refina*: os objetos de uma classe dão mais detalhes dos objetos da classe refinada. Na figura 3.5 ilustramos uma classe `CONTEÚDO` que refina a classe `LIVRO` acrescentando o conteúdo completo do livro que somente foi citado em `LIVRO`.

deriva: as instâncias da classe derivada são criadas diretamente a partir da classe derivante. Por exemplo, para a classe `CONTEÚDO` podemos ter uma operação *indexar* que analisa todo o conteúdo de um livro e cria palavras-chave

[5] A rigor, o contradomínio desta função é *P*(PROJETO), o conjunto das partes de PROJETO, já que o resultado de *trabalha-em*(e_1) é um conjunto de projetos.

que indexam o livro correspondente. Estas palavras-chave são colocadas em uma classe distinta, chamada PALAVRA-CHAVE e são associadas ao livro correspondente. Teríamos o diagrama da figura 3.5.

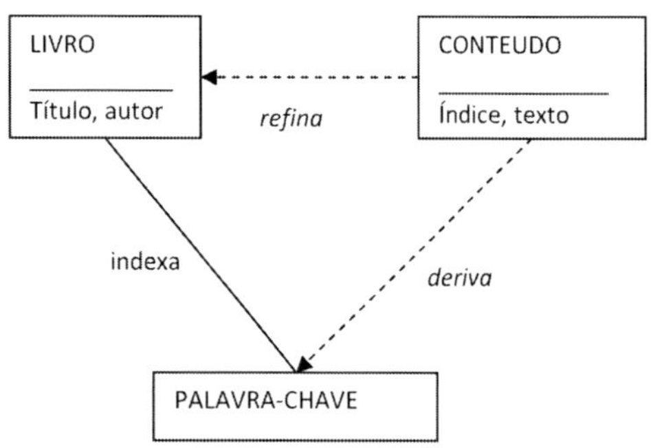

Figura 3.5.Dependências 'refina' e 'deriva'

Existem outras dependências em UML, como *acessa, amigo, usa, importa* que não se aplicam a classes, mas a outros artefatos, como pacotes e operações.

Como veremos no capítulo sobre modelos de dados (Capítulo 7), nem sempre é fácil distinguir entre atributos e relacionamentos, e alguns modelos não fazem esta distinção. Seria o caso do atributo *endereço* da classe USUÁRIO. Ao invés de ser um atributo, poderíamos ter uma classe de endereços e um relacionamento entre USUÁRIO e ENDEREÇO. No que segue, utilizaremos o termo **propriedade** para ambos os casos. A decisão se uma propriedade deve ser modelada como atributo ou relacionamento deve ser pragmática. Se o valor correspondente, como um endereço por exemplo, ocorrer no contexto de outros objetos, é recomendável ser definido como objeto. Caso contrário, poderá ficar como valor de um atributo, sendo classificado como literal.

Na representação de um objeto no sistema de informação, é importante que, a qualquer momento, este objeto possa ser identificado univocamente. Para tal, pode ser criado um código especial, chamado de **identificador de objeto**. Outra forma de identificar os objetos, para que, possam ser univocamente recuperados, modificados e associados com outros objetos é o uso de uma ou mais propriedades para as quais sabemos que sempre assumem um valor distinto para objetos distintos. Esta(s) propriedade(s) é (são) chamada(s) de **chave** do objeto. O uso de um identificador artificial tem a vantagem de ser invulnerável a mudanças nas propriedades.

Se não houver distinção entre atributos e relacionamentos, os domínios de um atributo, como *nome, idade, salário*, etc. também serão consideradas classes de primeira ordem, mas neste caso, não recebem identificador próprio, ou porque são infinitas (como a classe INTEIRO) ou porque não interessa definir um identificador. Dizemos que suas instâncias se autoidentificam, por exemplo, em PAL-CHAVE, a própria cadeia de caracteres descrevendo a palavra chave é sua identificação. As classes cujas instâncias se autoidentificam chamamos de **classes de domínio** e as classes cujas instâncias são identificadas por um código abstrato ou um ou mais propriedades-chave, serão chamadas de **classes complexas** ou simplesmente classes. Uma classe complexa pode ter várias chaves e uma chave pode ser composta de uma ou mais propriedades. As instâncias de uma classe complexa são mutáveis, pois têm um estado que pode ser modificado, ao contrário das instâncias de uma classe de domínio.

Candidatos a classes de domínio são as do tipo NOME, SALARIO, IDADE, COR, MATRICULA, QUANTIDADE, NOME, PESO, etc. Isto significa que, para o sistema, não é feito distinção entre um número, p.ex. 5.000,00 e o objeto salário correspondente. Observe que, por decisão de modelagem, também uma classe do tipo EMPRESA pode ser definida como classe de domínio, sendo um atributo de EMPREGADO que contém o nome da empresa.

As classes de domínio ainda sofrem uma segunda divisão, que terá influência na posterior implementação do esquema conceitual em um SGBD. Certas classes de domínio contêm, por exemplo, todos os números inteiros como membros, ou todas as cadeias de até 30 caracteres. Elas se caracterizam pelo fato de que seus membros são especificados (como uma definição de tipo) e nunca alterados. Em outros casos, por exemplo, na classe `PAL-CHAVE`, queremos armazenar especificamente todas as palavras-chave existentes no sistema e também poder acrescentar novas e retirar outras existentes. As primeiras são chamadas de classes de domínio **estáticas** e as últimas, **dinâmicas**.

Uma vez bem identificado, um objeto pode ser referenciada ou seus atributos serem impressos em papel. Dependendo do contexto, esta citação tem que ser mais completa ou pode ser mais abreviada. Vejamos alguns casos possíveis de citações e seu significado:

123	- o número *cento e vinte e três*
123:MATRÍCULA	- a matrícula 123
(123) ou (`André`)	- o objeto identificado por 123 ou por `André`
(123:MATRÍCULA)	- o objeto identificado pela matrícula 123
(123:MATRÍCULA):ESTUDANTE	- o estudante identificado pela matrícula 123.

No caso de uma chave composta, podemos ter uma identificação como

(<’André’:NOME, 12/01/1944:DATA-NASC>):PESSOA

Com o advento da orientação a objetos, um objeto não é visto apenas como uma entidade estruturada que pode assumir certos valores, mas também todas as ações válidas para a manipulação dos objetos fazem parte de sua especificação. Uma **operação** é então uma ação que pode criar um objeto, modificá-lo e removê-lo. Para que uma operação seja acionada, o objeto recebe um estímulo, chamado de **mensagem**, que pode ser originário de outro objeto ou de um agente externo. No caso da criação de um objeto novo, a mensagem é enviada para a classe.

Esta combinação de definição estrutural e comportamental é um conceito bem comum na matemática e nos tipos de dados em geral. Assim, os números inteiros formam uma estrutura de grupo algébrico, com a operação de soma; para valores de salários temos operações compatíveis com mudanças no salário de um empregado; para cadeias de caracteres temos operações de concatenação e subcadeia. Estas estruturas, conhecidas na matemática e nos tipos abstratos de dados da programação, foram incorporadas ao conceito de objeto.

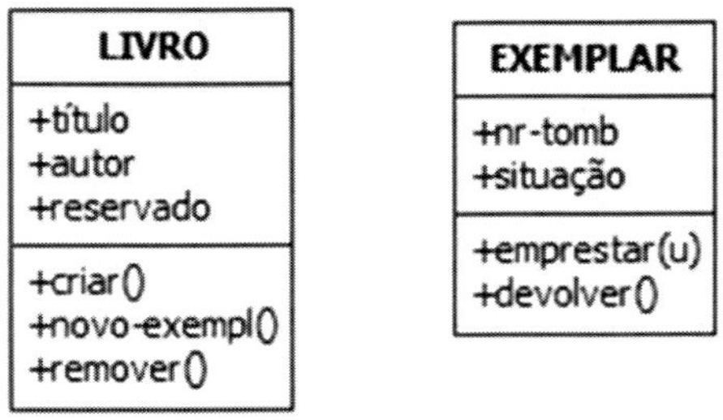

Figura 3.6. Classes com operações

Portanto, uma definição completa de objetos, por meio das suas classes correspondentes, é composta pela definição de seus atributos, relacionamentos e todas as operações válidas para modificar os valores destes atributos e relacionamentos. Com isto obtém-se o que é chamado de **encapsulamento**, ou seja, um objeto é um pequeno sistema fechado e qualquer modificação deve ocorrer por meio do acionamento de uma das operações predefinidas.

Uma diferença entre classes de objetos e estruturas matemáticas ou tipos de dados é que as classes podem ser dinâmicas, no sentido de podermos criar novas instâncias da classe e remover objetos existentes. Para tal, toda classe de objetos dinâmica deverá ter pelo menos duas operações básicas, um construtor, que cria novos objetos, e um destrutor, que remove objetos existentes na classe.

As outras operações devem ser definidas de acordo com a necessidade de mudança de estado válidas para os objetos de uma classe. Na figura 3.6 mostramos uma classe `LIVRO` que possui o construtor *criar*, o destrutor *remover* e a operação *novo-exemp* que irá cria uma nova instância de `EXEMPLAR` e relacioná-la com o livro correspondente. Para a classe `EXEMPLAR` mostramos as duas operações que irão alterar a sua *situação*, que são *Emprestar* e *Devolver.*.

Em uma especificação mais detalhada de uma classe, em particular em sua implementação, a cada atributo deve ser associado o tipo ou domínio dos valores deste atributo. Para as operações devem ser estabelecidos os parâmetros necessários para a sua realização. Por exemplo, um construtor deve conter variáveis para todos os valores inicias dos atributos do objeto a ser criado. Também a lógica ou pseudo-código para a realização da operação pode ser especificada.

Um detalhe importante em relação ao construtor é que, ao contrário das outras operações, ele é acionado por uma mensagem à classe, já que o objeto em questão ainda está por ser criado. Pode haver outras operações que não se aplicam a um objeto em particular, mas a uma classe como um todo. Estas operações são chamadas de **operações de classe** ao contrário das outras, que são aplicadas a um objeto em particular, que são as **operações de instância**. Para a classe `USUÁRIO` da biblioteca pode haver uma operação de classe *atrasados* que é aplicada à classe e retorna todos os usuários atrasados com algum empréstimo.

Outro elemento importante na definição de classes de objetos é a definição de restrições de integridade sobre os objetos e suas possíveis mudanças de estado. Isto será tratado no capítulo 4 a seguir. Mais detalhes sobre as operações e sua implementação na forma de métodos, serão vistos no capítulo 5.

Com o acréscimo das operações na definição de uma classe de objetos a denominação **propriedade** será usada como termo genérico significando relacionamento, atributo e operação. Inclusive, as operações podem ser utilizadas não só para realizar alterações nos estados dos objetos, mas também para calcular valores derivados. Este tipo de propriedade também é conhecido como **atributo dinâmico**, pois ao invés de armazenar um valor, o calcula no momento da consulta. Por exemplo, o *prazo* de um empréstimo é uma propriedade que pode ser calculada em função do valor do atributo *data-de-empréstimo*.

O PARADIGMA BÁSICO DA ORIENTAÇÃO A OBJETOS

A orientação a objetos veio substituir outras possíveis orientações na modelagem de sistemas de computação, principalmente a orientação a processos. Enquanto esta vê o mundo de um sistema como uma combinação complexa de processos que realizam certas atividades e para tal utilizam dados, a orientação a objetos vê este mesmo mundo como uma combinação complexa de objetos que interagem entre si. Esta interação se dá pelo envio de **mensagens** entre objetos. Um sistema é iniciado por uma mensagem externa a algum objeto. O recebimento de uma mensagem irá acionar uma operação específica do objeto receptor para a realização da tarefa solicitada. Esta operação poderá, para realizar a tarefa que lhe foi solicitada, acionar outras operações da mesma classe ou enviar novas mensagens a outros objetos. Dizemos que o objeto receptor *entendeu* a mensagem se foi possível acionar uma operação com esta mensagem. Este entendimento pode depender não só da estrutura de operações definidas para o receptor como também de seu estado atual, determinado pelos valores de suas propriedades.

Em resumo, o único comando existente em um sistema de objetos, que caracteriza o seu paradigma básico, é

Objeto receptor → mensagem → emissor

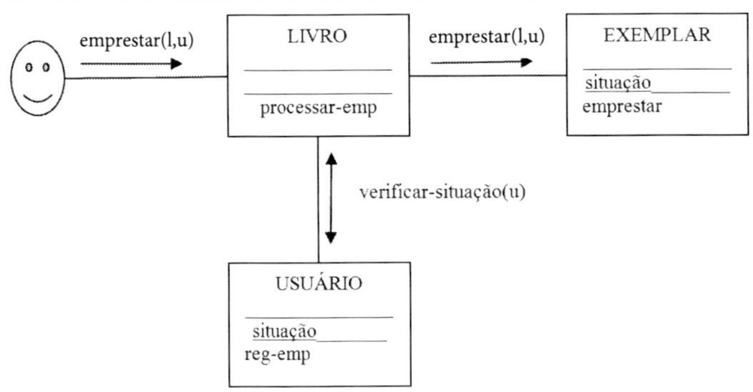

Figura 3.7. Mensagens entre objetos

Em que *emissor* pode ser um objeto do sistema ou uma fonte externa, *mensagem* é uma referência a uma operação do *objeto receptor* contendo os parâmetros necessários para a execução da operação. A figura 3.7 mostra uma mensagem de um usuário enviada requisitando a um livro da classe `LIVRO` o empréstimo de um exemplar. A execução de *processar-empr* primeiro verifica a situação do usuário e, em seguida, passa a solicitação a `EXEMPLAR`, para um exemplar correspondente. Note que um exemplar, para poder ser emprestado, terá que estar na situação *\`disponível\`*.

As mensagens podem disparar mensagens de retorno confirmando ou rejeitando a solicitação.

Para operações de classe o objeto receptor será uma classe e não um objeto. Por exemplo, para a mensagem `processar-empr(uid)` enviada à instância *`liv`* de `LIVRO` não está claro qual exemplar do livro em questão deve ser emprestado. Portanto é enviado à classe `EXEMPLAR` a mensagem `emprestar(self,uid)`, que irá analisar os exemplares do livro em questão e, se um estiver na situação *`` `disponível` ``*, este poderá ser emprestado. Caso todos exemplares estiverem emprestados, esta situação será notificada por meio de uma mensagem enviada por `EXEMPLAR` ao `USUÁRIO` externo.

```
USUÁRIO-EXT
        liv <- Processar-empr(uid)

LIVRO
operação de instância
        Processar-empr(uid)
         se [Verificar-situação(uid)=0]
           então EXEMPLAR <- Emprestar(self, uid)
           senão USUARIO-EXT <- Aviso(`usuário em atraso`)

EXEMPLAR
operação de classe
        Emprestar(lid, uid)
        se existe instância(ex, lid) e
```

```
  situação(ex) = `disponivel`)
então ex <- situação(`emprestado`)
     uid <- RegistrarEmp(ex)
senão
  USUARIO-EXT<-Aviso(`nenhum ex disp`)
```

Figura 3.8. Pseudo-código de mensagens

Mostramos, na Figura 3.8, um pseudo-código como o processo de empréstimo, ilustrado na figura anterior, pode ser realizado.

A mensagem é dada pelo nome da operação do objeto receptor a ser acionada e irá conter os parâmetros necessários para este acionamento. Existe uma grande semelhança entre esta estrutura de mensagens entre objetos com uma chamada a um subprograma na programação convencional. A diferença é que esta comunicação ocorre entre objetos e não entre programas e que o objeto emissor não precisa esperar o resultado de sua mensagem para continuar sua tarefa. Neste sentido os objetos se parecem mais com pequenos sistemas que se comunicam entre si.

3.1.3. Abstrações

Quando um conceito está sendo modelado, deve-se considerar exatamente as propriedades do conceito que interessam no ambiente em questão, nada a mais nem a menos. Esta determinação destas propriedades é chamada de **abstração de representação**, que significa desconsiderar de um objeto todos os detalhes desinteressantes no momento e focalizar somente no que realmente é necessário. Assim, quando consideramos uma pessoa, podemos estar interessados somente em seu papel dentro de uma empresa ou em um ambiente acadêmico ou suas características psicológicas ou seu comportamento social. Em cada ambiente, todos os outros detalhes são desconsiderados, ou seja, cada vez consideramos uma nova abstração do mesmo objeto.

A primeira abstração ocorre na própria representação dos dados de um objeto do mundo real no computador, ou seja, no modelo. Nesta representação, devemos escolher todas as características do objeto que possam interessar em alguma aplicação do banco de dados, e defini-las como propriedades do objeto. Outras abstrações podem ocorrer dentro do próprio modelo ou esquema, considerando os objetos em vários contextos ou níveis de abstração, desconsiderando, nos níveis superiores, detalhes dos níveis inferiores.

Consideramos, ao todo, cinco abstrações distintas: Representação, classificação, generalização, agregação e agrupamento. As três últimas irão determinar hierarquias de classes no esquema conceitual.

3.1.3.1. Classificação

Esta abstração já foi, de certa forma, considerada quando falamos dos objetos. Os objetos são classificados por certas propriedades comuns, que podem ser tanto de estrutura como de comportamento. Destes objetos semelhantes abstraímos os detalhes dos indivíduos e consideramos o conceito ou noção genérica. Assim, existe o conceito de árvore, de cor, de pessoa, de salário, de afeição, de sala de aula, independente dos indivíduos concretos. Uma classe também é chamada de intenção do conceito e os indivíduos são sua extensão.

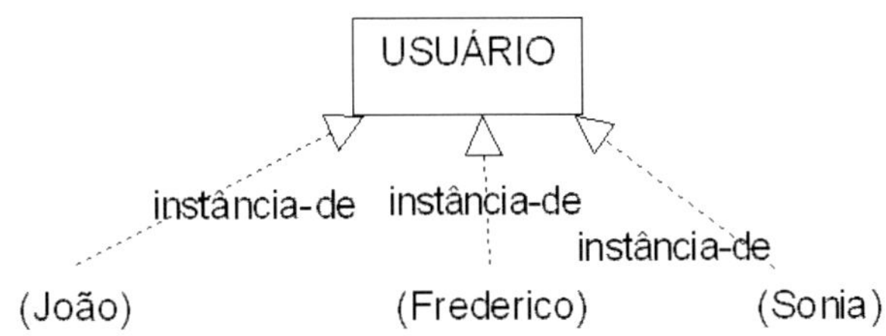

Figura 3.9. - Classificação/Instanciação

Em certos casos, definem-se conceitos por si só, ou seja, não pensando em uma classe que possui instâncias. Assim, ao definirmos árvore, não pensamos em armazenar uma coleção de árvores, mas só em definir as características da noção de árvore. Falamos, neste caso, em uma classe abstrata, ao contrário da classe concreta, que irá possuir instâncias. Tanto uma classe abstrata como uma classe concreta representa um `tipo` de conceito, sendo que na classe abstrata só nos interessa o tipo, enquanto na classe concreta estamos interessados nos objetos daquele tipo. As propriedades comuns das instâncias de uma classe são definidas como atributos, relacionamentos e operações ao nível da classe, para assumirem valores concretos para cada instância.

O inverso da classificação é a instanciação (Fig. 3.9).

Na discussão sobre classes e abstrações que segue não faremos distinção entre classes complexas, de domínio, abstratas ou concretas. Estas distinções poderão se tornar essenciais na conversão de um esquema conceitual para o esquema interno. Nesse caso cada tipo de classe certamente terá um tratamento diferenciado.

3.1.3.2. Generalização

No processo de criação de classes é comum ocorrer a criação de duas ou mais classes que têm algumas propriedades em comum e outras distintas como, por exemplo, `PROFESSOR` e `ESTUDANTE`. Nesse caso pode ser recomendável definir uma nova classe, só com estas propriedades comuns, representando a união das classes consideradas. Também pode ocorrer o inverso, ou seja, percebe-se que em uma classe algumas instâncias têm algumas propriedades diferentes de outras, ou que seria adequado selecionar algumas instâncias segundo algum critério para poder acessar essas instâncias isoladamente. Por exemplo, de uma classe `DISSERTAÇÃO` pode-se querer isolar as dissertações da `COPIN/UFCG`, criando uma classe `DISS-COPIN`.

Uma classe G é uma **generalização** de classes S1, S2,.., Sn se para cada Si, |Si| é um subconjunto de |G|. O inverso da generalização é a **especialização**. Para uma mesma classe podemos querer definir várias especializações segundo critérios diversos, chamados de **discriminadores**. Esta distinção de vários discriminadores determinará relações entre as subclasses geradas que podem ser bastante úteis. Por exemplo, podemos ter os seguintes discriminadores de especializações:

```
tipo(PUBLICAÇÃO) = PERIÓDICO, MONOGRAFIA
meio(PUBLICAÇÃO) = PUB-PAPEL, PUB-ELETRÔNICA
tipo(MONOGRAFIA) = LIVRO, ANAIS, DISSERTAÇÃO
```

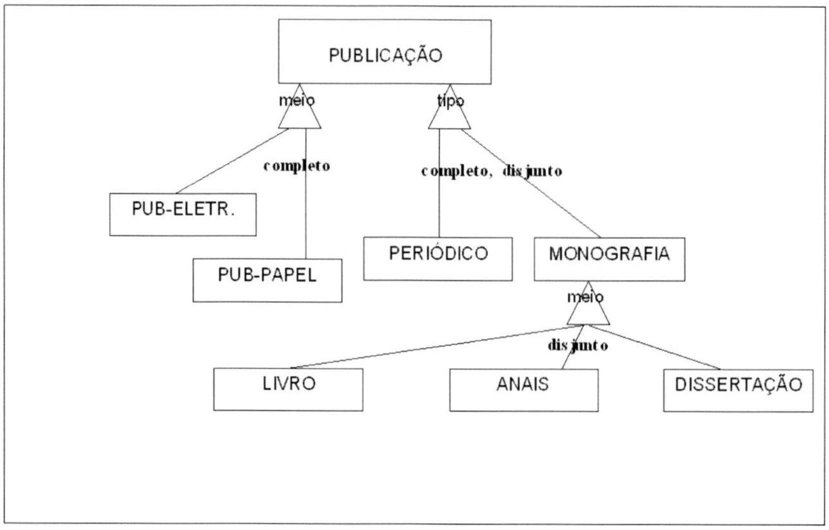

Figura 3.10. - Generalização

Nos exemplos acima (vide também a Figura 3.11) vê-se que o mesmo discriminador pode ser aplicado a diversas classes e, como em `meio`, as subclasses não precisam ser disjuntas (uma publicação pode ser tanto em papel como eletrônica) nem a sua união determinar a classe genérica completamente. No exemplo, além dos três tipos de monografias discriminados podemos ter relatórios técnicos como mais um tipo de monografia. Isto significa que a especialização não é completa, pois na classe `MONOGRAFIA` podem existir instâncias que não são instâncias de nenhuma subclasse. Eventualmente esta última especialização pode também não ser disjunta, se considerarmos que uma dissertação pode ser publicada na forma de livro.

Se as subclasses de uma especialização são duas a duas disjuntas dizemos que a especialização é **disjunta** e se todo elemento da classe genérica ocorre em pelo menos uma subclasse a especialização é chamada **completa.**

Uma especialização de pessoas segundo o sexo é disjunta e completa, enquanto que segundo a atividade não é nenhuma das duas.

À generalização corresponde ao relacionamento é-um (is-a) entre subclasse e classe, bem conhecido em redes semânticas da inteligência artificial.

Na generalização as propriedades dos objetos da classe genérica são consideradas, automaticamente, propriedades dos objetos das subclasses. Mas, cada subclasse, pode ter propriedades adicionais. A isto se chama de **herança de propriedades**. Assim, todas propriedades de `PESSOA`, como os atributos *nome*, *endereço* e as operações *nascer*, *casar*, *morrer*, são herdadas por `HOMEM`, `EMPREGADO`, etc. Mas `EMPREGADO` pode ter um atributo *data-da-admissão* que não existe para todo `HOMEM`.

3.1.3.3. Agregação

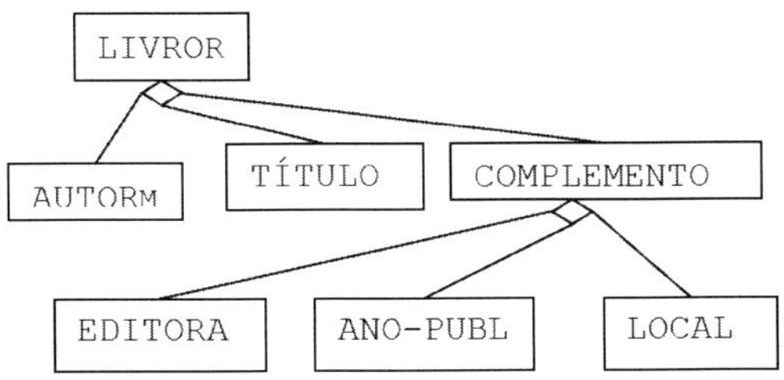

Figura 3.11. Agregação

A segunda abstração é construída quando são combinados diversos objetos para formarem um novo objeto mais complexo. Assim, um automóvel é composto por motor, carroceria e estofamento; uma nota fiscal tem como partes os dados do cliente e as linhas, as quais por sua vez agregam quantidade, nome da mercadoria, código, unidade, preço unitário e preço total. A figura 3.11 mostra um livro composto de título, nome do autor, texto e outros dados.

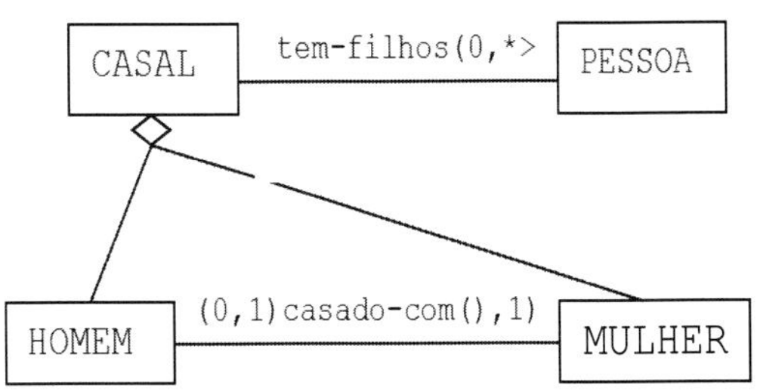

Figura 3.12. Agregação por relacionamento

Uma agregação é **total** quando a classe agregada é o produto cartesiano das classes componentes. Assim uma classe `DATA` é quase uma agregação total de `DIA`, `MES` e `ANO`, supondo que `ANO` só contém os anos que interessam. Só alguns dias não combinam com todos meses. Em outros casos a agregação é determinada por um ou mais relacionamentos. Por exemplo, `CASAL` é uma agregação de `HOMEM` e `MULHER` pelo relacionamento *casado-com* (Fig. 3.12).

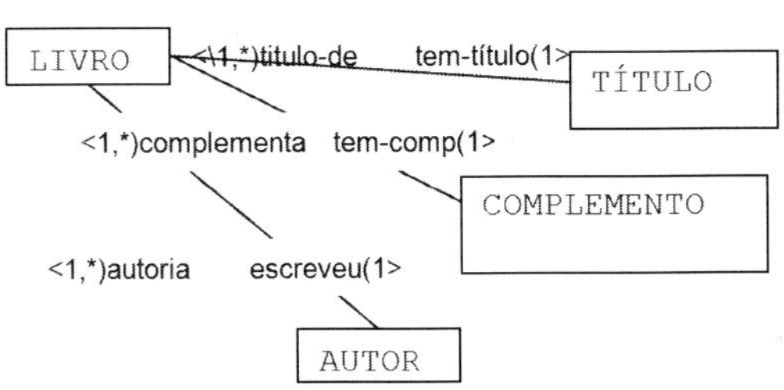

Figura 3.13. Esquema sem agregação

A agregação com dois componentes é semelhante a um relacionamento ou a classe associada de um relacionamento. Mas, para agregar mais de dois componentes distintos, ela é bem mais adequada do que um relacionamento múltiplo.

Uma agregação de `n` classes também pode ser modelada por `n` relacionamentos. Assim, a definição de `LIVRO` como um agregado (Fig 3.11) poderia ser redefinido como na figura 3.13.

Surge, portanto, a dúvida, qual a forma mais adequada. Para responder esta questão, deve-se pensar um pouco sobre o que está atrás dos conceitos de relacionamento e de agregação. Um relacionamento, algo que pode ser estabelecido e desfeito, sem afetar os objetos relacionados. Trata-se de uma mudança de estado destes objetos. Na agregação, o que era um relacionamento se torna um objeto agregado, determinado pelos dois ou mais objetos componentes. Se trocarmos um componente, temos outro agregado, ou seja, um outro objeto. Seguindo este raciocínio, o livro acima fica melhor como agregado. Mas sempre restam casos duvidosos. Por exemplo, voltemos ao `AUTOMÓVEL` como composto de `MOTOR`, `CARROCERIA` e `ESTOFAMENTO`. Se trocarmos o motor de um carro, temos o mesmo carro ou não? Qual seria então o esquema correto?

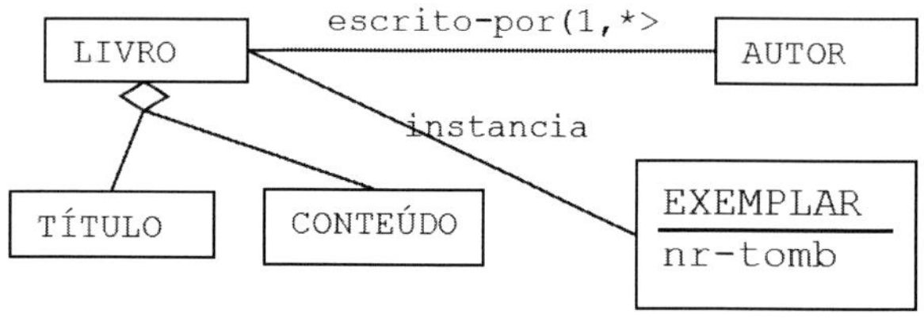

Figura 3.14. Esquema de livros e exemplares

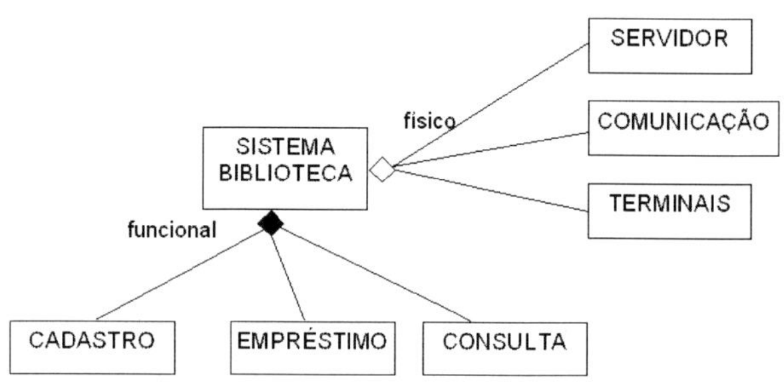

Figura 3.15. Múltiplas agregação

Outra questão concernente à agregação é o significado de um agregado no mundo real. Pode ser um agregado físico, como no caso do automóvel, ou lógico, como no caso do autor ser parte do livro. O caso do livro ainda merece uma análise mais detalhada. Pensando no modelo de uma biblioteca, podemos ter vários exemplares de um mesmo livro. Deve-se, portanto, distinguir entre as classes `EXEMPLAR` e `LIVRO`. Exemplares são objetos concretos que podem estar presentes na biblioteca ou estar emprestados, enquanto o livro é um objeto abstrato. Esta relação especial é modelada por uma dependência entre as duas classes, neste caso `instancia(EXEMPLAR, LIVRO)`. O autor escreveu o livro e não o exemplar. Na figura 3.14 mostramos um possível esquema desta aplicação. Pela dependência *instancia* `EXEMPLAR` irá herdar as propriedades de `LIVRO`, mas terá um atributo próprio, o número de tombamento.

A figura 3.15 mostra a analogia entre agregações de objeto com agregações de sistemas, formando sistemas mais complexos.

Assim como uma classe genérica pode ser especializada segundo vários critérios (discriminadores) também um agregado pode ser decomposto segundo vários critérios. No exemplo da Figura 3.15, um sistema de biblioteca foi decomposto por um critério funcional e por sua composição física. Outro exemplo seria duas decomposições do corpo humano:

`CORPO = <CABEÇA, TRONCO, MEMBROS>` e

`CORPO = <SISTEMA_CIRCULATÓRIO, SISTEMA_MUSCULAR, SISTEMA_ÓSSEO>`.

Dependendo do caso a ser modelado, diversas questões devem ser esclarecidas para uma agregação:

- Uma parte pode existir sem o todo? Por exemplo, em `CARRO = <MOTOR, CARROCERIA>` pode haver instâncias de `MOTOR` quão não estão em nenhum carro.
- O todo pode existir sem as partes? Tirando o motor do carro, o que resta ainda é um carro? O mesmo carro?
- Uma parte pode estar em vários todos? Como o autor de vários livros.
- Remover um todo implica em remover suas partes? A remoção de um carro deve provocar a remoção de seu motor e sua carroceria do sistema.
- Remover uma parte implica em remover seu todo?
- As partes são homogêneas, ou seja, são todas do mesmo tipo? Isto caracteriza o agrupamento, mostrado na seção seguinte. Caso contrário, cada parte é de um tipo distinto.
- As partes são ordenadas?
- A agregação é homogênea, heterogênea ou mista? Por exemplo, um livro tem vários autores (agregação homogênea) e um título, ano e editor (heterogênea).

Se possível, estas questões devem ser pensadas para cada agregação e especificadas por meio de restrições de integridade (vide capítulo 4). Na linguagem UML além da agregação é definido a **composição** como uma agregação em que as partes só podem existir com o (único) todo ao qual pertencem. Chamamos esta agregação de agregação **forte**. No diagrama ela é diferenciada por um losango preto (Fig. 3.15).

Em linguística e Inteligência Artificial fala-se na relação *parte-de* entre um componente e seu todo. O estudo filosófico desta relação é chamado de **Mereologia**.

3.1.3.4. Agrupamento

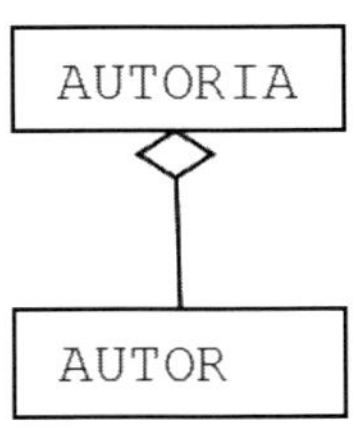

Figura 3.16. Agrupamento

A agregação homogênea também é conhecida como agrupamento. No agrupamento consideramos conjuntos de objetos (de uma classe) como objetos instâncias de uma classe de grupos, que terá seus próprios atributos ou relacionamentos. Assim uma classe escolar, um grupo de pesquisa, os filhos de um casal, as linhas de uma nota fiscal ou os autores de um livro são objetos de grupo. O correspondente linguístico do agrupamento são os substantivos coletivos. Em matemática temos o conjunto das partes de um conjunto dado (`power set`). Ou seja, as instâncias da classe dos grupos serão um subconjunto do conjunto das partes da classe que fornece os elementos. Por exemplo, uma publicação tem como autoria um ou vários autores. Para identificar os conjuntos de autores das publicações formamos grupos de autores conforme mostrado na figura 3.16.

Note-se que a notação é a mesma como para a agregação, com a diferença de que na agregação temos vários componentes formando as partes do agregado e no agrupamento temos uma classe fornecendo os membros do grupo. Por isso, alguns autores chamam a primeira de agregação heterômera e o agrupamento de agregação homeômera. O motivo porque preferimos considerar os dois conceitos como duas abstrações distintas é que na agregação temos um número fixo de componentes, correspondendo à noção de registro na programação ou a tupla em bancos de dados. No agrupamento cada grupo pode ter um número distinto e variável de elementos, correspondendo ao conceito de conjunto. Além disso, membros podem sair ou entrar em um grupo se afetar a identidade do grupo.

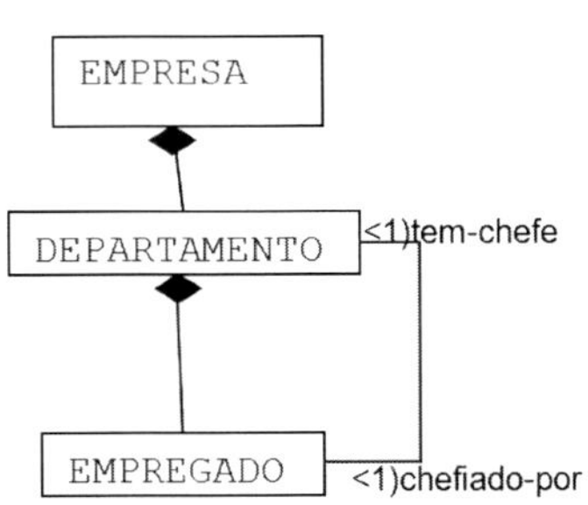

Figura 3.17. Agrupamentos

Outro detalhe a ser considerado, é que no agrupamento também podemos ter a forma forte da composição. Neste caso os grupos são disjuntos (o que não é obrigatório em geral) e os elementos só existem em função dos grupos a que pertencem. A figura 3.17 mostra dois agrupamentos determinados por um relacionamento. Uma empresa é composta por departamentos e estes, por sua vez, compostos por empregados. Note-se que no primeiro agrupamento cada grupo (departamento) é determinado por aqueles empregados que têm o mesmo chefe. Em outros casos, os elementos dos grupos são determinados explicitamente pelo usuário. Neste exemplo dois agrupamentos são da forma forte, pois os elementos só existem com os conjuntos.

Como nas duas abstrações anteriores, também o agrupamento determina um relacionamento classe a classe entre a classe de elementos e a classe de grupos, chamado de é-elemento-de.

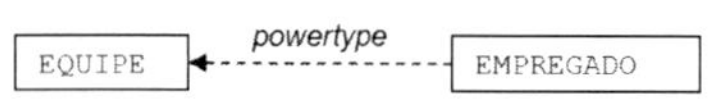

Figura 3.18. *Powertype*

Objetos de grupo também surgem naturalmente como resultado da aplicação de um relacionamento múltiplo. Assim, se temos `empresta (USUÁRIO, EXEMPLAR)`, dado um usuário `u`, `empresta(u)` determinará o grupo dos exemplares emprestados para `u`. Portanto, dado um exemplar `e` a consulta `é-elemento-de(e, empresta(u))` pode ser verdadeiro ou falso.

Em UML o agrupamento também pode ser modelado como uma relação de dependência chamada *powertype*. Neste caso teríamos, no agrupamento de empregados por equipes o diagrama da figura 3.18, significando que cada equipe é formada por um conjunto de empregados.

3.1.3.5. Herança

Em consequência das abstrações, temos vários níveis de classes de objetos, cada qual refletindo um ambiente específico da aplicação. Ou seja, um mesmo objeto pode aparecer várias vezes em um sistema, com propriedades distintas associadas a ele em cada ambiente. Um princípio geral de uma abstração é que, no nível mais abstrato, temos menos detalhes dos objetos do que no nível mais concreto. Em outras palavras, no nível inferior são acrescidos mais detalhes aos dados do nível superior. Por isso, nos níveis inferiores basta especificar as propriedades adicionais, pois as que já existem no nível superior são obtidas por *herança*, isto é, podem ser consideradas como se estivessem especificadas também neste nível.

A herança merece uma análise específica em cada uma das abstrações hierárquicas. Na generalização, a herança é, em princípio, automática, pois em uma subclasse tenho os mesmos objetos especificados com mais detalhes do que na superclasse. Então, é óbvio que os atributos no nível superior terão validade no nível inferior. Mas, mesmo assim, como atributos podem representar dados abstratos do objeto, pode ocorrer que, por questões de modelagem, no nível inferior são alterados alguns detalhes de um atributo herdável. Por exemplo, em uma generalização é-um(VELEIRO, NAVIO), pode ocorrer que o comprimento de navios é indicado em metros, mas, por convenção, no caso dos veleiros, queremos indicar o comprimento em pés. Neste caso o mesmo atributo, ‹comprimento›, terá valores distintos em níveis distintos. Também pode acontecer que `VELEIRO` também é especialização de outra classe, `VEÍCULOS-A-VELA`, que possui um atributo comum a `NAVIO`, por exemplo, o comprimento, mas com outro domínio de valores. Neste caso deve ser decidido qual dos atributos deve ser herdado para `VELEIRO`. Esta situação é chamada de herança múltipla, e existem vários algoritmos de como solucionar possíveis conflitos de herança múltipla.

Nas outras duas abstrações de agregação e agrupamento, a herança não é tão evidente, pois estamos criando .novos objetos no nível superior que não precisam ter as mesmas propriedades dos seus componentes. Mesmo assim, pode haver alguma herança que deveria ser explorada pelo modelo de dados. Podemos distinguir três tipos de atributos. Tomemos como exemplo ilustrativo a agregação `AUTOMÓVEL=<MOTOR, CARROCERIA, ESTOFAMENTO>`:

1. **Herança direta**: atributos como *local e proprietário* serão herdados diretamente do AUTOMOVEL para seus componentes, pois o mesmo valor que estiver em `AUTOMOVEL` vale para os componentes;
2. **Herança computada**: para o atributo *peso,* o peso do `AUTOMÓVEL` é derivado como soma dos valores deste atributo dos seus componentes;
3. **Sem herança**: atributos para os quais não tem sentido uma herança. Exemplo: *modelo, licença,* etc.

3.1.3.6. Conclusão

Para uma formalização das três abstrações discutidas neste parágrafo definimos os seguintes predicados:

a) Entre classes

- é-um(S,G): *S* é uma subclasse de *G,* ou seja, $|S| \subset |G|$. Exemplo: é-um `(VELEIRO, BARCO);`
- é-parte(Ci,A): Os membros de $|A|$ são tuplas (conjuntos ordenados) e o i-ésimo componente é um membro de $|Ci|$. Exemplo: `é-parte(SISTEMA-DIGESTIVO, CORPO)`
- é-elemento(E,G): cada membro de $|G|$ é um conjunto de membros de $|E|$. Exemplo: `é-elemento(ALUNO, CLASSE)` ou `é-elemento(AUTOR, AUTORIA)`

b) Entre objetos

- é-parte-de(c_i,*a*): *c* é o i-ésimo componente do objeto agregado *a.* Exemplo: `é-parte-de((`Data Base Management')2,(0805367802):LIVRO)`, o livro identificado por `Data Base Management' é a segunda parte (título) do livro identificado pelo ISBN acima.
- é-elemento-de(e,g): *e* é elemento do grupo *g.* Exemplo: `é-elemento-de((`McFadden'), (0805367802:ISBN):AUTORIA)`, 'McFadden' é um dos elementos do grupo de autores do livro identificado pelo ISBN acima.

c) o predicado geral

- *instância-de(e,C)*: o objeto 'e' é uma instância da classe C

Entre os predicados acima valem os seguintes axiomas:

1. é-um(A,B) & é-um(B,A) $\Leftrightarrow$ A=B
2. é-um(A,B) & é-um(B,C) $\Rightarrow$ é-um(A,C)
   logo é-um é uma relação de ordem parcial
3. é-um(A,B) & é-um(A,C) $\Rightarrow \exists$ D(é-um(B,D) & é um(C,D))
4. é-parte(A,B) $\Rightarrow \neg$é-parte(B,A)
5. é-parte(A,B) & é parte(B,C) $\Rightarrow$ é-parte(A,C)
6. é-um(A,B) & é-parte(B,C) $\Rightarrow$ é-parte(A,C)

O caso é-parte(A,B) & é-um(B,C) $\Rightarrow$ é-parte(A,C) nem sempre é verdadeiro, pois nem todo objeto de C tem que ser um agregado com A.

7. é-um(A,B) & é-parte(A,C) $\Rightarrow$ é-parte(B,C)
8. é-um(B,C) & é-parte(A,C) $\Rightarrow$ é-parte(A,B)
9. é-um(A,B) & é-elemento(B,C) $\Rightarrow$ é-elemento(A,C)
10. é-um(B,C) & é-elemento(A,C) $\Rightarrow$ é-elemento(A,B).

Encerramos este parágrafo com uma ilustração gráfica dos conceitos introduzidos até aqui por meio do diagrama de classes de um sistema de controle de uma biblioteca (Figura 3.19). Por uma questão de visibilidade, não incluímos operações.

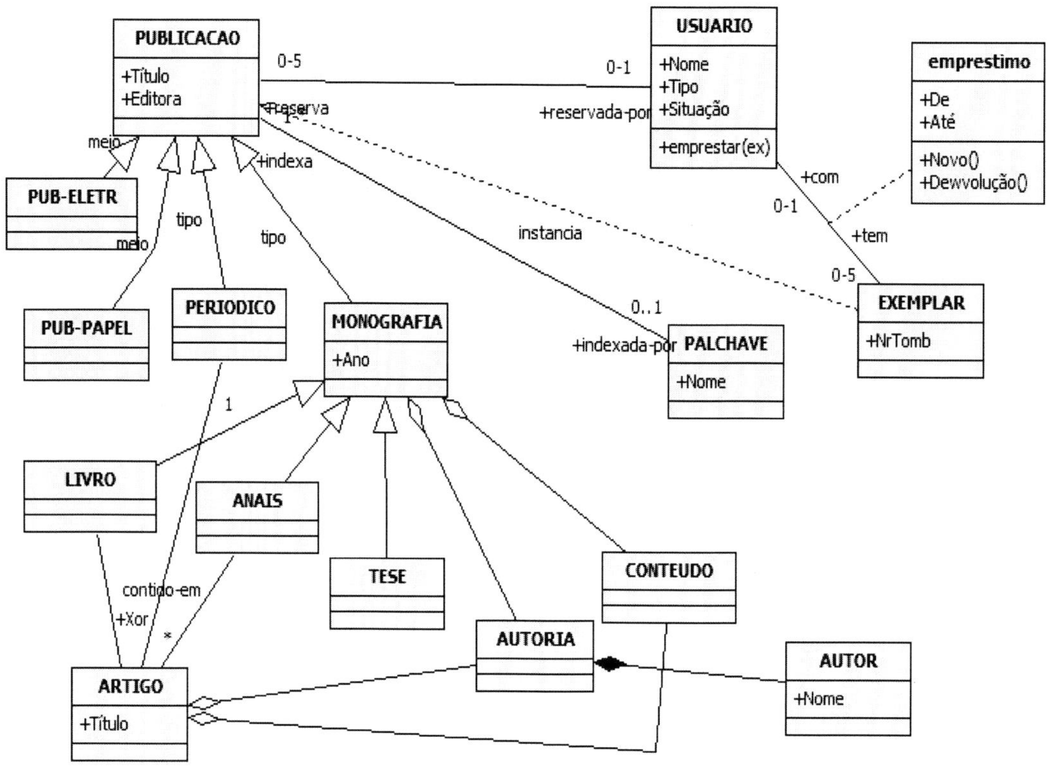

Figura 3.19. Esquema conceitual de um sistema de biblioteca

Este esquema ainda não é o ideal. Por exemplo, nem toda publicação pode ser reservada e emprestada. Seriam somente as monografias publicadas em papel. Para modelar este fato, teríamos que incluir uma classe de publicações emprestáveis, e refazer algumas associações, como mostrado na figura 3.20. Este caso é mais um exemplo de ocorrência de uma herança múltipla, conforme definido no item 3.1.3. O que significa que uma `PUB-EMPRESTÁVEL` possui (herda) todas as características de uma `MONOGRAFIA` e de uma `PUB-PAPEL`. Também fica definido, nesta especialização, que um periódico não pode ser emprestado.Uma outra forma de obter o mesmo resultado, só que com uma solução menos `gráfica`, é acrescentando restrições de integridade, como será mostrado no capítulo 4.

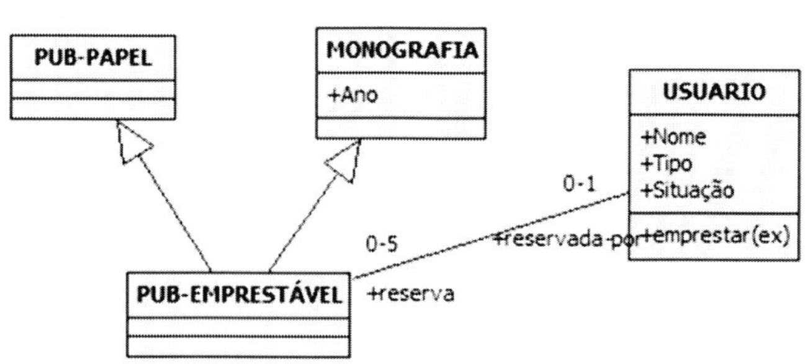

Figura 3.20. Esquema melhorado

3.2. Dados Semiestruturados

Uma característica dos dados estruturados é que a estrutura ou intenção dos dados é definida independentemente de quaisquer dados reais. Dada uma estrutura (intenção), podemos povoá-la com dados (extensão) adequados a esta estrutura. Esta separação clara entre dados e esquema de dados ou metadados, tem como objetivo permitir uma modelagem clara e explícita de uma aplicação de forma independente do seu uso ou da execução dos programas desta aplicação. Esta independência ocorre tanto no tempo (o esquema está pronto antes de começar a ser usado) e no espaço (o esquema fica armazenado em um local, o dicionário de dados, separado dos dados, os arquivos). Com isto consegue-se uma boa modelagem (*a priori*) e economia no espaço de armazenamento, pois um único esquema pode descrever milhares de dados.

Com o avanço das aplicações de bancos de dados, em particular, a integração com a Internet, estão surgindo cada vez mais aplicações em que não mais é possível esta modelagem completa *a priori*. Existem dois motivos principais para esta situação. Primeiro os dados podem possuir uma estrutura irregular, que não pode ser prevista. A outra razão é que a aplicação como um todo, apesar de ter um objetivo claro, sofre constantes mudanças em seus detalhes, e não se pretende, antes de cada mudança, processar uma reengenharia completa adaptando o esquema de dados à nova situação. De certa forma, necessita-se de uma adaptabilidade automática às novas situações. Veremos neste parágrafo diversas situações que podem dar origem a estas irregularidades e as soluções que estão sendo propostas.

Tudo que é processado por um computador digital, possui alguma forma ou estrutura preestabelecida. O agrupamento de bits em bytes e a subsequente interpretação de um ou vários bytes como um número, uma letra ou um endereço, tudo isso só é possível com uma estrutura imposta à sequência de bits. Continuando, o agrupamento de letras para formar palavras, orações, sentenças e parágrafos, seguem as regras da gramática de uma língua. O mesmo acontece com a estrutura dos números e sua aritmética. Essencial são também as regras de conversão entre representações. Enquanto uma sequência de bits pode ser interpretada internamente como número binário, será tratada como tal em operações aritméticas. No momento de apresentação deste número em uma tela, pode passar por um formato intermediário em que cada dígito ocupa um byte, denominado decimal codificado binário. Em seguida será convertido em um formato gráfico inteligível pelo leitor da tela. O mesmo ocorre com letras e textos. Para que os textos exibidos na tela ou impressos em papel possuam a riqueza da impressão em gráficas, um texto possui duas estruturas de formatação: a gramatical e a de apresentação. Para atender a complexidade destas duas estruturas, foram desenvolvidos os processadores de texto. A estrutura de apresentação é atendida acrescentando-se marcações adicionais ao texto básico, que descrevem a apresentação.

A questão central é a forma como os dados chegam ao computador para serem interpretados e armazenados adequadamente para não perder a informação contida neles. Pode haver irregularidades tanto no fornecimento dos dados como nas estruturas internas dispostas a recebê-los. Limitamo-nos aqui aos tipos de dados chamados de **dados tabelares**, em que cada dado é bem delimitado e tem um formato e significado definido. Outros tipos de dados, como textos e dados multimídia serão tratados no capítulo 10.

Em aplicações de bancos de dados, são diversas as possíveis causas de uma irregularidade na estrutura dos dados. Vejamos as principais:

- **Estrutura irregular** – a fonte que fornece os dados a serem incluídos no banco de dados possui irregularidades em um ou vários dos seguintes aspectos: ausência de atributos, atributos imprevistos, domínios diferentes, valores vagos ou imprecisos, ou ordem dos atributos. Um dos motivos destas irregularidades pode estar no fato de os dados não serem originários de formulários predefinidos, mas sim, de documentos texto ou mensagens de algum artefato externo. Este texto pode, por exemplo, conter dados cadastrais de pessoas, mas alguns podem não ter telefone, outros têm vários telefones, a estrutura do endereço pode divergir, para outros pode aparecer alguma informação imprevista, mas que pode ser importante. Mesmo um formulário pode não estar preenchido de forma correta. Neste caso o banco de dados deve prever valores irregulares em seus atributos ou o sistema pode tentar, por meio de um diálogo, resolver as dúvidas.
- **Estrutura implícita** – neste caso são fontes de dados com estrutura desconhecida, mas com certa regularidade. O programa receptor da informação pode, a partir desta regularidade, induzir uma estrutura para os dados. Este procedimento é conhecido por *esquemas determinados pelos dados* (*data-driven)*.
- **Estrutura extensa** – um cadastro de dados reais, como de produtores rurais, por exemplo, pode conter várias dezenas de atributos para cada objeto cadastrado e, além disso, pode haver numerosas variações estruturais entre os diversos elementos. Por exemplo, cada tipo de produtor rural terá seus atributos específicos. Em uma modelagem clássica, teríamos que criar uma subclasse para cada tipo de produtor, com seus atributos específicos. Uma solução semiestruturada, dividiria os dados cadastrais em duas partes, a parte fixa, com os atributos mais comuns, e a parte variável com atributos diferenciados citados explicitamente. Outro exemplo são os detalhes de livros cadastrados em uma biblioteca. Uns podem ser traduções, outras obras podem ser vários volumes, umas não têm autor, mas editores, outra são bilíngues, etc. Uma solução para esta situação poderia ser, colocar toda a parte variável em um único campo, de tamanho variável, contendo pares <nome-do-atributo : valor-do-atributo>. Para este caso particular das informações bibliográficas, existe um formato específico, denominado formato MARC. Outro formato, mais simples e mais genérico, é o *Dublin Core* (DC).
- **Estrutura evolucionária** – no momento do desenvolvimento de um sistema de informação a estrutura pode estar bem clara, mas sabe-se a priori, que ela está sujeita a constantes mudanças estruturais. Ter-se-ia que refazer a modelagem da aplicação a cada mudança. Um caso típico são programas que acessam páginas Web para obter seus dados. Estas páginas podem ser alteradas frequentemente, mesmo contendo os mesmos dados. Uma solução para este problema seriam programas intermediários, como *Web Services*, que acompanham esta evolução das fontes de dados reprogramando a interpretação dos dados. Outra alternativa é o *Web Service*, ao invés de se adaptar à fonte de dados, alterar a estrutura do receptor dos dados a fim de que ele possa receber os novos dados.
- **Estrutura descritiva** ou **indicativa** – neste caso, para resolver a irregularidade dos dados, cada dado vem acompanhado de sua descrição estrutural. É o caso típico de documentos XML ou suas variantes. Isto não é bem um problema, mas vem a ser a solução para vários dos problemas colocados acima. Para grandes quantidades de dados homogêneos, esta solução fica pesada, pois para cada dado tem que ser repetido o seu esquema.

Mostramos as principais causas que, em aplicações avançadas, podem impedir uma modelagem nos moldes clássicos em que o esquema de classes está bem definido e todos os dados estão de acordo com este esquema. Como em diversos aspectos, o modelo clássico é o mais eficiente em termos de armazenamento e recuperação dos dados e também para a facilidade de entendimento pelos usuários, ele não deve ser totalmente abandonado em um ambiente que envolve dados semiestruturados. Deve ser mantido o máximo possível.

3.3. Alguns problemas da modelagem de sistemas orientados a objetos

Uma das mais antigas questões na modelagem de sistemas de informação é determinada pelo fato de todo sistema ser composto por duas partes ortogonais, sua estrutura e seu comportamento. A estrutura é determinada pelas classes de entidades e relacionamentos existentes no sistema e o comportamento é determinado pelos eventos e processos que determinam o que ele faz. Uma questão desta dicotomia para a modelagem de um novo sistema é a questão por onde começar a análise e o seu projeto: pela estrutura ou pelo comportamento.

Esta problemática remonta a uma antiga questão filosófica sobre a formação do nosso mundo. Enquanto Heráclito (520 a.C.) afirmava que "*tudo flui*", ou seja, os processos existem a priori e eles produzem ou consomem objetos, a outra visão, defendida por Aristóteles e outros, tem uma visão mais ontológica do mundo. Os objetos existem e são criados, modificados e eliminados pelos processos. Também a fenomenologia de Husserl distingue entre os atos (*noesis*) e as entidades objetivas (*noema*).

Para criar um novo sistema de informação precisamos começar com a análise das principais características deste sistema. Podemos anotar primeiro as suas principais funcionalidades, ou seja, o que ele deve fazer para, com isso, determinar quais objetos ou dados são necessários para atender estas funcionalidades. A outra opção é determinar logo as estruturas de dados necessárias para então definir os processos que irão criar e manipular estes objetos.

As metodologias de desenvolvimento de software dividem o processo de desenvolvimento em diversas etapas, como análise, projeto, implementação e testes. Tanto para a análise como para o projeto, pode-se optar por uma das duas formas por onde começar. Já as etapas de implementação e testes se concentram mais nos programas/processos, exceto o projeto do banco de dados, que pode ser considerado uma atividade concentrada nas estruturas.

Historicamente pode-se considerar dois tipos de modelagem, a Modelagem Estruturada e a Modelagem Orientada a Objetos. Para cada uma há diversos métodos concretos, propostos para o desenvolvimento de aplicações de software.

Na Modelagem Estruturada o comportamento do sistema é descrito por um diagrama denominado Diagrama de Fluxo de Dados (DFD) e, para a estrutura, utiliza-se a notação do modelo de Entidades-Relacionamento (DER). Sem entrar em maiores detalhes destes dois diagramas, vale ressaltar que não há regras precisas da interdependência entre os dois diagramas. Por exemplo, dada uma classe no DER não há garantia de que no DFD foi prevista uma ação de criação das instâncias desta classe.

Resumindo, na Modelagem Estruturada existem diagramas bastante expressivos para descrever os dois aspectos do sistema, mas a consistência entre eles deixa a desejar.

A modelagem orientada a objetos (MOO) partiu da ideia de que estrutura e comportamento são dois aspectos complementares de uma mesma entidade, chamada de objeto. Um objeto tem uma estrutura, que é determinada por seus atributos e um comportamento definido pelos seus métodos. Apesar desta aparente integração dos dois aspectos, geralmente um objeto representa uma entidade do mundo real que tem um estado determinado pelos valores de seus atributos. Todo objeto é modelado como instância de uma classe que conterá todos os objetos com estrutura e comportamento semelhantes. Os métodos determinam as alterações válidas nos objetos de uma classe. Como as funcionalidades do sistema geralmente não estão atreladas a um único objeto, mas geralmente envolvem diversos objetos de classes distintas, a parte comportamental dos métodos OO deixa a desejar.

O método de MOO mais conhecido é denominado Processo Unificado (RUP), que utiliza os diagramas da linguagem gráfica de modelagem UML. O RUP tem como primeira etapa o Diagrama de Casos-de-Uso, no qual são descritas as principais funcionalidades do sistema. Só então, para cada Caso-de-Uso é determinada a estrutura de objetos necessária para sua realização. Não há nenhuma restrição para os mesmos objetos aparecerem em vários Casos-de-Uso. Portanto o RUP pode ser considerado uma MOO nesta primeira etapa de análise. Nas próximas etapas, para cada Caso-de-Uso é determinado um detalhado esquema de classes que é implementado e testado. O resultado de um processo de MOO é um sistema orientado a objetos, composto por uma série de objetos, com estrutura e comportamento, que trocam mensagens entre si.

Vamos discutir, nesta seção, dois aspectos críticos de um Sistema Orientado a Objetos: (1) O conceito de objeto; e (2) O Identificador e Objeto (OID), sua importância e seus problemas.

3.3.1. O que é um objeto?

A ideia do paradigma da orientação a objetos surgiu nos ambientes de programação e foi adaptado aos sistemas de informação e sistemas de bancos de dados. Nos sistemas de informação tinham sido criados os modelos semânticos e a estes foi incorporada a noção de encapsulamento de métodos nas classes da orientação a objetos.

O principal conceito de um modelo orientado a objeto é a noção de objeto. Existem pontos de vista radicais que sentenciam 'tudo são objetos' como, por exemplo, na linguagem Smalltalk. Cada programa, cada linha de código, cada tipo de dado é um objeto. Para uma visão mais moderada, é essencial determinar precisamente que tipo de coisas de um sistema de informação são objetos ou não. Esta determinação se torna mais importante ainda devido ao fato de que, como veremos, a noção de objeto utilizada na modelagem de um sistema não coincide sempre com esta noção na linguagem natural. Por exemplo, em linguagem natural, um objeto pode ser um carro, uma empresa, um prego, uma caixa de fósforos. Chamar uma pessoa de objeto já pode gerar reações do tipo '*ele é uma pessoa,* não um objeto'. Além disso, tanto o fato de '*a chuva de ontem*' como o conceito de '*chuva*' e um evento como o '*XXX Simpósio Brasileiro de Bancos de Dados*' não são aceitos naturalmente como objetos.

Devido a esta situação é necessária uma definição precisa do que, em um sistema, é um objeto e o que não é. Com essa definição, os objetos podem ser classificados segundo seu tipo e descritos como instâncias de classes. Antes de nos aventurarmos em uma definição, vejamos algumas categorias de coisas envolvidas em um sistema, para analisá-las uma a uma se podem não ser chamadas de objetos.

- **Coisas estáticas explícitas**: nesta categoria ficam os objetos físicos, como *uma pessoa, um prego, um automóvel,* assim como entidades abstratas, como *uma empresa, um número, uma palavra, um número de matrícula* além de conceitos mais genéricos como *o vento, chuva* e sentimentos como *medo, satisfação.*
- **Fatos e coisas implícitas**: também são coisas estáticas mas não estão explicitamente armazenadas no sistema. Podem ser fatos descritos por uma frase, como '*ele freou a 10 metros do acidente*' ou fatos derivados a partir de

regras de dedução. P.ex. se temos a regra *avô (z,x)* := $\exists y\ (pai(z,y) \wedge pai\ (y,x))$ e os fatos *pai(José, Francisco)* e *pai(Francisco, Maria)* então existe o fato derivado *avô(José, Maria)* que não está explicitamente armazenado no sistema. Outro tipo de fatos implícitos em um sistema são as informações resultantes da aplicação de análises estatísticas ou de algoritmos de mineração de dados.

- **Informação incompleta**: pode haver casos em que se sabe da existência de um objeto mas não se tem detalhes sobre ele. Por exemplo, sabemos que 3 pessoas participaram de um crime mas só conhecemos duas. O terceiro homem é desconhecido. Outro exemplo é o caso de uma pessoa ter um telefone, mas ela não se lembrar do número.
- **Coisas dinâmicas**: toda a parte comportamental de um sistema composta de processos conceituais, transações e operações primitivas são coisas dinâmicas que são descritas e modeladas como partes essenciais de um sistema de informação. Também podemos classificar como coisas dinâmicas as regras ativas, que descrevem ações acionadas automaticamente na ocorrência de uma condição determinada. São conhecidas como *triggers*.
- **Regras**: além das coisas estruturais (estáticas) e comportamentais (dinâmicas) há restrições e regras condicionais que determinam a correção de um sistema. Aqui enquadramos as regras de integridade, que são elementos descritivos que determinam se uma ação pode ou não ser executada. Também existem as regras de dedução, como os atos derivados descritas acima ou ações condicionais (*triggers*) que determinam a execução de uma ação condicionada a uma certa situação.
- **Intenção**: o principal resultado do desenvolvimento de um sistema de informação são as descrições de classes, relacionamentos, operações, regras de integridade, regras de dedução e as regras ativas. Em outras palavras, trata-se da *intenção* de como o sistema será estruturado e irá se comportar. Todos estes elementos (classes, esquemas, diagramas, regras) também podem ser considerados objetos ou não. Há casos em que uma classe, além de definir a estrutura dos objetos instância dela, pode assumir o papel de objeto primitivo, como extensão (instância) de outra classe.

Como vimos, existem muitas *coisas* distintas em um sistema e nem todas merecem ser chamadas de *objeto*. A despeito de seu significado na linguagem natural, um objeto em um sistema de informação é algo que é processado, é identificável e distinguível de outros objetos, tem um estado dado pelos valores de seus atributos e este estado pode sofrer alterações. Um objeto tem uma interface que recebe e emite mensagens que acionam métodos para mostrar ou alterar seu estado. Neste sentido, um objeto é algo estático (que é) e não dinâmico (que *faz*). Mas, também existem propostas que sugerem a consideração de objetos ativos, coisas que *fazem* algo. Estes objetos não têm atributos, mas entendem mensagens padrão como *executar*, *interromper*, *parar*. Estados típicos seriam *em execução* ou *parado*.

Os candidatos mais naturais a serem considerados objetos são o que chamamos de coisas estáticas explícitas. Elas satisfazem a nossa definição. Mas, mesmo nesta categoria, nem tudo é considerado um objeto em um sistema de informação. Imaginemos, por exemplo, um sistema de controle de estoque em uma loja de ferramentas. Haverá muitas caixas de pregos e parafusos de diversas dimensões. Neste caso os principais objetos físicos serão, entre outros, pregos e parafusos. Mas, dificilmente cada prego ou parafuso será considerado como um objeto identificável e distinguível.

Em um sistema dedutivo as principais informações serão os fatos deduzidos, que não estão explicitamente armazenados no sistema. O mesmo acontece com os dados minerados em sistema de suporte a decisão. Uma Base de Conhecimento pode estar concentrada na análise e processamento de fatos compostos, como o '*ele freou a 10 metros do acidente*' citado acima.

Veremos, na próxima seção, que um dos principais empecilhos para que estes exemplos sejam considerados objetos é a exigência da *identificação de objetos*.

3.3.2. O identificador de objetos (OID)

Praticamente todos os estudos formais do conceito de objeto consideram como uma característica principal de um objeto o fato de ser algo identificável e distinguível de outros objetos. Ou seja, todo objeto tem um identificador de objetos (*oid*) e possui certas características determinadas pelos seus atributos. Esta consideração do *oid* como algo abstrato, independente dos atributos é uma característica fundamental da orientação a objetos. Só assim os objetos são diferenciáveis entre si, mesmo tendo os mesmos atributos.

Mas, é exatamente este conceito que impossibilita considerarmos como objeto muitas das coisas citadas acima que, mesmo sem identificador, são informações significativas, senão as principais informações do sistema. Vejamos a problemática do identificador de objetos para os diversos tipos de coisas citadas acima.

1. Coisas abstratas: Entidades abstratas mais complexas, como uma empresa, uma família ou um time de futebol, são claramente classificáveis como objetos. Já elementos abstratos mais primitivos como números (uma idade, um peso, um salário), cadeias de caracteres (o nome de uma pessoa) ou composições destes (um endereço) geralmente ocorrem como valores de um dos atributos de um objeto e são classificados como instâncias de certo tipo de dado (*Integer*, *String*) e não são considerados objetos. Uma mesma coisa, por exemplo, uma empresa pode ser classificada como objeto de uma classe em uma aplicação e ser valor de um atributo em outra. Note-se que em certas linguagens pode-se definir como valores de atributos não só tipos primitivos, mas também outros objetos.
2. Objetos físicos: Muitos objetos físicos possuem algo que os identifique e eles ocupam um lugar definido no espaço. Mas, também há objetos (geralmente pequenos) indistinguíveis entre si, como parfusos, papéis, etc.
3. Fenômenos: Um sistema de informação pode tratar do processamento de fenômenos naturais como o clima, um desabamento em uma estrada ou a evolução de uma doença em uma pessoa. Não são objetos tangíveis, mas ocorrências no mundo físico.
4. Fatos compostos: Para muitos sistemas de informação, o principal elemento a ser considerado não são objetos individuais, mas fatos derivados de diversas situações, fenômenos e objetos. Por exemplo, um sistema de acompanhamento do trânsito em uma cidade, deverá informar um motorista sobre um caminho a seguir. Esta informação é derivada de muitas situações momentâneas como engarrafamentos, acidentes, etc.
5. Coisas implícitas: Muitas informações relevantes em um sistema podem não estar explicitamente armazenadas no computador, mas são derivadas dos dados explícitos ou implícitos existentes, por meio de regras de dedução ou algoritmos de mineração de dados. Estes dados derivados podem ser tão ou mais importantes do que os dados explicitamente armazenados. Mas, eles não estão armazenados em nenhum espaço físico.
6. Dados imprecisos: este é um caso em que, além de não termos uma identificação do objeto, sua caracterização também não está bem definida. Por exemplo, foi comprovado que uma pessoa esteve no local de um acidente, mas nada sabemos sobre esta pessoa.
7. Metadados: Na composição clássica de um banco de dados, pode-se distinguir claramente o esquema do

banco de dados, também chamado dicionário de dados, e os dados propriamente ditos. Mas, pode haver aplicações em que uma classe de objetos pode se tornar instância de outra classe, confundindo assim a diferenciação entre esquema e dados. Por exemplo, uma classe JORNAL pode ter cada jornal publicado em uma cidade como uma instância. Estas instâncias terão atributos como nome-do-jornal, data-da-fundação e diretor-responsável. Mas, cada jornal, por sua vez, será uma classe, que terá como instâncias as diversas edições deste jornal com seu respectivo conteúdo.

Na chamada *orientação a objetos*, presume-se que os principais elementos estruturais de uma aplicação são os objetos. Voltando a nossa definição anterior de um objeto como algo identificável por um identificador e descritível por propriedades, vemos que, dependendo da aplicação, os principais elementos podem não se encaixar nesta definição. Em um sistema baseado em regras, estas regras podem gerar infinitos fatos derivados que não terão todos, a priori, um identificador. Sistemas que processam uma grande quantidade de números ou de objetos primitivos, como pregos, também não terão seus principais elementos identificados.

Nota-se dos dois componentes da definição, a identificação e a caracterização, o problema maior está na identificação. Por outro lado, o identificador de objetos é um conceito fundamental para o processamento de um sistema orientado a objetos.

Vemos, nessa problemática, uma analogia à primeira forma normal no modelo relacional de bancos de dados. Esta primeira forma normal é fundamental para caracterizar um banco de dados relacional mas tem o efeito colateral de reduzir bastante a analogia semântica entre tabelas relacionais e classes de entidades. Boa parte da semântica removida pela primeira forma normal é recolocada pelas formas normais seguintes.

Em analogia com a 1ª forma normal de relações,

o identificador de objetos é fundamental, mas orientado à implementação.

Para tentar resolver esta problemática, sugerimos enfraquecer a definição de objetos. Quanto a identificação, haveria três tipos de objetos:

1. Objetos com identificador explícito. São os objetos com uma estrutura e comportamento bem definidos e que necessitam de um tratamento individualizado e podem sofrer mudanças de estado;.
2. Objetos auto identificados (números, nomes, etc.). São geralmente valores do domínio de um atributo. Podem ser simples, como um salário, ou compostos, como um endereço. São estáticos.
3. Objetos não identificados. Podem ser objetos físicos, como pregos ou pessoas participantes de uma demonstração, ou abstratos, como sensações de uma pessoa (medo, coragem, alegria).

Quanto às propriedades, teríamos dois tipos de objetos:

1. Objetos bem definidos. São objetos em que seus atributos têm valores bem definidos.
2. Objetos mal definidos. São objetos que, apesar de sua existência não estar em dúvida, terem um ou vários atributos com valores indefinidos ou imprecisos (como um número de telefone desconhecido ou uma idade 'alta').

3.4. Comentários bibliográficos

A taxonomia dos tipos de informação e a comparação com os sistemas de comunicação, é baseada em [Lu76].

A discussão em torno da necessidade de modelos conceituais ou modelos semânticos de dados, com o objetivo de melhorar a qualidade das aplicações, começou com os trabalhos de Abrial [Ab73] e o Modelo Infológico, resultado da tese de doutorado de Sundgreen [Su73]. Sundgreen foi pioneiro em diversos aspectos, como a divisão da descrição de uma aplicação em dois níveis (infológico e datalógico) e a inclusão de conceitos temporais no modelo. A partir daí, surgiram dezenas de propostas de modelos semânticos [BMS84, capítulos 2, 4, 10, 11, 13]. Uma comparação de alguns modelos também pode ser vista em [PM88]. Destes vale citar, além do clássico modelo de entidades e relacionamentos (E-R) [Ch79] os modelos SDM de Hammer e McLeod [HM81], TAXIS de J. Mylopoulos&Wong [MW80], ACM/PCM de M. Brodie [BS84] e Object-Role de E. Falkenberg [Fa74]. Este último foi um dos primeiros modelos temporais e foi a base da metodologia NIAM para o projeto de sistemas de informação [VB82].

Atributos complexos e multivalorados já foram considerados para o modelo E-R em [Se86]. As abstrações de generalização e agregação surgiram como uma sugestão de extensão do modelo relacional, dada por Smith & Smith [SS78]. O agrupamento, que apareceu como componente do modelo SDM, recebeu diversas denominações na literatura. Foi chamado de 'relação quociente' por Furtado e Kershberg [FK77], 'correspondência' por Santos, Neuhold & Furtado [SNF80] e 'associação' por M. Brodie [Br81]. No modelo UML é chamado de 'agregação homeômera' por Page-Jones [Pa01], ao contrário da composição ou 'agregação heterômera', que aqui chamamos simplesmente de agregação. As abstrações também são o assunto da seção 4.7 do livro de Elmasri & Navathe [EN16].

O fator tempo recebeu menos atenção inicialmente. Aparece nos modelos Infológico [Su73], Object-Role de Falkenberg [Fa78] e no trabalho de J. Bubenco [Bu78]. O Modelo Temporal de Objetos-TOM [Sch89], é um modelo de bjetos temporais e versionados.

O modelo semântico mais difundido é, sem dúvida, o Modelo Entidades-Relacionamentos (E-R) de P. Chen [Ch76]. É o único que conseguiu consideração nos tradicionais livros-texto de bancos de dados, por exemplo, C. Date [Da92] e J. Ullman [Ul89]. Existe uma conferência internacional especialmente dedicada ao '*Entity-Relationship Approach*' e o modelo sofreu inúmeras extensões, incluindo as abstrações [SNF80, Se86]. Observamos que na classificação dos modelos por tipos ER e EAR (vide seção 7.3 ou [ISO83]) este modelo é do tipo EAR e não ER, como seu nome sugere.

Atualmente, a orientação a objetos domina não somente a pesquisa em bancos de dados, como também a programação e outras áreas da informática. A orientação a objetos (OO) pode ser considerada a fusão de dois conceitos bem conhecidos que deu certo. O surpreendente é que estes dois conceitos já foram pesquisados isoladamente por muitos anos mas, individualmente, não chegaram a empolgar a prática da computação. O primeiro são os **Tipos Abstratos de Dados**, que formalizaram o encapsulamento de métodos e restrições de integridade dentro das classes de objetos (chamados de tipos de dados) [LZ75]. O outro conceito é a própria modelagem semântica dos sistemas de informação, que introduziu a noção de abstração entre classes, em particular a generalização e agregação [SS78]. Daí foram derivados os conceitos de subclasse, herança e polimorfismo.

A quase totalidade dos conceitos dos modelos semânticos de dados foi incorporada ao modelo de objetos, tendo sido acrescido do encapsulamento de métodos. O modelo mais difundido e um dos mais ricos atualmente é o modelo determinado pela linguagem UML [UML03]. UML é mais do que um modelo de dados pois, além de permitir a modelagem de objetos em um diagrama de classes, oferece uma rica gama de diagramas para descrever a interação entre objetos, um diagrama de estados de objetos e arquiteturas de implementação e distribuição. Enquanto UML é, em princípio, uma linguagem para a engenharia de software, o modelo de objetos que está se tornando padrão é o ODMG [CB00].

Quanto às questões referentes ao conceito de objeto, existem várias abordagens distintas. Sernadas e Ehrich [SE91] fazem uma distinção entre dois componentes de um sistema: componentes de armazenamento (dados) e componentes de processo (programas). Mas, eles ressaltam várias semelhanças entre eles quanto à persistência e de eles serem criados e removidos do sistema. A principal diferença entre os dois é que os primeiros são passivos (só mudam por um incentivo externo) e os outros são ativos (quando ativados, possuem iniciativa para mudar o estado do sistema).

A importância do identificador de objetos (*oid*) para os conceitos de objeto e classe de objetos foi destacado por diversos autores. Para Koshafian e Copeland [KC86] um objeto é uma tripla *<identificador, tipo, valor>* e existem três tipos de objetos: átomo, conjunto e tupla, mas todos estão munidos de uma identidade. O valor de um átomo será um elemento de um *domínio de átomos*, o de um conjunto será um conjunto de identificadores, e para o tipo tupla, o valor será uma lista de pares <Ai:Ii>, cada Ai é o nome de um atributo e Ii o identificador de um objeto. Um *Sistema de Objetos* é um conjunto de objetos distintos pela identidade.

Wieringa [Wi91] distingue dois tipos de entidades existentes no Universo do Discurso; *objetos* e *massas*. Objetos são entidades que podem ser colocadas em um conjunto e podem ser contados (como pessoas, projetos, livros). Massas são qualidades que não podem ser contadas, mas podem ser medidas (como o lucro de uma empresa, o peso de um objeto, o prazo para devolução de um livro). Para massas, existe uma função que mede sua existência e retorna um valor em uma unidade de medida (porcentagem, quilo, dias). Um modelo conceitual é chamado de orientado a objetos no sentido restrito se todo objeto tiver um identificador. Assim como Sernadas&Ehrich SE[91] ele também considera objetos estáticos (que não mudam) e dinâmicos (cujos atributos podem sofrer alterações).

Vários outros trabalhos também consideram o *identificador* como um componente essencial para um sistema orientado a objetos [MMM93. At92].

Para todos estes autores, um objeto é um componente estrutural para a criação do modelo conceitual de uma aplicação.

3.5. Exercícios

1. Defina um agrupamento no qual a classe de grupo tem três tipos de atributos: com herança direta, com herança computada e sem herança.

2. Encontre exemplos para todos os tipos e agregações possíveis, como foi explicitado no final da seção 3.1.3.3.

3. Dê exemplos das três abstrações de generalização, agregação e agrupamento, e diga para cada um o que foi abstraído.

4. Seja o seguinte esquema de um sistema de Ensino de Graduação:

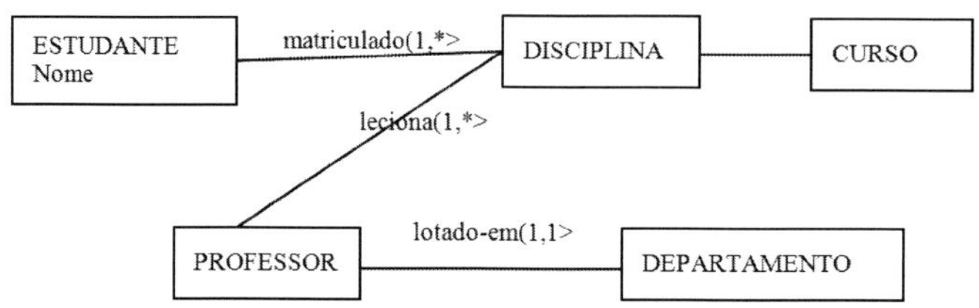

   a. Complete todos relacionamentos inversos com as respectivas cardinalidades, considerando que:
      - alguns professores não lecionam;
      - um departamento tem, no mínimo, 5 professores;
      - Cada disciplina pertence a um único curso e um curso oferece, no mínimo, 20 disciplinas;
   b. Altere o esquema para diferenciar estudantes que estão cursando algumas disciplinas e outros que só na dissertação, orientados por um professor.
   c. Acrescente a data da matrícula no curso e, para cada disciplina cursada, o conceito obtido e o período quando foi cursado.

5. Seja o esquema de um sistema de controle de simpósios:

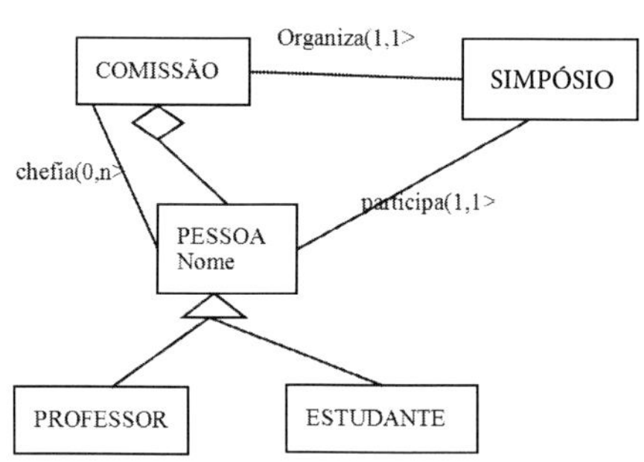

   a. Acrescente local e data do simpósio como entidades relacionadas a SIMPÓSIO e defina todos relacionamentos inversos com as respectivas cardinalidades; considere também que a comissão organizadora é toda formada por professores. Acrescente ainda informações sobre os palestrantes e seus trabalhos a serem apresentados em horários definidos.
   b. Como ficaria o esquema da figura sem o uso do agrupamento e da generalização?

6. Faça o diagrama de classes de um sistema de informação para um grupo de pesquisas de um departamento. Ele deverá conter informações sobre professores participantes do grupo, professores colaboradores (internos e externos), atividades, como pesquisa individual, participação em ou coordenação de projetos de pesquisa, orientação de alunos de mestrado ou graduação.

7. Faça um esquema conceitual de uma musicoteca. Uma música tem um compositor, um título e é de um certo gênero. Ela pode ter sido gravada várias vezes, por intérpretes diferentes. A interpretação é feita por uma ou mais pessoas. Uma gravação pode ser um CD ou um LP. Os usuários podem estar ouvindo uma música ou locar até 5 gravações. Todos compositores, intérpretes e usuários são cadastrados. Note que uma única composição (p.ex. uma ópera) pode se estender por mais de uma unidade de gravação. LPs não podem ser locados, somente podem ser ouvidos.

8. Queremos desenvolver um sistema público na Internet, denominado SEI-Saúde (Serviço de Informação na Saúde). O serviço tem como propósito, auxiliar seus usuários a tratar de sua saúde. Ele deverá manter um sistema de informações com as seguintes características:
   - Cadastro de drogas, alimentos e outros elementos (exemplo: fisioterapia, natação, caminhada, etc.) que possam ser usados no tratamento de um mal. Para todos produtos e elementos será cadastrado sua composição (se for o caso), seus efeitos benéficos e seus efeitos colaterais. As drogas serão divididas em inofensivas e remédios sob prescrição.
   - Cadastro de males, que podem ser doenças, sintomas ou situações (como gordura, magreza, depressão, etc.). Aos males serão associados os elementos que fazem bem e os elementos prejudiciais.
   - Um usuário poderá fazer uma consulta anônima ao sistema por produto, por componente ou por mal. Outra forma de interação é o usuário registrar um tratamento. Ele se cadastra e registra um panorama de sua situação. O sistema sugere um tratamento e acompanha a evolução. Os tratamentos podem ser convencionais, naturais, homeopáticos ou híbridos. De tempos em tempos, o usuário retorna, relata o tratamento feito e o novo panorama. Baseado nesta nova situação, o sistema sugere alterações no tratamento. Para sugerir o tratamento o sistema possui um cadastro de panoramas padrão e seus respectivos tratamentos e enquadra o panorama atual do usuário em um desses panoramas padrão.
   - Um cadastro de especialistas que, de acordo com o panorama apresentado pelo usuário em tratamento, será consultado pelo sistema para melhorar o tratamento.

Faça o diagrama de classes deste sistema.

9. Desenvolver o esquema conceitual de um sistema que acompanha um torneio de futebol de times de diversas cidades. Uma tabela de jogos conterá informações de quem joga contra quem em que dia e local. Um time é o mandante e outro é o visitante. Após a realização de uma partida, o resultado é registrado nesta tabela. Uma tabela semelhante conterá os jogos em andamento com registro, em tempo real, dos gols.

Cada time possui um número máximo de 22 jogadores contratados e um técnico. Para cada partida são escalados 11 jogadores de cada time e um juiz (desconsidere jogadores reservas). Note que o conjunto dos jogadores escalados deve ser um subconjunto dos jogadores contratados daquele time.

Ao final da partida são calculados os pontos ganhos de cada time e atribuídos a ele. Empate dá um ponto para cada um, vitória dá dois pontos para o vencedor. Crie o diagrama das classes, atributos, operações/métodos, associações e abstrações que você achar necessário.

10. Vamos modelar as relações familiares 'pai', mãe', 'filho(a)', 'casado-com' e 'irmã(o)' entre pessoas. Considere as seguintes alternativas:
    1. Uma única classe PESSOA e todos relacionamentos indo de pessoa para pessoa;
    2. Agora considere que PESSOA é especializado para HOMEM e MULHER;
    3. Desta vez queremos acrescentar à classe do caso 2 uma classe CASAL e uma classe FAMILIA. Cada casal é composto por um homem e uma mulher (casados) e a família é formada por um casal e um conjunto de filhos. Considere só famílias 'inteiras', ninguém é viúvo, divorciado e todos casais são casados;

11. Considerando que uma instância de uma classe também pode ser uma classe (valendo o relacionamento "instância-de" entre as duas) observe a figura:

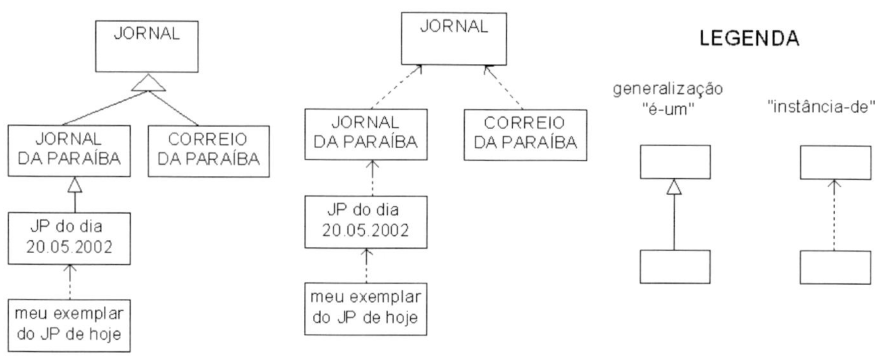

Comente os dois esquemas. Em particular, analise as classes quanto a possíveis atributos e suas instâncias. Dê exemplos de instâncias de todas as classes.

CAPÍTULO 4

INTEGRIDADE E CONSISTÊNCIA

4.1. Tipos de integridade

Apesar de muitas vezes serem usados como sinônimos, podemos fazer uma distinção entre consistência e integridade.

Existem duas qualidades que um sistema de informação deve possuir:

1. Manter-se sempre *consistente* com a aplicação modelada, i.e. toda nova situação no 'mundo real', de interesse para a aplicação, deve estar corretamente representada no 'mundo modelo';

2. Independente da consistência com o mundo real os dados armazenados no banco de dados devem ser íntegros, i.e., devem ter um formato válido e não se tornar contraditórios com possíveis regras de integridade estabelecidas.

Para ilustrar a diferença entre consistência e integridade, consideremos o atributo *conceito* de um estudante de uma disciplina. Os conceitos possíveis são A, B, C ou D. Então, um conceito A neste atributo é válido e a integridade está correta. Mas, se o respectivo aluno, na realidade, recebeu um conceito D, o valor do banco de dados está inconsistente com a realidade. Na medida do possível, as alterações no mundo real devem automaticamente ser registradas no sistema, garantindo assim a consistência. Se isto não for possível, as consistências só podem ser checadas pelo usuário do sistema ao conferir os dados do banco de dados com a realidade.

Uma forma de reduzir a ocorrência de inconsistências com o mundo real é restringir ao máximo os domínios dos possíveis valores dos atributos dos objetos. Por exemplo, um atributo *idade,* definido como um inteiro, é mais suscetível a inconsistências do que se restringirmos as idades a uma faixa [0..100] ou, se forem as idades dos empregados e uma empresa, pode ser a faixa [18..70]. Outra forma de reduzir inconsistências é tentar fechar o sistema ao máximo.

A distinção aqui colocada, raramente é considerada, e seguimos, salvo menção explícita, a tendência geral de considerar os dois termos como sinônimos, considerando os primeiros como consistência externa e a integridade como consistência interna.

Costuma-se distinguir dois tipos fundamentais de condições de consistência. Condições estáticas e dinâmicas. As **condições estáticas** se referem a *estados* consistentes ou não do sistema, enquanto **condições dinâmicas** se referem a *mudanças de estado* consistentes ou não. Portanto, para verificar uma condição estática, basta analisar o estado do banco de dados. Isto pode ocorrer sempre após a realização de operações que alteraram este estado. Para verificar uma condição dinâmica precisamos, pelo menos, de dois estados subsequentes, e checar a validade da mudança. Assim, a condição '*todo salário deve ser maior que o salário mínimo*' é estática, pois ela pode ser verificada em qualquer estado do banco de dados, enquanto a condição '*salários não podem baixar*' é dinâmica, pois necessita de dois estados de um mesmo salário, para ser verificada. Esta distinção é mais operacional do que conceitual, pois implica em problemas de implementação das condições. Como para verificar condições dinâmicas é necessário acessar dois estados do banco de dados, a mudança tem que ser realizada, testada e, se for inválida, terá que ser desfeita. Uma alternativa seria antever o efeito da operação e evitar sua execução de ela levar a um estado inconsistente.

Por outro lado, quase todas as inconsistências são provocadas por mudanças de estado indevidas, já que, se o banco de dados está consistente, ele poderá se tornar inconsistente por uma alteração deste estado. Uma exceção seria condições temporais, em que um estado válido, em um dado instante, pode se tornar inválido em outro, sem nenhuma mudança de estado.

Vale ressaltar que em um sistema complexo ou volumoso nem sempre é viável manter uma consistência integral de todos os dados. O sistema poderá admitir uma **inconsistência controlada** para certos tipos de dados. Pode ser uma inconsistência com o mundo real quando, por exemplo, em um sistema bancário, os empréstimos podem estar vinculados ao capital disponível do cliente. O cliente poderá aumentar ou reduzir seu capital sem informar o banco. Só ao solicitar um novo empréstimo que este capital deverá ser atualizado. Em um sistema de biblioteca pode ocorrer que um usuário desaparece com alguns livros emprestados. Uma inconsistência interna pode ocorrer em um sistema distribuído de uma matriz e filiais quando certos movimentos das filiais só são transmitidos à matriz uma vez por semana.

Outra classificação de restrições é quanto aos elementos do banco de dados aos quais ela se refere. Chama-se **restrição de domínio** aquela que restringe os valores válidos para os atributos de um objeto ou as próprias instâncias de uma classe de objetos ou uma tabela relacional. Nesta categoria entram os conceitos de atributo-chave e os tipos dos valores de um atributo. Por exemplo, o atributo ISBN de um registro de livros teria como domínio a estrutura e os possíveis valores válidos para o ISBN. **Restrição de relacionamento** ou integridade referencial, são restrições sobre os relacionamentos entre objetos. As cardinalidades mínima e máxima de um relacionamento assim como as regras que caracterizam as abstrações de generalização ou agregação, são restrições de relacionamento. Como exemplo, podemos considerar um relacionamento de empréstimo entre livros e usuários restrito a 5 exemplares de livros. Neste caso, o sistema deve evitar que um sexto exemplar seja emprestado a um mesmo usuário. Finalmente, temos as **regras do negócio**, que são restrições gerais, determinadas pelas características da aplicação, que podem abranger combinações de vários domínios e relacionamentos. Aqui podemos citar como exemplo uma regra que estabelece que a menos de um mês de terminar seu curso, um estudante não pode mais emprestar livros. Esta regra envolve o registro de estudantes e previsões de término do curso e a operação de empréstimo.

4.2. Formas de integridade

Podemos distinguir duas formas de definir regras de integridade, é a integridade declarativa e a não declarativa.

Integridade declarativa ou **implícita**: são restrições determinadas pelo próprio esquema conceitual da aplicação desenvolvida. Isto é um dos principais objetivos de um modelo semântico de dados, de determinar o máximo possível de regras de integridade na própria estrutura do esquema conceitual. Existem várias formas de expressar estas restrições:

1. Esquema, tipos, subtipos: os conceitos de classes e subclasses, atributos e domínios impõem restrições ao tipo e formato dos dados a serem armazenados no banco de dados;

2. Outras hierarquias: além da generalização (conceito de subclasse) também as hierarquias de agregação e agrupamento, assim como outras que porventura poderão ser desenvolvidas, implicam em um comportamento especial dos elementos envolvidos.
3. Unicidade, cardinalidade: a cardinalidade especificada nos relacionamentos, restringe o número de relacionamentos possíveis entre entidades;
4. Chave: a noção de chave (e eventualmente chave estrangeira) impede a duplicação de certos atributos em uma classe;
5. Equivalência de caminhos: se duas classes estão relacionadas indiretamente por dois caminhos distintos, pode-se exigir que os caminhos levem aos mesmos objetos.
6. Classes e relacionamentos temporais: a declaração de uma classe ou um relacionamento como temporal, determina condições especiais de comportamento dos respectivos objetos, quando manipulados.

O objetivo de um bom esquema conceitual de uma aplicação é determinar com precisão o formato de todos os dados viáveis a serem armazenados. A dificuldade consiste em permitir os dados válidos e evitar os dados inválidos (princípio TST). O conceito de classe de objetos contendo certas propriedades exige que todas instâncias tenham estas propriedades. E se existir um objeto que deve ser armazenado no sistema mas tem um atributo a menos? Ou a mais? A solução formal seria criar uma nova classe para este novo tipo de objeto, ligado aos restantes por uma relação de generalização ou especialização. No caso do atributo a menos pode ser usado o conceito atributo com valor nulo. Uma solução mais liberal é descrever o esquema por uma linguagem como XML, em que para cada objeto seus atributos são redefinidos. Isto tem a desvantagem de que objetos sem estrutura adequada podem ser incluídos no sistema.

Integridade não declarativa ou **explícita**: nenhum modelo de dados é suficientemente rico para poder captar todas as restrições de integridade de uma aplicação complexa somente pela especificação do esquema conceitual. Certas restrições não podem ou não devem ser dadas de forma declarativa nas estruturas de dados e precisam ser expressas explicitamente de alguma forma. Isto pode acontecer de quatro maneiras distintas:

1. **invariantes** ou **asserções:** permitem descrever as restrições de integridade como fórmulas ou expressões em uma linguagem específica, que sempre deverão ser verdadeiras. Uma invariante pode estar acoplada a uma classe específica, que facilita sua implementação ou ser geral, podendo envolver diversas classes.
2. **pré- e pós-condições:** são associadas às operações. O não cumprimento de uma condição irá invalidar a operação ou, se assim especificado, emitir uma advertência;
3. **regras ativas** (eventos e disparadores (*triggers*)): ao identificarem uma certa situação (um condição no momento da ocorrência de um evento), determinam a ação a ser tomada em consequência desta violação (o *trigger*);
4. Controles inseridos nos programas aplicativos. Neste caso, o banco de dados não possui controle de integridade e os dados são testados antes nos programas aplicativos.

É claro que cada uma destas formas necessita de um software específico para realizar o respectivo controle. A solução (1) tem a vantagem de possibilitar a declaração universal das restrições, independente de operações específicas. Todas as **regras de negócio** podem ser convertidas em regras formais de integridade. O problema com estas regras é que elas devem ser sempre verdadeiras, mas é difícil determinar como implementá-las de forma eficiente e garantir esta manutenção da verdade.

A solução (2) permite uma especificação mais localizada das restrições, baseado na hipótese de que as violações quase todas ocorrem na execução de operações. Mas, como nesta solução as restrições são acopladas às operações pode ocorrer que um violação, que poderia ser especificada por uma única invariante, terá que ser repetida em todas as operações que potencialmente podem afetar esta restrição.

Um sistema de eventos e *triggers* (solução 3) pode ser considerado uma alternativa para as formas (1) e (2). Ele permite amarrar testes de integridade em pontos críticos da aplicação (o evento, que pode ser uma operação) e, caso uma restrição seja violada, tomar as devidas providências. Uma tal providência pode ser uma ação especial para manter a integridade do banco de dados ou pode ser um comando especial, chamado *abort,* que impede a execução da operação originária do evento que tornaria o banco de dados inconsistente.

Lembrando a definição original de consistência, que significa um estado do banco de dados refletindo corretamente o estado do mundo que está sendo modelado pelo sistema, pode ocorrer que, em um certo momento, o banco de dados está consistente mas, em um momento posterior, este mesmo banco de dados deixa de estar consistente, pois o mundo mudou. É claro que muitas destas inconsistências só podem ser evitadas por uma intervenção explícita do operador do sistema, mas em certos casos esta manutenção da consistência pode ser programada pela especificação de eventos e *triggers* que irão detectar estes acontecimentos e processar as devidas adaptações.

Na ausência de meios para implantar restrições de integridade explícita, a solução é a forma (4). Cada programa que acessa o banco de dados terá que evitar de provocar inconsistências. É claro que esta forma é a mais vulnerável e difícil para garantir a integridade do sistema como um todo, pois não está inserida no conceito integrado de um banco de dados. O princípio básico de um Sistema de Gerência de Bancos de Dados é gerenciar os dados que recebe, e isto inclui manter sua integridade.

Vamos nos ater mais um pouco à forma (1), ou seja, uma linguagem para especificar regras de integridade de uma forma geral. Toda organização possui especificações, formulários, regulamentos, normas e convenções que especificam como ela deve funcionar corretamente. Estas especificações são denominadas **regras do negócio.** A conversão destas regras para um banco de dados deve garantir que só valores válidos possam ser armazenados. Serão restrições sobre formatos de dados, dados válidos e mudanças válidas do estado do banco de dados. Vimos que as restrições declarativas permitem captar bem as regras sobre formatos dos dados. O que não pode ser captado facilmente pelo esquema conceitual são as restrições sobre mudanças válidas do banco de dados a partir de um estado consistente. Para isso é necessário um formalismo que:

1. possibilite descrever exatamente a lógica da restrição a ser estabelecida, e
2. leve em conta a característica temporal inerente a muitas das regras.

Para atender a estes dois pontos, o formalismo tem de ser um formalismo lógico que permita expressar com precisão as restrições que leve em consideração os instantes certos em que uma restrição deve ser verificada e levada em consideração.

4.3. Formalismos para regras de integridade explícitas

Para se especificar regras de integridade explícitas por meio de invariantes, condições acopladas às operações ou regras ativas, é preciso usar alguma linguagem adequada para expressar estas regras ou restrições. Para o modelo relacional, a linguagem SQL fornece elementos para especificar invariantes (comando `ASSERT`) e regras ativas (comando `TRIGGER`). Estas formas serão vistas no capítulo 9, sobre linguagens para bancos de dados.

Também existem linguagens baseadas em lógica para especificar um banco de dados, incluindo suas restrições de integridade. A linguagem mais conhecida neste contexto é o DATALOG (vide seção 9.6).

Em um ambiente que utiliza a linguagem UML, restrições do tipo (1) e (2), podem ser descritas pela linguagem OCL - *Object Constraint Language* (vide seção 9.4.3).

Um formalismo genérico, que pode ser utilizado para qualquer tipo de restrição ou regra ativa, são as regras E-C-A (Evento-Condição-Ação). Uma **regra E-C-A** é composta por três elementos:

Evento: É alguma ocorrência específica que pode ser detectada e deve ser levada em consideração pelo sistema. Pode ser uma operação no sistema (p.ex. inclusão de um novo usuário), pode ser um estado específico (p.ex. *todos exemplares de um livro estão emprestados*) ou pode ser um instante temporal (p.ex. *O fim do mês*). Também pode ser alguma ocorrência externa que é detectada pelo sistema e deve ser levada em consideração para evitar uma inconsistência. Uma combinação de vários eventos também pode ser considerada um evento (composto). Vale destacar que um evento aqui é uma ocorrência ou situação instantânea, ao contrário de outros tipos de eventos (também chamados de **eventos longos**), que possuem uma duração (como uma aula ou um congresso).

Condição: Representa a verificação de alguma situação no banco de dados. Pode ser a existência ou não de uma entidade, alguns valores específicos de atributos ou uma operação ter sido executada ou não. Esta condição também pode ser composta por disjunções ou conjunções de condições mais simples.

Ação: A ação determina o que deve ocorrer caso o evento ocorra e a condição se torna verdadeira. Pode ser a execução de uma operação, uma mensagem ao usuário ou um cancelamento de uma operação.

Com a notação para regras ECA sendo

```
EM <evento> SE <condição> ENTÃO <ação>
```

a regra "*para devoluções de empréstimos em atraso, cobrar um correspondente aos dias úteis do atraso*" seria especificada como

```
EM devolução(u, ex)
SE diasúteis(hoje, empréstimo.data(u, ex))> 5
ENTÃO cobrarmulta(u, diasúteis(hoje, empréstimo.data(u, ex))-5)
```

Nesta regra *diasúteis(x,y)* seria uma função que retorna o número de dias úteis entre *x* e *y*, *empréstimo.data(u,ex)* retorna a data do empréstimo do exemplar *ex* para o usuário *u*, e *cobrarmulta(u, d)* é um processo de emissão de uma multa ao usuário *u* pelo atraso de *d* dias.

Uma regra ECA funciona da seguinte maneira. Quando a ocorrência do evento é detectada, a condição é verificada e, caso ela seja verdadeira, a ação é executada. Se a condição não for verdadeira, a regra é desativada.

Como, tanto o evento como a ação podem ser operações sobre o banco de dados, pode ser necessário estabelecer uma relação de ordem entre elas, Se *op()* é uma operação, o evento da regra pode ser ANTES(op()), DEPOIS(op()) ou AO-INVÉS(op()). Note-se que o uso do ANTES ou DEPOIS como evento, pode ser significativo para a verificação da condição da regra. Para o AO-INVÉS a condição será testada antes da execução de *op()*, se for verdadeira, será substituída pela ação da regra. Se queremos verificar a condição após *op()* e, caso seja verdadeira substituí-la, pode-se escrever AO-INVÉS(DEPOIS(OP())). O sistema irá realizar a operação armazenando o resultado em uma área temporária. Caso a condição seja verdadeira, este resultado é removido e substituído pela ação.

Este funcionamento de uma regra parece bastante simples, mas na implantação de um ambiente de múltiplas regras, devem ser levadas em consideração diversas situações duvidosas, que precisam ficar claras a priori:

- Nem sempre um evento pode ser detectado exatamente no instante de sua ocorrência. Qual o atraso tolerável entre ocorrência e detecção do evento? Uma opção é considerá-lo válido até que a regra seja executada ou desativada. Outra opção seria determinar um prazo máximo para avaliação da regra.
- Mesmo se o evento foi detectado a tempo, a verificação da condição pode atrasar.
- Se dois eventos ocorrem no mesmo instante e ambas condições são verdadeiras, mas a execução de uma regra torna a condição da outra falsa, o que fazer? Conflitos de execução de regras podem ser reduzidos estabelecendo-se níveis de prioridades para as regras. Também pode-se considerar uma regra ECA como uma transação, com isso aquela regra que for iniciada primeiro impede a verificação da condição da segunda, o que evita o conflito.
- Uma regra pode disparar a execução de várias ações. O que acontece se uma ação não pode ser executada por algum motivo. As outras continuam válidas? O que acontece quando uma ação torna a condição da regra falsa? Ação também pode ser o evento de outra regra que, por sua vez, pode tornar falsa a condição da regra original.

A solução para estes conflitos deve ser muito bem pensada para que o sistema se comporte de forma adequada aos seus propósitos. Deve ser definido, para certos eventos, um prazo máximo viável entre a detecção do evento e a realização da ação. Para evitar o conflito entre eventos, eles devem ter uma prioridade diferenciada que determina qual será executado primeiro.

Regras ECA têm variadas utilidades. Sua aplicação pode ser dividida em três categorias:

1) **Restrições de integridade**:

Uma restrição de integridade é a especificação de estados inválidos do sistema, que devem ser evitados. Como os estados do sistema são alcançados por operações de alteração dos dados, a maioria das violações da integridade pode ser evitada detectando-se as potenciais operações danosas.

Para aplicar o modelo de regras ECA na especificação de restrições de integridade, o evento seria a ação que pode ferir a restrição, a condição é a verificação se a restrição foi violada, e a ação será o ato de impedir a ação maligna.

No sistema de empréstimos da biblioteca pode haver uma restrição do número de empréstimos para um estudante em no máximo 5 títulos. Isto seria garantido da seguinte forma:

```
EM antes(devolução(u, ex))
SE u.Situacao > 4 E u.Tipo = "Est"
ENTÃO abortar(devolução(u,ex,))
```

2) **Regras ativas**:

Em vez de garantir a integridade apenas pela inibição de ações malignas, pode-se optar por prever uma ação corretiva, que mantém a integridade. Para este tipo de situação a parte 'A' da regra será uma ação de correção.

Um exemplo seria a regra da cobrança de multas para devoluções em atraso. O evento ainda poderia ser refinado para

```
EM antes(devolução(liv, us))
```

O uso da cláusula '`antes`' na especificação do evento, estabelece-se uma relação de ordem o evento e a execução da ação. No exemplo ela garante que, caso o usuário não pague a multa, a devolução não será registrada.

Pode haver casos em que a violação de integridade não tem uma origem bem definida. Imaginemos, por exemplo, em uma empresa, a regra "*se o dinheiro disponível for menor que o total das contas a pagar nos próximos 3 dias úteis, efetuar um empréstimo complementando esta diferença*". Esta condição de falta de dinheiro pode ser provocada por diversas operações tanto sobre os valores de dinheiro disponível como sobre o total das contas a pagar. Para casos desta natureza, em que não há um evento explícito que dispara a regra, considera-se um evento chamado "*sempre*", ou seja, esta regra deve ser constantemente checada. Como a implementação desta regra pode ser difícil ou consumir muito tempo, há duas alternativas para sua realização. Ou se estabelece um pulso periódico para a execução desta regra ou determina-se a potencial origem que possa causar a inconsistência. Para a primeira forma a regra poderia ser:

```
      EM sempre(diariamente)
      SE caixa()+saldo_banco() < SOMA(contas_a_pagar.vencimento(data), data <= hoje+3))
      ENTÃO fazer_empréstimo(SOMA(contas_a_pagar.vencimento(data), data <= hoje+3)) -
(caixa()+saldo_banco())
```

As operações conceituais que podem afetar a condição podem ser diversas operações de movimentação no caixa, no banco e contas a pagar, como vendas, pagamentos, devoluções, outros recebimentos, etc. Para não amarrar a regra a estas operações, pode-se focar nas operações primitivas de atualização dos valores financeiros que estão embutidas nas operações conceituais. Teríamos então

```
      EM (atualiza(caixa()) OU atualiza(saldo_banco()) OU atualiza(contas_a_
pagar()))
      SE caixa()+saldo_banco() < SOMA(contas_a_pagar.vencimento(data), data <=
hoje+3))
      ENTÃO fazer_empréstimo(SOMA(contas_a_pagar.vencimento(data), data <=
hoje+3)) - (caixa()+saldo_banco())
```

Regras ativas também podem ser aplicadas para garantir a consistência do sistema com o 'mundo exterior' no sentido de que, se houver uma regra que estabelece uma sensibilidade do sistema em relação a certas situações externas, estas situações são detectadas como eventos e a ação promove a devida reação. Esta ação pode ser simplesmente de tomar conhecimento da nova situação ou de provocar uma reação a este estado.

Uma regra de manutenção poderia ser que, a partir das 17h o sistema já considera como 'hoje' o próximo dia:

```
EM hora >= 17
SE ()
ENTÃO hoje = dia(hoje) +1
```

Um exemplo de uma regra de reação, seria uma regra que estabelece que a toda sexta-feira deve ser emitido um resumo da semana:

```
EM dia_da_semana(hoje.dia) = "sexta feira"
SE ()
ENTÃO emitir_resumo_da_semana()
```

A regra de cobrança de multa no sistema de biblioteca também é um exemplo de uma regra de reação.

3) Regras de dedução:

Uma regra de dedução não representa uma restrição de integridade, mas sim, a determinação de fatos verdadeiros não armazenados explicitamente no banco de dados. Quando uma informação pode ser obtida a partir da análise de outros dados, ela não precisa ser armazenada. Se ela é requisitada, por uma consulta ou por outra operação, esta análise é feita confirmando ou não sua validade.

Suponhamos que queremos determinar uma relação de livros que nunca foram emprestados. Como na tabela `EMPRESTIMO` fica registrado o histórico completo de todos os empréstimos, basta verificar que nenhum exemplar de um destes livros consta nesta tabela. O evento da regra ECA correspondente será uma consulta a esta tabela virtual, e a ação é a confirmação da consulta:

```
EM NUNCA_EMPRESTADO(liv)?
SE NÃO(liv.ISBN CONTIDO_EM EMPRESTIMO[ISBN])
ENTÃO NUNCA_EMPRESTADO(liv)
```

Alguns bancos de dados contêm informações temporais, que são objetos ou atributos que têm validade limitada no tempo, que pode ser um instante ou um intervalo temporal. Para esses casos, pode haver relações temporais entre fatos temporais e podem ser especificadas restrições temporais.

Para determinar restrições temporais entre dois ou mais fatos, pode ser utilizado uma lógica com predicados temporais. Os principais predicados temporais são os seguintes. Dados dois fatos temporais *p* e *q*, podemos ter:

[]*p* - *p* sempre será verdadeiro;

<>*p* - alguma vez *p* será verdadeiro;

p **até** *q* - *p* será verdadeiro até que *q* se torne verdadeiro.

Estes fatos podem ser combinados entre si e serem negados, criando-se expressões temporais compostas.

Podemos ter, por exemplo, regras como "[](idade(x)>idade(y))", "[](<>'é noite')" ou " 'vou ficar' até 'ela voltar' ". Expressões temporais também podem ser combinadas com operadores lógicos como a negação (~) ou a implicação (Þ). Assim podemos ter fatos como "[]('ela vier' Þ 'estarei presente')". Também há teoremas genéricos como:

- ~[]p ⇔ <>~p
- ~<>p ⇔ []~p

4.4. Comentários bibliográficos

As regras E-C-A foram introduzidas por Dayal et al. [DBM88] e, desde então, são consideradas a estrutura ideal para a especificação de regras ativas. A linguagem OCL, criada para a especificação de restrições de integridade no ambiente UML, está especificada em [OCL02].

Os livros clássicos sobre bancos de dados têm dado pouca informação sobre a manutenção da integridade. Garcia-Molina, Ullman & Widom [GUW02] discutem integridade em relação ao modelo E-R [Capítulo 2.3] e como dependências do modelo relacional [capítulo 3]. No capítulo 7 restrições e triggers são discutidos com maiores detalhes, inclusive as regras E-C-A, mas o foco maior é a linguagem SQL. Date [Da99] também dedica o capítulo 8 à integridade, mas em relação ao modelo relacional. Recursos da linguagem SQL para especificar restrições em um banco de dados relacional também são detalhados na seção 5.7 de Ramakrihnan & Gehrke [RG07]

Para a especificação formal dos diagramas de classes e de atividades de UML foi criada uma linguagem formal denominada *Transaction Frame Logic* por Ramalho et al. [RRS04]. O uso de uma linguagem de primeira ordem e teoria dos conjuntos para formalização dos elementos estruturais de um esquema de objetos foi dada por Schiel [Sch02]. Para descrever restrições de integridade implícitas e explícitas foram definidos efeitos colaterais de sistema e efeitos colaterais da aplicação.

A lógica temporal é assunto de diversos livros ou capítulos de livros. Citamos, aqui, o artigo de Emerson [Eme90].

4.5. Exercícios

1. Para o exercício 7 do capítulo anterior defina duas regras do tipo ECA, para realizar o seguinte:
   Uma consulta de um usuário U, sobre o tratamento de um mal M. Caso o sistema não tem o tratamento deste mal, dispara uma consulta ao especialista.
   A resposta do especialista chega, é registrada no BD e o usuário é avisado.

2. Para o exercício 8 do capítulo anterior, modele as seguintes regras, utilizando predicados, regras E-C-A e/ou OCL:
   a. Todo jogador escalado para uma partida deve estar contratado pelo time;
   b. Nenhum jogador pode estar contratado por mais de um time.
   c. Considerando que durante a partida os gols marcados são registrados em tempo real na tabela de jogos em andamento, faça uma ou mais regras que, em decorrência de um evento '*fim-partida(A,B)*' eliminam o registro da tabela de jogos em andamento e atualizam a tabela de jogos com o placar final, por meio de métodos existentes nas respectivas classes. Além disso deverá ser atualizado o contador de pontos ganhos de cada time;
   d. Entre dois jogos de um time deve haver, pelo menos, um dia de folga.

3. Para o exercício 9 caso 3 do capítulo anterior acrescente as seguintes regras E-C-A:
   a. Uma regra de integridade que evita a bigamia, ou seja, para uma operação casar(h,m) nem o homem nem a mulher pode ser casados;
   Duas regras de dedução que definem as relações virtuais tio(p1,p2) e avô(p1,p2) (note que toda pessoa tem dois avôs).

4. Considere uma relação temporal "***sempre*** p ***ate*** q" como a única existente. Considerando uma constante '*', significando um ponto infinito no futuro, mostre que []p, <>p e ***alguma vez*** p ***antes*** q podem todos ser expressos em função dela.

5. Tente definir as relações abaixo, em função das já conhecidas:
   de f ***sempre*** g ***ate*** h (sempre que f ocorrer, g ocorre até que h ocorra)
   após f ***alguma vez*** g ***antes*** h

   Exemplo: ***de*** 7:00hs ***sempre*** 'tomo café' ***até*** 7:30hs

6. Encontre os relacionamentos ⇒, ⇐ ou ⇔ entre as fórmulas abaixo, e justifique, com exemplos, os relacionamentos não válidos
   a) [](p v q) e []p v []q
   b) <>(p&q) e <>p & <>q
   c) <>[]p e []<>p

7. Utilizando as relações da lógica e as temporais (incluindo ***sempre*** p ***até*** q), formalize as frases:
   a. toda noite estou em casa das 6 às 8 horas
   b. a partir de amanhã (próx. estado) ligo para você todo dia

c. se ela voltar, vou beijá-la todo dia
d. a secretária sempre deve estar presente enquanto o chefe está
e. toda vez, após ligar o PC, a impressora deve ser ligada logo em seguida
f. um exemplar que está emprestado, voltará a ficar disponível ou será removido.

CAPÍTULO 5

DINÂMICA E COMPORTAMENTO

5.1. Introdução

Para criar um sistema de informação, além de definir a estrutura da informação a ser processada (Capítulo 3) e especificar as regras que garantem a qualidade da informação (Capítulo 4), temos que programar seu comportamento, para que ele realize as tarefas para as quais foi desenvolvido.

Iniciamos este parágrafo definindo o principal elemento que realiza o comportamento de um sistema, a *operação* e suas diversas formas. Em seguida mostramos como definir as circunstâncias que provocam a execução de uma operação, o *evento*.

Para encerrar esta introdução, apresentamos dois elementos de software que foram criados para a modelagem comportamental: o *objeto ativo* e o *agente de software*.

Nas seções subsequentes serão detalhados formalismos existentes para a modelagem comportamental de sistema, distinguindo o comportamento local dos objetos e o comportamento global do sistema como um todo.

5.1.1. Operações e Métodos

A dinâmica de um sistema de informação é determinada pelas possíveis operações que alteram o seu estado. Cada operação deve representar uma transformação conceitual válida determinada pela aplicação. Para entender a importância das operações, podemos estabelecer uma correspondência entre os principais tipos de palavras em uma língua e os elementos de um modelo de dados:

Substantivo	⇔	Entidade, objeto
Adjetivo	⇔	Atributo
Verbo transitivo	⇔	Relacionamento
Verbo ativo	⇔	Operação

As operações conceituais podem ser compostas por ações elementares sobre as entidades e relacionamentos e por outras operações previamente definidas. Definimos uma **operação** como sendo um processo que transforma o banco de dados de um estado consistente em um novo estado consistente, enquanto **ação** é uma alteração elementar de inclusão, exclusão ou alteração de dados do banco de dados.

Não consideramos como operação, processos que não alteram o banco de dados. Esses processos podem ser:

1. *Consultas* ao banco de dados. Uma consulta tem como objetivo percorrer o banco de dados para responder uma cláusula da consulta. Pode ser uma resposta 'sim' ou 'não' ou pode ser o fornecimento das informações solicitadas;

2. *Dedução* de dados a partir de hipóteses. Em certos tipos de bancos de dados (Bancos de Dados Dedutivos) alguns dados primários são explicitamente armazenados no banco, enquanto que outros são derivados pela aplicação de regras de dedução a estes dados. Também pode haver atributos cujos conteúdos não são dados explícitos, mas funções que calculam o seu conteúdo no momento da consulta (atributos dinâmicos). Um terceiro caso de dados derivados são as funções de agregação que, para atender Sistemas de Informações Gerenciais, determinam, periodicamente, versões mais sintéticas do banco de dados, que atendem de forma mais eficiente as necessidades gerenciais.

Podemos distinguir três tipos de operações que podem ocorrer em um sistema de informação:

1. *Operações aplicativas predefinidas*: são operações definidas durante o projeto do sistema. Geralmente ocorrem com uma frequência regular que pode ser periódica ou sob demanda. São as operações mais interessantes para a modelagem conceitual, pois podem ser incluídas no projeto do sistema. Em uma analogia à dimensão de intenção/extensão das estruturas dos dados, podemos dizer que o código ou algoritmo de uma operação é sua intenção e cada execução dela é uma extensão ou instância desta operação. Como estas operações realizam integralmente uma alteração válida do banco de dados, são chamadas de **transações**. Uma transação tem a característica de transformar um banco de dados consistente em um novo estado também consistente.
2. *Operações aplicativas ad-hoc:* Estas são as operações imprevisíveis, que podem ser montadas e executadas uma única vez, e não fazem parte do desenvolvimento do projeto do sistema. O que deve existir, sim, é um ambiente amigável que permita, também aos usuários que não são conhecedores detalhados do sistema (como gerentes de empresa), a criação e execução de uma operação específica e a interpretação do resultado. Se uma operação *ad-hoc* não se limita a consultas ao banco de dados, deve ser tratada com um cuidado especial para não afetar a integridade do banco. Deve estar claro que o usuário em questão está autorizado a realizar a operação desejada. Para consultas e deduções só deve ser verificada a autorização de acesso aos dados.
3. *Operações primitivas do sistema ou ações:* estas são as operações básicas de alteração, inclusão, exclusão e consulta aos dados do banco de dados. Todas as operações conceituais dos dois tipos acima serão convertidas em um sequenciamento lógico de operações básicas, que são executadas pelo gerenciador dos dados.

O fato de uma operação produzir um estado consistente pode depender do estado atual ao qual ela é aplicada. Para evitar que ela seja aplicada a estados indevidos, poderá ser precedida por pré-condições, que impedem sua execução caso o estado atual não permita a execução pretendida. Como especificação preliminar de uma operação de forma abstrata, ela poder ser descrita na forma de pré- e pós-condições:

Forma abstrata: pré-condição [operação] pós-condição

Pré-condição é um predicado que caracteriza o estado em que o banco de dados deve estar para possibilitar uma execução adequada da operação. Pós-condição é a especificação do estado em que a operação deve levar o banco de dados. As diferenças entre pré e pós-condição é que determinam as mudanças a serem executadas pela operação. Por isso a forma abstrata acima deverá ser transformada na

Forma concreta: operação(pré-condição; algoritmo)

Ou seja, o algoritmo descreve os procedimentos que levam o banco de dados de seu estado atual (pré-condições) em um novo estado que satisfaz as pós-condições. A pré-condição serve como controle de consistência. Caso uma pré-condição não seja satisfeita, a operação pode ser cancelada ou podem ser tomadas medidas mais brandas:

- um simples aviso ao operador (*warning*);
- um evento que dispara uma ação que remedia a situação indesejada;
- a operação atual é cancelada, mas, se ela fizer parte de outra, a operação chamadora continua.

O desenvolvimento das operações do tipo (1) acima deve ser parte integrante do projeto conceitual do sistema de informação. Ao final do projeto, elas serão parte integrante do modelo conceitual, assim como as estruturas de dados e as condições de consistência. Esta modelagem integrada dos três componentes de um sistema de informação irá facilitar quaisquer alterações que poderão surgir em qualquer um dos componentes.

Em ambientes mais primitivos, principalmente os de 2ª geração, projeta-se inicialmente só as estruturas dos dados. As operações ficam para uma fase posterior de desenvolvimento dos programas aplicativos (vide fig. 1.3). No capítulo 3 (parágrafo 3.1.2) vimos como as ações ou operações básicas de acesso e manipulação dos dados são integradas às estruturas dos objetos. Mas, queremos ressaltar que uma *operação aplicativa predefinida* é uma unidade determinada pela aplicação e não pela estrutura de objetos. Por isso, uma única operação pode englobar várias ações de acesso a diversos objetos. Por exemplo, uma operação de empréstimo de um livro *liv* para um usuário *uid* poderia ser composta pelas ações

```
liv:LIVRO <- Processar-empr(uid, liv)
if exists instancia(ex, lid) and ex.situação = `disponivel`)
  then ex:EXEMPLAR <- situação(`emprestado`)
       uid:USUÁRIO <- RegistrarEmp(ex):EXEMPLAR
  else USUARIO-EXT <- Aviso(`nenhum ex. disponível`)
```

5.1.2. Disparadores

Foi visto na seção 4.3 o conceito de regra E-C-A (Evento/Condição/Ação) ativa, que permite a descrição de ações condicionadas à ocorrência de um evento em certas condições. Estas regras ativas também podem ser chamadas de disparadores. Um exemplo de uma regra ativa poderia ser a emissão de uma folha de pagamento. É definido um evento temporal que é utilizado em uma regra que modela a emissão automática da folha de pagamento. O evento *fim-do-mês* ocorre quando o dia útil posterior ao atual for do mês subsequente. Já a regra *pagamento* determina que a folha de pagamento será emitida no último dia útil do mês, caso haja suficiente dinheiro em caixa. Definimos o evento *fim-do-mês* como

```
evento fim-do-mês
     quando mês(hoje) ≠ mês(prox-dia-útil(hoje))
```

A regra para disparar a folha de pagamento será:

```
regra pagamento
EM fim-do-mês
```

```
SE valor-caixa ≥ âsalario(EMPREGADO) & instance-of(e,EMPREGADO)
ENTÃO emitir_folha-de-pagamento(e)
```

Vejamos, para o sistema de biblioteca MINIBLIO, um disparador que, para um empréstimo, verifica se o usuário está com a cota cheia. Nesse caso, anula o empréstimo, avisa sobre a situação e cria uma reserva do exemplar:

```
EM emprestar(u, t)
SE (u.tipo="Prof" & u.situação=5) v (u.tipo="Est" & u.situação=3)
ENTÃO ABORT(emprestar(u, t)) & mensagem("usuário com limite de empréstimos" &
reservar(u,t)
```

5.1.3. Objetos ativos

Um diagrama de classes de objetos, assim como um diagrama de entidades e relacionamentos, normalmente mostra entidades como pessoas, livros ou empresas relacionadas entre si. Estas entidades podem ser consideradas objetos passivos, que possuem um identificador, atributos que podem ser alterados no decorrer do tempo e operações ou métodos que podem alterar o estado do objeto. Por outro lado, tão importante como estas entidades estáticas em um sistema, são os processos que alteram o estado e produzem resultados de consultas.

Estes processos podem ser considerados um tipo especial de objeto, o **objeto ativo**. Esses objetos não representam 'coisas', mas sim processos. Eles não têm atributos, mas têm estados, pois podem estar inativos, em execução ou finalizados.

A linguagem UML prevê este conceito de objeto ativo. Um objeto ativo descreve um processo que recebe parâmetros e pode ser ativado, interrompido e encerrado. Ao ser executado poderá alterar os atributos de objetos passivos. Ao contrário das operações ou métodos encapsulados em um objeto, o objeto ativo pode acessar diversos objetos passivos simultaneamente.

Um objeto ativo pode realizar um fio de execução simples e linear (*thread*) ou processos mais complexos, com vários fluxos paralelos.

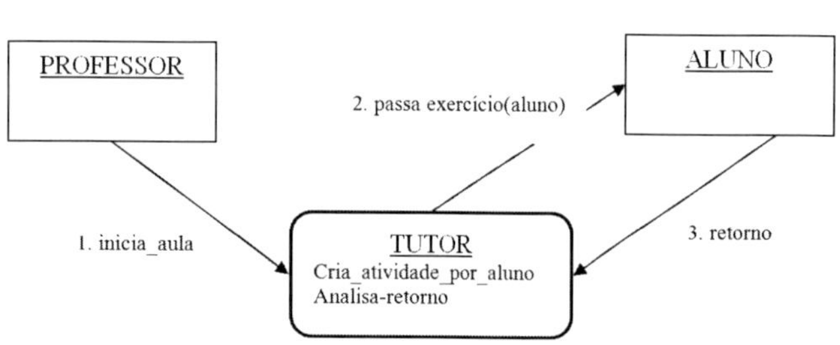

Figura 5.1. Exemplo de um objeto ativo

Assim como objetos passivos podem trocar mensagens entre si também pode haver comunicação entre objetos ativos, trocando informações, ou entre objetos passivos ativando objetos ativos, ou objetos ativos disparando métodos de objetos passivos. Por exemplo, a figura 5.1 mostra o diagrama de uma aula virtual. Um professor dispara o objeto ativo `TUTOR` que irá iniciar uma aula passando tarefas aos alunos e receber e analisar os resultados recebidos. Note que `TUTOR` é uma classe de objetos ativos que cria um objeto ativo para cada aluno a ser acompanhado.

5.1.4. Agentes de software

Um **agente de software** é um programa inserido em um sistema maior para cumprir uma finalidade específica. Ele tem encapsulado o comportamento necessário para realizar a tarefa para a qual foi criado. Ele se diferencia de outros elementos como objetos, módulos ou subprogramas pela sua autonomia. Enquanto um objeto, que também tem um comportamento embutido, só é ativado quando receber uma mensagem externa, assim como um subprograma também, o agente tem mais autonomia. Pode ser comparado a uma regra E-C-A que tem o mecanismo de detecção do evento embutido nele, ou seja, o agente detecta o momento em que ele deve entrar em ação para realizar sua tarefa. Dependendo de suas funções um agente pode ter várias qualidades. As principais são:

- **Autonomia**: ele independe de uma ativação externa;
- **Inteligência**: um agente pode realizar tarefas rotineiras mais triviais ou ter um complexo mecanismo de raciocínio embutido para uma tomada de decisão. Por exemplo, um agente pode acompanhar o mercado de ações e ser programado para, em certas situações, comprar ou vender ações;
- **Mobilidade**: em um sistema distribuído ele pode se mover pela rede para realizar suas tarefas;
- **Replicabilidade**: se necessário, um agente pode criar várias cópias de si mesmo para realizar tarefas semelhantes em diversos pontos do sistema.

Quanto ao modo de processamento, um agente pode ser

- **reativo**, quando entra em ação por um estímulo externo;
- **deliberativo**, quando é mais complexo, possuindo um módulo de raciocínio embutido;
- **colaborativo,** quando interage com outros agentes (humanos ou de software), dividindo as tarefas para resolver um problema.

É claro que, dependendo do caso, um agente pode ter várias destas qualidades.

Em um sistema de informação, agentes podem ser utilizados para realizar tarefas específicas de forma autônoma, tornando o sistema mais fechado, independente de uma intervenção explícita do usuário.

5.2. Comportamento local – Estados de um Objeto

Segundo o princípio da orientação a objetos, um sistema, independente de sua complexidade, é um conjunto de objetos interagindo entre si. Cada objeto, por si só, também pode ser considerado um sistema que possui estados internos determinados pelos valores de seus atributos, interage com seu ambiente (outros objetos ou agentes externos) e sofre mudanças de estado por meio de mensagens vindo do ambiente. Uma mensagem recebida ativa um método do objeto, que pode ou só informar os valores de alguns atributos ou proceder a uma mudança no estado do objeto. Esta mudança poderá depender do envio de uma nova mensagem a outro objeto e esperar uma resposta, para então encerrar seu processo.

Ao modelarmos um novo sistema, devemos ter uma ideia clara do comportamento dos objetos como pequenos sistemas, pois só assim teremos assegurado que cada objeto se mantém íntegro. Deverá ser determinado claramente em quais situações quais mudanças são possíveis e quais são válidas. Analogamente a objetos de software, um aparelho físico, seja um telefone celular ou uma máquina de lavar roupa, é construído para que cada botão ou ponto da tela entenda uma ação com ela e realiza a ação desejada. O aparelho tem que estar no estado adequado para entender a mensagem.

Muitos objetos têm uma gama de possíveis estados bem definida com condições de mudança de estado claras. Assim, por exemplo, um sinal de trânsito tem três estados 'vermelho', 'amarelo' e 'verde'. A mudança de estado é definida em função do tempo decorrido desde a última mudança e da cor atual.

Outro exemplo, seria um exemplar de um livro em uma biblioteca. Ele pode estar 'disponível', 'reservado' ou 'emprestado'. Nesse caso, a mudança de estado depende do estado atual e da mensagem de mudança. Se ele estiver no estado 'disponível' ou 'reservado' passará para o estado 'emprestado'. Só que no estado 'disponível' ele pode ser emprestado para qualquer usuário habilitado enquanto no estado 'reservado' a mensagem de *emprestar* só será processada se o usuário que mandou esta mensagem coincide com o que reservou o livro. Já a mensagem *devolver* não será entendida pelo exemplar no estado 'disponível' ou 'reservado'.

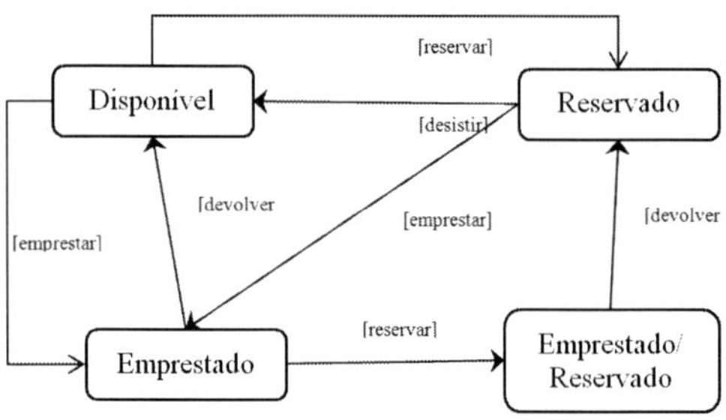

Figura 5.2. Diagrama de estados de um exemplar

Para modelar estes comportamentos de objetos a linguagem UML oferece um diagrama denominado Diagrama de Estados. Mostramos na figura 5.2 o diagrama de estados do objeto EXEMPLAR que mostra seus possíveis estados e as mensagens e condições de mudança.

Note-se que, dependendo de seu estado, o objeto reage de forma diferente a uma mesma mensagem. P.ex. para a mensagem *devolver* ocorrem 2 mudanças de estado distintas, dependendo do estado em que o exemplar ser encontra.

Vale ressaltar que cada alteração do valor de algum atributo de um objeto representa um novo estado do objeto. Por isso a utilização de um diagrama de estados para modelar as possíveis mudanças de um objeto só é viável se o número de todos possíveis estados de um objeto é pequeno e previsível. Por exemplo, mesmo no pequeno exemplo do *exemplar* na figura 5.1 ficou faltando um detalhe. Existe um relacionamento *emprestado-para* entre EXEMPLAR e USUÁRIO que determina com quem está um exemplar emprestado. Desta forma, a rigor cada empréstimo de um exemplar determina um estado diferente, pois depende para quem ele está emprestando.

De qualquer forma, o comportamento local de um objeto é determinado pela especificação abstrata das ações de cada método definido para ele. Isto pode ser descrito por uma regra de pré e pós-condições:

```
Pré-condições [operação(parâmetros)] pós-condições
```

A grande restrição para estas especificações é que elas são locais, ou seja, só dependem do estado do objeto em questão. Uma dependência externa ou um efeito colateral da operação em relação a outros objetos poderá ser criada pela inclusão de uma mensagem a outro objeto (da mesma ou de outra classe) que checa a dependência ou realiza o efeito colateral. Ou seja, o comportamento de um objeto poderá depender de outros objetos, portanto a modelagem local não poderá captar toda a semântica operacional do objeto.

Vejamos, como exemplo, uma operação de empréstimo para um usuário:

```
e.status="disp" ou e.status="res" [empréstimo(u,e)] e.status="emprestado"
```

Esta operação terá como efeito colateral, o registro do empréstimo no usuário *u* e a criação do relacionamento *emprestado-para(e,u)*:

```
empréstimo(u,e) [registra_emp(u)] u.situação = u.situação+1
empréstimo(u,e) [cria_rel(e,u)] emprestado-para(e,u)
```

Em sistemas reais, estas interações entre objetos podem se tornar bastante complexas. Como essas interações são determinadas por operações conceituais bem conhecidas, mostraremos na seção seguinte como garantir a correção destas operações.

Os formalismos existentes para descrever o comportamento global de um sistema, como Diagramas de Atividades ou Redes de Petri, que serão apresentados na próxima seção, também podem ser aplicados para modelar corretamente o comportamento local de um objeto.

5.3. Comportamento global - funcionalidades e interações entre objetos

Todo sistema de informação tem uma estrutura e um funcionamento. Enquanto a estrutura é composta pelos objetos necessários ao seu funcionamento, o comportamento é tudo o que ele faz, ou seja, suas funcionalidades. Assim como um objeto pode ser necessário para suprir diversas funcionalidades, cada funcionalidade usará um ou mais objetos para cumprir seu papel.

Neste sentido, na criação de um sistema de informação, devem ser definidos estes dois componentes. Enquanto em um sistema de objetos, o comportamento do sistema é determinado pelos métodos associados aos objetos, veremos, nesta seção, formas de descrever e determinar o comportamento do sistema de forma global, não subordinada a um só tipo de objeto.

5.3.1. Descrição das funcionalidades do sistema (casos de uso)

O primeiro passo, para se criar um modelo de um sistema de informação, é determinar os potenciais usuários do sistema e o que cada um espera obter dele. Ou seja, determinar as funcionalidades do sistema. A linguagem UML (Universal Modeling Language) oferece um diagrama para este propósito, o Diagrama de Casos de Uso (*Use Case Diagram*). Cada caso-de-uso representa uma funcionalidade a ser realizada pelo sistema. Os casos-de-uso podem interagir entre si e, principalmente, irão interagir com o usuário, aqui chamado de ator.

A notação deste diagrama é bastante simples, sendo que uma oval representa um caso-de-uso e os usuários são representados por pequenos ícones. Assim, um diagrama modelando o sistema de biblioteca seria o da figura 5.3.

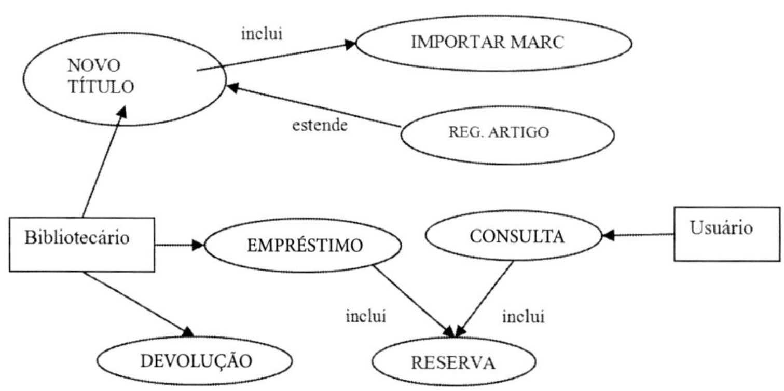

Figura 5.3. Diagrama de Casos-de-Uso da biblioteca

Para realizar um empréstimo, algumas verificações são necessárias. Do livro a ser emprestado deve existir um exemplar disponível e o usuário deve estar em dia com eventuais outros empréstimos e não pode ter sua conta máxima de empréstimos já preenchida. Isto significa que o caso-de-uso `EMPRÉSTIMO` pode terminar com sucesso ou com uma reserva ou uma rejeição da solicitação. Em alguns casos uma atividade já está prevista em outro caso-de-uso e, neste caso ocorre uma interação entre casos-de-uso e não entre usuário e caso-de-uso. Com isto uma funcionalidade pode ser reaproveitada em diversos ambientes.

A linguagem UML prevê diversas associações entre casos-de-uso, as principais são:

- *inclui* – quando um caso-de-uso utiliza uma funcionalidade específica, que já está prevista por outro caso-de-uso. Por exemplo, no sistema de biblioteca, existe um caso-de-uso `RESERVA` que é usado pelos casos-de-uso `EMPRÉSTIMO` e `CONSULTA`. Um outro exemplo seria o caso-de-uso `NOVO-TÍTULO` que usa um caso especial `IMPORTAR-MARC` que realiza a localização e importação da ficha MARC do título em outra biblioteca pelo protocolo Z39.
- *estende* –para um caso-de-uso existente, existem situações especiais que são descritos como extensões do caso em questão. Por exemplo, se o título a ser cadastrado é um artigo, além das funcionalidades de registro de qualquer título, terá que ser realizado o relacionamento do artigo com o documento no qual ele está incluído, que pode ser um livro ou os anais de um congresso. Para realizar esta tarefa existe uma extensão de `NOVO-TÍTULO`, que seria `REG-ARTIGO`.

A cada cada-de-uso pode estar associada uma descrição, que mostra o que ele deve realizar. Podem ser destacados os dados necessários para sua realização e os resultados esperados. Vejamos, como exemplo, o caso-de-uso `EMPRÉSTIMO`:

```
    Caso-de-Uso EMPRÉSTIMO
      Ator(es): Bibliotecário
      Entradas: identificação do usuário e do livro a ser emprestado
      Processamento:
 Se o usuário estiver apto e existir um exemplar disponível, registrar o empréstimo;
 Se o usuário estiver apto, mas não existir exemplar disponível, reservar o livro;
 Se o usuário tiver uma devolução pendente ou sua cota cheia, recusar o empréstimo.
  Saídas: empréstimo registrado ou reservado.
```

Neste caso-de-uso estão previstas três alternativas de processamento. Será visto no capítulo 6 que no desenvolvimento de uma aplicação é feito distinção entre uma alternativa, em que tudo dá certo, que representa o fluxo principal de realização do pretendido, denominada 'caminho feliz', e as outras alternativas que seriam as exceções. No exemplo, a primeira alternativa seria o 'caminho feliz'.

De uma forma geral, o detalhamento de um diagrama de casos de uso distingue um **fluxo principal** de sua realização, que é o caso em que tudo da certo e é denominado de 'caminho feliz' e possíveis **fluxos alternativos**. Pode-se distinguir dois tipos de fluxos alternativos:

1. **Variantes**: Dependendo do cenário em que um caso-de-uso está sendo realizado, o seu processamento pode ser diferente. Por exemplo, o fluxo principal de uma devolução é só registrar a devolução. Mas, no cenário de o usuário estar entregando o livro em atraso, será acrescentado um processo de cobrança de multa.
2. **Exceções**: Uma exceção ocorre quando o caso-de-uso é acionado, mas o fluxo principal ou os alternativos não podem ser acionados pois iriam contra uma restrição de integridade. Por exemplo, no caso do empréstimo, seria o caso do usuário ter uma devolução pendente ou sua cota de empréstimos esgotada.

Um caso do exemplo que poderia ser considerado duvidoso se é uma variante ou uma exceção, é quando não há nenhum exemplar disponível do livro solicitado. Como este caso não se enquadra na categoria de um fluxo que iria ferir uma restrição, mas só uma impossibilidade de realização do fluxo principal deve ser enquadrado como variante. Com estas considerações. Podemos reescrever o caso-de-uso do empréstimo, de uma forma mais precisa:

```
Caso-de-Uso EMPRÉSTIMO
   Ator(es): Bibliotecário
   Entradas: identificação do usuário e do livro a ser emprestado
   Processamento:
 Se o usuário estiver apto e existir um exemplar disponível, registrar o empréstimo;
 Variante 1: exemplar indisponível
 Se o usuário estiver apto, mas não existir exemplar disponível, reservar o livro;
 Exceção 1: usuário com devolução pendente
 Se o usuário tiver uma devolução pendente, recusar o empréstimo e informar sobre
    o(s) exemplar(es) pendente(s);
 Exceção 2: usuário com sua conta cheia
  Se o usuário tiver sua conta cheia, recusar o empréstimo.
Saídas: empréstimo registrado ou reservado.
```

5.3.2. Diagrama das sequências das ações de um processo

Enquanto um Diagrama de Casos-de-Uso mostra *o que* um sistema deve fazer, com foco principal na interação com o usuário, veremos agora um diagrama para descrever *como* realizar as funcionalidades dos casos-de-uso por meio da interação entre objetos. Trata-se do **Diagrama de Sequência**, que também é um componente da linguagem UML.

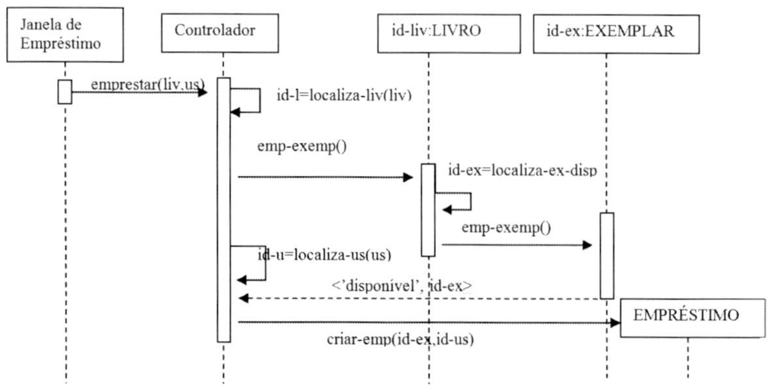

Figura 5.4. Diagrama de sequência de um empréstimo – fluxo principal

O primeiro passo é criar um Diagrama de Sequência Global, composto por três barras verticais, representando o ator, a interface e o sistema como um todo. Aproximadamente, para cada ator que interage com o sistema em um caso-de-uso haverá um Diagrama de Sequência Global descrevendo a troca de informações entre o ator e o sistema. A partir deste diagrama é criado o Diagram de Sequência Detalhado em que a barra do sistema é trocada por todos os objetos envolvidos nesta ação. Este diagrama detalhado mostra como as diversas ações encadeadas e por quais objetos elas são executadas para realizarem a operação, que pode ter sido especificada no caso-de-uso. O diagrama deve ser lido de cima para baixo e mostra quais objetos mandam quais mensagens para outros objetos. Mostramos na Figura 5.4 o Diagrama de Sequência do caso-de-uso *EMPRÉSTIMO*. Na janela de empréstimos do bibliotecário ele informa a identificação do usuário (us) e do livro (liv) a ser emprestado. Estes dados são enviados a uma barra denominada controlador ou fachada. Este controlador recebe as mensagens do ator, determina os objetos para quais mandar a mensagem adequada e, caso haja alguma resposta pelo processamento da solicitação, ela é retornada ao ator. No exemplo, o controlador identifica o livro descrito em liv como id-liv e encaminha a solicitação de empréstimo a este livro. Em LIVRO são identificados os exemplares existentes deste livro, pela associação do diagrama de classes EXEMPLARinstanciaLIVRO, e verifica se há algum disponível. Nesse caso envia a mensagem *emp-exemplo* para um objeto id-ex que está disponível. De forma análoga, o controlador identifica o usuário como id-us e, caso o usuário esteja apto a receber o empréstimo, é criado um empréstimo de id-ex para id-us.

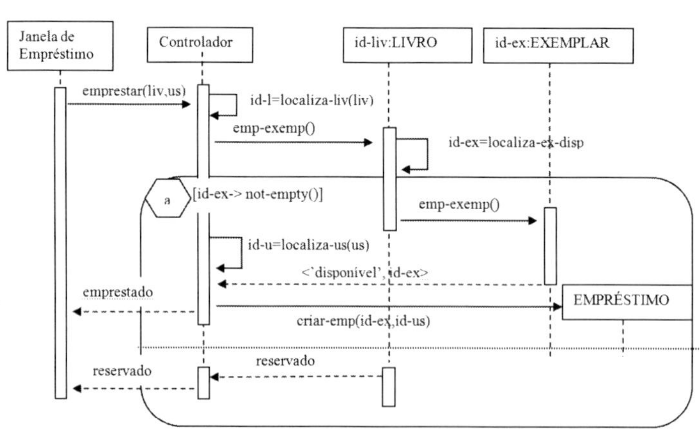

Figura 5.5. Diagrama de sequência de um empréstimo - completo

Vale ressaltar que o diagrama do exemplo só especifica o fluxo principal, um empréstimo realizado com sucesso. Os outros dois casos, a reserva do livro ou a recusa, dado que o usuário não está apto a efetuar novo empréstimo, não foram incluídos. Como o princípio básico do diagrama de sequência é uma leitura linear de cima para baixo, estes dois casos deveriam ter um diagrama de sequência em separado. Por este princípio, cada caminho possível de execução de uma operação, teria que receber um diagrama específico.

Para evitar esta explosão de diagramas, o Diagrama de Sequência da UML permite uma notação especial para incluir vários caminhos em um só diagrama. Mas, esta opção fere o princípio da linearidade de leitura do diagrama e, com isso, pode tornar-se bastante confusa para operações com muitas variantes de execução. Como em qualquer programa ou especificação de um algoritmo, há notações para caminhos alternativos (*alt*) e repetições (*loops*). Mostramos na figura 5.5 o processo de empréstimo de um exemplar, incluindo a variante de um exemplar indisponível. É incluída uma caixa do tipo *alt* com duas opções, para as duas variantes. Para as duas exceções de o usuário não estar apto a receber o exemplar, teria que ser incluída mais uma caixa do tipo *alt*.

Vale ressaltar que o Diagrama de Sequência deve ser usado para dar uma ideia dos objetos envolvidos em uma transação, mas não descreve todos os detalhes. Como podemos ver no exemplo do empréstimo não é descrita a mudança de estado de um exemplar para 'emprestado' ou a mudança de um livro para 'reservado'.

Outra forma de mostrar as interações entre os objetos para realizar uma operação conceitual é o Diagrama de Colaboração da UML. Este diagrama mostra as classes da mesma forma como o Diagrama de Classes estrutural, só que ao invés de mostrar os relacionamentos (chamados de associações em UML) mostra as mensagens trocadas. Como este diagrama representa apenas uma variante visual ao Diagrama de Sequência, não daremos mais detalhes sobre ele.

5.4. Comportamento global – Descrição integrada

Na seção anterior foram mostradas algumas soluções parciais para se obter uma descrição das funcionalidades de um sistema de informação. O Diagrama de Casos de Uso permite visualizar as principais operações conceituais de um sistema, mas não entra nos detalhes da lógica de sua execução. Já o Diagrama de Sequência fornece detalhes do sequenciamento de mensagens necessário para realizar uma operação, mas ainda tem duas limitações:

1. Operações com muitas alternativas de execução ficam confusas;
2. Detalhes do que realmente é alterado no banco de dados não ficam claros.

Mostraremos nesta seção uma solução para a limitação (1), os Diagramas de Atividades, e uma para a limitação (2), as Redes de Petri.

5.4.1. Diagrama de Atividades

Este diagrama é o que na linguagem UML mais se aproxima da necessidade de descrever comportamentos complexos em um sistema de informação. Não tem a restrição de poucos fluxos de execução nem de poucos estados. Descreve, com precisão, o fluxo de execução de um processo, considerando todas as alternativas possíveis de uma forma integrada. Na versão 2.0 da UML também é possível mostrar com quais classes de objetos cada atividade irá interagir. Mas, mesmo esta integração ainda não representa uma especificação formal e precisa da interdependência entre atividades e objetos.

Um diagrama de atividades é representado por um grafo dirigido de elementos representando o fluxo de possíveis execuções de um processo conceitual. Geralmente possui um ponto de início e um ponto final. Os principais elementos de um Diagrama de Atividades são:

- **Atividade**: representa a execução de uma tarefa dentro do fluxo de execução do processo. É representada por retângulo arredondado.
- **Decisão**: é o teste de uma condição e, geralmente, possui uma entrada e duas saídas, uma com uma identificação [sim] e outra com um [não]. Eventualmente pode ter mais de duas saídas. Por exemplo, um

teste da faixa etária de uma pessoa pode ter as saídas: [jovem], [adulto] e [idoso].

- **Bifurcação** e **Entroncamento**: é uma barra horizontal que inicia fluxos de execuções independentes entre si (bifurcação) ou o reencontro destes fluxos (entroncamento).
- **Início** e **fim:** são pequenos círculos preenchidos por um ponto representando o início e o fim do processo. Eventualmente o diagrama pode ter vários pontos de *fim*.

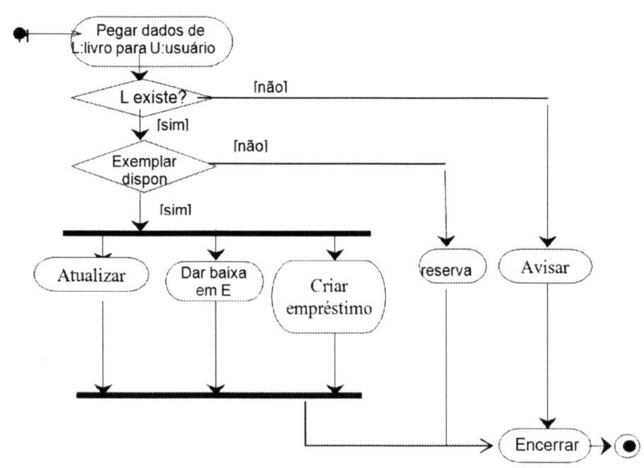

Figura 5.6. Diagrama de atividades de um empréstimo

Mostramos na figura 5.6 um diagrama de atividades da operação de empréstimo de um livro. Note-se que nesse diagrama uma operação complexa é decomposta no sequenciamento de ações menores, organizadas. Para cada ação ainda poderá ser determinado com quais objetos ela interage. O que não é explicitado no diagrama e terá que ficar para um detalhamento descritivo, os detalhes do algoritmo de realização de cada ação.

5.4.2. Redes de Petri

Como um sistema de informação é um sistema complexo, envolvendo muitos objetos e funcionalidades, é essencial se ter uma visão global do sistema como um todo, por meio de uma visão estrutural e uma visão funcional. A visão estrutural é dada por meio de um diagrama conceitual de classes e relacionamentos. Vimos nas seções anteriores algumas formas de modelar as funcionalidades de um sistema, mas nenhuma se mostrou completamente adequada para modelar todas as funcionalidades de uma forma integrada e precisa ao mesmo tempo. Um modelo adequado para cumprir esta tarefa são as chamadas Redes de Petri de Alto Nível.

Redes de Petri é um formalismo poderoso, formal e de forte apelo visual, destinado a modelar a descrição do comportamento de sistemas em geral. São particularmente úteis para descrever paralelismo ou concorrência de processos. Desde a sua criação por C.A. Petri em 1962, essas redes foram muito estudadas e criadas diversas variantes e tipos de redes mais complexas para as mais diversas finalidades, mas sempre mantendo o espírito e rigor formal das redes originais. Mostraremos aqui somente os principais tipos de redes com suas características mais relevantes.

O principal objetivo de uma Rede de Petri é descrever a interdependência das transições que representam possíveis mudanças de estado de um sistema. As unidades de informação, chamadas **S-elementos,** podem representar de simples condições até complexos arquivos, e os processos, também chamados **T-elementos,** são utilizados para modelar transições, mudanças de estado, programas ou subsistemas.

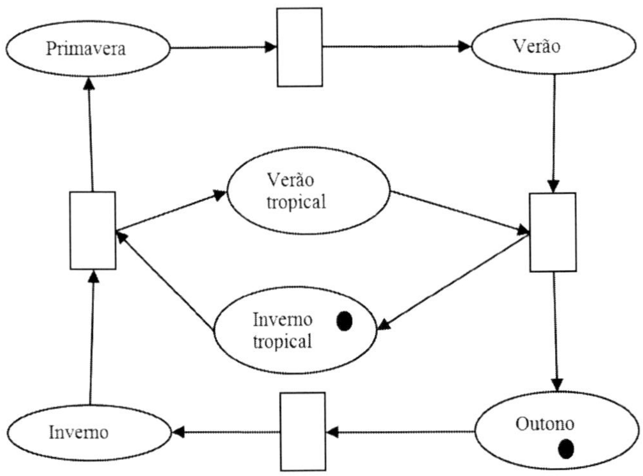

Figura 5.7. Rede de Petri das quatro estações

Um estado do sistema é dado pela colocação de marcas (informações) nos s-elementos e uma mudança de estado ocorre com o acionamento de uma transição que consome as marcas de entrada e produz marcas de saída. Antes de definir formalmente estes conceitos damos dois exemplos. Na figura 5.7 modelamos as estações do ano e as respectivas mudanças. A rede descreve tanto regiões que reconhecem quatro estações como as que só consideram duas estações por ano. A marcação da figura significa que é outono e, nas regiões tropicais, é inverno-tropical. No fim do outono, uma marca passará para frente, caracterizando o inverno. Após o inverno são marcados a primavera e o verão-tropical.

A próxima figura descreve um sistema produtor/consumidor (Fig. 5.8).

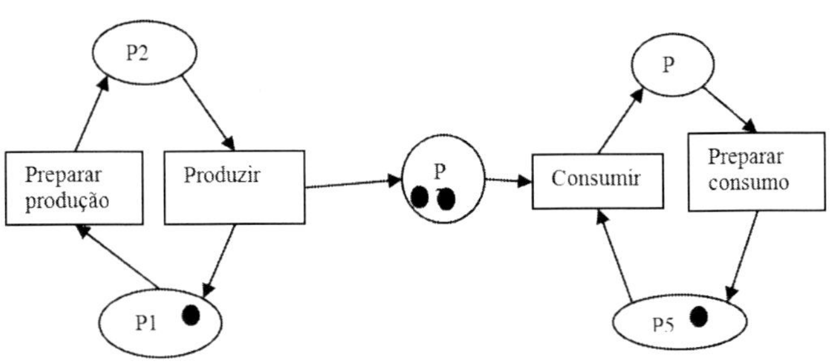

Figura 5.8. Rede de Petri do sistema produtor/consumidor

Note que no estado da figura existe um s-elemento com dois produtos que já foram produzidos, mas ainda não foram consumidos (marcas em P3). O consumidor está preparado para consumir um destes produtos. O produtor ainda não está pronto para produzir mais um produto (sem marca em P2). Neste estado podem ocorrer as transições *Preparar produção* ou *Consumo*.

Passemos agora às definições formais. Uma **Rede de Petri** ou simplesmente uma rede, é uma tripla

$$R = <S,T,A>$$

tal que S é o conjunto dos chamados s-elementos (de *state*); T é o conjunto dos t-elementos (de transições) e A, um subconjunto de (SxT) ∪ (TxS), são as arestas que descrevem o fluxo. Em outras palavras, uma Rede de Petri é um grafo dirigido bipartido (com dois tipos de nós tal que nós vizinhos sempre são de tipos distintos). Vale notar que a definição só contempla a estrutura de grafo, sem citar as marcas que representam a dinâmica.

Assim, as redes dos dois exemplos acima seriam:

Quatro-Estações = <S,T,A>, com

S = {c1, c2, c3, c4, c5, c6}

T = {e1, e2, e3, e4}

A = {<c1, e1>, <e1, c3>, <c3, e2>, <e2, c4>, <c4, e3>, <e3, c6>, <c6, e4>, <e4, c1>, <e4, c2>, <c2, e2>,

<e2, c5>, <c5, e4>}

Prod-Cons = <S,T,A>, com
S = { p1, p2, p3, p4, p5}
T = {t1, t2, t3, t4}
A = {<p1, t1>, <t1, p2>,<p2, t2>,<t2, p1>, <t2, p3>,<p3, t3>,<t3, p5>,<p5, t4>, <t4, p4>,<p4, t3>}

Dado um T-elemento, podemos estar interessados em todas suas entradas e saídas. Seja t ÎT, então

$t^+ = \{ s \in S \ / <s,t> \in A\}$ é o **pós-conjunto** de t, e
$t^- = \{ s \in S \ / <t,s> \in A\}$ é o **pré-conjunto** de t.

Os elementos do pré-conjunto são chamados de **entradas** de *t* e os do pós-conjunto são as **saídas**. Analogamente fala-se dos pré- e pós-conjuntos de um S-elemento.

Uma rede representa a estrutura e as interdependências funcionais dos componentes de um sistema. Para representar os possíveis estados e mudanças de estado do sistema associamos marcas aos s-elementos para representar um estado específico e uma regra geral de transição, que permite aos t-elementos provocar mudanças de estado válidas.

Uma **marcação** é uma função M: S → N que associa a cada s-elemento o número de marcas neste elemento. Uma Rede de Petri <S, T, A> com uma marcação M, é denominada Rede de Petri Marcada, denotada pro <S, T, A, M>. Os tipos de marcações permitidas irão caracterizar os dois primeiros grandes tipos de Redes de Petri. Definimos, para uma marcação M: S → N:

Se N={0,1} a rede é uma **Rede Condição/Evento (C/E);**
Se N={0,1,2,3,...} a rede é uma **Rede Lugar/Transição (P/T[6]).**

Uma marcação geralmente é dada mostrando-se o (multi-)conjunto dos s-elementos marcados. Assim, nos dois exemplos anteriores teríamos

$M_{\text{Quatro-Estações}} = \{c4, c5\}$
$M_{\text{Prod-Cons}} = \{p1, p3, p3, p4\}$

Como ilustrado pelos dois exemplos, estes dois tipos de redes determinam duas categorias de sistemas a serem modelados por uma Rede de Petri. No primeiro caso, cada s-elemento caracteriza o estado de um componente, que pode ser verdadeiro ou falso, e um evento altera esse estado segundo regras bem definidas. Nas redes Lugar/Transição cada s-elemento modela um lugar que pode receber uma ou mais marcas a serem consumidas pelas transições de saída.

Aos lugares de uma rede P/T pode estar associada uma constante *L*, determinando uma capacidade máxima de marcas em cada lugar, ou pode haver uma constante única *cs* determinando um limite único para todos os lugares.

---

[6] De *Place/Transition Net*

Se em uma rede P/T existe uma limitação de marcas, dizemos que a rede é **limitada.** Deixamos a cargo de o leitor classificar as duas redes das figuras 2.14 e 2.15 como C/E ou P/T.

Falta definir o comportamento de uma Rede de Petri, para que ela possa servir como modelo da dinâmica de um sistema. Começamos pelas redes P/T. Dada uma marcação M, uma transição $t \in T$ está **habilitada** a ser acionada quando todo elemento de t^- (isto é, toda entrada) possui pelo menos uma marca, ou seja

$$\forall s(s \in t^- \Rightarrow M(s) \neq 0)$$

O **acionamento** de uma transição habilitada *t* significa tirar uma marca de cada entrada e colocar uma em cada saída, ou seja, dada uma marcação M, o acionamento de uma transição *t* significa substituir M por uma nova marcação M' tal que

$M'(s) = M(s)-1$ Se $s \in t^-$
$M'(s) = M(s)+1$ Se $s \in t^+$
$M'(s) = M(s)$ nos outros casos.

A figura 5.9 ilustra o acionamento de uma transição ou evento.

Uma Rede de Petri Marcada com a regra de transição é chamada de **Sistema de Petri**. A marcação utilizada na definição do sistema é chamada de **marcação inicial (M_0).** Nestes termos, um Sistema de Petri possui uma dinâmica determinada pelos seus estados e formas de mudança de estado.

Figura 5.9. Acionamento de uma transição

Até aqui os sistemas C/E poderiam ser considerados simplesmente um caso particular dos sistemas P/T. Mas, para aplicarmos a regra de habilitação a um sistema C/E, devemos levar em consideração, não somente as entradas habilitadas, mas também, as saídas devem estar livres. Neste caso, uma marca em uma condição de saída tem um efeito inibidor para o acionamento do evento. Em um sistema C/E, um evento *t* está habilitado para uma marcação se todas as condições de entrada estão satisfeitas (marcadas) e nenhuma condição de saída está marcada, ou seja

$$\forall s \in S \begin{cases} M(s) = 1 & \text{Se } s \in t^- \\ M(s) = 0 & \text{Se } s \in t^+ \end{cases}$$

Se em um sistema, uma transição só não está habilitada pela inibição de uma ou mais saídas marcadas, dizemos que ocorre um **conflito**.

A definição de acionamento de um evento habilitado coincide com o acionamento da transição habilitada da rede P/T. Para sistemas P/T limitados, caso um lugar de saída já está com o limite máximo de marcas, haverá o mesmo efeito inibidor sobre as transições como nos sistemas C/E.

Se o sistema Produtor/Consumidor da figura 5.7 fosse um sistema C/E, significaria que o produtor só poderia fabricar uma nova peça se a anterior já tivesse sido consumida.

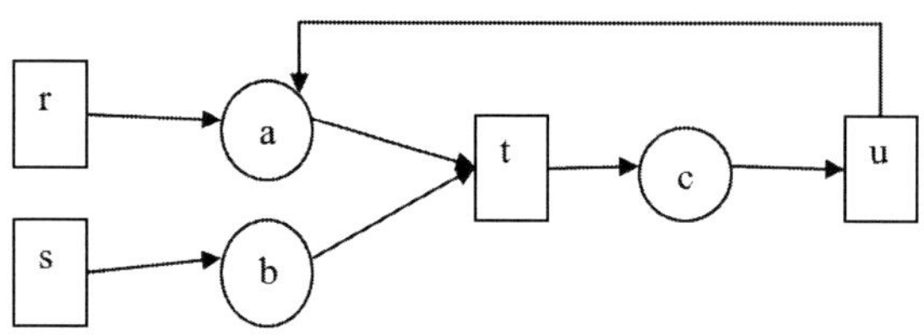

Figura 5.10. Exemplo de Sistema de Petri com M0={}

Em um Sistema de Petri podemos ter várias transições habilitadas em um dado instante. Cada uma delas, pode ser acionada. Este acionamento é chamado de **passo**.

Por exemplo, o sistema C/E da figura 5.10, com Mo = {}, admite os seguintes passos iniciais

r s

{} -----> {a}, {}------>{b}

É importante conhecer todas as marcações possíveis a partir de uma marcação inicial M_0. Uma marcação M é chamada **alcançável** se, a partir de Mo, existe uma sequência de passos que leva a M:

$$M_0 \xrightarrow{P_1} \ldots \xrightarrow{P_n} M$$

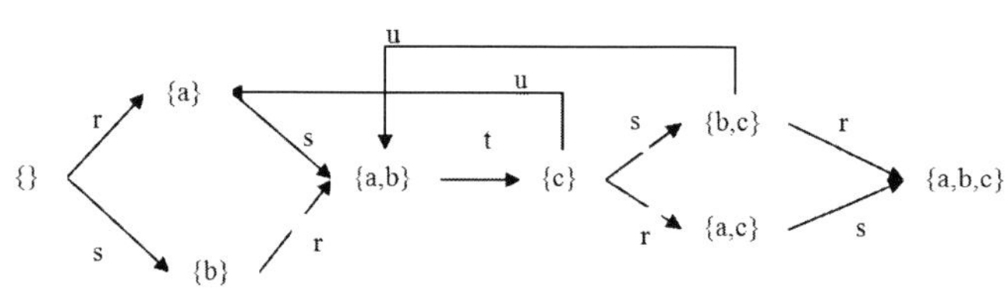

Figura 5.11. Fecho da rede anterior

O **fecho** de uma marcação M, denotado por /M, é o conjunto de todas as marcas alcançáveis a partir de M. O fecho de uma marcação pode ser ilustrado por um grafo de passos. Para o sistema C/E da figura 5.8 teríamos o grafo da figura 5:11.

Note que a partir da marcação {a,b,c} não é mais possível dar nenhum passo. A rede está morta. Para permitir o estudo de situações semelhantes, existem vários conceitos de vivacidade em Sistemas e Petri. Uma transição *t* em um sistema < S,T,A,M_0 > é **viva** quando existe um M' ∈ /M tal que t está habilitada com M'. Existem três tipos de vivacidade em Sistemas de Petri:

1. ele é **fracamente vivo** quando existe uma sequência infinita de passos a partir da marcação inicial.
2. ele é **vivo** quando é fracamente vivo e todas as transições são vivas.
3. ele é **fortemente vivo** quando para todas as marcações do fecho /M, todas as transições são vivas.

Note que o sistema de figura 5.9 é vivo mas não fortemente vivo. Há dois ciclos no fecho da marcação inicial do sistema, que são uma sequência infinita de passos que, a partir de uma marcação M' ∈ /M_0 retornam a M'. No exemplo acima temos os ciclos {a}°{a,b}°{c}°{a}e {a,b}°{c}°{b,c}°{a,b}. Com isso o sistema é fracamente vivo. Será vivo, pois todas as transições *r, s, t* e *u* estão vivas. Ela não é fortemente viva pois a marcação {a,b,c}, que é do fecho, mata todas as transições.

Pode ser mostrado que um sistema de Petri finito é fracamente vivo se e somente se possui pelo menos um ciclo alcançável a partir de M_0 e que o sistema é fortemente vivo sss toda marcação de $/M_0$ participa de um ciclo.

Uma Rede de Petri como modelo de sistemas reais, também deve possibilitar a descrição da interação com o ambiente do sistema. Uma entrada do sistema seria uma geração incondicional de s-elementos, ou seja, um t-elemento que não possui entrada. Analogamente, um t-elemento que só consome s-elementos, é uma saída. Portanto, dado uma Rede de Petri < S,T,A > e um elemento tÎT, dizemos que

t é uma **entrada** quando $t^- = \emptyset$, e
t é uma **saída** quando $t^+ = \emptyset$.

Uma Rede de Petri é **fechada** quando não possui nem entradas nem saídas. Caso contrário, ela é aberta. Um Sistema de Petri será aberto se possuir pelo menos uma transição viva que seja uma entrada ou saída. Dependendo da marcação inicial de um sistema, ele pode ser fechado, mesmo com a rede subjacente sendo aberta.

O Sistema da figura 5.9 é aberto, pois possui duas entradas vivas, as transições *r* e *s*. Interessante nesta rede é que, apesar de ter duas entradas e nenhuma saída, ela representa um sistema vivo. As novas entradas são compensadas pela transição *t* que consome duas marcas e produz só uma, logo reduz o número de marcas na rede.

A Figura 5.12 a seguir mostra como uma Rede de Petri pode modelar naturalmente os principais modelos de interdependência de (sub-)processos, que seriam: sequência, concorrência e conflito.

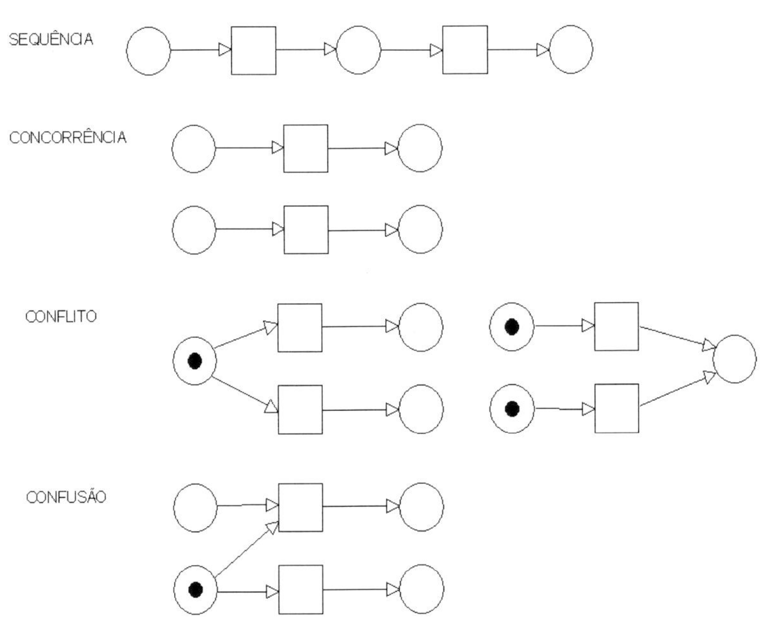

Figura 5.12. Modelos de interdependência

Na *sequência*, a segunda transição só pode ser executada após a primeira. Na *concorrência*, a execução de uma transição é completamente independente da outra. No *conflito*, temos dois processos que podem ser executados só que, a execução de um deles, desabilita a execução do outro. Na *confusão*, também chamada de conflito aparente, existe certa interferência da execução de um processo na habilitação. Ainda não é um conflito, mas pode vir a sê-lo.

As Redes de Petri introduzidas até aqui, são úteis para modelar com precisão a interdependência entre os processos de um sistema, composto por vários componentes, para realizar seu objetivo. Elas não são adequadas para um sistema que processa dados ou informações. Nesses sistemas a execução adequada depende não somente das interdependências funcionais, mas também, do fluxo de informações. Com esse objetivo, passamos agora a descrever uma classe de redes denominadas **redes de alto nível**. Elas permitem modelar não somente o fluxo de controle, por meio de marcas que descrevem o estado de um sistema, mas as marcas são individualizadas, ou seja, cada marca representa um dado específico. Podemos assim, modelar diretamente o fluxo de dados de um sistema de informação. Uma das redes de alto nível conhecidas é a rede Predicado/Transição.

Uma **Rede Predicado/Transição (PrT)** é uma Rede de Petri R = $< P, T, A >$ tal que

1. os elementos de *P* são conjuntos de elementos que satisfazem a um predicado $P(X_1,...,X_n)$, sendo *n* a aridade do predicado;
2. A cada aresta de A está associada uma tupla de n variáveis $<v_1,...,v_n>$, que determina um tipo de entrada $<p(x_1,...,x_n), t>$ ou saída $<t, p(x_1,...x_n)>$ para uma transição $t \in T$;
3. Cada transição $t \in T$ contém uma conjunção de fórmulas, envolvendo as variáveis das arestas de t^- e t^+, chamada condição de transição. Uma condição de transição deve atender a certas restrições formais como, por exemplo, só envolver variáveis existentes nas arestas de entrada e de saída.

Uma **marcação** em uma rede PrT é a associação de conjuntos de objetos a cada predicado P(X1,...,Xn). Eles representam todas as constantes que satisfazem ao predicado.

Ilustramos, na figura 5.13, uma pequena rede PrT que descreve os processos de admissão e demissão de uma empresa.

Uma transição em uma rede PrT está **habilitada** quando em cada entrada existe pelo menos um objeto que satisfaz às condições de transição e para cada saída existe um candidato da saída que ainda não está no predicado de saída correspondente. Se um objeto a sere gerado em uma saída já existe no predicado de saída, a transição está inibida e não pode ser acionada. Um caso especial são as arestas não dirigidas (como no exemplo entre *IDADE* e *admissão*). Para este caso tem que existir uma tupla que satisfaz a condição de transição, mas não existe o efeito inibidor das saídas. Estas arestas são chamadas **arestas de consulta.** O **acionamento** de uma transição habilitada significa remover um objeto de cada entrada que satisfaz às condições de transição e gerar os objetos especificados nas variáveis das arestas de saída. Note-se que da transição de *admissão* do exemplo a variável *p* aparece quatro vezes. Esta repetição de p é uma notação simplificada do uso de quatro variáveis p_1, p_2, p_3 e p_4, com as condições de transição $p_1=p_2$, $p_2=p_3$ e $p_3=p_4$.

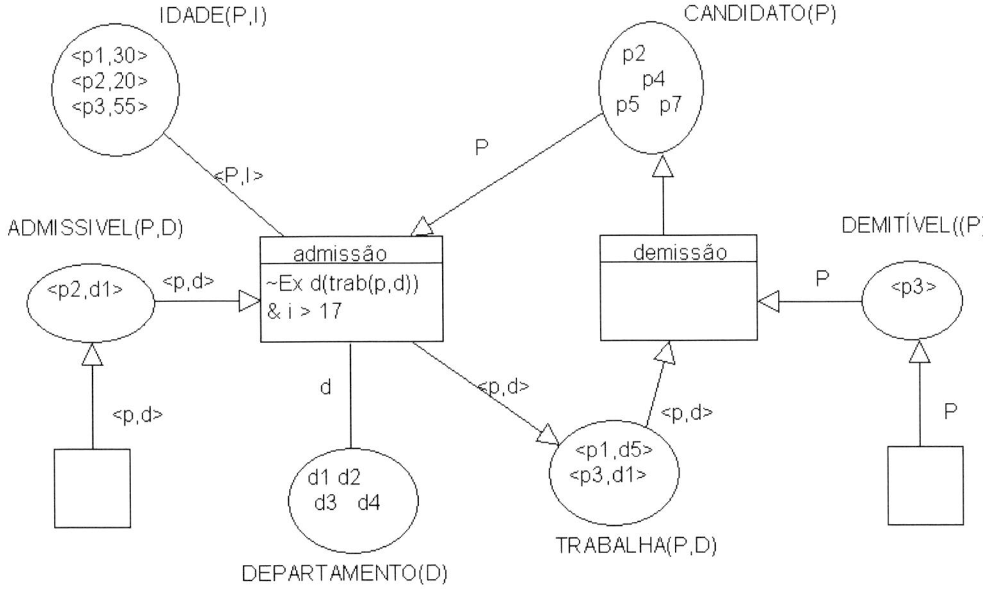

Figura 5.13 Rede Predicado/Transição de processos de admissão e demissão

Da figura pode-se extrair as seguintes informações:

- *p2* pode ser admitido para o departamento *d1*, pois está na entrada da admissão, satisfaz às condições de transição e está registrado como CANDIDATO;
- As arestas que ligam DEPARTAMENTO e IDADE à admissão não são dirigidas, isto significa quesão de consulta e o acionamento do processo de 'admissão' não irá modificar seu conteúdo;
- A execução da admissão irá remover o par <p2,d1> de ADMISSÍVEL e colocá-lo em TRABALHA;
- *p3* pode ser demitido pois está marcado na entrada, trabalha para um departamento e não é CANDIDATO;
- O acionamento da demissão, removerá a tupla <p3,d1> de TRABALHA e irá colocar <p3> em CANDIDATO.

É claro que a rede da figura é parcial. O mínimo para ela se tornar um sistema viável é definir transições de entrada que criam departamentos, atualizam idades e criam candidatos.

As redes PrT são o candidato natural para descrever o fluxo de dados de um sistema de informação. Cada predicado representa um depósito de dados e cada transição é um processo.

Observamos que toda rede PrT pode ser reduzida a uma rede C/E por um processo denominado *desdobramento* (*unfolding*). Cada objeto de um predicado é transformado em uma condição na rede C/E. Com isto, os resultados teóricos destas redes C/E podem ser aplicados às redes PrT.

Existem diversas extensões e modificações das redes aqui definidas, com o intuito de atender demandas específicas de modelagem de sistemas. Uma variante das Redes Predicado/Transição apresentadas são as Redes de Petri Coloridas. Além disso, existem Redes Estocásticas, Redes de Objetos, Redes Fuzzy, Redes Temporais e diversas outras. Mostraremos aqui o conceito de Redes Temporais. Em uma Rede de Petri Temporal existem restrições de tempo associadas aos elementos da rede. O tempo considerado é definido por um intervalo <de, até> que são dois instantes que determinam a duração do intervalo. Dependendo de onde este tempo é definido temos 3 tipos de

Redes Temporais:

- Redes com marcas temporais – uma marca temporal tem um intervalo associado. A marca fica visível no instante *de* e desaparece no instante *até*.
- Redes com lugares temporais – nesse caso, toda marca que é colocada no local tem a mesma duração de vida, dada pelo intervalo.
- Redes com transições temporais – uma transição habilitada só pode ser acionada após *de* instantes e após *até* instantes ela volta a ficar desabilitada.

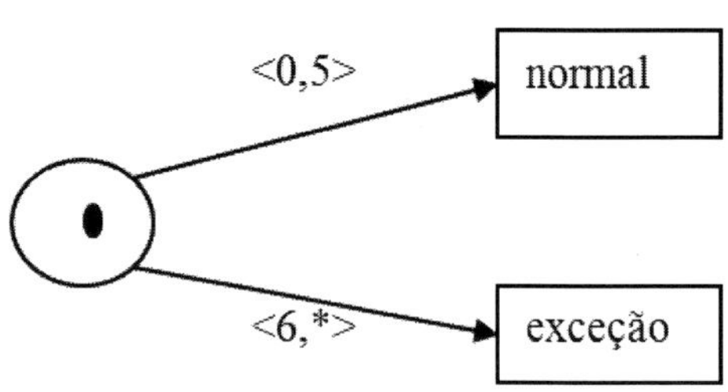

Figura 5.14. Rede de Petri Temporal nas aresta

Redes com arestas temporais – nesse caso, uma marca que aparece na extremidade esquerda da aresta só fica ativa após `de` instantes e deixa de estar ativa após `até` instantes.

A rede temporal da Figura 5.14 ilustra um caso em que uma transição habilitada tem um prazo fixo para ser acionada. Se isto não acontecer, é habilitada uma transição de exceção.

5.5. Comentários bibliográficos

A orientação a objetos em bancos de dados faz parte de todos os livros-texto sobre bancos de dados, mas a modelagem do comportamento, é bastante negligenciada. Para o modelo relacional aparece brevemente na definição do `TRIGGER` em SQL.

Os objetos ativos foram analisados em artigos específicos, como o de Lavender & Schmidt [LS96] ou o tutorial de Praveen [Pra12].

Agentes de software são discutidos em muitos livros, artigos e conferências. Uma apresentação detalhada dos conceitos e sua implementação na linguagem Java foi dada por Bigus & Bigus [BB01].

O uso de Redes de Petri [Rei85] para a modelagem do comportamento de sistemas de informação foi sugerido por Oberweiss & Sander [OS96] e está incorporado à metodologia de desenvolvimento de sistemas POKER [SM95]. Allain & Yim [AY00] criaram um tipo especial de Redes de Petri, denominado *Dynamic Relations Net*, para modelar o comportamento de um Sistema de Informação. O artigo sobre o POKER detalha o procedimento como transformar uma transição de uma Rede de Petri de alto nível em métodos encapsulados nos objetos afetados. A integração do modelo E-R para a modelagem estrutural com Redes de Petri para a modelagem comportamental também foi proposta por Heuser, Peres & Richter [HPR93]. G. Wagner [Wa02] propõe um modelo de dados chamado de Agente-Objeto-Relacionamento que considera os seguintes tipos de entidades em um SI: agentes, eventos, ações e objetos. Com isso ele pretende integrar os aspectos estáticos, dinâmicos e deônticos de um sistema de informação.

5.6. Exercícios

1. Faça a especificação abstrata da operação de empréstimo de um exemplar de um livro.

2. Crie um disparador que envia uma mensagem ao usuário da biblioteca quando um título emprestado por ele estiver a um dia do vencimento do prazo de empréstimo.

3. Crie um disparador que avisa um usuário caso, para um livro reservado por ele, um exemplar tenha sido devolvido.

4. Faça uma Rede Predicado/Transição com duas transições: a primeira registra um novo estudante no curso de Mestrado em Informática. Além de registrar a matrícula no curso, ele é associado a um professor como orientador (acadêmico). A outra registra a matrícula em uma disciplina. Neste caso deve ser verificado se o aluno está matriculado no curso que oferece a disciplina. <u>Sugestão</u>: para cada classe e para cada relacionamento do esquema crie um predicado que contém os dados da classe ou do relacionamento.

5. Seja o Sistema de Petri marcado

   $R = <S, T, F, M_0>$, com

   $S = \{a,b,c,d,e,f\}$

   $T = \{p,q,r,s,t,u\}$

   $F = \{<p,a>, <a,q>, <q,d>,<d,t>, <p,c>, <c,s>, <s,e>, <e,t>, <a,r>,<c,r>, <r,b>, <b,p>,<t,f>, <f,u>, <u,b>\}$

   $M_0 = \{f\}$

   a) Desenhe a rede marcada;

   b) Mostre o grafo do fecho de M_0

   c) Encontre possíveis paralelismos, conflitos e confusões no fecho.

6. Seja a Rede de Petri P/T

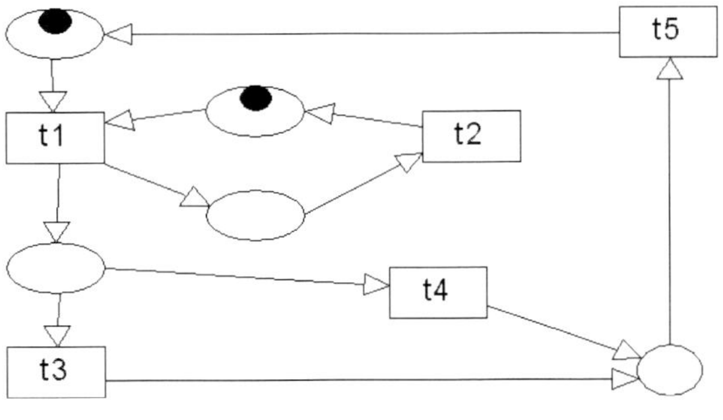

a) Ela representa um sistema aberto ou fechado?

b) A marcação apresenta um conflito?

c) A marcação como um todo (considerando o fecho /M) é conflitante?

d) A marcação é limitada? é estável (i.e. nunca haverá mais de uma marca em um ponto)?

7. Uma Rede de Petri C/E é dita **livre-escolha** (FC=*free choice*) se para todo par

ou **p** é a única entrada de **t**, ou **t** é a única saída de **p**.

a) verifique se a rede da questão anterior é FC

b) mostre que a rede

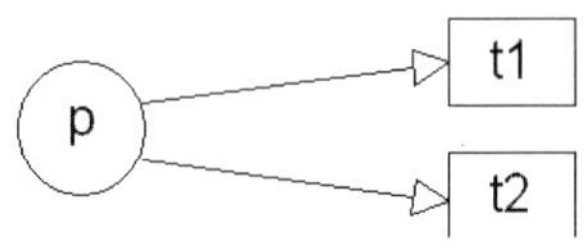

é FC. Acrescente novos componentes, tal que ela deixe de ser FC.

8. Uma Rede de Petri é uma **máquina de estado** (SM=state machine) se cada transição tem uma entrada e uma saída. Decomponha a rede do item a) da questão anterior em duas redes conexas, fechadas e SM.

9. Verifique se a rede

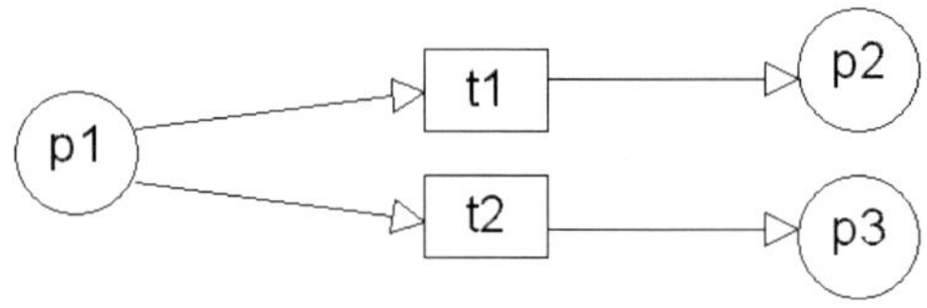

é FC e SM.

10. Construa uma rede C/E que admite uma marcação viva e outra não viva.

11. Uma marcação é **não terminal**, se existe uma sequência infinita de transições a partir de M:

    t1 t2 t3
    M ---> M1 ---> M2 ---> ...

Exemplos de redes com marcações terminais

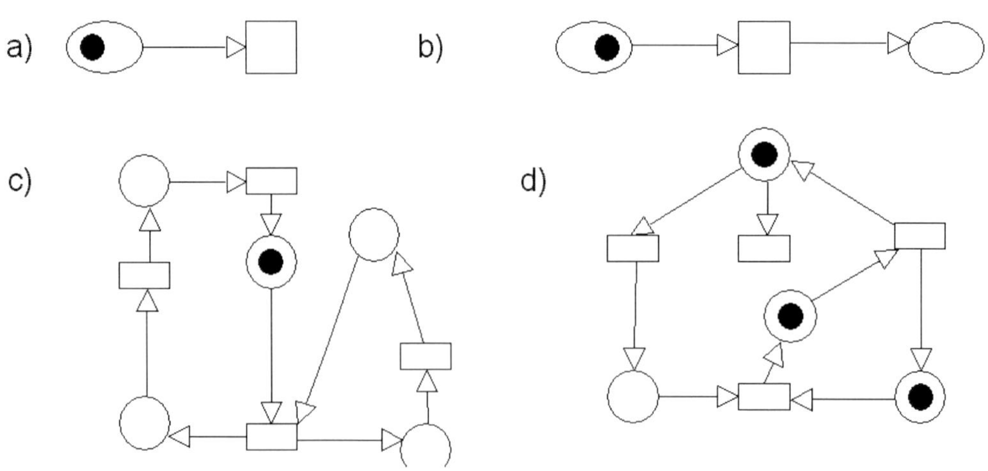

encontre, para c) e d) marcações não terminais.

12. Construa uma rede P/T que permite marcações limitadas e não limitadas (ambas não terminais)

13. Que tipo de rede aberta nunca possui marcações não terminais?

14. Seja a rede temporal

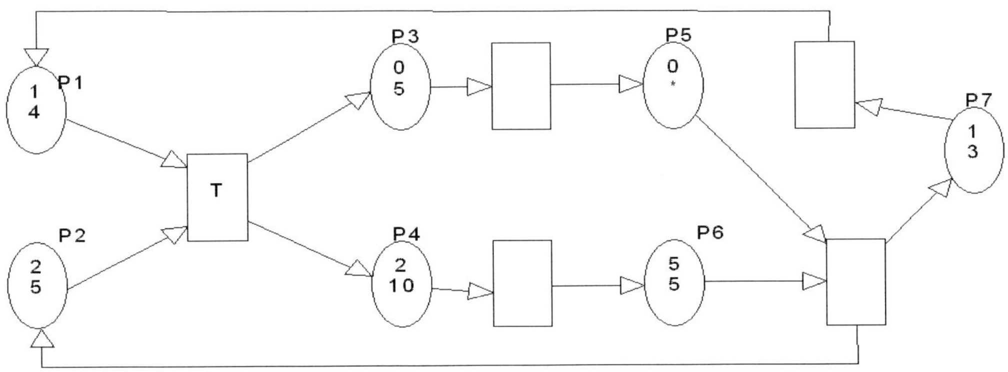

a. após uma marcação inicial em P1 e P2, quais os tempos mínimo e máximo após os quais T pode ser acionado de novo;
b. o que aconteceria se os tempos de P7 fossem (5,5) ao invés de (1,3).

15. Suponha que um projeto *P* deve ser executado. Ele é formado por uma série de subprojetos *P1, P2, .., Pn*. A cada *Pi* estão associados um tempo mínimo e tempo máximo que ele deverá durar para ser executado. A interdependência entre os subprojetos é descrita pela Rede de Petri Temporal:

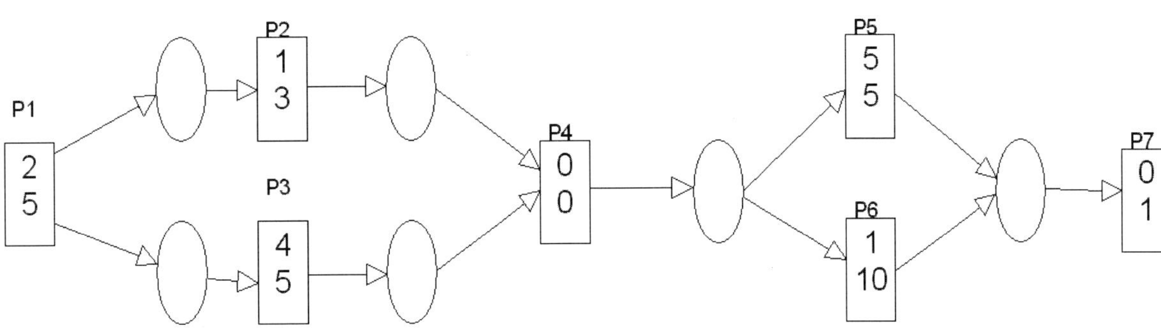

Os tempos min e max de uma transição habilitada

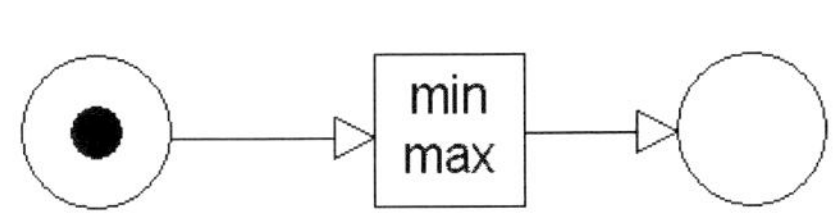

significam que a transição pode ser acionada a qualquer momento e, após acionada a marca da(s) entrada(s) sai e demorará de 'min' a 'max' tempos para aparecer na(s) saída(s).

a. quais os tempos mínimo e máximo em que o projeto ficará pronto?
b. qual a interdependência entre os processos *P2* e *P3*, entre *P2* e *P4* e entre *P5* e *P6*
c. suponha que se descobriu que o subprojeto *P1* pode ser dividido em duas etapas *P1a* e *P1b* e que *P1b* por sua vez pode ser feito de duas formas, que chamaremos de *P1b'* e *P3b"*. Refaça a parte da rede envolvendo *P1* com estas novas subdivisões.
d. como uma Rede de Petri Temporal nas transições, como

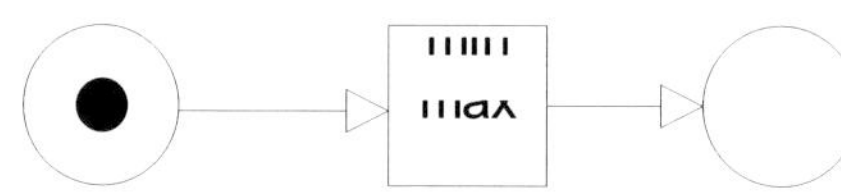

poderia ser transformada em uma Rede de Petri Temporal nos lugares.

16. Em um sistema C/E, dizemos que ocorre um **contato** quando a habilitação de uma transição é impedida somente por haver uma condição de saída marcada. Por exemplo

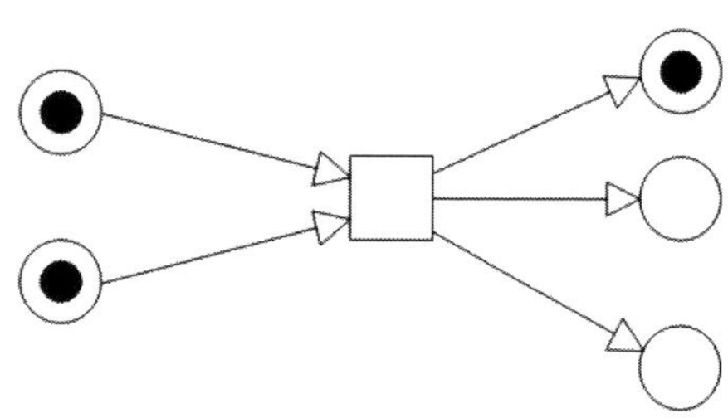

Seja a rede C/E marcada (marcação M)

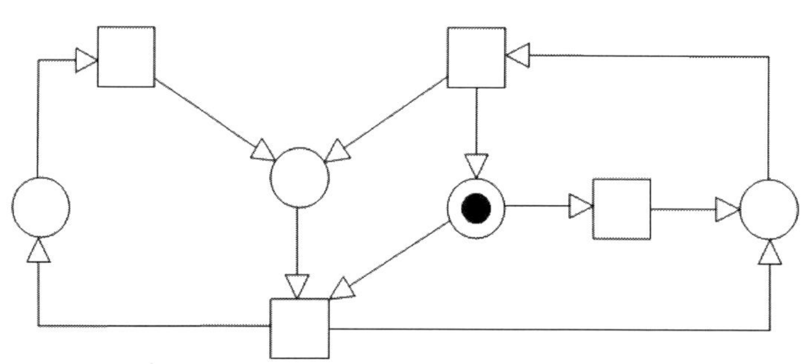

a) existe um contato com M ?
b) mostre o ou os contatos que podem ocorrer no fecho /M
c) altere a rede, mantendo as transições, eliminando todos os possíveis contatos.

17. Uma marcação M em um sistema de Petri é **minimal** se
    i) M é viva
    ii) toda marcação M', obtida retirando-se uma ou mais marcas de M, não é viva.
    Seja a rede

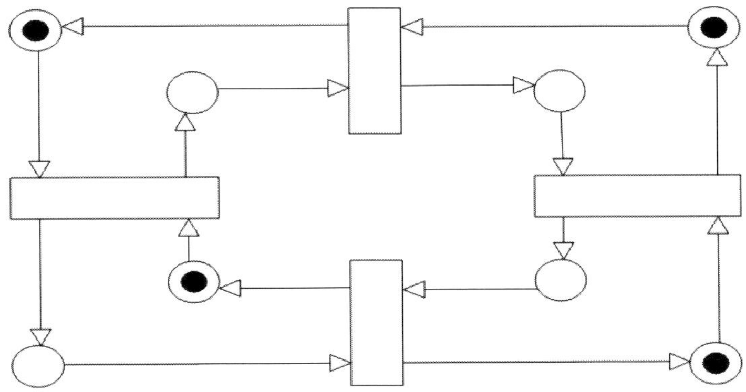

a) mostre que a marcação indicada é mínimal
b) encontre outra marcação mínimal

18. Prove que um sistema de Petri fortemente vivo é vivo

19. Dê exemplos de sistemas que são
    a) vivos mas não fortemente vivos
    b) fracamente vivos mas não vivos
    c) possuem transições habilitadas mas não são fracamente vivos

20. Para a Rede Predicado/Transição abaixo, que descreve um sistema de reservas de voos, faça
    a. Acrescente as variáveis que faltam nas arestas e modele o fato de que uma desistência reduz o número de lugares ocupados;
    b. Explique a ação de "RESERVA" após "PREPARA" mandar os seguintes pares (p, v): (p3,v1), (p3,v2), (p1,v1), (p4,v2), (p3,v1). Mostre como ficará a marcação da rede. O que acontecerá se o passageiro p4 desistir do voo v2?
    c. Um passageiro que confirmar uma reserva, pode fazer uma segunda reserva no mesmo voo? Como mudar isto?

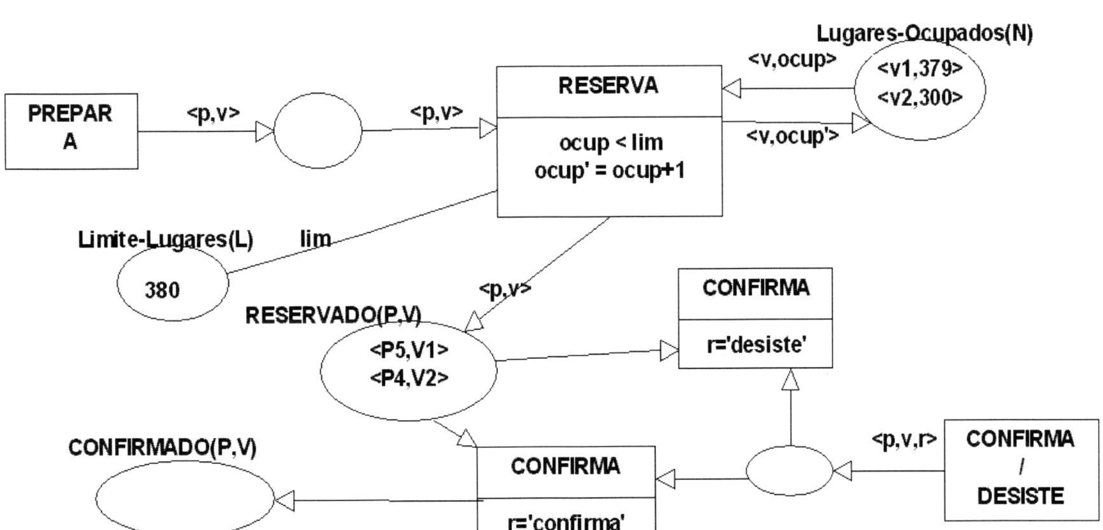

21. Faça uma Rede Predicado/Transição (PrT) para os dois processos da loja comercial descrita no exercício 5 do capítulo 2.

22. Para o esquema do exercício 3.5, faça uma transição em uma rede PrT (Predicado/Transição) que registra um novo participante no simpósio do esquema dado. Considere que todas as pessoas possuem uma identificação p#. Os dados são o nome da pessoa e uma constante: 'E' se for estudante e 'P' se for Professor. Também é informado se o novo participante é um palestrante ou não.

CAPÍTULO 6

DESENVOLVIMENTO

Por Raul Sidnei Waslawick

Neste capítulo apresentaremos algumas técnicas para o desenvolvimento de sistemas de informação. Neste ponto, é fundamental entender que sistemas de informação e software costumam ser desenvolvidos em conjunto, embora conceitualmente sejam coisas diferentes. Por exemplo, é possível ter software que não seja sistema de informação, como compiladores, jogos e sistemas operacionais; também é possível ter sistemas de informação sem software, afinal as empresas, muito antes de existirem computadores, já tinham seus sistemas de informação, mesmo que baseados em lápis, papel, gavetas e grampeadores.

Iniciamos o capítulo examinando alguns tipos de sistemas computacionais e caracterizando o software para sistemas de informação como uma das muitas possibilidades existentes. O importante é mencionar que cada diferente tipo de sistema pode exigir diferentes técnicas de desenvolvimento, não existindo assim nenhum modelo universal para desenvolvimento de software.

Na sequência explicaremos também porque não há modelos universais para desenvolvimento de sistemas de informação, analisando as características de vários ciclos de vida e indicando porque tais características foram introduzidas e para que tipo de sistemas e projetos elas são apropriadas.

Finalmente, veremos algumas técnicas para elaboração de sistemas de informação, o que usualmente inicia com a modelagem de negócio, seguida pela análise de requisitos e modelagem conceitual. Ficará para capítulos posteriores a apresentação de técnicas de implementação de tais sistemas com o uso de bancos de dados.

6.1 Tipos de Sistemas do Ponto de Vista da Engenharia

Existe, às vezes, uma tendência a se pensar que sistemas computacionais em geral são muito parecidos entre si, e tal tendência pode levar a imaginar que o processo de desenvolvimento de software possa ser algo que evolui sempre da mesma forma, havendo assim uma espécie de processo ideal, que sempre funcionaria. Isso, porém é apenas ilusão. Existem muitos tipos de sistemas e cada um deles demanda diferentes técnicas de desenvolvimento.

Durante os anos 1980, na assim chama era das "balas de prata" para a engenharia de software, acreditava-se que seria possível definir uma técnica universal de desenvolvimento e até uma linguagem universal de programação, que substituiria todas as outras. Assim, cada nova técnica era apresentada como a solução para os problemas do desenvolvimento de software, que desde a década anterior eram conhecidos como a "crise do software", ou seja, a incapacidade de os programadores acompanharem a rápida evolução do hardware.

Porém, a diversidade sempre foi uma constante na área de desenvolvimento de software. Desde os primórdios da área, nos anos 1950, já ficou bem claro que haveria pelo menos duas vertentes: os *sistemas científicos*, usualmente atendendo a profissionais como físicos, engenheiros, matemáticos e militares, e os *sistemas comerciais*, que atenderiam às necessidades das mais diferentes empresas e organizações.

Para os sistemas científicos foi criada, no final da década de 1950 a linguagem de programação FORTRAN e para os sistemas comerciais, logo no início da década seguinte, a linguagem COBOL. Assim, duas vertentes de sistemas computacionais surgiram e continuariam a evoluir de forma independente, embora com muitos pontos em comum.

Da vertente de sistemas comerciais, surge então a área que hoje é denominada "sistemas de informação", ou seja, sistemas que atendem às necessidades de registro, processamento e consulta à informação, principalmente por parte de empresas e organizações dos mais diversos tipos.

Para efeito de classificação de tipos de sistemas, considera-se hoje uma multiplicidade de classes bem maior:

- *Sistemas de informação*: são sistemas fortemente baseados em informação que deve ser recebida, armazenada, processada e consultada sempre que necessário. Usualmente quando se fala em sistemas de informação, logo vem à mente os sistemas do tipo comercial.
- *Sistemas de controle*: estes são usualmente presentes na indústria, onde computadores mantêm o controle sobre linhas de produção que muitas vezes também envolvem atividades automatizadas por robôs. Também existem informações aqui que devem ser registradas e consultadas, mas o foco do sistema não está na informação em si, mas no controle das atividades.
- *Software básico*: trata-se dos programas que permitem que os computadores sejam mais facilmente operados por seres humanos, por exemplo, os sistemas operacionais, compiladores de linguagens de programação, *drivers* de dispositivos eletromecânicos etc. Sem estes sistemas, o computador teria que ser controlado a partir de instruções muito elementares em código de máquina e seria praticamente impossível termos toda a complexidade dos atuais aplicativos com o uso dessa técnica. Novamente, não se trata de sistemas que usam informação de forma tão intensa quanto os sistemas comerciais. O foco aqui está no acesso às funções mais elementares do computador e na abstração dessas funções para funções de nível cada vez mais alto até que um usuário possa, por exemplo, apertar um botão com o mouse e desencadear a execução de milhões de instruções de máquina a partir desse simples gesto.
- *Sistemas embarcados*: estes sistemas são concebidos para funcionar dentro de dispositivos eletromecânicos como automóveis, televisores, eletrodomésticos etc. Aqui, novamente, a ênfase não está na informação, mas na operação de tais dispositivos. Usualmente com interfaces com usuário muito simplificadas ou ainda agindo de forma completamente autônoma, estes sistemas fazem medições usando sensores e após processar essas informações de acordo com uma programação, atuam sobre mecanismos que possam produzir algum efeito no mundo real, por exemplo, freando um automóvel de forma a evitar que ele derrape na pista, como no caso dos freios ABS. Muitas vezes estes sistemas são também considerados como sistemas de tempo real, pois devem produzir resultados no mesmo instante em que as leituras são feitas, não havendo usualmente prazo mais estendido para realizar o processamento. Já os sistemas de informação usualmente não têm restrições de tempo de processamento tão severas, afinal se uma consulta é feita em um segundo ou um microssegundo, isso não chega a afetar a produtividade do usuário do sistema, mas em um sistema de freios essa diferença seria crítica.
- *Sistemas pessoais*: são considerados sistemas pessoais aqueles que atendem ao indivíduo em sua vida pessoal e profissional. Exemplos desse tipo de sistema são os aplicativos como editores de texto, planilhas, organizadores de e-mail, ferramentas de chat, etc. Esses também usualmente não são entendidos como sistemas de informação, pois seu objetivo é facilitar ao indivíduo a execução de determinadas tarefas as quais

até produzem resultados como textos, planilhas, imagens etc., mas o objetivo da ferramenta usualmente é apenas de produzir estes resultados e não de processar ou organizar os mesmos.

- *Jogos*: embora existam muitos tipos de jogos eletrônicos, eles usualmente são considerados sistemas de alta complexidade visto que normalmente precisam de respostas em tempo real, bom design e jogabilidade que produza prazer no usuário, visto que o objetivo deste tipo de sistema é justamente permitir o entretenimento. A indústria de jogos possui todo um conjunto próprio de técnicas e ferramentas de desenvolvimento, até porque esse tipo de sistema usualmente exige equipes interdisciplinares.
- *Inteligência artificial*: apesar de ser considerada também como uma das subáreas da Ciência da Computação, a IA, como também é chamada a inteligência artificial, é uma área emergente e cada vez mais desafiadora em termos de desenvolvimento de software. Embora tenha sido desacreditada em alguns momentos durante o século passado, a IA ressurgiu nesse início de século como uma nova aposta visto que novos algoritmos e ferramentas aliados a computadores cada vez mais poderosos em termos de memória e capacidade de processamento tem tornado possível realizar atividades que até há poucos anos, apenas seres humanos conseguiam realizar. Esses sistemas usualmente também não são considerados sistemas de informação, embora eventualmente possam ser partes deles, ajudando a elaborar diagnósticos ou reconhecer padrões em imagens ou sons.

Vimos assim que existe uma grande diversidade entre tipos de sistemas que podem ser desenvolvidos com o uso de software. Observamos que os assim chamados *sistemas de informação*, que são o alvo deste livro, são um tipo especial de sistema que utiliza fortemente a informação recebida usualmente de seres humanos e que é armazenada, processada e fica disponível para consulta, permitindo a realização especialmente de atividades comerciais, mas também de atividades de outras organizações em geral.

Deve-se observar, porém, que a lista acima não é completa, pois muitos outros tipos de sistemas existem e classificá-los aqui seria inviável. Além disso, sistemas nem sempre se categorizam em um único tipo. Existem sistemas que embora pertençam primordialmente a uma das categorias podem ter elementos pertencentes às outras.

Vamos nos concentrar neste capítulo nos *sistemas de informação*, conforme mencionado, suas necessidades em termos de processo de desenvolvimento e algumas técnicas para realizar esse processo.

6.2. Ciclos de Vida do Software e suas Características

No início da história da computação, o hardware era muito limitado e os programas, consequentemente eram muito curtos. Assim, matemáticos, engenheiros e físicos, usualmente encarregados de programar essas máquinas faziam o que bem entendiam em termos de programação.

Porém, o hardware cresceu de forma exponencial em poder de processamento e armazenamento desde o início da era da computação. Rapidamente, programas tornaram-se suficientemente complexos para que novas profissões fossem criadas, como programadores e analistas de sistemas. Porém, as técnicas de programação ainda eram incipientes e caóticas, o que levou alguns cientistas a cunharem o termo "crise do software" no final dos anos 1960, já que a falta de um processo sistemático e padronizado de programação fazia com que programas fossem complexos, desorganizados e incompatíveis, muitas vezes frustrando projetos que tinham que ser cancelados ou que atrasavam muito ou ainda deixavam a desejar em qualidade.

Um marco para a organização da área de desenvolvimento de software foi a publicação do artigo de Winston Royce em 1970 sobre processo de desenvolvimento de software. Ele inicialmente indicava que se poderia conceber o processo de desenvolvimento em diferentes fases que seriam:

- *Requisitos de sistema e software*: que produziria um documento de requisitos.
- *Análise*: que produziria um detalhamento dos requisitos na forma de modelos e regras de negócio.
- *Design*: que produziria a arquitetura do software a realizar os requisitos.
- *Codificação*: que produziria os componentes do software executáveis, bem como sua integração.
- *Teste*: que revisaria o produto para garantir sua confiabilidade e que estivesse de acordo com as especificações.
- *Operação*: que colocaria o produto em uso após migração de dados, testes finais, treinamento de usuários, etc.

Ironicamente, Royce apresentou esse modelo como a personificação de algo que na opinião dele *não iria funcionar*. E realmente não funcionava para a maioria dos projetos. Mas muita gente viu nisso um modelo razoável e passou a usar essa referência e o modelo passou a chamar-se "*Waterfall*" ou "**Modelo Cascata**" a partir de 1976.

Esse modelo, de fato, passou a trazer alguma organização para o desenvolvimento de software, e suas fases bem definidas foram sua principal contribuição, pois ele estabelecia uma série de documentos que deveriam ser produzidos em cada fase para que se pudesse passar à fase seguinte. Porém, como o próprio Royce já havia observado, ele não funcionava bem na prática, pois muitas vezes a necessidade de mudanças era percebida tardiamente e para mudar o código, por exemplo, você deveria retornar às fases anteriores e produzir mudanças também nos requisitos, nos modelos, na arquitetura, etc. Isso era bastante trabalhoso e dificilmente colocado em prática, o que causou muitos problemas, especialmente em relação à inconsistência entre requisitos, modelos, documentação em geral e código existente.

Várias propostas de variações do modelo Cascata foram feitas, produzindo os assim chamados "modelos cascata modificados". Entre elas podemos citar:

- *Cascata com subprojetos*: um modelo que seguia igualzinho ao Cascata original até a fase de design. A partir dali, com a arquitetura definida, vários subprojetos de codificação eram estabelecidos e poderiam ser desenvolvidos por várias equipes em paralelo. Sua contribuição foi permitir a aceleração do processo de desenvolvimento pelo paralelismo nas fases finais, e sua maior deficiência estava no fato de que era extremamente difícil integrar ao final vários módulos desenvolvidos por equipes independentes. Essa integração "*big-bang*", como é chamada, usualmente produz uma quantidade enorme de erros, não padronização, e a necessidade de grandes refatorações em todo o código.
- *Cascata com redução de risco*: um modelo que acrescentava uma fase de redução de risco ao início do projeto, o qual depois poderia prosseguir como qualquer variante do modelo Cascata. O objetivo desse modelo era minimizar a probabilidade e impacto de riscos do projeto como por exemplo, problemas de arquitetura, problemas de acesso a dados, problemas de compreensão de requisitos, etc. Os principais riscos do projeto seriam analisados previamente e ações seriam realizadas para minimizar sua exposição. Assim, quando as fases tradicionais de desenvolvimento iniciassem, os aspectos mais obscuros e arriscados do projeto já teriam sido mitigados. Uma das principais evoluções desse modelo foi o Modelo Espiral de Boehm, que incorpora a análise de risco e prototipação na forma de grandes ciclos de desenvolvimento, e que termina com as fases tradicionais do Modelo Cascata.

- *Sashimi*: um modelo criado para reduzir a rigidez das fases do Modelo Cascata. Com Sashimi a ideia é que questões relacionadas à fase seguinte já podem ser tratadas na fase atual e questões relacionadas à fase anterior ainda podem ser abordadas na fase atual. Assim, a cada instante o desenvolvimento está formalmente em uma fase, mas sem deixar de abordar questões das fases anteriores e posteriores. Infelizmente, essa abordagem não reduzia substancialmente o problema do retrabalho ou mesmo da inconsistência entre artefatos de documentação e código.
- *Modelos V e W*: são variações do Modelo Cascata, mais populares na Alemanha, e que propõem uma forte disciplina de testes. Para cada fase construtiva do Modelo Cascata ("requisitos", "análise" e "codificação"), haveria uma fase correspondente para testar os elementos e modelos da fase construtiva ao final. Haveria assim, inicialmente testes para a codificação, depois para a arquitetura e regras de negócio e finalmente para requisitos.
- *Entrega em Estágios*: uma variação do Modelo Cascata com subprojetos na qual os subprojetos após a fase de design não são feitos em paralelo, mas sequencialmente no tempo, na forma de ciclos de desenvolvimento, com integração incremental. Isso evita o problema da integração "big-bang". A ideia de ciclos de desenvolvimento ou iterações está presente em praticamente todos os modelos de desenvolvimento mais modernos, inclusive nos ágeis.
- *Modelo Orientado a Cronograma*: uma variação da Entrega em Estágios na qual o ponto de parada não é o momento em que todos os requisitos foram implementados, mas um instante de tempo predefinido. Assim, os requisitos, com este modelo, precisam ser priorizados dos mais importantes para os menos importantes. O modelo garante que no prazo fatal alguma coisa será entregue e que preferencialmente serão os requisitos mais importantes. Isso evita que projetos atrasem ou percam prazos fatais porque os desenvolvedores ficaram desenvolvendo coisas não tão essenciais, mas que atrasaram o projeto. O modelo segue o assim chamado *Princípio de Pareto* que propõe que os 20% mais importantes dentre os requisitos devem atender a 80% das necessidades de um projeto.

Paralelamente à evolução do Modelo Cascata e suas variações, uma outra vertente crescia em importância ao longo das últimas décadas do século passado: os modelos baseados em *prototipação*. A ideia de prototipação já aparecia no artigo de Royce em 1970 como uma das formas de garantir a produção de software com mais qualidade. Royce propunha que o sistema fosse desenvolvido duas vezes: a primeira para aprender sobre ele e a segunda para produzir de forma organizada e coerente um código de qualidade que atendesse a todos os requisitos.

Algumas variações da técnica de prototipação acabaram sendo conhecidas como modelos de desenvolvimento. Entre elas:

- *Prototipação Evolucionária*: uma forma organizada de planejar e executar protótipos para avaliar diferentes aspectos de um sistema antes de entregar uma versão final.
- *DSDM, ou Método Dinâmico de Desenvolvimento de Sistemas*: um processo baseado em ciclos de prototipação funcional, prototipação de design e construção e implantação.

Muitos dos autores que estavam convencidos de que prototipação e interação com o usuário/cliente eram mais importantes do que ter simplesmente um processo industrial para seguir na produção de software acabaram evoluindo outras ideias que coletivamente eram conhecidas inicialmente como "processos leves", mas que após um encontro de vários metodologistas em 2001 passaram a ser conhecidas como "modelos ágeis". Houve uma mudança de foco aqui: primeiramente, não seriam mais processos, ou seja, descrições passo a passo sobre como fazer software, mas "modelos", ou seja, um conjunto de regras, sugestões e práticas que estabelecem como a equipe deve se organizar e como se comunicar, incluindo questões relacionadas ao ambiente de trabalho, aos valores e princípios, etc.

Os modelos ágeis usualmente indicam que não são centrados em processos, mas centrados em pessoas. Assim, metaforicamente, em vez de investir na receita de bolo, eles propõem que se contratem bons confeiteiros, porque eles saberão como fazer o bolo, e que se dê a eles uma boa estrutura de trabalho.

Outra importante contribuição que surgiu no final do século passado e ainda hoje é bastante influente foi o **Processo Unificado**, um *framework* de processo com várias implementações, algumas delas ágeis, inclusive.

O Processo Unificado é importante porque surgiu a partir da unificação de diversos modelos e processos e da integração de várias ferramentas de desenvolvimento, além da produção de uma linguagem de modelagem conhecida como UML, ou *Linguagem de Modelagem Unificada.*

O Processo Unificado apresenta quatro fases, dentro das quais as disciplinas de processo como requisitos, análise e design, modelagem de negócio, etc. são praticadas com maior ou menor intensidade. As quatro fases são:

- *Concepção*: na qual os requisitos devem ser compreendidos em sua essência e extensão, mas não necessariamente em profundidade. Essa fase deve resolver os principais riscos relacionados aos requisitos e ao cliente e produzir uma estimação de esforço global para o projeto além de um plano de desenvolvimento.
- *Elaboração*: na qual os requisitos serão detalhados e uma arquitetura de software definida iterativamente, ou seja, ao longo de vários ciclos de desenvolvimento. O objetivo principal dessa fase é resolver os principais riscos de arquitetura para que a fase seguinte ocorra com o mínimo de retrabalho.
- *Construção*: na qual o código final é produzido e testado. Seu objetivo é gerar o produto final que será disponibilizado ao cliente.
- *Transição*: na qual o produto é colocado em uso pelo cliente. Essa fase pode ser quase instantânea no caso, por exemplo, de aplicativos para *download* pela Web, ou bastante demorada caso, migração de dados, múltiplas instalações e treinamento de usuários, por exemplo, sejam necessários.

Usualmente, as fases centrais de Elaboração e Construção são executadas em diversas iterações, que são ciclos de desenvolvimento completos para um subconjunto de casos de uso (os mais prioritários primeiro), riscos e modificações solicitadas. As iterações da fase de Elaboração usualmente têm como objetivo mitigar riscos, especialmente os relacionados à arquitetura, enquanto que as iterações de construção têm como objetivos produzir o produto final.

O Processo Unificado, assim, propõe que as disciplinas (antigas fases do Modelo Cascata) ocorrem com maior ou menor intensidade em cada uma das quatro fases. Por exemplo, haverá bastante análise de requisitos na fase de concepção e também na elaboração, mas ela diminui durante a construção e transição, embora não desapareça totalmente.

A quantidade e o tipo de disciplinas variam conforme a implementação do processo. As disciplinas que nos interessam neste capítulo estão associadas às atividades de modelagem e construção de sistemas e aparecem em várias versões do processo. Assim, das nove disciplinas originais, vamos trabalhar com as cinco seguintes:

- *Modelagem de negócio*: visa estabelecer uma compreensão sobre o contexto de negócio no qual o sistema a ser desenvolvido se situa, para que eventuais inter-relações sejam contempladas.
- *Requisitos*: visa levantar os requisitos de sistema a partir do escopo de automatização estabelecido no final da modelagem de negócio.
- *Análise e design*: visa a construção de um modelo orientado a objetos, que servirá de base para a implementação do sistema a partir das informações obtidas na disciplina de requisitos.
- *Implementação*: visa a construção do código que vai realizar os requisitos de acordo com o modelo de design.
- *Teste*: verifica se o código atende aos requisitos de qualidade estabelecidos, sendo que o principal destes, usualmente, é estar livre de erros.

Outras disciplinas incluem implantação, ambiente e diversas formas de gerenciamento. Mas não serão vistas aqui, pois o objetivo deste capítulo é concentrar nas atividades de modelagem e construção de sistemas de informação.

O Processo Unificado, assim como a UML são hoje padrões de fato e de direito para produção de software. O Processo Unificado procurou absorver todas as contribuições positivas de modelos anteriores como análise de risco, teste, ciclos iterativos, desenvolvimento orientado a cronograma, centrado em arquitetura e dirigido por casos de uso. Ele é, por suas características, um modelo direcionado para a produção de software para sistemas de informação. Ele apresenta variações prescritivas como RUP (*Rational Unified Process*), OUM (*Oracle Unified Method*) e EUP (*Enterprise Unified Process*), mas também versões ágeis como OpenUP (*Open Unified Process*) e DAD (*Disciplined Agile Delivery*), que sucedeu a abordagem AUP (*Agile Unified Process*), mais antiga.

Outra contribuição para os métodos de desenvolvimento de software que não é necessariamente atrelada a nenhum dos modelos anteriores, mas compatível com a maioria deles, é o **Desenvolvimento Dirigido por Modelos** (*Model-Driven Development/Engineering*). Esta filosofia considera que os primeiros modelos de um sistema devem ser puramente conceituais, ou seja, usando elementos pertencentes ao domínio da aplicação ou negócio e não ao domínio da computação. Assim, nos modelos conceituais sobre os quais falaremos mais adiante, não aparecem coisas como "tela", "teclado", "banco de dados", "processamento", etc.

Na seção seguinte apresentamos algumas técnicas de concepção e modelagem de sistemas de informação que são compatíveis com modelos baseados no Processo Unificado, considerando as cinco disciplinas de interesse que foram mencionadas anteriormente.

6.3. Técnicas para o Desenvolvimento de Sistemas de Informação

6.3.1. Modelagem de Negócios

A *modelagem de negócio* é, usualmente, a primeira atividade de análise que se realiza para a concepção de um sistema informatizado. Um de seus objetivos é dar à equipe de desenvolvimento uma ideia geral do contexto de negócio no qual o sistema se situa.

Segundo Philippe Kruchten, um dos criadores do RUP, diferentes projetos poderão ter diferentes necessidades de modelagem de negócio. A seguinte lista apresenta uma caracterização desses diferentes níveis de necessidade do mais simples para o mais complexo:

- *Organograma*: trata-se de projetos relacionados com sistemas autossuficientes usualmente não associados a um contexto de negócio mais amplo. Um exemplo poderia ser o desenvolvimento de uma simples agenda de contatos, que tem objetivos fechados em si mesma e não interage com outros sistemas nem áreas de negócio. Este tipo de projeto usualmente não afeta as rotinas de trabalho da empresa e, portanto, não necessita de nenhuma modelagem de negócio, podendo-se ir diretamente para a análise de requisitos. Porém, é interessante que seja estabelecido previamente um organograma para que se saiba quem são as pessoas-chave na organização cliente, se houver, e quais os poderes de decisão, por exemplo, em relação à definição de requisitos.
- *Modelagem de domínio*: trata-se de projetos onde é desenvolvido um único sistema relativamente autossuficiente, com pouca ou nenhuma interação com outros sistemas, mas que afeta, de alguma forma, as rotinas de trabalho da empresa. Trata-se de contextos de negócio simples, como o encontrado em microempresas ou empresas individuais, nos quais um único sistema com complexidade relativamente baixa dá conta de todos os processos e atividades necessárias, bem como das necessidades de registro de informação. Neste caso, a modelagem de negócio é feita concomitantemente à análise de requisitos. Assim, ao se estudar os requisitos do sistema, está-se ao mesmo tempo estudando o contexto de negócio do sistema. Neste caso, haverá um único modelo que servirá tanto para entender a empresa quanto o sistema.
- *Uma empresa, vários sistemas*: trata-se de projetos para empresas de médio e grande porte, as quais usualmente dividem suas atividades em diferentes áreas de negócio. Essas empresas usualmente terão toda uma coleção de sistemas e estes sistemas devem idealmente ser capazes de interagir. Assim, a modelagem de negócio ajuda a entender a empresa como um todo, com suas diferentes áreas, e, para as áreas que serão automatizadas, será desenvolvido um novo modelo, mais detalhado. Assim, a modelagem de negócio, neste caso e nos seguintes, será uma atividade prévia a ser desenvolvida para a compreensão do contexto geral da organização e, posteriormente, a modelagem de domínio vai detalhar as informações e processos necessários apenas às áreas que serão automatizadas.
- *Modelo de negócio genérico*: trata-se de projetos nos quais vai-se desenvolver um ou mais sistemas não para uma empresa, mas para um conjunto de potenciais clientes. Em muitas situações, as necessidades de negócio das diferentes organizações, embora tenham muitos pontos em comum, poderão ter também pontos divergentes. Assim, é necessário desenvolver um modelo genérico de negócio que contemple todas as potenciais variações, e precisa-se também estabelecer os pontos de variação nos quais uma empresa poderá ter necessidades diferentes de outra empresa. Usualmente a técnica de Linha de Produto de Software (SPL[7]) é indicada nestes casos; essa técnica permite o planejamento e desenvolvimento de famílias de produtos de software com reutilização sistemática de partes ou componentes comuns.
- *Novo negócio*: trata-se de um tipo de projeto no qual um novo modelo de negócio será desenvolvido concomitantemente aos sistemas que lhe darão suporte. Este tipo de projeto é mais complexo porque não existe uma referência de modelo de negócio para ser analisada: ela terá que ser criada. Posteriormente, os sistemas de informação que darão suporte a este novo sistema serão concebidos.
- *Renovação*: trata-se de projetos nos quais toma-se uma empresa que opera segundo determinados padrões

[7] https://www.sei.cmu.edu/productlines/

e se faz toda uma reformulação na forma dessa empresa trabalhar. Por exemplo, uma livraria que vende livros em papel em um ponto comercial pode estar querendo estender suas atividades para a venda de livros digitais pela Web. Assim, é necessário que se proceda a uma extensa modelagem de negócio que irá produzir uma compreensão do negócio atual, sua reformulação em um novo negócio e a partir dali a concepção dos sistemas de informação para dar suporte a esse negócio renovado.

Nesta seção ainda apresentaremos algumas técnicas para realizar modelagem de negócio usando a linguagem UML. Conforme explicado, esse tipo de modelagem seria necessário no caso de projetos que necessitassem mais do que uma simples modelagem de domínio.

Primeiramente, convém mencionar que na modelagem de negócio o objetivo é entender o funcionamento da organização como um todo e não de um de seus sistemas especificamente.

Para realizar modelagem de negócio com UML temos três diagramas à disposição que podem ser muito úteis:

- *Diagrama de casos de uso*, que pode ser usado para descrever *quais* são os principais processos de negócio.
- *Diagrama de atividades*, que pode ser usado para *detalhar* cada um dos casos de uso de negócio descritos no diagrama de casos de uso.
- *Diagrama de máquina de estados*, que pode ser usado para especificar o comportamento dos *objetos-chave de negócio*.

No diagrama de casos de uso de negócio devemos descrever apenas os principais *processos de negócio*. Esses processos usualmente duram mais de um dia e envolvem vários atores. Isso os diferencia dos *processos de sistema*, representados por casos de uso de sistema que usualmente são mais pontuais.

Assim, supondo que nossa organização alvo seja uma biblioteca, quais grandes processos de negócio podemos identificar? Inicialmente vamos identificar os processos através dos quais a organização realiza seus objetivos. O principal caso de uso de negócio, assim, seria "Emprestar Livros". Note que esse caso de uso é um processo de negócio. Assim, ele possivelmente ocorre ao longo de vários dias e não se trata de ações ou processos instantâneos como os de sistema.

O ator envolvido em um caso de uso de negócio é também um ator de negócio. Neste caso, o ator seria o usuário da biblioteca. Porém, o nome "Usuário" é demasiadamente genérico para ser informativo; assim, talvez seja interessante usar um nome mais especificamente associado com bibliotecas. No caso, o nome "Leitor" deixa mais claro qual o papel ou função deste ator no modelo de negócio da biblioteca.

A notação usada para indicar atores e casos de uso de negócio consiste em incluir uma barra inclinada no desenho do ator e do caso de uso. Isso não é um padrão da UML, mas é tão universalmente usado que é como se fosse. Assim, nosso ator e seu principal caso de uso podem ser representados como na Figura 6.1.

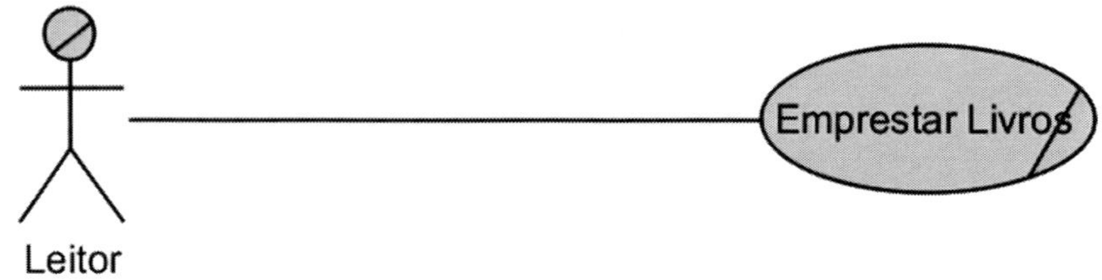

Figura 6.1: Um ator de negócio e seu principal caso de uso de negócio.

Neste contexto de negócio, emprestar livros é algo que inicia quando um leitor resolve que vai precisar de um livro, por exemplo: ele vai à biblioteca, examina, possivelmente seus índices ou estantes, escolhe os livros que precisa, usualmente leva estes livros a um guichê onde são marcados como emprestados a ele, leva os livros para casa e, após um determinado prazo, retorna à biblioteca para devolver os livros, podendo ou não pagar uma multa caso atrase a devolução.

Essa sequência de atividades relacionadas ao caso de uso "Emprestar Livros" pode ser descrita com o *diagrama de atividades* da UML, embora atualmente muitos analistas estejam preferindo usar o diagrama BPMN, ou *Business Process Modeling and Notation*, que tem mais recursos para modelagem de negócio, apresentando já de saída vários nodos especializados que não existem no diagrama de atividades, este bem mais simples e genérico.

Seja um ou outro, o diagrama vai descrever as diferentes atividades realizadas tanto pelo cliente quanto pela bibliotecária e isso se configura em um detalhamento do caso de uso de negócio.

Ao fazermos a descrição ou detalhamento do caso de uso de negócio com um diagrama de atividades, percebemos também que o ator "Leitor" não está sozinho neste processo. Em muitos casos, ele interage com um funcionário de guichê, o qual faz o registro do empréstimo. A rigor, este ator, como é funcionário e parte do sistema, pode ser identificado com o estereótipo "worker", que indica que ele é um *trabalhador de negócio*. A diferença entre ele e os atores que não são trabalhadores é que os papéis dos trabalhadores eventualmente poderão ser automatizados, ou seja, realizados pelo próprio sistema de informação. Já os atores de negócio que não são trabalhadores, não podem ser automatizados, via de regra. Assim, o novo modelo de casos de uso de negócio, incluindo esse trabalhador, é mostrado na Figura 6.2.

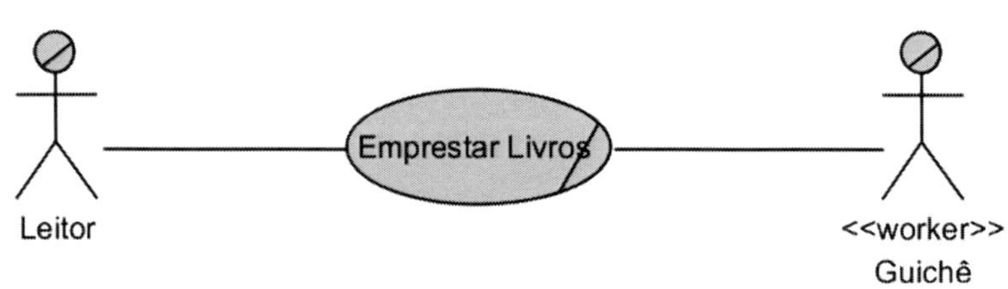

Figura 6.2: Evolução do modelo de casos de uso de negócio.

O diagrama de atividades é formado por uma "piscina" na qual as diferentes "raias" incluem as atividades realizadas por cada um dos atores participantes. As atividades são representadas por retângulos arredondados e são ligadas por fluxos que indicam dependência, ou seja, qual atividade deve obrigatoriamente ser realizada antes de qual. A Figura 6.3 mostra um possível diagrama de atividades descrevendo o processo de negócio "Emprestar Livros", conforme descrito mais acima.

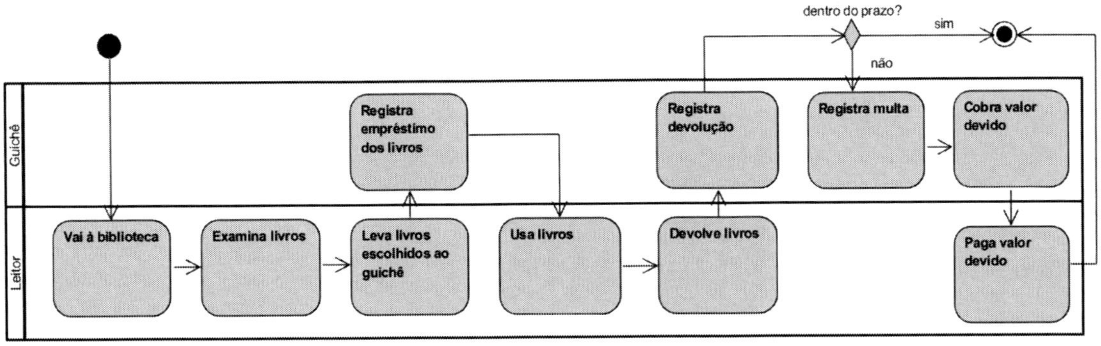

Figura 6.3: Diagrama de atividades detalhando o caso de uso de negócio "Emprestar Livros".

Observe que há duas raias: uma para o trabalhador de negócio "Guichê" e outra para o ator de negócio "Leitor". O processo inicia com a bolinha preta, mais à esquerda, que é um pseudonodo que indica o início de processo. Já a bolinha preta circulada mais à direita indica o final do processo. Estes pseudonodos não precisam ficar necessariamente dentro das raias, podendo ficar fora delas ou em qualquer raia, pois isso não afeta seu significado.

No diagrama vemos uma sequência de atividades que iniciam com o "Leitor" e que passam ao "Guichê" também. Após a atividade "Registra devolução" por parte do Guichê, vemos um símbolo no formato de losango indicando um ponto de decisão. Se os livros forem devolvidos dentro do prazo, então o processo termina em seguida, com o fluxo "sim" indo para o pseudonodo final. Mas se pelo menos um dos livros estiver fora do prazo, mais algumas atividades são realizadas, seguindo-se o fluxo "não", conforme indicado no diagrama.

Observe que neste diagrama de atividades, há atividades de todos os tipos e durações. Por exemplo, registrar o empréstimo dos livros é algo que o "Guichê" faz rapidamente e que implica em alimentar um sistema de informação com este fato de que determinados livros foram emprestados para um determinado usuário. Já a atividade "Usa livros" é algo que o "Leitor" vai fazer provavelmente em casa, coisa que vai durar muitos dias, e para a qual nenhum registro no sistema de informação é feito. Embora o diagrama de atividades possa ter quaisquer atividades registradas, normalmente as mais úteis são aquelas que implicam em alimentar ou obter dados de um sistema de informações, como no primeiro caso, porque estas, posteriormente darão origem aos requisitos funcionais do sistema. Já as demais atividades servem apenas para ajudar a entender o contexto dos processos de negócio.

Além do processo de emprestar livros, podemos imaginar outros que sejam importantes para o ator "Leitor", como credenciar-se, descredenciar-se, pesquisar por livros, reservar um livro, pagar multa, etc. Porém, devemos evitar de colocar no diagrama de casos de uso de negócio processos que possam ser parte de casos de uso que já existam. Assim, por exemplo, verificamos que os processos de credenciar e descredenciar não fazem parte das atividades previstas no caso de uso de negócio "Emprestar Livros"; assim, eles são bons candidatos a serem considerados também como casos de uso de negócio. Por outro lado, os processos relacionados à pesquisa de livros e pagamento de multa, já pertencem ao escopo de atividades do caso de uso de negócio "Emprestar Livros" e assim, deve-se evitar considerá-los como casos de uso de negócio, pois são apenas fragmentos deste.

Alguns analistas colocariam "pesquisar livros" e "pagar multa" como casos de uso subordinados a "Emprestar Livros" com o uso de associações como "extends" ou "uses". Porém, isso não é recomendado porque:

- O diagrama deve conter casos de uso de negócio, e estes processos não o são.
- Estes processos são melhor descritos no diagrama de atividades, que além de mencioná-los explicitamente, ainda os relaciona de acordo com a precedência temporal, coisa que o diagrama de casos de uso não faz.
- Porque seria útil colocar estes dois processos no diagrama de casos de uso, mas não colocar todos os outros processos mencionados no diagrama de atividades da Figura 6.3? Ou se coloca todos ou nenhum. Mas como eles já aparecem no diagrama de atividade, não há motivo algum para repeti-los no diagrama de casos de uso, que desta forma ficaria redundante e complexo.

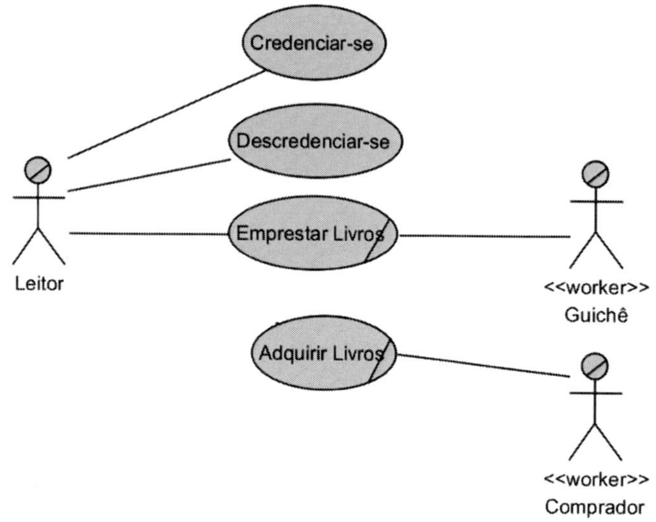

Figura 6.4: Um diagrama de casos de uso de negócio um pouco mais completo.

Para continuar completando o diagrama de casos de uso de negócio, podemos verificar se existem outros atores e quais seriam seus principais processos de negócio. Por exemplo, os livros não aparecem do nada na biblioteca, então deve haver um setor de aquisições e "Adquirir Livros" seria um processo de negócio que inicia quando alguém solicita a compra de um livro (possivelmente o Leitor) e termina quando os livros são registrados e disponibilizados na biblioteca. Assim, teremos um novo ator "Comprador", já que não é necessariamente o "Guichê" que faz a aquisição de livros. E como o Leitor não participa do processo, ele não é ligado a ele. O diagrama, agora mais completo, é mostrado na Figura 6.4.

Se um estudo posterior (modelagem com diagrama de atividades) demonstrar que o funcionário do guichê deve participar dos casos de uso de credenciamento e descredenciamento de leitor, então uma ligação entre ele e esses casos de uso deverá ser estabelecida.

Outro diagrama que pode ser muito útil nesta fase é o *diagrama de máquina de estados*. Ele não é usado para descrever um processo, como o diagrama de atividades que acabamos de apresentar, mas para descrever os diferentes estados pelos quais um objeto de negócio pode passar. A confecção deste diagrama para os principais objetos de negócio pode ajudar a cobrir algumas lacunas que a simples identificação de casos de uso de negócio não faz.

No caso da nossa biblioteca, podemos considerar que os principais objetos-chave de negócio são o livro, o leitor e o empréstimo. Os dois primeiros correspondem a *objetos concretos*, sendo ainda que o segundo deles corresponde também a um ator de negócio. Já o empréstimo é um *objeto abstrato*, pois trata-se de uma transação e não de uma coisa física. Vamos estudar aqui o livro para exemplificar a elaboração do diagrama de máquina de estados do objeto de negócio.

Primeiramente, precisamos definir que, em relação ao livro, existem pelo menos dois conceitos distintos: a *obra bibliográfica* e o *exemplar*. Quando dizemos que não existem dois livros com o mesmo ISBN, por exemplo, estamos nos referindo à obra bibliográfica. Mas se nos referimos aos objetos físicos, então dois exemplares do mesmo livro terão o mesmo ISBN. Assim, de um lado temos um conceito abstrato de obra bibliográfica que serve como uma *especificação* para um conjunto de exemplares de livro. O objeto concreto a que nos referimos, e que vamos estudar neste próximo diagrama é, portanto, o exemplar, ou seja, o livro físico em papel.

Podemos dizer que um primeiro estado para este objeto é alcançado quando ele é registrado pela primeira vez na biblioteca. Isso acontece quando ele é recebido pelo setor de aquisições. A obra possivelmente já estará catalogada e o exemplar será associado a ela e receberá um número de exemplar ou cópia. Posteriormente ele é disponibilizado na estante para consulta ou empréstimo. Durante a existência desse exemplar, ele passará por vários ciclos de empréstimo e devolução. Eventualmente, o livro poderá ser encaminhado para a restauração quando se detectar essa necessidade. Isso, claro, só poderá acontecer se o livro não estiver emprestado. Enfim, há várias formas de um livro sair do sistema: ele pode ser dado como imprestável pelo setor de restauração, se não houver mais como consertar os danos, também poderá desaparecer enquanto disponível na biblioteca, em função de extravio ou furto, ou ainda poderá ser emprestado e nunca devolvido. Porém, no caso de atraso, furto ou extravio, não se considera que ele esteja em um estado final, pois por mais tempo que passe, um dia, mesmo que muitos anos depois, ele poderá ser localizado ou devolvido. Mas enquanto estiver em um destes estados, o livro não poderá ser disponibilizado para novos empréstimos.

A Figura 6.5 mostra os estados possíveis de um exemplar de livro, de acordo com essa descrição.

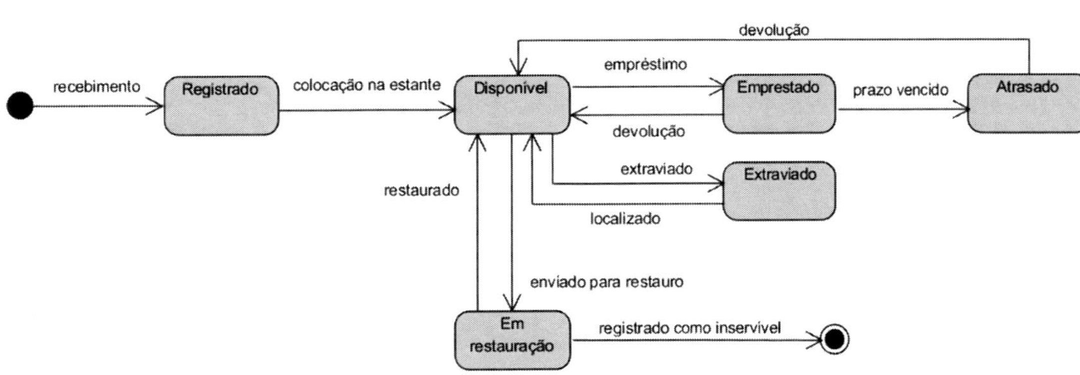

Figura 6.5: Diagrama de máquina de estados para o objeto de negócio "livro".

Esse diagrama tem similaridades com o diagrama de atividades. Entre outras coisas, os pseudonodos que representam os estados inicial e final, são representados da mesma forma. Porém, os nodos e fluxos têm significados distintos nos dois diagramas. No diagrama de atividades, os fluxos simplesmente representam dependências, ou seja, qual atividade deve ser executada para que outra possa ser executada. Aqui os fluxos representam eventos, ou seja, situações que devem ocorrer no mundo real como um registro, uma solicitação, um prazo cumprido, etc. Assim, cada fluxo desse diagrama deve ser rotulado com o nome de um evento que possa acontecer no mundo real. Já os nodos diferem também porque no diagrama de atividades eles representavam atividades ou sequências de ações que os atores executavam. Já, aqui, os estados correspondem a uma situação e não a uma atividade. Por exemplo, um livro que está disponível não está executando nenhuma atividade, mas está em um estado. Outra diferença é que neste diagrama pode não haver nenhum estado final, enquanto que um diagrama de atividades, quando usado para descrever processos de negócio, quase sempre deverá ter um nodo final.

6.3.2. Requisitos

Uma vez concluída a modelagem de negócio, deve ser estabelecida a fronteira de automatização de sistema, ou seja, a definição do escopo de informatização que será feita no modelo de negócio. Isso pode ser feito através de um documento descritivo, mas também é possível desenhar a fronteira de sistema no próprio diagrama de casos de uso de negócio. Usa-se, neste caso, um retângulo para indicar que os casos de uso dentro dele serão informatizados. Possivelmente alguns trabalhadores de negócio também poderão ter seu papel total ou parcialmente informatizado. Neste caso, o ator deve ser incluído na mesma fronteira de sistema. Caso o papel seja informatizado parcialmente, deve-se desdobrar esse trabalhador de negócio em dois atores: um que fica dentro da fronteira e um que fica fora dela.

Uma vez estabelecidos claramente quais os casos de uso de negócio a serem informatizados, pode-se passar a identificar os requisitos de sistema. Para isso, teremos duas fontes de informação: os diagramas de atividades que foram feitos para cada caso de uso de negócio que vai ser informatizado e os diagramas de máquina de estado desenvolvidos para os principais objetos de negócio.

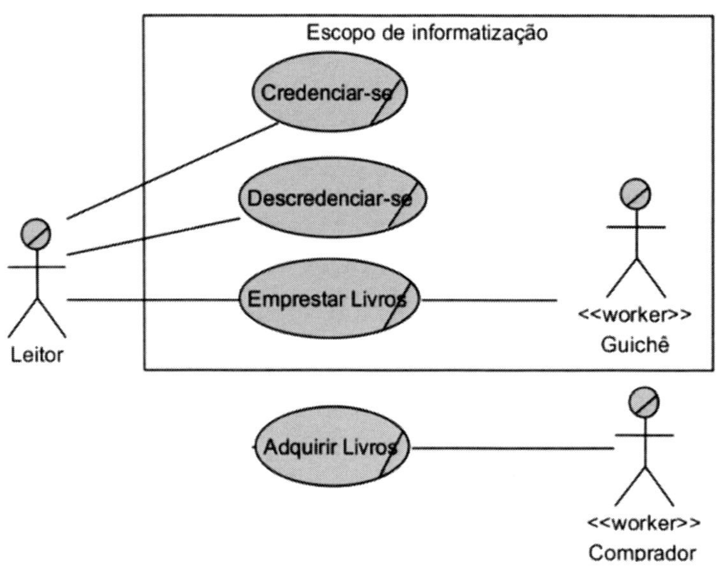

Figura 6.6: Escopo de informatização representado no diagrama de casos de uso de negócio.

Suponha, assim, que decidiu-se informatizar os casos de uso de negócio relacionados ao Leitor, mas não o caso de uso de aquisição de livros. Suponha também que é requerido que o futuro sistema dispense a existência de um funcionário de guichê, podendo o próprio leitor fazer o empréstimo usando alguma tecnologia como leitor de código de barras. Assim, a fronteira de informatização do sistema será anotada conforme mostrado na Figura 6.6.

Apenas atores que estejam do lado de fora do escopo e que tenham relação com algum caso de uso que esteja dentro do escopo serão considerados atores de sistema. Assim, neste exemplo, haverá um único ator de sistema para a disciplina de requisitos, o "Leitor". O "Guichê" não será considerado ator de sistema porque ele está dentro do escopo de informatização e assim é um trabalhador de negócio cujas funções serão automatizadas. Já o Comprador também não será promovido a ator de sistema porque embora ele seja um trabalhador que está fora do escopo de automatização, ele não se relaciona com nenhum caso de uso que esteja dentro do escopo de automatização.

O próximo passo para efetuar a análise de requisitos é identificar os casos de uso de sistema. Ao contrário dos casos de uso de negócio que são de longo prazo e multiatores, os casos de uso de sistema correspondem a sessões de uso do sistema por um ator que realiza uma tarefa completa do início ao fim, sem interrupções. Há pelo menos duas maneiras para se encontrar esses casos de uso: (1) examinar os diagramas de atividade de negócio e agrupando atividades em casos de uso de sistema e (2) examinar os diagramas de máquina de estado, associando casos de uso de sistema às atividades que fazem um objeto de negócio mudar de um estado para outro.

No caso dos diagramas de atividade, é necessário identificar quais trabalhadores de negócio terão suas atividades informatizadas, pois eles não serão transformados em atores de sistema. No nosso exemplo, o ator "Guichê", que será automatizado, não será promovido a ator de sistema, e assim, todas as atividades feitas por ele serão agora feitas pelo sistema e incorporadas nos casos de uso dos quais o Leitor é ator.

Em relação às atividades descritas neste diagrama, precisamos determinar que aquelas que obrigatoriamente ocorrem no mesmo momento, seja em sequência, seja em paralelo, devem pertencer ao mesmo caso de uso de sistema. Já as atividades que podem ocorrer em momentos diferentes (por exemplo, no dia seguinte), devem pertencer a casos de uso de sistema distintos.

Assim, observamos no diagrama de atividades que as atividades "Vai à biblioteca", "Examina livros" e "Leva livros escolhidos ao guichê" são atividades que o ator Leitor necessariamente realiza em sequência e elas, portanto, vão pertencer a um mesmo caso de uso de sistema. A atividade seguinte "Registra empréstimo dos livros" seria realizada pelo guichê imediatamente após a atividade anterior. Assim, ela também pertence a esse primeiro caso de uso de sistema.

Até poderíamos chamar este caso de uso de sistema como "Emprestar Livros", mas para evitar confusão com o caso de uso de negócio de mesmo nome, usaremos "Obter Livros", o que até faz sentido já que o processo de empréstimo implica na obtenção, uso e devolução dos livros. E essas quatro atividades incluídas aqui correspondem apenas ao processo de obtenção dos livros.

Já a atividade seguinte "Usa livros" não ocorre necessariamente depois do registro do empréstimo. O leitor vai usar os livros no momento em que julgar conveniente e não obrigatoriamente logo depois do empréstimo. Por outro lado, essa atividade ocorre independentemente do sistema de informação que vamos informatizar e assim, ela também não é candidata a virar caso de uso de sistema.

Já a atividade seguinte "Registra devolução", é um novo caso de uso do qual o ator de sistema é o Leitor. Essa atividade é necessariamente seguida pelo registro da multa e cobrança, caso algum livro tenha sido devolvido depois do prazo. Assim, essas três atividades vão pertencer ao caso de uso de sistema "Devolver Livros".

A atividade de pagamento do valor devido não ocorre necessariamente no momento em que a multa é cobrada. O pagamento pode ser feito posteriormente. Assim, trata-se de um terceiro caso de uso de sistema que chamaremos de "Pagar Multa". A Figura 6.7 mostra esquematicamente como os três casos de uso de sistema são obtidos a partir do diagrama de atividades.

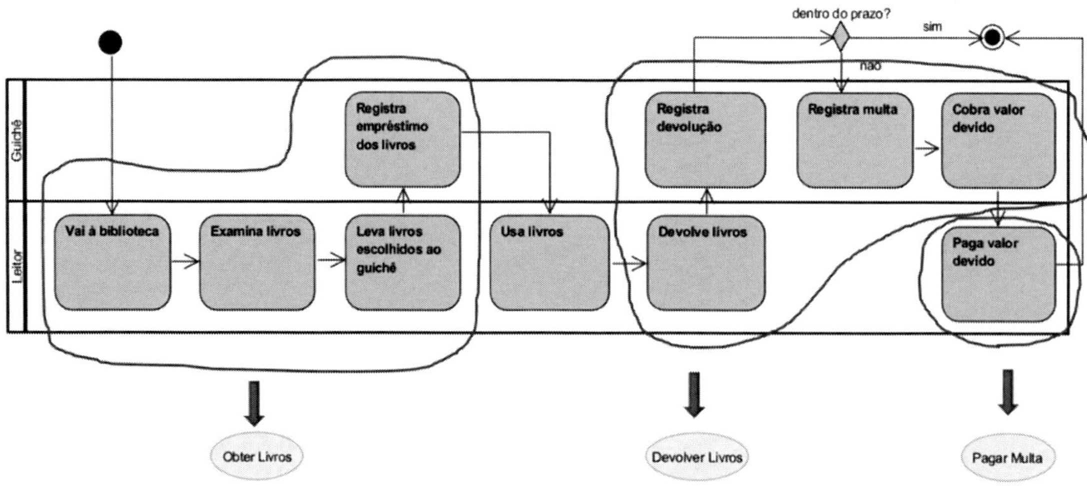

Figura 6.7: Representação esquemática da obtenção de casos de uso de sistema a partir do diagrama de atividades de negócio.

Já o diagrama de máquina de estados vai produzir possivelmente um caso de uso de sistema para cada transição de estado representada nele, desde que a transição tenha que ser realizada necessariamente a partir de um registro no sistema. Analisando cada uma das transições representadas no diagrama de máquina de estados da Figura 6.5, temos o seguinte resultado:

- A transição "recebimento" produz um novo caso de uso de sistema "Registrar Recebimento de Livro", cujo ator é o "Comprador".
- A transição "colocação na estante" é meramente um ato físico que não precisa ser associado a um caso de uso de sistema, pois podemos considerar que o livro já está disponível no momento em que sua chegada é registrada na biblioteca. Ser capaz de emprestá-lo depende apenas de sua localização física.
- A transição "empréstimo" já é realizada pelo caso de uso de sistema "Obter Livro", que identificamos no diagrama de atividades.
- A transição "enviado para restauro" produz um novo caso de uso de sistema "Enviar Livro para Restauro", que pode ser atribuída a um novo ator, o "Restaurador".
- A transição "restaurado" produz um novo caso de uso de sistema "Disponibilizar Livro Restaurado", que também pode ser atribuído ao Restaurador.
- A transição "registrado como inservível" produz um novo caso de uso de sistema "Dar Baixa em Livro", que também pode ser atribuído ao Restaurador já que, a princípio, é ele que deve chegar a essa conclusão (embora, dependendo de como a biblioteca se organiza, possa ser algum outro cargo ou funcionário.
- A transição "extraviado" produz um novo caso de uso de sistema "Registrar Extravio de Livro". Nenhum dos atores identificados até aqui parece ideal para ser associado a esse caso de uso. Assim, vamos considerar que descobrimos com o cliente que ele é realizado pela direção da biblioteca. Assim, criaremos o ator "Direção" e o associaremos a este caso de uso.
- A transição "localizado" produz um novo caso de uso de sistema "Registrar Recuperação de Livros Extraviados", que associamos ao ator Direção.
- A transição "prazo vencido" não necessita ser transformada em caso de uso de sistema, pois não há necessidade, pelo menos no momento, de avisar ao sistema que um livro está atrasado no momento em que isso passa a ser verdade. Basta que no momento da devolução do livro essa informação possa ser verificada.
- A transição "devolução" que sai do estado "Emprestado", é realizada pelo mesmo caso de uso "Devolver Livros" que já identificamos no diagrama de atividades.

- A transição "devolução" que sai do estado "Atrasado", é realizada pelo mesmo caso de uso "Devolver Livros" que já identificamos no diagrama de atividades.

Ficamos assim com um conjunto de casos de uso de sistema bem completo para as atividades de empréstimo e devolução de livros que estamos examinando. Esses casos de uso de sistema são considerados como os requisitos de alto nível para o sistema informatizado que será desenvolvido. A Figura 6.8 apresenta estes casos de uso na forma de um diagrama.

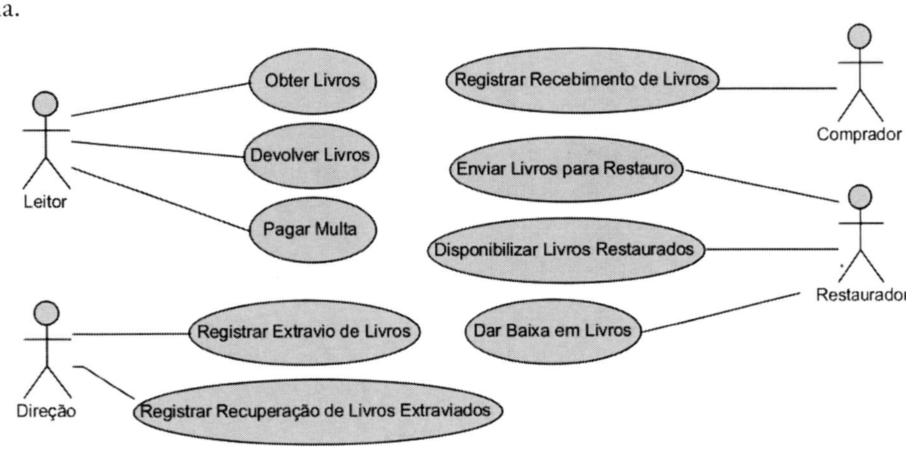

Figura 6.8: Diagrama de casos de uso de sistema (requisitos de alto nível).

Depois de obter a lista completa dos casos de uso de sistema, podemos examinar seus nomes para identificar os conceitos que vão compor o modelo conceitual preliminar (Figura 6.9). Normalmente, os verbos e substantivos presentes nos nomes dos casos de uso de sistema podem dar boas pistas sobre quais informações o sistema vai trabalhar. Mas sempre é bom pensar um pouco sobre o modelo de informação antes de começar a criar classes cegamente.

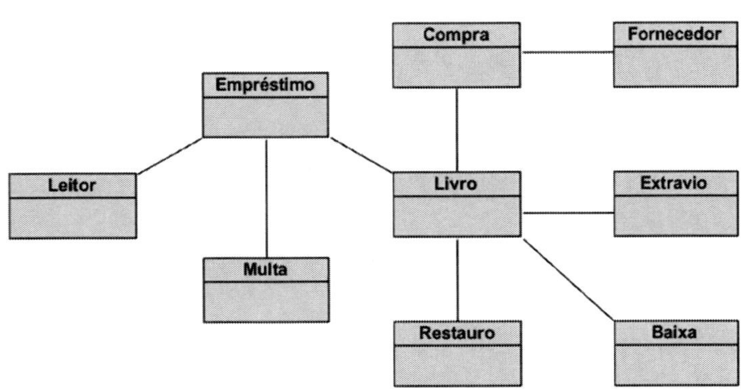

Figura 6.9: Diagrama de classes representando um modelo conceitual preliminar.

Os casos de uso "Obter Livros" e "Devolver Livros" levam à criação das classes "Livro", "Empréstimo", que incorpora as ações de obtenção e devolução de livros, e "Leitor", já que um empréstimo precisa estar obrigatoriamente ligado a um usuário da biblioteca. O caso de uso "Pagar multa" leva à criação da classe "Multa" que pode ter ou não instâncias associadas a um empréstimo. E assim por diante.

Usualmente esta atividade encerra a fase de concepção do processo unificado, pois os casos de uso de sistema, agora identificados, podem ser priorizados e seu esforço para desenvolvimento estimado de forma que se possa planejar os ciclos de desenvolvimento abordando inicialmente os de maior prioridade e que cabem dentro do esforço possível em cada iteração.

Assim, durante cada iteração de desenvolvimento, vamos fazer o detalhamento dos casos de uso respectivos, bem como refinar o modelo conceitual a partir das informações descobertas neles. Possivelmente, também poderemos fazer a implementação do caso de uso, se isso for julgado necessário na mesma iteração.

Uma vez identificados os casos de uso de sistema a serem abordados na iteração corrente, podemos passar ao detalhamento destes, o que vai produzir os *requisitos do sistema* para estes casos de uso.

O detalhamento de um caso de uso consiste em se definir o *fluxo principal* e os *fluxos alternativos*. O fluxo principal é uma sequência de passos de interação do ator com o sistema. Ele é também chamado de "caminho feliz" porque se considera que o fluxo principal deve conter uma descrição do processo quando tudo dá certo.

Há dois tipos de fluxos alternativos: as *exceções* e as *variantes*. Uma exceção é uma situação anômala que impede o prosseguimento dos passos do caso de uso e o fluxo alternativo deve indicar os passos que possivelmente vão corrigir essa situação. Por exemplo, se um usuário tenta emprestar um livro mas ele já tem um número de livros emprestados que corresponde ao limite máximo permitido, então ocorre uma exceção que impede ele de levar esse novo livro; as ações corretivas para que o caso de uso possa prosseguir incluiriam ele devolver um ou mais livros que tivesse já emprestado, dessa forma liberando a possibilidade de emprestar outro livro.

Não se deve considerar na descrição do caso de uso situações que não envolvam o sistema de informação; exceção ocorre quando o usuário passa ao sistema uma informação que o sistema não pode aceitar para dar prosseguimento ao caso de uso, como no exemplo mencionado acima. Devemos evitar colocar aqui situações não relacionadas à informação como, por exemplo, queda de energia elétrica, defeito no computador, acidentes com o usuário, etc.

Já a variante é simplesmente uma forma diferente de fazer as coisas no fluxo principal. Por exemplo, o usuário pode ou não querer cadastrar um novo endereço quando estiver fazendo uma compra. Isso não é uma exceção, pois não há aqui nenhum impedimento para o caso de uso prosseguir. É apenas algo que ele pode ou não fazer de acordo com sua vontade, e, portanto, uma variante. Já, uma senha errada, não é opção do usuário, é uma exceção.

Deve-se procurar colocar nos passos de um caso de uso apenas transações que indiquem entrada e saída de informação do sistema. Assim, quando o usuário passa informações ao sistema, seja digitando ou fazendo uma escolha em um menu, temos um *passo de entrada de informação*. Quando o sistema apresenta informações, sejam armazenadas internamente ou obtidas a partir de um processamento dessa informação, temos um *passo de saída de informação*. Portanto, uma simples consulta ao acervo da biblioteca não deve ser considerado um caso de uso.

Usualmente, bons casos de uso são descritos como uma sequência alternada de passos de entrada e saída. Considera-se também que na fase de análise de requisitos é mais vantajoso trabalhar com *casos de uso essenciais*, ou seja, aqueles que não mencionam a tecnologia de interface. Assim, um bom passo dirá "o usuário *informa* seu CPF" e não "o usuário *digita* o CPF", pois digitação implica usar o teclado como tecnologia de interface. Com casos de uso essenciais, podemos definir a tecnologia de implementação mais tarde, depois de conhecer melhor as necessidades de informação do sistema. Assim, por exemplo, mais adiante, poderíamos decidir que o usuário poderá usar uma interface de voz ou uma leitora de código de barra para informar seu CPF, e não a simples digitação. Casos de uso essenciais nos deixam abertos para novas escolhas tecnológicas.

Assim, o caso de uso "Obter livros", por exemplo, poderia ser definido inicialmente pelo seguinte fluxo principal (sequência de ações na qual os objetivos do caso de uso são obtidos sem desvios nem percalços):

1. O leitor se identifica.
2. O sistema confirma a identificação.
3. O leitor informa o livro que deseja emprestar.
4. O sistema confirma o empréstimo e informa o prazo para devolução.
5. O leitor confirma e encerra o caso de uso.

Note que os passos ímpares são realizados pelo ator e os passos pares pelo sistema. Na maioria dos casos de uso essa será a regra. Aqui está representada a situação de obtenção dos objetivos sem percalços ou desvios. Mas, poderíamos pensar inicialmente no que aconteceria se alguma das informações passadas pelo usuário não fosse aceita pelo sistema, ou seja, se alguma regra de negócio pode implicar em exceção neste caso de uso. Pensando um pouco sobre o problema e possivelmente conversando com um especialista de domínio para obter as regras de negócio, poderíamos chegar às seguintes exceções:

- 1a. Usuário inválido (não reconhecido)
  - Retorna ao passo 1 (leitor se identifica novamente)

- 1b. Usuário suspenso (possivelmente por não pagar multas)
  - Executa-se o caso de uso "Pagar multa"
  - Retorna ao passo 1

- 3a. Livro desconhecido
  - O caso de uso é encerrado

- 3b. Livro reservado a outro usuário
  - O caso de uso é encerrado

- 3c. Livro pertencente a reserva técnica (apenas consulta local)
  - O caso de uso é encerrado

- 3d. Livro danificado
  - Executa-se o caso de uso "Enviar livros para restauro"
  - O caso de uso é encerrado

Observe que ao fazer essa análise sistemática do caso de uso, estamos detalhando os requisitos do sistema. Vários novos conceitos podem surgir desta análise e também novos atributos de conceitos já existentes no modelo conceitual.

Outra situação que poderia acontecer e que não é uma exceção nem regra de negócio, mas uma opção do usuário seria ele levar de uma só vez vários livros. Assim, no passo 5, em vez de confirmar e encerrar o caso de uso ele pode escolher registrar o empréstimo de pelo menos mais um livro. Neste caso, ele não precisa se identificar novamente e então o caso de uso pode reiniciar diretamente do passo 3. Isso pode ser representado por uma variante para o passo 5:

- 5.1. O leitor deseja levar mais um livro:
  - Retorna ao passo 3

Wazlawick [Waz15] apresenta em maior detalhe técnicas de modelagem de casos de uso para obtenção de requisitos.

6.3.3. Análise e Design

Há dois momentos distintos nos quais fazemos uma modelagem de conceitos ou classes quando usamos o Processo Unificado. O primeiro momento é na fase de concepção, quando, dispondo apenas dos nomes dos casos de uso de sistema, podemos criar o assim chamado *modelo conceitual preliminar* (Figura 6.9). Ele vai conter apenas as classes (representando conceitos) e suas associações, sem maiores detalhes. Essas classes podem ser inferidas a partir dos nomes dos casos de uso: substantivos e verbos que indicam transações são ótimas classes candidatas ao modelo conceitual.

De posse deste modelo conceitual preliminar podemos fazer uma revisão nos nossos casos de uso de sistema. Cada conceito ou classe existente no modelo deve poder ser criado e consumido em pelo menos um caso de uso. A rigor, são quatro operações possíveis:

- *Criação*: um caso de uso que produz instâncias novas daquela classe, como por exemplo, um registro de um novo cliente.
- *Consulta*: um caso de uso que apresenta ao usuário as informações relativas àquele conceito, como por exemplo, uma informação sobre a disponibilidade de um livro.
- *Atualização*: um caso de uso que altera as informações armazenadas sobre uma instância preexistente, como por exemplo, um caso de uso que muda o status de um livro para "emprestado".
- *Destruição*: um caso de uso que deleta uma instância de um conceito, como por exemplo, um caso de uso que deleta um item de um pedido.

Essas quatro operações normalmente são conhecidas pela sigla *CRUD*, que vem do inglês *Create*, *Retrieve*, *Update* e *Delete*. Porém, nem todos os conceitos precisam passar pelas quatro operações. Por exemplo, conceitos cujas instâncias são criadas em outro sistema, poderiam ser em nosso sistema apenas consultadas, mas não criadas nem deletadas ou atualizadas; instâncias de conceitos considerados *imutáveis* podem ser criadas, destruídas e consultadas, mas não alteradas, e muitas vezes nem destruídas elas podem ser. É usual em sistemas de informação que instâncias não sejam destruídas realmente, mas apenas marcadas como inativas, assim, se um cliente, por exemplo, faleceu, você não deve apagá-lo da base de dados, mas marcá-lo como inativo; caso contrário, pedidos feitos no passado não serão mais corretamente indicados no sistema.

Sabendo então quais das quatro operações cada conceito deve implementar, verifique no seu modelo de casos de uso de sistema se pelo menos um caso de uso implementa aquelas operações que o conceito deve ter. Em não havendo nenhum caso de uso com essa operação, deve-se considerar seriamente criar um e adicioná-lo ao modelo de casos de uso de sistema.

Analisando as classes do nosso modelo conceitual preliminar da Figura 6.9, podemos identificar quais casos de uso implementam as operações CRUD usando, por exemplo, uma tabela, como mostrado na tabela 6.1. Neste caso, como usualmente registros criados em sistemas de informação não são destruídos, mas apenas invalidados, interpretamos a operação *delete* não como o apagamento da informação, mas como a marcação dela como não mais ativa. Com isso, para algumas operações é discutível se elas representam um *update* ou um *delete*. Por exemplo, se o conceito de "Empréstimo" for algo temporário que deixa de existir quando o livro emprestado for devolvido, "Devolver livro" deveria ser um "*delete*". Na tabela, a devolução do livro significa uma mudança de estado do empréstimo de "atual" para "encerrado". Raciocínio análogo pode ser aplicado às outras operações de "*update*".

Tabela 6.1: Identificação dos casos de uso que implementam as operações CRUD para as classes do modelo conceitual preliminar.

Conceito	Create	Retrieve	Update	Delete
Leitor				
Empréstimo	Obter livro		Devolver livros	
Multa	Devolver livros		Pagar multa	
Compra			Registrar recebimento de livros	
Livro	Registrar recebimento de livros			Dar baixa em livros
Restauro	Enviar livros para restauro		Disponibilizar livros restaurados	
Fornecedor				
Extravio	Registrar extravio de livros		Registrar recuperação de livros extraviados	
Baixa	Dar baixa em livros			

Fazendo esta análise, podemos perceber que há vários casos de uso faltando, pois para alguns conceitos não há definição sobre como suas instâncias são criadas, consultadas, alteradas ou desativadas. Assim, poderíamos completar a tabela adicionando novos casos de uso. Quando uma das quatro operações não se aplica ao conceito, marcamos a posição referente com "---".

Tabela 6,2: Lista de casos de uso completada.

Conceito	Create	Retrieve	Update	Delete
Leitor	Cadastrar livro	Visualizar informações de leitor	Atualizar informações de leitor	Descredenciar leitor
Empréstimo	Obter livros	Listar empréstimos em aberto	Devolver livros	Cancelar empréstimo
Multa	Devolver livros	Listar multas em aberto	Pagar multa	Cancelar multa
Compra	Comprar livros	Listar compras em aberto	Registrar recebimento de livros	Cancelar compra
Livro	Registrar recebimento de livros	Consultar livro	---	Dar baixa em livros
Restauro	Enviar livros para restauro	Listar restauros em andamento	Disponibilizar livros restaurados	---
Fornecedor	Cadastrar fornecedor	Consultar informações de fornecedor	Atualizar informações de fornecedor	Descredenciar fornecedor
Extravio	Registrar extravio de livros	Listar extravios	Registrar recuperação de livros extraviados	---
Baixa	Dar baixa em livros	Listar baixas	---	---

Note que foi definido que o livro e a baixa são conceitos imutáveis, já que seus atributos não podem ser modificados. Outros conceitos foram definidos como não deletáveis; restauros, extravios e baixas de livros não são mais desativados ou deletados. Já outros conceitos como empréstimo, multa e compra podem ser cancelados, o que significa que, embora continuem constando no sistema, foram considerados anulados. Por outro lado, leitores e fornecedores podem ser descredenciados.

O segundo momento em que se pode fazer alterações no modelo conceitual é na fase de Elaboração, quando, após fazer o detalhamento de cada caso de uso, deve-se observar os detalhes das informações transmitidas nos passos de entrada e saída e verificar se o modelo já faz constar os conceitos ou atributos que representam essa informação. Dessa forma, a cada novo caso de uso que for detalhado, o modelo será também refinado. Isso pode acontecer ao longo de vários ciclos de elaboração. Ao final do processo espera-se que a arquitetura de classes construída a partir desse refinamento cada vez maior do modelo conceitual esteja suficientemente estável para permitir a construção do sistema propriamente dito na fase de construção.

Analisando, por exemplo, o modelo conceitual da Figura 6.9 e o caso de uso expandido "Obter Livros", teremos que incluir no modelo conceitual todas as informações referenciadas no caso de uso. Por exemplo, o caso de uso menciona que o usuário pode estar suspenso, mas não há qualquer atributo ou conceito que permita registrar que um usuário está suspenso. Assim, uma solução para poder representar essa informação seria adicionar um atributo "suspenso" à classe Leitor que pode ser verdadeiro ou falso. A Figura 6.10 mostra um modelo conceitual evoluído ao qual foram adicionadas algumas informações obtidas do caso de uso expandido "Obter livros".

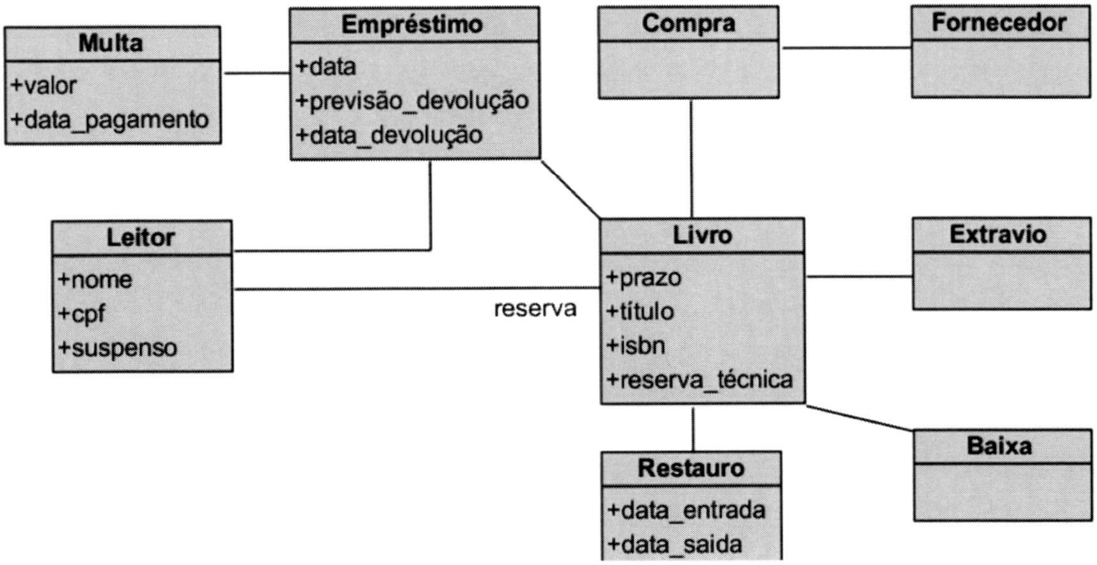

Figura 6.10: Modelo conceitual refinado a partir do caso de uso "Obter livros".

O processo de completar o modelo conceitual com novos atributos e classes continua a partir da análise dos outros casos de uso expandidos. Usualmente recomenda-se iniciar com os casos de uso mais complexos, pois com eles descobre-se mais rapidamente novos conceitos e atributos que serão necessários. Dessa forma, à medida que o progresso com a expansão dos casos de uso avança, cada vez menos novas informações são adicionadas ao modelo, de forma que ele vai se estabilizando.

Vale destacar que o modelo conceitual mostrado na figura 6.10 ainda é um modelo preliminar. Na modelagem detalhada serão explicitadas melhor as associações, determinando as abstrações e definindo métodos.

6.3.4. Modelagem Funcional

Até aqui, temos dois artefatos importantes para a análise de requisitos e de domínio de um sistema: os casos de uso expandidos (ou detalhados) e o modelo conceitual agora já refinado com as informações contidas nestes casos de uso detalhados. Idealmente deve ser possível realizar todas as transações indicadas nos passos dos casos de uso sobre os elementos (conceitos, atributos e associações) do modelo conceitual. Assim, nenhuma transação dos casos de uso pode referenciar elementos que não constam no modelo e todos os elementos do modelo são referenciados por pelo menos uma transação de pelo menos um caso de uso.

Para a próxima fase do processo de modelagem do sistema podemos definir exatamente como cada transação do caso de uso expandido modifica os elementos representados no modelo conceitual. Esse processo é conhecido como "modelagem funcional" e pode ser feito com o uso de *contratos de operação de sistema*. Esses contratos tanto podem ser escritos em linguagem natural quanto em alguma linguagem de especificação formal, como por exemplo, a OCL (*Object Constraint Language*). Para manter a leitura do capítulo menos trabalhosa, usaremos linguagem natural nos nossos exemplos.

Mas, independentemente da linguagem usada, os contratos devem obedecer a uma série de regras. Inicialmente, identificamos que existem dois tipos de operações de sistema e, portanto, dois tipos de contratos:

- *Comandos de sistema*: são operações que têm como objetivo alterar alguma informação armazenada no sistema, seja criando, modificando ou deletando elementos de informação. Contratos de comandos de sistema obrigatoriamente têm *pós-condições* e opcionalmente podem ter *precondições* e *exceções*. Comandos de sistema não devem apresentar *retornos de informação* ao ator.
- *Consulta de sistema*: são operações que têm como objetivo apenas retornar a um ator alguma informação armazenada no sistema, seja da forma como se encontra armazenada, seja aplicando alguma modificação, como somas, cálculo de médias, etc. Contratos de consultas de sistema não podem alterar dados armazenados e, portanto, não têm pós-condições. Obrigatoriamente, esses contratos devem ter retornos de informação e opcionalmente podem ter precondições ou exceções.

Assume-se pelo *princípio de separação comando-consulta*, que comandos não retornam informação e consultas não alteram dados. Quando uma operação não respeita esse princípio, diz-se que ela sofre de *efeitos colaterais*, e isso não é desejado em um bom projeto de software.

As pós-condições mencionadas acima são alterações básicas que um comando pode fazer na informação representada no modelo conceitual. Considera-se que apenas 5 tipos de operações são básicos ou elementares em sistemas orientados a objetos:

- *Criação de instância*: quando a operação deve criar um objeto como instância de uma determinada classe.
- *Destruição de instância*: quando a operação vai deletar ou invalidar um objeto preexistente.
- *Alteração de valor de atributo*: quando a operação vai modificar o valor de um atributo de algum objeto preexistente.
- *Adição de ligação* (*link*): quando a operação adiciona uma ligação entre dois objetos. Essa ligação deve corresponder a uma associação entre as classes dos objetos que serão ligados.
- *Remoção de ligação*: quando a operação vai remover uma ligação preexistente entre dois objetos.

Assim, o contrato de um comando de sistema terá entre suas pós-condições operações básicas dentre os cinco tipos acima. Vamos considerar, como exemplo, o caso de uso "obter livros" da seção 6.4 e o modelo conceitual refinado da Figura 6.10. Neste momento, como já comentamos, o modelo deve conter todas as informações referenciadas no caso de uso. Caso alguma operação básica não seja possível de realizar no modelo pode ser o caso de refinar o modelo ainda mais.

Para o exemplo, vamos trabalhar com o passo 3 do caso de uso, no qual o leitor informa os livros que deseja emprestar. Observando o modelo conceitual da Figura 6.10, podemos imaginar que as pós-condições deste comando serão pelo menos:

- Criar uma nova instância de Empréstimo, para cada um dos livros informados pelo leitor.
- Adicionar uma ligação entre cada novo empréstimo e a instância que corresponde ao leitor identificado.
- Adicionar uma ligação entre cada novo empréstimo e a instância correspondente de Livro, conforme indicado pelo leitor.
- Se existir uma ligação de reserva entre o leitor e algum destes livros ela deve ser removida.

- Deve-se atualizar o atributo "data" de cada novo empréstimo para corresponder à data corrente.
- O atributo "previsão_devolução" de cada novo empréstimo deve ser atualizado para corresponder à data do empréstimo somada ao atributo "prazo" do livro correspondente.

Precondições são situações referentes a informações que são assumidas como verdadeiras antes de uma operação de sistema ser executada. Assim, como a operação assume que a condição é verdadeira, ela usualmente não precisa verificar isso.

Um exemplo de precondição para este comando é o fato de que tanto o leitor quanto os livros indicados efetivamente estão cadastrados no sistema. Ocorre que usualmente o sistema recebe da interface com o usuário não um objeto, mas um código que possivelmente representa um objeto. Se certas precauções forem tomadas, pode-se garantir que apenas códigos válidos são enviados. Assim, para garantir que o código do identificador do leitor seja válido, pode-se habilitar no sistema a opção de informar livro apenas depois que o leitor efetuar *login* com sucesso. Da mesma forma, para garantir que apenas códigos de livros cadastrados são enviados, pode-se fazer com que os livros a serem emprestados sejam selecionados de uma lista, ou, como é mais comum, identificados a partir de chips, códigos de barra ou *QR codes* gerados pelo próprio sistema.

Já as **exceções** são situações de erro referentes às informações prestadas que não podem necessariamente ser garantidas antes de se tentar executar a operação. Assim, exceções são situações de erro que devem ser testadas pela operação de sistema.

Por exemplo, se o leitor estiver emprestando livros que ele pegou em uma estante e um desses livros estiver reservado para outro leitor, o sistema não estará garantindo que ele não possa tentar emprestar o livro. Mas se ele tentar, o sistema deve identificar a situação e provocar a exceção, já que ele não pode emprestar um livro que está reservado para outra pessoa. Isso tem que ser verificado pela operação.

Pode-se, também, se for o caso, converter alguma precondição em exceção se for verificado que não é possível garantir que ela seja sempre verdadeira antes de executar a operação. Assim, se você acredita que a operação de sistema deve verificar uma determinada condição quando ela estiver sendo executada, você deve considerar essa condição como exceção e não como precondição, já que essas últimas são garantidas antes e não testadas durante a operação.

Os contratos de consulta de sistema costumam ser bem mais simples pois usualmente apresentam apenas uma descrição da informação retornada pela consulta. Precondições são raras e não são obrigatórias nesses contratos, e exceções também ocorrem com pouca frequência neste tipo de operação.

No nosso caso de uso "obter livros" observamos que a linha 4 corresponde a uma consulta de sistema, na qual o sistema vai confirmar o empréstimo e informar a data prevista de devolução para cada livro. Assim, o retorno dessa consulta poderia ser descrito como "*Para cada empréstimo associado ao leitor identificado com atributo 'data_devolução' indefinido, retorne o título do livro correspondente e o valor de 'previsão_devolução' do empréstimo*".

Para esta descrição de retorno de informação adicionamos a condição de que a data de devolução esteja indefinida porque, senão, todos os empréstimos realizados pelo leitor seriam informados, não apenas os que ainda estão ativos.

Por outro lado, serão listados todos os empréstimos ativos e não apenas os realizados naquele momento. Se o leitor tinha algum livro emprestado anteriormente e que ainda não tenha sido devolvido, ele será listado neste momento, o que poderá servir como lembrete de que ele deve devolvê-lo.

6.3.5. Geração de Código e Teste

Uma vez que o modelo conceitual tenha sido plenamente refinado e os contratos das operações de sistema tenham sido estabelecidos, podemos passar ao processo de geração de código. Em função dos artefatos, podemos identificar também dois momentos no processo:

- Geração da estrutura de classes (arquitetura).
- Geração dos métodos.

Para gerar a estrutura de classes em uma linguagem de programação deve-se seguir algumas regras:

- Cada classe no modelo conceitual corresponde a uma classe na linguagem de programação.
- Cada atributo de classe corresponde a um atributo privado na linguagem de programação.
- Se o atributo é imutável, ele deve implementar apenas um método de consulta (*get*).
- Se o atributo não for imutável ele deve implementar métodos de consulta (*get*) e alteração (*set*).
- Todos atributos que não sejam opcionais ou derivados devem ser inicializados no construtor da classe (*constructor*). Assume-se que os atributos opcionais (aqueles que não são obrigatórios e que, portanto, podem ter valor nulo) poderão ser definidos mais tarde (ou nunca) e que os derivados são sempre calculados e assim não têm representação como atributo da classe.
- Cada associação entre classes deve ser implementada de acordo com o padrão de implementação de associação escolhido.
- Toda associação com papel obrigatório deve ser adicionada no construtor da classe.
- Associações imutáveis devem implementar um método de consulta (*get*) e as demais implementam métodos de consulta (*get*) e alteração (*add* e *remove*).

Em relação aos padrões para implementação de associações, pode-se citar três como os mais frequentes, cada um com suas vantagens e desvantagens:

- *Implementação unidirecional*: neste caso, uma das classes possui um atributo que referencia uma ou mais instâncias da outra classe e a outra classe não possui este atributo. Se o envio de mensagens entre os objetos envolvidos for sempre em um sentido, essa é a estratégia ideal. Mas se houver necessidade de envio de mensagens no sentido oposto, é necessário implementar uma consulta na segunda classe que pesquise e descubra qual ou quais instâncias da primeira classe estão associadas a ela. Assim, essa navegação no sentido oposto será bastante lenta.
- *Amigos mútuos*: neste caso, as duas classes têm referência direta uma para a outra através de seus atributos. A navegação de mensagens é rápida nos dois sentidos, mas deve-se tomar muito cuidado na atualização destes atributos, pois devem sempre ser atualizados nas duas classes para evitar situações inconsistentes para a associação.
- *Objeto intermediário*: neste caso, a associação não é implementada em nenhuma das classes, mas em uma tabela externa que referencia instâncias das duas classes. Assim, quando um objeto precisa enviar mensagem a outro objeto através de uma ligação, ele deve consultar essa tabela para localizar o tal objeto. A navegação é

um pouco mais lenta do que no caso de amigos mútuos, mas essa técnica cria classes bem mais desacopladas e fáceis de gerenciar do que no caso da estratégia anterior.

Para cada associação também devem ser implementados métodos de consulta (*get*) nos dois lados ou em apenas um lado, se ela for unidirecional. Já os métodos de modificação (*add* e *remove*) só devem ser implementados nos lados em que a associação não for imutável. Por exemplo, um empréstimo, uma vez associado a um leitor, não pode ser removido deste leitor ou associado a outro leitor. Neste caso, a associação do empréstimo para o leitor é imutável. Além disso, mesmo que a associação seja mutável dos dois lados, os métodos públicos de adição e remoção só precisam ser implementados em uma das classes, pois implementá-los em ambas as classes seria redundante já que fariam exatamente a mesma coisa. Isso não se aplica aos métodos de consulta que, caso a associação seja bidirecional, devem mesmo ser implementados em ambas as classes.

Em relação aos demais métodos a serem implementados, a primeira observação que deve ser feita é em relação aos contratos de operação de sistema obtidos a partir dos casos de uso detalhados. Cada contrato será implementado na forma de um método em uma classe que encapsula o acesso aos demais objetos. Essa classe segue o padrão *controlador-fachada* e apenas ela pode se comunicar com os objetos de domínio, não sendo permitido à interface acessar estes objetos diretamente.

Assim, a implementação de cada método, conforme a linguagem de programação escolhida, deve seguir as especificações dos contratos:

- As pós-condições dos comandos de sistema devem ser implementadas como ações que vão criar e destruir ou desativar objetos, adicionar ou remover ligações entre objetos ou ainda alterar o valor de atributos dos objetos.
- As precondições a rigor só precisam ser testadas durante a fase de testes do sistema. Depois que o sistema passar nos testes assume-se que as precondições serão sempre verdadeiras e assim, não precisam mais ser testadas.
- As exceções precisam ser testadas no código e ações devem ser tomadas caso alguma delas ocorra. Usualmente a ação a ser tomada é informar à interface que uma exceção ocorreu e fica a cargo da interface determinar o que fazer e o que comunicar ao ator neste caso.
- Os retornos de informação devem repassar à interface uma estrutura de informação que seja puramente sintática, ou seja, a interface não deve receber os objetos de domínio propriamente ditos, mas uma representação *read only* deles. Há vários padrões que podem ser usados para isso, sendo um deles o uso de *proxys* ou DTOs (*Data Transfer Object*), ou ainda a linearização do objeto usando notações como XML.

Em relação aos testes que devem ser feitos, deve-se observar o seguinte:

- Elabora-se um caso de teste pelo menos para cada comportamento possível da operação. No caso do contrato para "obter livros" citado anteriormente, deverá ser feito um teste quando nenhum dos livros tiver reserva e outro teste quando pelo menos um dos livros tiver uma reserva do mesmo leitor. O fato de uma pós-condição ser condicionada (com o uso de "se", ou "caso"), já dá a entender que o comando pode ter mais de um comportamento possível.
- Elabora-se um caso de teste pelo menos para cada exceção mencionada no contrato para verificar se a operação realmente detecta e acusa a exceção. Nestes testes, se a operação funcionar normalmente sem

dar exceção é porque ela não está corretamente implementada. No caso do exemplo, teríamos que testar também a situação em que um leitor tenta emprestar um livro reservado para outro leitor.

Recomenda-se também que, quando um conjunto de testes for elaborado, sejam verificadas situações limite, para ver como a operação reage nestes casos. Por exemplo, no caso do empréstimo de livro, podemos verificar as seguintes situações limites:

- Empréstimo de zero livros: isso deveria causar uma exceção que ainda não tinha sido identificada no processo de análise.
- Empréstimo de um livro para um leitor que não tem empréstimos ativos: deve funcionar normalmente.
- Empréstimo de uma quantidade de livros que chegará exatamente ao limite máximo que o usuário pode levar: deve funcionar normalmente.
- Empréstimo de uma quantidade de livros que passará exatamente 1 do limite máximo que o usuário pode levar: deve acusar uma exceção.

Evidentemente que nem sempre é possível garantir que um sistema esteja livre de erros, mas a realização dos testes dentro das classes de equivalência definidas e considerando as situações limite já é muito melhor do que fazer testes simplesmente de forma aleatória ou ad-hoc.

6.4. Comentários bibliográficos

O artigo de Royce [Roy70] tem interesse histórico, pois apresenta uma discussão inicial sobre processo de desenvolvimento de software e sugestões para melhorar este processo.

Wazlawick [Waz12] apresenta uma discussão mais detalhada sobre os modelos de desenvolvimento de software prescritivos, ágeis e também sobre o Processo Unificado. O livro também apresenta informações sobre como planejar e gerenciar um projeto de software, sobre a qualidade do processo e do produto e também sobre como testar, manter e gerenciar versões de um produto de software, especialmente aquele voltado para sistemas de informação.

Outro livro de Wazlawick [Waz15] complementa o anterior apresentando em detalhes técnicas de modelagem de negócio, requisitos, planejamento dirigido por casos de uso, modelagem conceitual, funcional e dinâmica de software. Este livro também detalha aspectos de estimação de esforço, teste de software orientado a objetos, geração de código e banco de dados.

Cockburn [Coc01] é um clássico da área de casos de uso. Em seu livro ele apresenta muitas dicas extremamente valiosas sobre como escrever casos de uso realmente úteis.

Gamma et al. [GHJV95] apresentam um conjunto de padrões de *design*, muitos dos quais úteis para solucionar problemas usuais e recorrentes em modelagem conceitual. Outros livros focados em padrões para modelagem conceitual são os de Fowler [Fow03] e de Larman [Lar04], este último usando a notação UML. O manual completo da UML pode ser encontrado em [OMG11].

Jacobson [Jac94] é um clássico que introduz a notação de casos de uso para modelagem de processos de negócio. Este livro pode ser complementado por outro, mais recente, do inventor dos casos de uso [JSB11]. Probasco [Pro01] também apresenta uma excelente discussão sobre a escolha de bons nomes para casos de uso.

Krol e Kuchten [KK03] apresentam um guia bastante elucidativo sobre todo o Processo Unificado. Este livro também pode ser complementado por outro [Kru03].

6.5. Exercícios

1. Que tipo de projeto de sistema de informação exige maior esforço em termos de modelagem de negócio?
2. Quais as diferenças entre casos de uso negócio e casos de uso de sistema?
3. Em modelagem de negócio, para que serve o diagrama de atividades e para que serve o diagrama de máquina de estado?
4. Qual a diferença entre exceções e variantes em casos de uso expandido?
5. Escolha um projeto simples para uma empresa ou organização com a qual você esteja familiarizado ou tenha acesso a pessoas que conheçam a forma como ela funciona. Procure desenvolver os seguintes tópicos:
   - Desenvolva o diagrama de casos de uso de negócio com seus respectivos atores.
   - Escolha o caso de uso de negócio mais importante para a organização e faça o diagrama de atividades para ele.
   - Escolha o objeto de negócio mais relevante para a organização e faça seu diagrama de máquina de estados.
   - Identifique a partir dos três diagramas anteriores os casos de uso de sistema e seus atores.
   - Construa o modelo conceitual preliminar a partir do diagrama de casos de uso de sistema.
   - Identifique casos de uso que estejam faltando no seu modelo a partir das operações CRUD para os conceitos do modelo preliminar.
   - Escolha um caso de uso de sistema considerado importante para a organização e apresente sua versão expandida, com fluxo principal, exceções e variantes, se existirem.
   - Refine o modelo conceitual a partir de novas informações mencionadas na versão expandida do caso de uso de sistema.
   - Escolha um comando e uma consulta deste caso de uso expandido e elabore seus contratos de operação de sistema.
   - Usando sua linguagem de programação preferida implemente o modelo de classes do modelo conceitual refinado e as operações de sistema dos contratos elaborados.
   - Elabore um conjunto de testes para as operações de sistema implementadas e execute estes testes com dados fictícios.

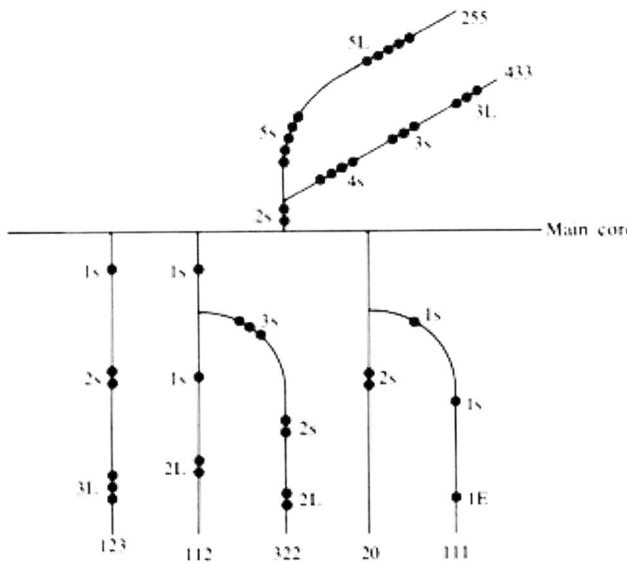

Parte II
Bancos de Dados

CAPÍTULO 7

MODELOS DE DADOS

O termo "modelo de dados" na informática possui uma conotação distinta do conceito de "modelo" usado em outras ciências, como a engenharia. Enquanto na engenharia um modelo representa uma versão simplificada do produto final a ser construído, na informática, um modelo de dados é constituído por uma série de ferramentas linguísticas, matemáticas e diagramáticas a serem usadas para descrever aplicações a serem desenvolvidas. Neste sentido, é importante distinguir entre modelo de uma aplicação e modelo de dados. Enquanto o modelo da aplicação é semelhante ao modelo de um objeto de engenharia, pois é uma descrição simplificada do futuro sistema a ser construído, o modelo de dados é a linguagem usada para criar o modelo da aplicação. Portanto, pode ser considerado um meta-modelo para a modelagem de aplicações de bancos de dados.

Os elementos que compõem um Sistema de Informação Computadorizado (SIC), ou seja, um Banco de Dados inserido em um ambiente de troca de informações, foram descritos nos capítulos anteriores sem a preocupação da forma como estes elementos poderão ser combinados para formarem um modelo coerente, completo e formal de uma aplicação a ser desenvolvida. Esta forma pode ser uma linguagem textual, podem ser tabelas, gráficos ou outros meios de expressão, contanto que seja clara e precisa. Mostraremos, neste capítulo, os principais paradigmas de modelos para descrever uma aplicação de Banco de Dados. Sabemos que, segundo a arquitetura ANSI/SPARC, vários modelos poderão conviver em uma única descrição nas diversas dimensões de ponto de vista. Para tal, os modelos não só devem ser bem claros e bem descritos, como também deverá ser possível transformar um modelo utilizado para um nível da dimensão de ponto de vista para o modelo do nível inferior.

Um **Sistema de Gerência de Banco de Dados (SGBD)**, como diz o nome, é a combinação de um Banco de Dados (**BD**) com um Sistema de Gerência (**SG**). O **Banco de Dados**, como já foi visto no capítulo 1, é uma coleção de arquivos interligados entre si. Esta ligação é que distingue os sistemas da 2ª geração (Bancos de Dados) da 1ª geração (Processamento de Arquivos). Nos bancos de dados distinguem-se três tipos distintos de informações:

- *Arquivos de Dados*: são os arquivos em que ficam os dados propriamente ditos da aplicação. São formados por registros compostos de itens atômicos ordenados e identificados de alguma forma predefinida;
- *Elos*: são informações que possibilitam o caminhamento de um arquivo de dados para outro. Um elo geralmente contém os endereços físicos (ponteiros) de um ou mais registros de um arquivo de dados origem e os relacionados a endereços de dados destino. Se de um arquivo A deve ser possível caminhar para dois arquivos B e C, os registros de A terão elos que os ligam a registros de B e de C. Estes endereços poderão ser ponteiros contendo o endereço físico do registro relacionado ou serem outras formas de determinar estes relacionamentos.
- *Arquivo de Índices (inversões)*: como os arquivos de dados de um banco de dados devem ser eficientemente acessíveis por diversos programas distintos, este acesso pode exigir uma ordem distinta dos dados no arquivo. Por meio de arquivos de índices pode-se estabelecer várias ordens distintas de acesso aos registros, baseadas em campos (atributos) distintos. Assim, por exemplo, um arquivo de usuários ordenado por nome poderá ser acessado por data de nascimento.

Nem todo SGBD utiliza os três tipos de informações. Gerenciadores que utilizam ponteiros como elos para fazer o caminhamento são ditos sistemas com elos explícitos (ou elos físicos). Gerenciadores baseados nos arquivos de índices para realizar o acesso aos dados são chamados Sistemas com Arquivos Invertidos. Finalmente, se os próprios campos dos arquivos de dados são a base para o caminhamento de um arquivo a outro, os elos são ditos implícitos (ou lógicos). O Modelo Relacional, a ser descrito em detalhes mais abaixo, se baseia nesta forma de organização dos dados. O fato de um sistema se basear em um tipo de estrutura de acesso aos dados (elos explícitos, arquivos de inversão ou elos implícitos) não significa que exclua a utilização das outras estruturas com a finalidade de otimizar o acesso aos dados e melhorar a performance do SGBD.

O **Sistema de Gerência** é um software que permite definir e utilizar corretamente um Banco de Dados, independente de programas aplicativos específicos. Ele também se encarrega do armazenamento e acesso eficiente aos dados, do controle de concorrência no caso de vários usuários simultâneos (sistemas multiusuário), da recuperação de falhas ocorridas por interrupções (sistemas robustos) e da otimização das consultas.

Mostraremos neste capítulo como modelos de dados são usados para descrever os três níveis de uma aplicação: os externos, o conceitual e o interno. Como, com a evolução dos SGBDs comerciais para modelos cada vez mais complexos, não é mais possível separar claramente que tipo de modelo de dados é mais adequado para qual nível. Descrevemos os modelos sem classificá-los de antemão para um só nível da descrição da aplicação para, mais adiante, discutir diversas possibilidades de alocação de modelos aos níveis.

A ordem de apresentação dos modelos segue, uma sequência mais ou menos cronológica e, ao mesmo tempo, de 'mais simples' para 'mais complexo'.

7.1. Modelos de elos explícitos

Estes são os primeiros modelos criados para construir bancos de dados, baseados basicamente na ideia de modificar um sistema de programas e arquivos independentes em um sistema em que todos os programas acessam um conjunto prefixado de arquivos interdependentes entre si por meio de ponteiros que determinam quais registros estão ligados entre si. Em outras palavras, o sistema de arquivos não é mais proprietário de um ou alguns programas, mas é definido antes dos programas e persiste além da execução dos programas individuais. Por isso, se fala na propriedade de **persistência** de um banco de dados.

A interdependência entre os arquivos é realizada nestes modelos pela utilização de ponteiros que permitem a navegação de um registro de um arquivo para um ou mais registros de outros arquivos. Isto permite ao programador acessar diversos arquivos de um banco de dados sem ter que se preocupar com rotinas de abertura, caminhamento e fechamento de arquivos. Ele simplesmente abre o banco de dados e tem todos os arquivos a seu dispor.

O MODELO HIERÁRQUICO

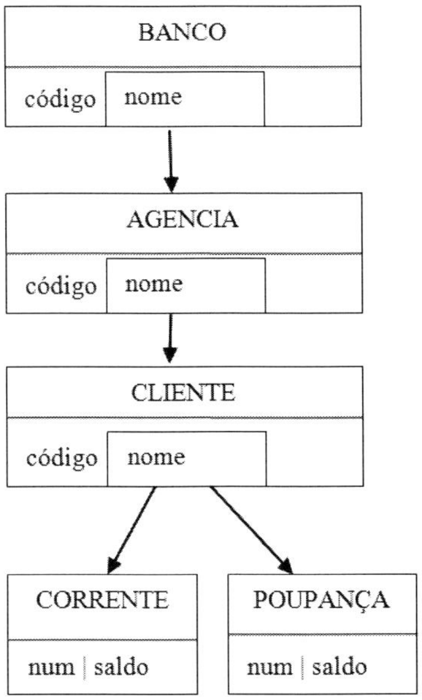

Figura 7.1. Esquema Hierárquico

Nas linguagem de programação, antes da codificação das linhas de execução do programa, são definidas as estruturas de dados a serem utilizados no programa. O modelo hierárquico pode ser considerado uma extensão natural da definição de registros estruturados em programas para arquivos persistentes ligados hierarquicamente, formando um banco de dados. Ou seja, na definição de um registro, cada campo que não seja atômico, forma por sua vez um sub-registro que irá redundar em um arquivo do banco de dados ligado hierarquicamente ao anterior. Assim um Banco de Dados Hierárquico é formado por uma ou mais hierarquias de arquivos, sendo que cada subarquivo representa detalhes de um campo não atômico dos registros do arquivo superior. Portanto, a estrutura básica de um banco de dados hierárquico é uma floresta, ou seja, um conjunto de árvores em que cada nó representa um arquivo de dados.

Os caminhamentos possíveis neste banco de dados são de nó pai para nó filho, de filho para pai ou de irmão para irmão. Geralmente, o caminhamento é em pré-ordem, ou seja, a partir da raiz caminha-se pelos descendentes. Como em alguns casos fica difícil definir a hierarquia adequada, podem ocorrer caminhamentos forçados pela organização hierárquica entre os registros e operações de inserção ou deleção podem se tornar complicados em alguns casos.

Consideremos um sistema bancário que contém informações sobre bancos, agências, clientes e contas. O banco de dados poderia ter a forma da figura 7.1. Cada registro de um arquivo inferior está ligado a um único registro do arquivo superior. Para certas aplicações, este modelo poder ser bastante adequado, caso seus elementos tenham uma estrutura hierárquica inerente. Caso contrário, a modelagem pode tornar-se artificial e serão necessários artifícios para contornar estes problemas. Vejamos no simples exemplo do sistema bancário mostrado. Se um mesmo cliente tiver contas em várias agências, isto contradiz a estrutura hierárquica do esquema e não pode ser modelado facilmente. Restam as seguintes opções:

- um mesmo cliente de várias agências é considerado um cliente distinto para cada agência. Isto poderá gerar inconsistências entre os cadastros do cliente nas diversas agências;
- desenvolver uma rotina especial de manutenção da consistência, impedindo alterações em só um registro. Assim, evita-se a inconsistência, mas cria-se redundância de informação;
- a hierarquia rigorosa é enfraquecida permitindo-se **registros virtuais**, ou seja, se uma mesma informação deve aparecer em vários locais, ela é armazenada fisicamente em um único desses locais e nos outros coloca-se um ponteiro para este primeiro endereço. Isto evita os problemas de inconsistência e redundância, mas cria um desequilíbrio entre os dados. Por exemplo, caso eu queira remover justamente a cópia física do registro, primeiro terão que ser removidas as cópias virtuais, todos ponteiros terão que ser refeitos e só então o registro original poderá ser removido.

O MODELO DE REDES

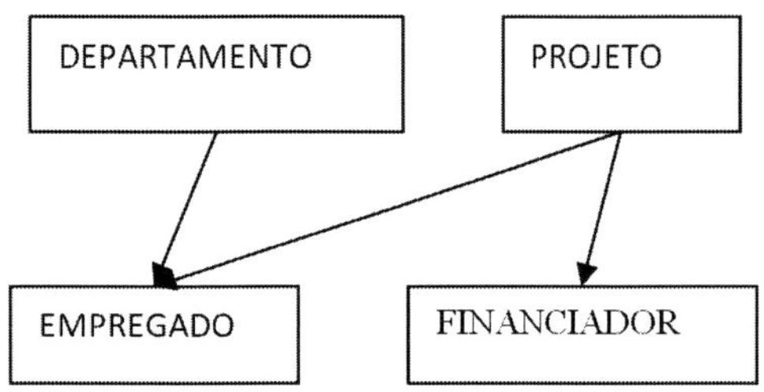

Figura 7.2 - banco de dados em rede

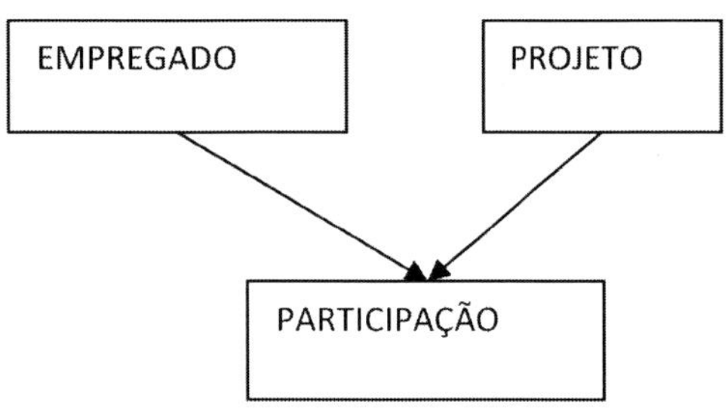

Figura 7.3. Relacionamento n-m

A motivação para este modelo é a ideia de que um banco de dados é uma rede de arquivos interligados. Os arcos da rede são as ligações entre os arquivos (elos). Segundo esta proposta, que serviu de base para muitos SGBDs desenvolvidos a partir de então, um banco de dados é formado por ligações dirigidas entre arquivos de dados. O arquivo origem é denominado DONO e o arquivo destino é o MEMBRO da ligação. Conceitualmente a ligação modela um relacionamento 1-n ou 1-1. Ilustramos, na figura 7.2, duas ligações descrevendo a alocação de empregados a departamentos e sua participação em projetos. Esta notação ficou conhecida como Diagramas de Bachman.

O modelo de redes pode ser considerado uma extensão do modelo hierárquico, permitindo que um membro tenha vários donos (quebrando a hierarquia). Além disso, as ligações são nomeadas. Poderíamos assim ter duas ligações distintas entre dois arquivos. O que restringe o modelo CODASYL em relação ao conceito de rede genérica entre arquivos é o fato de que relacionamentos n-m não podem ser modelados diretamente. Para tal, tem que se utilizar um artifício. Por exemplo, se permitirmos que um empregado pode participar em vários projetos, teríamos que criar um MEMBRO artificial que representa o relacionamento n-m (Figura 7.3.). No exemplo a classe `PARTICIPAÇÃO` representa o relacionamento entre `EMPREGADO` e `PROJETO`.

Como o modelo de redes se baseia em elos físicos, mostramos na figura 7.4, um possível banco de dados resumido do exemplo. Pode ser observado que para cada ligação com EMPREGADO existe um campo de ponteiro nos registros dos empregados. Assim, a cada departamento está associada uma lista de empregados e a cada projeto está associada outra lista de participantes no projeto.

Este banco de dados possui dois departamentos (DSC e DEE), um projeto (P5) e quatro empregados. No DSC trabalham João e Janete e no DEE temos Joana e Josinaldo. Todos trabalham no projeto P5.

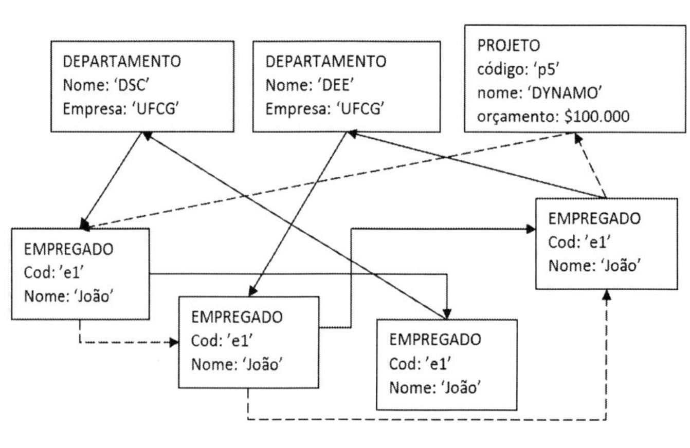

Figura 7.4 - banco de dados em rede

7.2. Modelo relacional

Como alternativa aos modelos de elos explícitos que, com suas estruturas de ponteiros, eram muito amarrados à localização física dos arquivos, foi proposto o **Modelo Relacional**, considerando um banco de dados uma estrutura matemática, um conjunto de relações entre dados elementares. Com isso, um banco de dados ficaria totalmente independente de sua localização no computador.

Enquanto os outros modelos possuíam elos físicos entre os registos dos arquivos (ponteiros), o modelo relacional considera elos lógicos, baseados nos valores dos atributos das tabelas.

Com isso, o modelo relacional passou a ser considerado, por muito tempo, o modelo conceitual por excelência, com uma segura fundamentação matemática. Realmente, em sua fundamentação teórica ele é imbatível, o que não garante sua qualidade como modelo conceitual, o que já foi detectado a muito tempo [Ke79]. Sua popularidade foi tão grande que, apesar de sérios problemas iniciais de eficiência, ele acabou se tornando a base para todos SGBDs que foram lançados nos últimos anos.

Mesmo não sendo o melhor modelo para criar um modelo conceitual de dados, pois muitos conceitos reais não possuem e estrutura rígida de relações matemáticas, ele se mantém como fundamento da maioria dos SGBDs atuais.

Passamos a definir os principais conceitos estruturais que caracterizam o modelo relacional. No parágrafo subsequente serão definidas as operações inerentes ao modelo para, então, concluir com os aspectos de consistência e normalização.

Para ilustrar os conceitos aprsentados nesta seção, sugerimos consultar os Apêndices 1 e 2 como dois exemplos concretos.

7.2.1. Estrutura

O ponto de partida para se construir um banco de dados relacional é uma coleção de conjuntos contendo universos de valores que poderão povoar o banco de dados. Estes universos são chamados de **domínios** D_1, D_2,..., D_n. Um domínio tem um nome que caracteriza os seus elementos e um **tipo** que descreve o formato dos seus elementos. Assim podemos ter domínios como NOME(tipo: fixed-char(30)), IDADE (tipo: integer-range[1..100], TITULO (tipo: var-char(15)), etc. Se necessário, ao tipo podem estar associadas regras que delimitam com mais detalhes quais valores são válidos para o respectivo domínio. Por exemplo, para o domínio NOME pode ser especificado detalhadamente a sintaxe de nomes válidos deste domínio.

Como na matemática, para relacionar valores de domínios entre si, com o objetivo de construir um banco de dados, define-se uma **relação** como sendo um subconjunto do produto cartesiano de alguns domínios, $R \subseteq D_1 \times D_2$, $\times .. \times D_k$. Assim, podem ser definidas muitas relações sobre diversas combinações de domínios. Cada elemento de uma relação é chamado de **tupla**. Esta palavra é derivada do termo *n-upla*, que são os elementos de uma relação com *n* domínios. Assim como cada domínio, cada relação também tem um **nome**. Temos então nomes de domínios e nomes de relações, sendo que os nomes dos domínios que compõem a definição de uma relação são chamados de

atributos da relação. Note-se que relações distintas podem ter atributos diferentes, mas também podemos ter duas relações diferentes com os mesmos atributos. O que as diferencia são os nomes diferentes das relações e as tuplas contidas nas relações, que também podem ser diferentes.

Com as definições dadas, um **Banco de Dados Relacional** nada mais é do que um conjunto de relações. Como as relações modelam os arquivos do banco, os elos aparecem implicitamente e são chamados de elos lógicos. Um **elo lógico** surge quando duas relações têm um atributo do mesmo domínio. Duas tuplas das duas relações estão ligadas por um elo lógico se o atributo comum tiver o mesmo valor.

Agora precisamos abstrair das instâncias do banco de dados, que são as tuplas, e definir o esquema do banco de dados. Um **esquema de uma relação** é o nome de uma relação R e os nomes dos atributos correspondentes, $A_1,A_2,..,A_k$. O esquema é denotado por $R(A_1,A_2,..,A_k)$.

Por abuso de linguagem, muitas vezes fala-se em uma relação R() sem deixar claro se é o esquema ou a relação. Mais ainda, o esquema é uma unidade relativamente estável do sistema enquanto que a cada modificação do banco de dados temos uma nova relação, pois o conjunto de tuplas foi modificado. Mas, costuma-se falar da mesma relação, abstraindo o seu estado atual, dado pelas suas instâncias. Mesmo quando o esquema é modificado, por exemplo, acrescentando-se mais um atributo, costuma-se falar da mesma relação enquanto ele representar a mesma classe de entidades. Por estes e outros motivos, alguns autores preferem chamar uma relação com suas instâncias de **tabela.**

Como uma tupla é um conjunto ordenado de valores, do ponto de vista da definição formal, uma mudança na ordem dos atributos determina outra relação, ou seja R(A, B) é diferente de R(B, A). Mas, aqui, vamos desconsiderar este detalhe, não importando a ordem em que os atributos aparecem.

Vejamos alguns exemplos de relações. Os empregados de uma empresa poderiam ser armazenados em

```
EMPREGADO(Nr-Reg, Nome, Dependentes, Setor, Chefe, Cargo, Salario)
```

ou, um banco de dados de livros e empréstimos poderia ser

```
LIVRO(ISBN, Autores, Titulo, Editora, Cidade, Ano, Exemplares)
EMPRESTIMO(Exemplar, Usuário, De, Até).
```

Notemos que na relação `LIVRO` os atributos `Autores` e `Exemplares` são multivalorados, ou seja, para cada livro, podem conter vários valores. Na relação `EMPRESTIMO` o atributo `Usuário` pode conter vários subcampos como nome e matrícula. Nas principais definições do modelo relacional, os valores dos atributos têm que ser atômicos, não sendo permitidos valores compostos como estes. Outra observação é que uma leitura ingênua dos atributos pode levar a interpretações errôneas. Por exemplo, na relação `EMPREGADO` nada garante que os atributos `Cargo` e `Salario` se referem ao empregado e não ao chefe, que também aparece na relação. Imagine se houvesse um atributo Esposa e este fosse mal interpretado.

Na relação `EMPRESTIMO` ficará registrado todo o histórico dos empréstimos, incluindo os já devolvidos. Portanto, um exemplar aparecerá tantas vezes na relação quantas vezes foi emprestado.

A última definição importante sobre o modelo relacional é a noção de **chave**. Uma chave serve para identificar univocamente as tuplas de uma relação. Dizemos que um ou mais atributos formam uma chave da relação, quando seus valores só aparecem uma vez na relação, ou seja, não há duas tuplas que tenham os mesmos valores nestes atributos. Nos exemplos acima, `Nr-Reg` seria uma chave de `EMPREGADO` e para identificar as tuplas de `EMPRESTIMO` teríamos que combinar o atributo `Exemplar` com um dos atributos `De` ou `Ate` pois o mesmo exemplar só pode ter sido emprestado a um usuário numa certa data.

Como uma relação matemática é um conjunto, ela não pode conter duas tuplas totalmente idênticas. Isto a distingue da noção de uma tabela ou também de um arquivo. Em certos casos pode ser uma restrição indesejável e existem SGBDs relacionais que permitem tuplas repetidas.

Um banco de dados relacional deve conseguir captar as informações modeladas no esquema conceitual. Ou porque ele próprio é usado como modelo conceitual ou porque um esquema conceitual que está em outra forma deve ser transformado em relacional. Uma tupla irá servir para representar entidades e os atributos dos objetos são representados como atributos das relações. Os relacionamentos não têm um correspondente próprio. Relacionamentos 1-1 ou n-1 irão ocorrer como elos lógicos. Já os relacionamentos n-m não podem ser modelados como elos lógicos. Nesse caso tem que ser criada uma relação extra, que tem como atributos as chaves das duas relações a serem relacionadas. Seja, por exemplo, a relação `LIVRO` citada anteriormente, que tem como chave o atributo `ISBN`. Queremos criar uma relação de palavras-chave para caracterizar o conteúdo do livro. Essas palavras ficam em uma relação `PAL-CHAVE(Termo)` com um único atributo contendo a palavra. Cada livro pode ser caracterizado por várias palavras-chave e cada palavra-chave pode indexar vários livros. Temos, então, um relacionamento n-m entre `LIVRO` e `PAL-CHAVE`. Para determinar este relacionamento temos que criar uma relação `INDEXA(Termo,ISBN)`, que conterá todos pares relacionados.

Se no exemplo da relação `EMPREGADO` acima, um empregado não tiver nenhum dependente, não há valor a ser colocado neste atributo. Para estes casos está previsto a possibilidade de um atributo não ter nenhum valor, e diz-se que ele possui um **valor nulo**. Valores nulos não podem aparecer em atributos-chave.

Se a chave de uma relação *A* aparece como atributo em outra relação *B*, ele pode ser declarado como **chave estrangeira** em relação à primeira. Ele representa um relacionamento dos objetos representados pelas tuplas em *A* com os objetos representados em *B*. Neste caso vale a restrição chamada de **integridade referencial**, que diz que não pode ocorrer um valor na chave estrangeira que não exista no atributo corespondente da relação original *A*.

Por exemplo, para eliminar o atributo multivalorado `Autores` da relação `LIVRO`, pode-se criar uma nova relação contendo os dependentes de cada empregado

```
AUTORES(ISBN, Termo)
```

em que `ISBN` será uma chave estrangeira da relação `LIVRO`. O atributo `Exemplar` em `EMPRESTIMO` parece ser uma chave estrangeira em relação a `LIVRO`, pois todo exemplar emprestado tem que existir como livro. Só que, neste caso, `Exemplar` não é chave de `LIVRO`. Como veremos mais adiante, esta generalização de chave estrangeira para 'atributo estrangeiro' caracteriza o que é chamado de dependência de inclusão (Parágrafo 7.2.3.).

7.2.2. Operações sobre relações

A definição do modelo relacional não consiste somente de elementos estruturais, mas também de operações que permitem manobrar relações entre si a fim de obter todo e qualquer resultado sobre o conteúdo do banco de dados.

Com esse objetivo foi construído uma álgebra cujos componentes são um universo de relações entre os domínios estabelecidos e um conjunto de operações que operam sobre relações construindo novas relações. Assim, uma álgebra relacional é uma álgebra $<R, O>$ em que R é o conjunto de todas as relações possíveis sobre um dado conjunto de domínios $D_1, D_2, \ldots, Dn$; *e* O é um conjunto de operações sobre relações, que passamos a descrever a seguir.

A caracterização de $<R, O>$ como uma álgebra significa que toda operação de O opera sobre elementos de R para gerar novos elementos de R. O objetivo principal das operações é processar consultas, transformando e reduzindo as relações armazenadas no banco de dados, a fim de extrair uma combinação específica de dados do banco de dados, chamada de *relação resposta* da consulta especificada. Parte-se das relações básicas do BD, construindo-se uma série de relações intermediárias (porventura sem nome específico) até obter-se a *relação resposta* dos dados que respondem à consulta inicial.

As operações relacionais podem ser divididas em dois grupos. Por um lado existem as operações de conjuntos (união, interseção, diferença e produto cartesiano) e por outro, há operações específicas para manipular relações (projeção, seleção e junção).

O objetivo principal da álgebra relacional é conseguir obter todas as possíveis combinações de valores que possam ser construídas a partir do banco de dados. Um sistema que consegue este objetivo é dito **relacionalmente completo**. Foi mostrado que a álgebra relacional é relacionalmente completa. Assim, para se provar que outro sistema é relacionalmente completo, basta provar que ele consegue realizar todas as operações da álgebra relacional.

OPERAÇÕES DE CONJUNTOS

Estas operações se baseiam no fato de que as relações do banco de dados são conjuntos com os quais se pode construir novos conjuntos aplicando as operações conhecidas da teoria dos conjuntos. Para que as três primeiras operações de conjuntos se apliquem a relações, definimos o conceito de relações compatíveis. Duas relações *R1* e *R2* são **compatíveis** se possuírem os mesmos atributos. Só nesse caso, faz sentido falar em união, interseção e diferença de relações. Os operadores são:

- **união** ($\cup$): dadas duas relações compatíveis R1 e R2, a união de R1 e R2 (R1 $\cup$ R2) é a relação formada pela união das tuplas de R1 e com as de R2;
- **interseção**($\cap$): dadas duas relações compatíveis R1 e R2, a interseção de R1 e R2 (R1 $\cap$ R2) é a relação formada pelas tuplas que são comuns a R1 e R2;

- **diferença(-)**: dadas duas relações compatíveis R1 e R2, a diferença de R1 e R2 (R1-R2) é a relação formada pelas tuplas de R1 que não estão em R2;
- **produto cartesiano** (×): dadas duas relações quaisquer, R1(A) e R2(B), o produto constrói uma relação R3(A,B), com todos os atributos de ambas as relações combinando todas tuplas de R1 com todas tuplas de R2. Neste caso, a ordenação dos atributos se torna importante, pois R1 e R2 podem ter atributos comuns que no produto cartesiano aparecerão repetidos, cada um em seu lugar.

Seja o banco de dados

ESTUDANTE		**PROFESSOR**	
Nome	**Nascimento**	**Nome**	**Nascimento**
Maria de Fátima	1980	Maria Dantas	1980
José Sobrinho	1990	Gilvan C. do Ó	1985
Mara Salustiano	1990	José Sobrinho	1990
Frederico Campos	1968		

se abreviarmos E=ESTUDANTE e P=PROFESSOR teremos

E ∪ P	Nome	**Nasc**
	Maria de Fátima	1980
	José Sobrinho	1990
	Mara Salustiano	1990
	Frederico Campos	1968
	Maria Dantas	1980
	Gilvan C. do Ó	1985

E ∩ P	Nome	**Nasc**
	José Sobrinho	1990

E - P	Nome	**Nasc**
	Maria de Fátima	1980
	Mara Salustiano	1990
	Frederico Campos	1968

E ∪ **P** representa a relação de todas as pessoas do banco de dados, **E** ∩ **P** são as pessoas que são estudantes e professores ao mesmo tempo e **E – P** seriam os estudantes que não são professores.

Se tivermos uma relação de departamentos e considerando D = DEPARTAMENTO podemos construir

DEPARTAMENTO	
Nome	**Chefe**
Informática	José Sobrinho
Matemática	Maria Dantas

P × D	P.Nome	Nasc	D.Nome	Chefe
	Maria Dantas	1980	Informática	José Sobrinho
	Gilvan C. do Ó	1985	Informática	José Sobrinho
	José Sobrinho	1990	Informática	José Sobrinho
	Maria Dantas	1980	Matemática	Marialva Dantas
	Gilvan C. do Ó	1985	Matemática	Maria Dantas
	José Sobrinho	1990	Matemática	Maria Dantas

Como o atributo *Nome* existia nas duas relações, foi utilizado um artifício para distingui-los na relação resultante PxD. O produto cartesiano raramente tem utilidade direta, a não ser para considerarmos subconjuntos mais significativos dele, como será visto na seção seguinte. Uma exceção poderia uma relação DATA, dada por todas combinações de Dia, Mês e Ano.

OPERAÇÕES RELACIONAIS

Passamos a descrever as operações desenvolvidas especificamente para agirem em um banco de dados relacional. As duas primeiras são unárias, i.e. criam uma nova relação a partir o conteúdo de uma única relação argumento, e a terceira é binária pois modela o caminhamento entre duas relações.

- **Projeção**: dada uma relação *R(A, B)*, com *A* e *B* sendo conjuntos de atributos, a projeção de *R* sobre *A*, *R[A]*, consiste na criação de uma nova relação com os atributos *A* e as tuplas obtidas reduzindo-se as tuplas de *R(A, B)* aos valores de *A*. Em outras palavras, pensando-se em *R(A, B)* como uma tabela, a projeção consiste em eliminar algumas colunas. Só deve-se ter o cuidado de eliminar possíveis linhas duplicadas que podem aparecer com essa redução. Por exemplo, na relação `ESTUDANTE` acima, poderíamos desprezar data de nascimento, mantendo somente os nomes dos estudantes. Seria dado por `ESTUDANTE[Nome]`. Note que, com a projeção, o número de tuplas na relação resultante pode ser menor do que a original. Assim, se quero uma relação dos anos em que algum estudante nasceu, faço `ESTUDANTE[Nasc]` obtendo os anos de 1968, 1980 e 1990.
- **Seleção**: se a projeção pode ser considerada um corte vertical na tabela de uma relação, a seleção representa um corte horizontal. Baseado em uma condição estabelecida, seleciona-se todas tuplas que satisfazem a esta condição. Com isso, reduz-se o número de tuplas (linhas) da relação, mantendo todos os atributos. Se *cond* é uma condição aplicada a uma relação R, escreve-se *R[cond]* para o operador seleção. Por exemplo, `ESTUDANTE[Nasc>1985]` seleciona todos estudantes nascidos depois de 1985.
- **Junção**: a junção é a operação que possibilita, com base nos elos lógicos entre relações, juntar dados de uma relação com os de outra relação. Estabelece-se uma *condição de junção* sobre os atributos das duas relações. Esta condição geralmente é a igualdade, mas também pode ser uma outra condição sobre os atributos comuns. Denota-se a junção entre duas relações *R1* e *R2* por *R1[condição]R2*, sendo que a condição deve, necessariamente, envolver atributos comuns a R1 e R2. Por exemplo, se queremos relacionar estudantes mais velhos que professores, fazemos `ESTUDANTE(E)[E.Nasc>P.Nasc]PROFESSOR(P)`. Observe que a junção coincide com uma sequência entre um produto cartesiano seguido de uma seleção baseada na condição de junção. Se a junção se baseia na igualdade dos valores dos atributos comuns, que é o caso mais frequente, na relação resultante poderão ser eliminados os atributos comuns, que teriam todos seus valores iguais. Neste caso, fala-se de uma **junção natural** denotada por R1 >< R2. Por exemplo, podemos juntar professores e

departamentos com DEPARTAMENTO(D)[D.Chefe=P.Nome]PROFESSOR(P), resultando numa relação de professores chefes de departamentos com o ano de nascimento. Neste caso, não foi possível usar a notação simplificada da junção natural pois os nomes dos atributos são diferentes. Se as relações de uma junção são compatíveis, ou seja, têm os mesmos atributos, a junção passa a ser uma seleção, pois só sobrarão as tuplas comuns das duas relações originais. Como ESTUDANTE e PROFESSOR têm os mesmos atributos, a junção natural ESTUDANTE >< PROFESSOR resultará em uma relação das tuplas que estão em ambas as relações. De uma forma semelhante, a junção natural pode ser usada para realizar uma seleção. Por exemplo, se quero uma relação dos estudantes que nasceram em 1980 ou em 1990, crio uma relação auxiliar ANOS(Ano), contendo as tuplas <1980> e <1990>. Agora, ESTUDANTE><ANOS irá selecionar as tuplas desejadas.

Uma junção também pode ser efetuada de uma relação com ela mesma. Nesse caso, será necessário o uso de variáveis para poder estabelecer a condição de junção. Estas variáveis acabam sendo incorporadas aos nomes dos atributos, para poder acessá-los em operações futuras. Suponhamos que temos uma relação EMPREGADO(Nome, Salario, Chefe) e queremos obter a relação dos empregados que recebem mais do que seus chefes (note que o chefe também aparece como empregado com seu respectivo salário). Para obter o resultado, efetuamos as seguintes operações:

```
R1 = EMPREGADO.E1 [E1.Chefe = E2.Nome] EMPREGADO.E2
```

Obtemos em *R1* uma relação

```
R1(E1.Nome,E1.Salario,E1.Chefe, E2.Nome, E2.Salario, E2.Chefe)
```

Em que valerá *E1.Chefe=E2.Nome* e *E2.Salario* é o salário do chefe do empregado em E1.Nome. Portanto, para resolver a questão, basta fazer a seleção

```
R2 = R1[E1.Salario > E2.Salario]
```

e projetar sobre os nomes desejados (estamos escolhendo o nome dos empregados e dos seus chefes):

```
RESPOSTA = R2[E1.Nome, E2.Nome]
```

As duas operação iniciais deste exemplo poderiam ser realizadas em uma única operação de junção mais complexa. Teríamos:

```
R2 = EMPREGADO.E1 [E1.Chefe = E2.Nome & E1.Salario > E2.Salario] EMPREGADO.E2
```

Para se obter um resultado de uma consulta complexa ao banco de dados, uma série de operações relacionais poderá ser necessária. Isto pode ser realizado em uma sequência de passos, criando relações intermediárias, como no exemplo do empregado que ganha mais do que o chefe. Uma forma mais compacta de expressar a consulta toda de uma vez é escrever uma **expressão relacional** com todas operações envolvidas, sem usar relações temporárias. Isto é possível, pois o resultado de qualquer operação relacional sempre será uma relação. Para as duas variantes do exemplo acima, teríamos as respectivas expressões:

```
((EMPREGADO.E1 [E1.Chefe = E2.Nome] EMPREGADO.E2) [E1.Salario > E2.Salario]) [E1.Nome,
      E2.Nome]
```

Ou, na segunda versão

```
(EMPREGADO.E1 [E1.Chefe = E2.Nome & E1.Salario > E2.Salario] EMPREGADO.E2) [E1.Nome,
      E2.Nome]
```

Foi provado que as operações relacionais união, diferença, produto cartesiano, projeção e seleção podem ser consideradas as operações primitivas da álgebra relacional, ou seja, são necessárias e suficientes para obter qualquer resultado relacional desejado. Isto significa que nenhuma delas pode ser expressa como uma sequência das outras. Já mostramos que a junção pode ser construída como uma sequência de produto cartesiano com seleção. Da mesma forma, a junção natural e a interseção não são primitivas. Por conveniência, outras operações podem ser definidas como derivadas das principais.

OPERAÇÕES ADICIONAIS

A elegância da álgebra relacional é que tudo se move no universo das relações, ou seja, os resultados de qualquer operação são relações contendo valores do banco de dados. Mas, há certas necessidades de consulta ao banco de dados, que não podem ser satisfeitas com estas operações.

As operações adicionais mais conhecidas são as funções agregadas. Trata-se de funções que calculam algum valor novo, a partir dos valores existentes no banco de dados. Por exemplo, para um atributo salário, podemos querer saber o salário médio de todos os empregados ou dos empregados por categoria. A principais funções de agregação são *média, max, min, quantidade.* Assim, se temos uma relação `EMPREGADO(Registro, Nome, Categoria, Salario)` e queremos saber quantos empregados existem por categoria e o salário médio da categoria, podemos criar uma nova relação com

```
DADOS-POR-CAT(Categoria,Quant,Sal-Medio) = EMPREGADO[Categoria],(quant(*),
      média(Salário))
```

ou seja, para cada categoria, são contados os empregados e é calculado seu salário médio.

Outras operações adicionais, que não trataremos com maiores detalhes aqui, são funções recursivas (por exemplo, "obtenha toda a cadeia de chefes do empregado *João*") e operações de conjuntos sobre relações parcialmente compatíveis (por exemplo, fazer a união entre `ESTUDANTE` e `PROFESSOR`, mesmo que tenham alguns atributos diferentes, que serão preenchidos com valores nulos).

CÁLCULO RELACIONAL

A álgebra relacional foi proposta com o propósito de introduzir um certo rigor no tratamento de bancos de dados e criar uma 'matemática dos bancos de dados'. Isto realmente foi conseguido, mas, para fins práticos, a álgebra relacional não se mostrou a melhor forma final para acessar um banco de dados. Isto se deve aos seguintes fatores:

- para conseguir formular sua consulta, o usuário precisa ter um bom conhecimento e experiência no uso dos operadores, para saber formular sua consulta corretamente;
- o usuário tem que especificar todo o processo como 'calcular' a resposta a uma consulta;
- uma mesma consulta pode ser expressa de diferentes formas, às vezes bastante distintas.

Para evitar estes problemas, foram desenvolvidos formalismos em que o usuário especifica diretamente *o que* ele quer, sem ter que especificar *como* obter o resultado. Estes formalismos se baseiam no cálculo de predicados, em que é especificado um predicado formal que descreve a consulta, e o sistema deverá se encarregar de retornar todos os dados que satisfazem o predicado. Esta forma de expressar consultas é chamado de **cálculo relacional**. Como uma tabela relacional tem duas dimensões, a das tuplas e a dos atributos ou domínios, também há duas formas de expressar os predicados de acesso às relações. Descrevendo variáveis de tuplas ou variáveis de domínios. Assim, existem dois cálculos relacionais: o cálculo relacional por tuplas e o cálculo relacional por domínios. Os dois são equivalentes e vamos mostrar resumidamente o cálculo por tuplas, uma vez que nele se inspirou a linguagem SQL, que é a linguagem padrão de acesso a bancos de dados relacionais.

Uma expressão do **cálculo relacional de tuplas** tem a forma básica

Resp = { t / cond(t)}

em que t expressa uma ou várias variáveis de tuplas e *cond(t)* é uma fórmula que especifica quais condições as tuplas devem satisfazer. A primeira parte também especifica os atributos desejados das tuplas selecionadas. Vamos ilustrar este cálculo com alguns exemplos.

EXEMPLO 1: dada a relação `EMPREGADO(Nome, Esposa, Salario, Chefe)` encontre as esposas de todos os chefes. A expressão será

```
{t.Esposa / EMPREGADO(t) & $d(EMPREGADO(d)&d.Chefe=t.Nome))
```

EXEMPLO 2: com a relação do exemplo anterior e mais `DEPT(Nom-Chefe, Nom-Dep, Sala)` encontre todos empregados e a sala do "Departamento de Informática":

```
{t.Nome, s.Sala / EMPREGADO(t) & DEPT(s) & t.Chefe=s.Nom-Chefe & s.Nome-Dep =
                    "Departamento de Informática"}
```

Como o cálculo dos predicados é muito rico em expressividade, existem certas fórmulas que não podem ser realizadas em um banco de dados. Por exemplo {t / ~EMPREGADO(t)} terá uma resposta infinita. Uma expressão que só retorna valores do domínio das relações em questão é dita **fórmula segura**.

O que é importante saber se o cálculo relacional é mais ou menos expressivo do que a álgebra relacional. Pode ser demonstrado que o cálculo relacional (tanto de tuplas como de domínios) com fórmulas seguras é equivalente à álgebra relacional.

7.2.3. Integridade e Normalização

Um Banco de Dados Relacional (BDR) foi definido como sendo um conjunto de relações $\{R_1, .., R_n\}$. Para possibilitar a inclusão de restrições de integridade no modelo relacional, esta definição terá que ser estendida. Podemos distinguir dois tipos de restrições em um BDR: restrições que se aplicam a uma única relação e restrições inter-relacionais. Uma restrição será uma regra ou predicado que deve ser satisfeito por todas tuplas de uma relação (1º caso) ou de várias relações (2º caso).

Dado um esquema de uma relação R e $r_1, .., r_n$ um conjunto de restrições sobre R, denotamos por $<R, r_1, .., r_n>$ uma relação R que satisfaz as restrições $r_1, .., r_n$. Para um conjunto de relações $\{<R_1, r_1, .., r_{n1}>,..,<R_k, r_1, .., r_{nk}>\}$ podemos definir um conjunto de restrições inter-relacionais $ir_1,.., ir_{1m}$ que devem ser satisfeitas para as relações envolvidas. Agora, podemos redefinir um **Banco de Dados Relacional** como sendo um conjunto de relações com restrições de integridade intra-relacionais para cada relação e inter-relacionais para o conjunto de relações, ou seja $\{<R_1, r_{11}, .., r_{1n}>,..,<R_k, r_{k1}, .., r_{kn}>; ir_1,.., ir_{1m}\}$

Esta definição é bastante genérica, pois não demos nenhum detalhe sobre a forma como as restrições de integridade podem ser expressas. No parágrafo anterior chegamos a citar um exemplo de uma restrição intra-relacional, o conceito de chave, e uma restrição inter-relacional, a chave estrangeira.

Passamos a descrever as mais importantes restrições utilizadas no modelo relacional e veremos como as noções de chave e chave estrangeira são casos particulares destes conceitos. As dependências a serem introduzidas não são as únicas formas de restrições, mas são as mais significativas para o modelo relacional.

DEPENDÊNCIA FUNCIONAL

Esta é, sem dúvida, a mais conhecida e mais importante das restrições intra-relacionais conhecidas. Ela descreve o fato de que os valores de certos atributos 'dependem funcionalmente' de outros, ou seja, dado o valor do primeiro, existe um único valor do segundo associado ao primeiro, em toda a relação. Mais precisamente, seja R(A, B, C) uma relação qualquer e A, B e C sendo um ou mais atributos da relação. Dizemos que B depende funcionalmente de A ou A determina B (notação $A \rightarrow B$) quando para cada valor *a* de A em R existe um único valor *b* de B associado a *a* em R. Em outras palavras

$$A \rightarrow B \text{ sss } \forall a,b_1,b_2 \ (<a, b_1> \in R[A,B] \wedge <a, b_2> \in R[A,B] \Rightarrow b_1 = b_2)$$

Se $C=\emptyset$ teremos que A é uma **chave** da relação R[A, B]. Por exemplo, a relação

```
EMPREGADO(Registro, Nome, Dependentes, Setor, Chefe, Cargo, Salario)
```

poderia ter as dependências funcionais

`Registro → Nome, Setor, Chefe, Cargo, Salario`

`Dependentes → Registro` (cada dependente depende de um único empregado)

`Chefe → Setor` (cada chefe chefia um único setor)

`Setor → Chefe` (cada setor tem um único chefe).

`Registro, Dependentes → Nome, Setor, Chefe, Cargo, Salario` (Registro, Dependentes é uma chave da relação)

Outro exemplo seria na relação de todos os empréstimos de livros já realizados, a garantia de que um mesmo exemplar não pode estar emprestado a mais de um usuário ao mesmo tempo, além de outros detalhes. A relação

```
EMPRESTIMO(ISBN, Exemplar, Uid, Nome, De, Até)
```

teria as dependências funcionais

```
F1: Exemplar, De → ISBN, Uid, Nome
F2: Exemplar, Até → ISBN, Uid, Nome
F3: Exemplar, De, Até → ISBN, Uid, Nome
F4: Exemplar → ISBN
F5: Uid → Nome
```

DEPENDÊNCIA MULTIVALORADA

Em uma relação cada tupla deve, na medida do possível, representar uma entidade. Assim, uma relação de empregados que registra o nome do empregado, as capacitações que ele possui e as línguas que ele fala, teria a forma

EMPREGADO	Nome	Capacitações	Línguas
	José	{pedreiro, encanador}	{}
	Joana	{digitação, planilha}	{inglês, espanhol}

Já que cada empregado pode ter várias capacitações e falar várias línguas.

Como veremos mais adiante, na primeira forma normal, os valores dos atributos de uma relação devem ser atômicos e não devem conter conjuntos ou outros valores compostos. Para eliminar valores múltiplos, a relação seria transformada em:

EMPREGADO	Nome	Capacitações	Línguas
	José	Pedreiro	{}
	José	Encanador	{}
	Joana	Digitação	inglês
	Joana	Planilha	espanhol

Esta forma eliminou os valores múltiplos, mas contém uma certa arbitrariedade. No caso da Joana, o *inglês* ficou associado à *digitação* e o *espanhol* à *planilha*. Esta associação é totalmente arbitrária, pois não significa que Joana sabe *digitação* em inglês. Se um dos atributos de Joana for modificado, a forma de realizar esta modificação pode ficar confusa. Por isso, prefere-se deixar claro a independência entre os atributos `Capacitações` e `Línguas` representando o mesmo banco de dados na forma

EMPREGADO	Nome	Capacitações	Línguas
	José	Pedreiro	{ }
	José	Encanador	{ }
	Joana	Digitação	inglês
	Joana	Digitação	espanhol
	Joana	Planilha	inglês
	Joana	Planilha	espanhol

O que garante esta independência é a existência de uma **dependência multivalorada** de `Nome` para `Capacitações` e `Línguas`.

Em uma relação *R(A, B, C)*, *A* **multidetermina** *B* em relação a *C* (notação A →→ B | C) quando os valores de *B* independem dos valores de *C* em R, ou seja,

$$\forall\ a,\ b,\ c\ (<a,b> \in R[A,\ B] \wedge <a,c> \in R[A,C] \Rightarrow <a,b,c> \in R(A,B,C)).$$

Observe que esta regra não vale para a primeira versão do exemplo. Tome-se, por exemplo, a=Joana, b=digitação e c= espanhol.

Uma dependência multivalorada aparece quando uma única relação contém vários relacionamentos 1-n. No nosso exemplo, temos uma relação 1-n entre empregados e capacitações e outra entre empregados e línguas faladas.

Outro exemplo de dependência multivalorada é se eliminarmos os atributos multivalorados da relação

```
LIVRO(ISBN, Autores, Titulo, Editora, Cidade, Ano, Exemplares).
```

Teríamos `ISBN` →→ `Autores | Exemplares`.

Existem mais dependências intra-relacionais, que não estudaremos aqui, como, por exemplo, as dependências de junção. Outras regras que devem valer entre os atributos não podem ser expressas em nenhuma das dependências conhecidas. Trata-se de condições mais complexas. Por exemplo, na relação de empregados

```
EMPREGADO(Nome, Setor, Chefe, Salário)
```

queremos expressar (1) todo chefe de um empregado está alocado ao mesmo setor do empregado e (2) nenhum empregado pode ter um salário maior que seu chefe. Temos que,

```
se
<e,d,c,s> ∈ EMPREGADO(Nome, Setor, Chefe, Salário), e
        <e',d',c',s'> ∈ EMPREGADO(Nome, Setor, Chefe, Salário), e e'=c
então d=d' e s ≤ s'
```

DEPENDÊNCIAS DE INCLUSÃO

Esta é a única dependência inter-relacional, ou seja, que relaciona atributos de várias relações entre si. A dependência de inclusão é uma generalização do que comumente é conhecido como *chave estrangeira,* ou seja, um atributo que é chave de uma relação R1 aparece como atributo comum em outra relação R2 com a condição de que em R2 não podem haver valores deste atributo que não apareçam também em R1. Isto determina uma dependência das tuplas de R2 em relação a R1.

A definição da dependência de inclusão é um pouco mais genérica, no sentido de a dependência não ser obrigatoriamente sobre a chave da relação original. Portanto, dizemos que, dadas duas relações *R1(A,C)* e *R2(B,D)*, sendo *A, B, C* e *D* conjuntos de atributos e *A* e *B* pertencerem ao mesmo domínio, vale uma **dependência de inclusão de R2 em R1 relativo a A** quando $R2[B] \subseteq R1[A]$, ou seja, a projeção de *R2* sobre *B* é um subconjunto da projeção de *R1* sobre *A*. Se *A* é uma chave de *R1(A,C)* dizemos que *B* é uma **chave estrangeira** em *R2(B,C)*. Como exemplo, consideremos as relações

```
EMPREGADO(Registro, Nome, Setor, Chefe, Cargo, Salario);
DEPENDENTE(Nome, Registro)
```

A relação

```
DEPENDENTE[Registro] ⊆ EMPREGADO[Registro]
```

seria uma dependência de inclusão pois todo dependente é dependente de um empregado. Neste caso o atributo `Registro` de `DEPENDENTE` é chave estrangeira de `EMPREGADO`. Outra dependência de inclusão poderia ser

```
EMPREGADO[Chefe] ⊆ EMPREGADO[Registro]
```

que garante que todo chefe também é um empregado.

Existem definições axiomáticas de todas as dependências acima, incluindo regras de dedução. Foi observado que a existência de dependências entre os atributos de uma relação além da chave gera diversos problemas, denominados **anomalias.** São distinguidas anomalias de inclusão, anomalias de exclusão, anomalias de atualização e anomalias de consultas. Vejamos um exemplo. A relação

```
LIVRO(ISBN, Autores, Titulo, Ano, Nr-Tomb, Usuário, Dt-Emp, Dt-Dev)
```

relaciona os livros de uma biblioteca com os respectivos empréstimos, com as dependências

```
ISBN → Autores, Titulo, Ano
ISBN, Nr-Tomb, Dt-Emp → Autores, Titulo, Ano, Usuário, Dt-Dev
Nr-Tomb, Dt-Emp → Usuário
```

ou seja, `<Nr-Tomb, Dt-Emp>` formam a chave da relação, `Nr-Tomb` determina o `ISBN` e cada `ISBN` só tem um `título` e `ano de publicação`. O atributo `Autores` não é considerado um atributo multivalorado, que conteria cada autor como um valor, ele conterá uma lista de todos autores.

Vale observar que existem regras que não podem ser expressas só com dependências aplicadas ao esquema inicial. No exemplo, poderíamos ter:

Regra 1: deve haver exemplares no acervo que nunca foram emprestados;
Regra 2: para todo livro deve existir pelo menos um exemplar no acervo.
Regra 3: podem existir usuários cadastrados que não emprestaram nenhum livro

Para garantir (1) deveria ser permitido que `Dt-Emp`, um atributo da chave, pode ser nulo e para garantir (2) deve ser exigido que `Nr-Tomb` não pode ser nulo enquanto (3) só é possível se for permitido haver tuplas com todos atributos nulos, exceto Usuário.

Nesta relação poderão ocorrer as seguintes anomalias (entre outras):

1. para cada novo empréstimo a um outro usuário, todos os atributos do documento têm que ser repetidos (anomalia de atualização);
2. se queremos inserir um novo documento que ainda não foi emprestado ou até um novo Usuário que ainda não tem empréstimo, os outros atributos terão que ficar em branco (anomalia de inserção);
3. para pesquisar os usuários do sistema, temos que percorrer todos os documentos cadastrados (anomalia de pesquisa);
4. se removermos um usuário, o documento correspondente pode desaparecer ou não, dependendo se for o único usuário deste documento (anomalia de remoção).

Por estes e outros motivos, relacionados à dificuldade de implementar restrições de integridade, tenta-se projetar um banco de dados relacional reduzindo todas as dependências existentes a duas formas: chave e chave estrangeira. Se isto for possível, basta considerar estes dois conceitos de integridade para o esquema interno do SGBD. Este processo de transformação de um esquema original em um esquema interno otimizado é chamado de **normalização**. As dependências servirão de guia para se obter um esquema relacional ideal.

7.2.4. Normalização

Na normalização parte-se do pressuposto de que se pretende projetar um banco de dados relacional diretamente, ou seja, o projeto conceitual já utiliza o modelo relacional para descrever o esquema conceitual. O modelo relacional é utilizado desde a primeira concepção do que será o banco de dados até se encontrar uma forma 'ótima' do esquema a ser implantado no SGBD. Este procedimento se justifica porque, como vimos no capítulo 1, existem aplicações que se enquadram na 2ª geração de bancos de dados, por possuírem uma estrutura mais simples e não necessitarem de uma forma muito sofisticada de modelagem. Também pode haver alguma resistência em uma empresa para utilizar modelos de dados distintos para o esquema conceitual e para o esquema interno. Além do mais, os conceitos de normalização e dependências entre atributos também são úteis como elementos de descrição da semântica de uma aplicação em geral.

Em um projeto de um banco de dados relacional, o primeiro esquema de relações deverá refletir a visão do usuário de como suas informações deverão ficar armazenadas. Esta visão não irá considerar detalhes de uma implementação otimizada, mas deverá considerar a facilidade de compreensão e utilização dos dados. Assim, por exemplo, mostramos quatro esquemas que representam o mesmo banco de dados:

- `LIVRO(ISBN, Autores, Titulo, Ano);`
  `EMPRESTIMO(ISBN, Exemplar, Usuário, Dt-Emp)`
- `LIVRO(ISBN, Autores, Titulo, Ano, Exemplar);`
  `EMPRESTIMO(Exemplar, Usuário, Dt-Emp), USUARIO(Nome)`
- `LIVRO(ISBN, Autores, Titulo, Ano, Exemplar);`
  `EMPRESTIMO(Exemplar, Usuário, Dt-Emp, Dt-Dev); EXEMPLAR(ISBN, Nr-Tomb)`
- `LIV(ISBN, Autores, Titulo, Ano, Nr-Tomb, Usuário, Dt-Emp, Dt-Dev)`

Como esta lista inicial de relações é bastante arbitrária, sugere-se, do ponto de vista teórico, iniciar o projeto de um banco de dados relacional definindo uma lista de todos os atributos da aplicação, sem se preocupar em definir relações. Esta relação de atributos poderá ser considerada uma super relação inicial denominada **relação universal**. Por exemplo, a relação universal do sistema de biblioteca sería o último exemplo

```
(ISBN, Autores, Titulo, Ano, Nr-Tomb, Usuário, Dt-Emp, Dt-Dev)
```

Note que existem diversas anomalias nesta relação. Como um livro pode ter vários exemplares, o atributo Nr-Tomb, que identifica um exemplar, será multivalorado. O empréstimo de um exemplar a um usuário é expresso nos quatro últimos atributos. Assim, para expressar melhor esta estrutura poderíamos escrever

```
(ISBN, Autores, Titulo, Ano, Exemplar:<Nr-Tomb, Empréstimo: <Usuário, Dt-Emp, Dt-Dev)>*>*)
```

Seria uma relação com cinco atributos, sendo que o último, `Exemplar`, é, por sua vez, composto por dois atributos, `Nr-Tomb e Empréstimo`. Tanto `Exemplar` como `Empréstimo` são multivalorados.

O primeiro problema é que os atributos `ISBN, Autores, Titulo` e `Ano` teriam que ser repetidos para todos os empréstimos de todos os exemplares de um livro. Além disso, teríamos que usar um artifício para representar um livro com um exemplar que nunca foi emprestado. O atributo `Exemplar` deve ocorrer uma vez para o exemplar existente, mas seus atributos `Usuário, Dt-Emp` e `Dt-Dev` ficariam em branco. Para eliminar estas anomalias é que foi criado o conceito de 1ª Forma Normal.

1ª FORMA NORMAL

A relação universal de uma biblioteca que possui atributos não atômicos, ou seja, não está normalizada, seria

LIV	ISBN	Autores	Titulo	Ano	Exemplar	Empréstimo		
					Nr-Tmb	Usuario	Dt-Emp	Dt-Dev
	1558606474	Catell (Ed)	ODMG 3.0	2000	030125	Lao Tze Chiang Tze	201020 201115	201110 *
	8521203616	Setzer, Silva	Bancos de Dados	2005	050085 050086	Ghandi ∅	190131 ∅	190531 ∅
	8588639173	Elmasri, Na- vathe	Sistemas de Banco de Dados	2005	000013	∅	∅	∅
	∅	∅	∅	∅	∅	Kung Fu Tze	∅	∅

Os atributos do tipo data (Dt-Emp e Dt-Dev) estão no formato AAMMDD (ano, mês, dia). A primeira forma normal não é determinada, como as seguintes, pela eliminação de dependências, mas sim, pela eliminação de atributos não atômicos. Para facilitar o armazenamento interno de uma tabela relacional e o acesso a seus dados, é exigido que os domínios dos atributos sejam compostos por valores atômicos, ou seja, um atributo não poderá conter vários valores nem subcampos. Comparando a declaração de uma tabela relacional com um registro de uma linguagem de programação, os itens do registro da tabela não poderão conter subitens nem *arrays* ou outras repetições. Então a relação universal não está em 1ª forma normal, pois o atributo `Exemplar` é composto por três (sub-)atributos sendo que a parte `<Usuario, De, Ate>` é multivalorada. O primeiro livro possui um exemplar que já esteve emprestado para dois usuários. O segundo livro tem dois exemplares, sendo que um atualmente está emprestado para o usuário 'Ghandi'. O usuário 'Kung Fu Tze' nunca emprestou nenhum livro. Já 'Lao Tze' e 'Chiang Tze' estiveram com o livro de Catell, sendo que o último não o devolveu. Para eliminar a estrutura complexa a relação tem que ser refeita para

LIV	ISBN	Autores	Titulo	Ano	Nr-Tmb	Usuario	Dt-Emp	Dt-Dev
	1558606474	Catell, Barry	ODMG 3.0	2000	030125	Lao Tze	201020	201110
	1558606474	Catell, Barry	ODMG 3.0	2000	030125	Chiang Tze	201115	*
	8521203616	Setzer, Silva	Bancos de Dados	2005	050085	Ghandi	190131	190531
	8521203616	Setzer, Silva	Bancos de Dados	2005	050086	∅	∅	∅
	8588639173	Elmasri Nava- the	Sistemas de Banco de Dados	2005	000013	∅	∅	∅
	∅	∅	∅	∅	∅	Kung Fu Tze	∅	∅

Pode ser observado, que esta segunda tabela é mais homogênea do que a primeira. Isto facilita o armazenamento no banco de dados e permite aplicar melhor as operações da álgebra relacional. Mas, o preço pago por esta forma normal é bastante alto. Na primeira tabela havia um registro para cada entidade livro enquanto na forma normalizada, se um livro tiver 10 exemplares, todos os dados do livro terão que ser repetidos 10 vezes. Pior, para cada empréstimo de um exemplar todos os dados do livro e do exemplar também têm que ser repetidos.

Para definir o processo de transformação de uma relação para a primeira forma normal, seja R(A,B) uma relação em que A e B são conjuntos de atributos de R. A é **multivalorado** se os elementos aÎA são conjuntos de valores {a_+,

$a_2,..,a_n\}$, todos de um mesmo domínio. A quantidade *n* de valores de A pode variar para cada tupla em R. Por outro lado, A é dito **composto** se os elementos a ∈ A são tuplas de valores $< a_1, a_2,..,a_n >$ para um *n* fixo, sendo que cada a_i pode ser de um domínio específico.

A passagem de uma relação R(A,B) para a primeira forma normal acontece aplicando repetidas vezes os dois passos seguintes, até eles não se aplicarem mais:

1. Se A é um atributo multivalorado com uma tupla *ai* composta pelos valores $ai_1, ai_2,..,ai_n$ substitua R(A,B) por R'(A,B) trocando a tupla <ai,b> de R por *n* tuplas $<ai_1,b>,..,<ai_n,b>$ em R'(A,B).
2. Se A é um atributo composto por tuplas da forma $< A_1, A_2,..,A_n >$, então troque R(A,B) por $R1(A_1, A_2,..,A_n,B)$, mantendo as mesmas tuplas.

De certa forma, a passagem para a primeira forma normal representa uma linearização da estrutura dos dados e tira a semântica da relação inicial, provocando as anomalias citadas. As formas normais subsequentes tentam remover estas anomalias sem afetar a linearidade das estruturas.

Na relação universal, citada acima, ocorrem diversas anomalias. Como nesta tabela são registrados tanto livros, exemplares e usuários, a última tupla contém 6 atributos nulos só para registrar que existe um usuário cadastrado 'Kung Fu Tze'.

Para alguns autores, na definição do modelo relacional, já é exigido que os elementos dos domínios sejam atômicos. O mesmo acontece com os SGBDs relacionais existentes. Por outro lado, a riqueza semântica das relações antes da primeira forma normal, teve como consequência estudos sobre a possibilidade de considerar bancos de dados com relações nesta forma, denominada de NF2 (*non-first-normal-form*). Foram definidas álgebras para relações NF2, linguagens de consulta e implementados protótipos de gerenciadores aceitando tabelas não normalizadas. O modelo NF2 é considerado um modelo semântico de dados (vide próximo parágrafo) e precursor dos modelos orientados a objetos. Tanto que, com o advento da orientação a objetos, não foi mais estudado.

Um esquema relacional de dados em primeira forma normal pode, como foi observado anteriormente, apresentar problemas de manipulação, como as anomalias de inserção, exclusão e atualização, além de poder conter muitas redundâncias de dados dando margem a inconsistências e ineficiência no armazenamento e recuperação dos dados. Para evitar estes problemas, toda relação inicial deve ser analisada e, se necessário, será decomposta até eliminar os problemas apresentados. A base para esta transformação são as dependências funcionais e multivaloradas.

2ª FORMA NORMAL

A segunda forma normal visa converter todas dependências funcionais em chaves, ou seja, eliminar atributos que dependem de subconjuntos de uma chave candidata da relação. Para precisar isto precisamos de algumas definições. Dado uma dependência funcional $A \rightarrow B$, dizemos que B **depende integralmente** de A se não existe nenhum subconjunto próprio A' de A, tal que $A' \rightarrow B$. Dizemos que um conjunto de atributos A de uma relação R é uma **chave prima** de R quando todo atributo de R depende integralmente de A. Um atributo é chamado de **primo** se ele pertence a uma chave prima da relação.

Agora podemos definir que uma relação está em **segunda forma normal** se e somente se todo atributo não primo depende integralmente da chave da relação. Em outras palavras, não existem atributos fora da chave que dependam de um subconjunto da chave.

Vejamos de novo o exemplo dos livros

```
LIVRO(ISBN, Autores, Titulo, Ano, Nr-Tomb, Usuário, Dt-Emp, Dt-Dev)
```

com as dependências funcionais

```
F1: Nr-Tomb, Dt-Emp ⟶ ISBN, Autores, Titulo, Ano, Usuário, Dt-Dev
F2: ISBN ⟶ Autores, Titulo, Ano
F3: Nr-Tomb ⟶ ISBN, Autores, Titulo, Ano
```

Como F1 envolve todos os atributos da relação, determina os atributos <Nr-Tomb, Dt-Emp> como uma chave prima.

Esta relação possui uma chave prima <Nr-Tomb, Dt-Emp> e quatro atributos <Autores, Titulo, Ano>, que não dependem integralmente da chave prima, devido a F3. Portanto, não está na segunda forma normal. Guiado pelas dependências F3 e F1 decompomos, então, a relação inicial em

```
<EXEMPLAR(Nr-Tomb, ISBN, Autores, Titulo, Ano), F2, F3>, e
<EMPRESTIMO(Nr-Tomb, Usuário, Dt-Emp, Dt-Dev), F1'>
```

A dependência F1' é obtida de F1 eliminando os atributos <ISBN, Autores, Titulo, Ano>. Ou seja

```
F1':   Nr-Tomb, Dt-Emp ⟶ Usuário
```

Os atributos-chave estão sublinhados. Esta notação é somente para facilitar a leitura, pois, quem determina os atributos chave são F3 para EXEMPLAR e F1' para EMPRESTIMO.

Formalmente, dada uma relação R(A,B,C,D) em que A e B são uma chave prima de R e B⟶C, transforme R e R'(A,D) e R"(B,D). Aplique esta regra até que todo atributo não chave dependa integralmente dela.

Revendo as três regras consideradas antes, que não foram expressas por dependências funcionais, no novo esquema temos que: é garantida a existência de exemplares nunca emprestados, com a separação das relações EXEMPLAR e EMPRESTIMO (Regra 1); para que não possa haver empréstimo de exemplar inexistente (Regra 2) deve-se acrescentar uma dependência de inclusão:

```
I1:    EMPRESTIMO[Nr-Tomb] ⊆ EXEMPLAR[Nr-Tomb]
```

A exigência da Regra 3, de um cadastro independente de usuários só é possível criando uma relação separada CAD-USUARIO(Uid) com a dependência de inclusão EMPRESTIMO[Usuário] ⊆ CAD-USUARIO(Uid), que garante que empréstimos só podem ser efetuados para usuários cadastrados.

3ª FORMA NORMAL

Tendo eliminado subdependências da chave, falta agora eliminar dependências funcionais entre os atributos não primos, pois elas também significam uma semântica que pode redundar em anomalias se não for levada em consideração. Se temos uma relação R(A,B,C,D) com chave em A e com B → C, é claro que temos A → B → C, ou seja, uma dependência transitiva entre A, B e C. O objetivo da terceira forma normal é eliminar estas dependências transitivas.

Uma relação está em **terceira forma normal** quando está em segunda forma normal e não possui dependências transitivas A → B → C sendo B e C não primos.

Note que a condição de B e C serem não primos é importante, pois sempre que uma relação R(A, B, C) possuir duas chaves, digamos A e B, teremos A → B → C sem que isto seja problemático.

No nosso exemplo, com as dependências

```
F1: Nr-Tomb, Dt-Emp → ISBN, Autores, Titulo, Ano, Usuário, Dt-Dev
F2: ISBN → Autores, Titulo, Ano
```

temos uma dependência transitiva

```
Nr-Tomb, Dt-Emp → ISBN → Autores, Titulo, Ano
```

Para resolver esta situação, temos que extrair os atributos dependentes de ISBN para uma nova relação, obtendo

```
EXEMPLAR(Nr-Tomb, ISBN)
EMPRESTIMO(Nr-Tomb, Usuário, Dt-Emp, Dt-Dev)
LIVRO(ISBN, Autores, Titulo, Ano)
```

Note que todas as dependências funcionais foram reduzidas a chaves.

FORMA NORMAL DE BOYCE-CODD

Parece que a questão de transformação das dependências funcionais está resolvida com a 3ª forma normal e podemos passar para as dependências multivaloradas (na 4ª Forma Normal). Mas, infelizmente, não é bem assim. Na definição da 3ª forma normal, a exigência de que o terceiro elemento da cadeia transitiva fosse formado por atributos não primos é uma restrição muito forte, que acaba deixando fora da normalização casos como o seguinte: seja a relação R(A,B,C,D) com chave em AB, i.e. A,B → C,D, e valendo ainda C → B. B não é uma chave, mas é um atributo primo, portanto, a relação está em 3ª forma normal. Mesmo assim, sobrou a dependência C → B em que C não é chave e, portanto, a semântica desta dependência não está garantida. Por isso, foi definida uma variante da 3ª forma normal que, além de considerar este caso, é definida diretamente sem o pré-requisito de a relação já estar em 2ªFN.

Uma relação está na **Forma Normal de Boyce Codd (FNBC)** se e somente se, para toda dependência A → B, A é ou contém uma chave.

O exemplo da relação R(A,B,C,D) acima não está em FNBC e teria que ser decomposta em R1(A,B,D) e R2(C,B).

O leitor irá se perguntar, já que esta forma normal é tão simples, direta e resolve o problema, porque então não consideramos só ela diretamente, descartando as duas anteriores. A questão é que existe uma barreira, em certos casos intransponível, entre a 3ª forma normal e a FNBC.

O objetivo, ao projetar-se um esquema relacional ótimo, por normalização, é melhorar a forma de representar os dados, ganhando eficiência e segurança, mas tudo *sem perda de informação,* ou seja, o esquema resultante deve representar os mesmos dados do esquema inicial e deve manter as restrições de integridade expressas nas dependências. É devido a esta segunda exigência que, em certos casos, a FNBC é muito exigente e só pode ser obtida com perda de informação relativa às restrições iniciais. Ilustremos este problema com um exemplo simples que não pode ser colocado na FNBC sem prejuízos. Seja uma relação de telefones

```
TEL(DDD, NUMERO, CIDADE)
```

com as dependências funcionais

F1: DDD, NUMERO → CIDADE (o telefone identifica a cidade), e
F2: CIDADE → DDD (cada cidade só tem um DDD)

Pode ser verificado que esta relação está em 3ª forma normal, mas não na FNBC, devido a dependência F1. Segundo o processo de normalização, a relação TEL teria que ser decomposta em

```
<TEL1(CIDADE, DDD), F2> e <TEL2(DDD,NUM)>
```

Sendo que, neste caso, a dependência F1 não pode mais ser garantida. Por exemplo, poderíamos ter as instâncias <'Campina Grande',083> e <'João Pessoa',083> em TEL1 e a instância <083, 33451019> de TEL2. Fazendo a junção entre TEL1 e TEL2, teríamos duas tuplas resultantes <083, 33451019, 'Campina Grande'> e <083,33451019, 'João Pessoa'>, o que contradiz a restrição F1.

Para resolver este problema, foi proposto uma forma normal intermediária, denominada *Extended Key Normal Form (EKNF).* Sem entrar em detalhes desta formal, o esquema dos telefones segundo ela seria

```
{<TEL(DDD, NUMERO, CIDADE), F1, F2>, <TEL1(CIDADE, DDD), F2>}
```

Ou seja, ele acrescenta à primeira relação, que está em 3ªFN, uma segunda relação para atender à segunda dependência funcional. Como este esquema final não está na FNBC e podem surgir inconsistências entre TEL e TEL1, sugerimos uma alternativa que cria um esquema que está na FNBC e mantém a integridade do banco de dados, trocando F2 de TEL por uma dependência de inclusão. Seja

```
I3:    TEL[DDD, CIDADE] = TEL1,
```

o esquema

```
{<TEL(DDD, NUMERO, CIDADE), F1>, <TEL1(CIDADE, DDD), F2>; I3}
```

está na FNBC e preserva a integridade da especificação inicial, além de só ter dependências funcionais tipo chave.

Outro exemplo seria o caso da relação de empréstimos

```
EMPRESTIMO(Nr-Tomb, Usuário, Dt-Emp, Dt-Dev)
```

Vamos supor que um usuário só pode emprestar, no máximo, um exemplar por vez. Esta regra poderia ser modelada na forma de uma dependência funcional

```
Usuário, Dt-Emp → Nr-Tomb
```

Para garantir esta dependência teria que ser criada uma relação auxiliar

```
USUARIO-EMP(Usuário, Dt-Emp, Nr-Tomb)
```

com a dependência de inclusão

```
I4: USUARIO-EMP = EMPRESTIMO[Nr-Tomb, Usuário, Dt-Emp]
```

4ª FORMA NORMAL

Chegamos agora ao passo de eliminar as dependências multivaloradas. A existência de uma dependência multivalorada não trivial em uma relação significa que dois fatos que deveriam ser modelados separadamente, pois não têm nada a ver um com o outro, foram agregados em uma única relação. O objetivo desta forma normal é separar de novo estes fatos.

Uma relação está em **4ª forma normal** quando não possui nenhuma dependência multivalorada não trivial. No exemplo da relação

```
LIVRO(ISBN, Autores, Titulo, Nr-Tomb), com
ISBN →→ Autores | Nr-Tomb
```

a relação é desmembrada em

```
AUTORIAS(ISBN, Autores, Titulo)
EXEMPLARES(ISBN, Num-Tomb)
```

Formalmente, dada uma relação R(A,B,C,D) uma dependência multivalorada A→→B|C, é decomposta em R'(A,B,D) e R"(A,C).

O processo de normalização descrito acima, exceto a 1ª forma normal, consiste em decompor uma relação inicial de acordo com as dependências existentes entre seus atributos, até que uma forma ideal seja encontrada. Ou seja, se A é um conjunto de atributos e D um conjunto de dependências sobre A, transforma-se a relação <A,D> em um conjunto <A1, d1>, ...,<An,dn> de relações que representem o mesmo banco de dados. Por isso a normalização também é chamada de **decomposição**.

Existe uma outra forma de se obter um esquema normalizado que é denominado **síntese**. A síntese parte do pressuposto que, assim como a escolha de um conjunto inicial de relações é aleatório, também o conjunto de dependências pode ser aleatório pois, conjuntos de dependências distintos podem ser equivalentes. Também pode ocorrer que algumas dependências sejam redundantes.

Sem querer entrar em detalhes nesta teoria do modelo relacional, o processo de síntese se baseia em uma definição axiomática de todas as dependências e, baseado em um conjunto de regras de dedução, obtém todas as dependências possíveis que podem ser derivadas a partir do conjunto inicial. Deste conjunto, denominado **fecho**, extrai-se um conjunto mínimo que representa univocamente o conjunto inicial (cobertura mínima), e este conjunto será a base para a construção do esquema final do banco de dados.

7.3. Modelos semânticos

Conforme já foi discutido no capítulo 1, os modelos tradicionais de segunda geração, não se preocuparam primordialmente em encontrar elementos para obter a melhor descrição possível de uma aplicação, mas sim, em melhorar as estruturas dos dados processados por um computador adaptando-as ao conceito de banco de dados. O modelo relacional alterou este enfoque computacional para um enfoque matemático, o que redundou em uma maior preocupação com a precisão matemática do que com o poder de expressão semântica.

As preocupações com a pobreza semântica destes modelos levaram a comunidade de pesquisa em bancos de dados, a partir da segunda metade dos anos 70, a procurar melhores formas de expressão da complexidade de uma aplicação.

Podemos distinguir três pontos essenciais que caracterizam os modelos semânticos de dados:

1. Os elementos básicos;
2. As abstrações;
3. A modelagem comportamental.

Pela distinção de quantos elementos básicos são necessários para modelar uma aplicação apresentamos três topos de modelos: de 3 elementos, de 2 elementos e de 1 elemento.

MODELOS DE 3 ELEMENTOS

Estes modelos partem do pressuposto de que no mundo existem essencialmente três coisas: as **`entidades`** que são coisas individuais, distinguíveis de outras entidades. As características de uma entidade são os seus **`atributos`**.

Um atributo expressa o valor de alguma qualidade da entidade, como nome, peso e outros. As entidades não são totalmente independentes entre si, elas podem estar relacionadas entre si de alguma forma. Estes são os **relacionamentos**, a terceira 'coisa' necessária para descrever um 'mundo'. Com esses três conceitos, os modelos são chamados de modelos do tipo ERA (Entidade-Relacionamento-Atributo). Um dos modelos semânticos de dados do tipo ERA mais conhecido é o **Modelo Entidades-Relacionamentos (E-R)**. Um banco de dados neste modelo é formado por conjuntos de entidades, conjuntos de relacionamentos e os elementos de ambos os conjuntos podem ter atributos. Na figura 7.5 mostramos um pequeno exemplo de um esquema conceitual neste modelo, relacionando clientes a produtos, pelas compras que efetuaram.

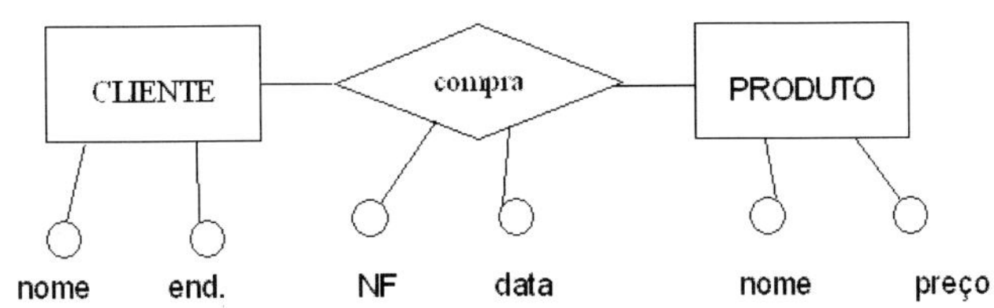

Fig. 7.5 – Diagrama E-R

O modelo E-R pode ser considerado uma extensão do modelo relacional, distinguindo dois tipos de relações: as entidades e os relacionamentos.

O modelo E-R foi estendido incorporando as principais características dos modelos semânticos, como as abstrações de generalização, agregação e agrupamento, atributos multivalorados, etc. Estas extensões receberam a denominação genérica de EE-R. Exceto o conceito de encapsulamento de operações, os modelos EE-R possuem todas as potencialidades de modelagem dos modelos orientados a objetos (OO).

Um outro modelo do tipo ERA é o *Modelo Funcional*. Este modelo considera o mundo povoado por domínios e funções definidas entre estes domínios. A distinção entre atributos e relacionamentos ocorre pelo tipo de contradomínio de uma função. É feita uma distinção entre domínios do tipo entidade, cujas instâncias são conhecidas pela sua estrutura e domínios de valores, como inteiros, strings, Booleano. Toda função tem como domínio um conjunto de entidades e, se o contradomínio também for um conjunto de entidades, temos um relacionamento. Caso contrário, se o contradomínio for um conjunto de valores, temos um atributo. Enquanto um esquema no modelo E-R é especificado por diagramas (Figura 7.5), para o modelo funcional existe uma linguagem denominada DAPLEX. O esquema sobre clientes e produtos da figura 7.5, seria especificado na linguagem DAPLEX da seguinte forma:

declare CLIENTE() → **entity**
declare PRODUTO()→ **entity**
declare compra(CLIENTE) → PRODUTO
declare nome(CLIENTE) → **string**
declare end(CLIENTE) → **string**
declare NF(compra) → **string**
declare data(compra) → **date**
declare nome(PRODUTO) → **string**
declare preço(PRODUTO) → **real**

Se houvesse uma generalização de CLIENTE para PESSOA a primeira declaração acima seria substituída por

declare PESSOA()→ **entity**
declare CLIENTE()→ PESSOA

Uma entidade é uma função que tem como contradomínio a classe entity, um relacionamento entre duas classes do tipo *entity* e um atributo é uma função entre uma classe e um domínio predefinido, como *string*, *date* ou *real*.

Note-se que para definir este modelo aparece algo a mais, que são os domínios predefinidos de valores de atributos.

MODELOS DE 2 ELEMENTOS

Em certas situações não é muito fácil distinguir se uma informação deve ser um atributo ou um relacionamento. Por exemplo, em uma classe de empregados de uma empresa, o cônjuge, é um atributo do empregado ou um relacionamento com outra pessoa? O departamento em que ele trabalha pode ter o status de entidade em uma aplicação ou ser um simples atributo em outra. Para evitar esta ambiguidade na modelagem existem modelos de dados que não fazem distinção entre relacionamentos e atributos, utilizando só entidades e relacionamentos (modelos ER) ou entidades e atributos (modelos EA). Nos modelos ER desaparece um detalhe não muito bem esclarecido nos modelos ERA, que são os valores dos atributos. O que é um valor de atributo no mundo real? Porque certas coisas às vezes recebem o status de entidade e às vezes o status de valor de atributo? Esta decisão parece ser governada por critérios subjetivos de como melhor representar uma propriedade no banco de dados. Mas, este tipo de preocupação não deve fazer parte da modelagem conceitual, pois deve ser totalmente passada para a próxima fase do projeto de um banco de dados, a transformação de um modelo ou esquema conceitual em um modelo ou esquema interno, este sim, governado por critérios de representação do sistema no computador.

O mais famoso modelo de 2 elementos é o próprio modelo relacional. Apesar do nome 'relacional' ousamos classificá-lo como um modelo EA (entidades-atributos). Os dois elementos de modelagem são a tupla e o atributo, sendo que a tupla pode ser considerada um modelo de entidade. Os relacionamentos são modelados como atributos ou tuplas de relações, não havendo nada que os distingue das entidades. Esta fraqueza foi reconhecida pelo próprio criador do modelo relacional, E.F. Codd, que em 1979 lançou uma extensão do modelo relacional, que ficou conhecido como Modelo Relacional/Tasmania, no qual ele, além de outras modificações, faz uma distinção clara entre dois tipos de relações: as *E-Relações*, que representam entidades e as *R-Relações*, representando relacionamentos.

A maioria dos modelos semânticos lançados nos anos 70 e 80, são modelos ER.

MODELOS DE 1 ELEMENTO

Por incrível que pareça, existem modelos de dados que partem de um único elemento básico: a entidade. Pergunta-se aí como um complexo banco de dados pode ser modelado com um único conceito. A solução são as abstrações, em particular agregação. Um relacionamento

As classes de entidades definidas são relacionadas entre si por agregações, generalizações e agrupamentos. Os atributos de uma entidade são agregações de entidades valor e um relacionamento é uma agregação das entidades relacionadas.

Assim, uma estrutura relacional definindo um estudante como `ESTUDANTE(NOME, MATRÍCULA, CURSO)`, nestes modelos define-se a classe `ESTUDANTE` como uma agregação das classes `NOME, MATRICULA` e `CURSO`.

Existem sistemas que se denominam extensíveis, o que significa que permitem que o próprio modelo de dados seja estendido. Assim, por meio de uma metalinguagem, novas abstrações ou outros conceitos podem a qualquer momento ser acrescentados ao modelo de dados. Esta característica é muito importante num tempo de rápidas mudanças, como a inclusão de dados multimídia, sistemas de informação geográficos, sistemas em tempo real, informações temporais, etc.

MODELAGEM COMPORTAMENTAL

Apesar de que, inicialmente, projetar um banco de dados significava projetar uma estrutura conceitual de dados que representasse todas as informações de uma organização, percebeu-se logo que a modelagem comportamental não poderia ficar restrita a parte do sistema de informação 'fora' do banco de dados, ou seja, o projeto dos programas aplicativos. Para poder aproximar cada vez mais o sistema de informação do sistema de banco de dados, as estruturas de dados teriam que ser desenvolvidas conjuntamente com as características comportamentais do sistema.

Como vimos no capítulo anterior, para esta modelagem, pode ser utilizado um modelo específico, como as Redes de Petri ou então, os modelos de dados podem oferecer elementos específicos para descrever operações conceituais sobre o banco de dados. Foi o caso do modelo ACM/PCM que permite modelar tanto os componentes ativos (ACM) como passivos (PCM).

Na maioria, os enfoques de modelagem comportamental para modelos semânticos de dados, parte-se do projeto do esquema conceitual dos dados para então, conhecendo-se as estruturas de dados, determinar quais operações irão afetar quais dados.

A modelagem comportamental sofreu uma mudança significativa com o advento da orientação a objetos. As operações não são mais elementos de 1ª ordem que estão ao lado das estruturas de dados, mas estão encapsuladas nos objetos, ou seja, descrevem as possíveis mudanças dos objetos de uma única classe.

7.4. Modelos Orientados a Objetos

Nos anos 80 começou a ocorrer uma revolução na programação de computadores que acabou se espalhando por todas as áreas da computação: a orientação a objetos. Com este novo paradigma da programação, a forma como vinham sendo elaborados programas de computadores passou a ser questionada, principalmente para sistemas grandes e complexos. Os problemas decorrentes da chamada 'crise de software', como adaptabilidade, flexibilidade e extensibilidade, requeriam uma nova forma de desenvolver software. A programação orientada a objetos veio como esperança de resolver estes problemas. Uma das principais características desta forma de programação é o deslocamento de conceitos de modularização do enfoque em processos para um enfoque nas estruturas de dados, ou seja, os objetos.

Este deslumbramento já deu lugar a uma visão mais pragmática da situação mas, não há dúvida, esta nova forma de desenvolver sistemas de computação tem qualidades inquestionáveis.

O surpreendente é que, apesar de já existir uma linguagem com o conceito de objetos nos anos 60, o SIMULA-67, as principais características da orientação a objetos também já foram bem estudados na década de 70. Trata-se dos *tipos abstratos de dados* que determinam o conceito de encapsulamento. Na área de bancos de dados foi concebido o conceito de *generalização*, que determina a noção de herança. Parece que o efeito revolucionário ocorreu com a fusão destes dois conceitos, os tipos abstratos de dados e a generalização, principalmente na linguagem SmallTalk'80.

Do ponto de vista de bancos de dados, a principal mudança se deu na modelagem comportamental. Por um lado, ela se tornou um elemento indispensável na modelagem de qualquer aplicação, mas, por outro lado, ela se concentrou na descrição do comportamento detalhado dos objetos de cada classe em separado, não dando atenção ao comportamento global do sistema.

Passamos a descrever as principais características do paradigma da orientação a objetos aplicado aos bancos de dados:

- **Objetos e mensagens:** um sistema é composto por objetos, que são entidades que possuem uma estrutura e comportamento predefinidos. Para possibilitar uma identificação natural dos objetos do sistema, não deve haver limitações quanto à complexidade de um objeto, principalmente imposições da implementação. As restrições de modelos de dados, como o relacional ou o modelo de redes, em que cada registro é uma tupla de campos atômicos, não existem mais. Um objeto pode ser uma lista, um conjunto ou qualquer outra estrutura e cada um de seus atributos também pode possuir uma estrutura complexa. As abstrações conhecidas nos modelos semânticos de dados se aplicam às classes de objetos. Um objeto possui um estado, que é determinado pelos valores de seus atributos. Mudanças deste estado ocorrem única e exclusivamente pelo recebimento de uma **mensagem** de outro objeto ou uma interface, que ativa um **método** do objeto atual para providenciar a mudança. Um método é como um pequeno programa que tem acesso aos atributos do objeto receptor da mensagem, como variáveis locais. Com esta estratégia consegue-se definir os objetos de uma aplicação de uma forma bastante completa e robusta e, ao mesmo tempo, um objeto se torna um elemento independente do sistema que poderá ser reutilizado para outras aplicações. Além disso, com as estruturas hierárquicas existentes, toda a estrutura e comportamento de um objeto pode ser reaproveitado para a criação de novos objetos um pouco diferentes do atual, aproveitando propriedades comuns.
- **Identificação de objetos:** um objeto como entidade semântica pode possuir um ciclo de vida bastante longo em um sistema. Além do mais pode sofrer transformações bastante profundas durante sua existência. Imagine, por exemplo, um sistema de controle de fabricação de certos produtos industriais. Um produto passa por inúmeras transformações desde sua descrição inicial até se tornar um produto final. Para possibilitar esta identidade de um objeto ao longo de suas transformações, não é recomendável utilizar um atributo comum que assuma esta identificação. Por isso foi criado o conceito de identificador de objeto (*OID*) como sendo um valor abstrato, determinado para identificar um objeto, independente de suas mudanças de estado e eventualmente até de estrutura. O *OID* é, portanto, um código interno associado a cada objeto existente,

que serve para distingui-lo dos outros objetos e também para reconhecer vários estados pelos quais ele passa.

- **Encapsulamento:** o principal ponto que distingue os modelos orientados a objetos dos modelos semânticos anteriores, é a forma de tratar a modelagem comportamental. Como no 'mundo real' um objeto é algo que tem uma existência no espaço, uma forma, um estado, que é dado pelos seus atributos, e se comporta de uma maneira específica, previsível, diferente de outros objetos, reagindo de forma específica a certas ocorrências. Assim, interagir com uma pessoa, uma árvore ou um automóvel claramente são situações distintas e cada objeto irá reagir de forma diferente à certos estímulos (mensagens). Portanto, na orientação a objetos parte-se do princípio de que o comportamento de um objeto é previsível e pode ser programado de antemão como parte de sua definição. Este comportamento programado é encapsulado no objeto, o que significa duas coisas: o comportamento de um objeto independe dos outros objetos e nada pode ser feito com o objeto além de mandar mensagens a ele ativando algum dos seus métodos pré-programados.
- **Herança:** Se os objetos estão organizados em uma estrutura de generalização, sabemos da discussão desta abstração, que todos os atributos (ou relacionamentos) da classe genérica são herdados pelas subclasses, ou seja, as instâncias destas classes também terão estes atributos com os mesmos valores. Esta qualidade de herança se estende, nos objetos, naturalmente à parte comportamental. Ou seja, todos os métodos definidos em uma classe são herdados para suas subclasses. Na herança de métodos, porém, ocorre algo diferente. O corpo do método da subclasse pode ser diferente do mesmo método da superclasse. Geralmente irá acrescentar alguns detalhes específicos dos objetos da subclasse. Por exemplo, se temos uma hierarquia de objetos modelando figuras geométricas (Figura 7.6), toda figura pode ser desenhada e, portanto, haverá um método *desenhar* na classe `FIGURA`. Mas, os detalhes como desenhar uma figura específica, só poderão ser programados nas classes mais específicas, pois cada tipo de figura tem uma forma específica de ser desenhada. A esta propriedade de um mesmo método (ou operação) realizar tarefas distintas, dependendo de para quem está sendo aplicado, se chama de **polimorfismo**. A realização do polimorfismo significa que, ao compilar um programa, pode não estar claro que tipo de objeto mais concreto irá receber certa mensagem. Para poder executar o programa, em tempo de execução terá que ser 'amarrada' ao programa a rotina adequada ao objeto que no momento está na variável, para ser executada. Se X é uma variável do tipo FIGURA, ela poderá receber qualquer tipo de figura da hierarquia. Se ela receber uma mensagem *X* ← *desenhar* o programa terá que verificar que tipo de figura está em X para então transferir para a rotina *desenhar* adequada à figura. A isto chamamos de **amarração dinâmica**.

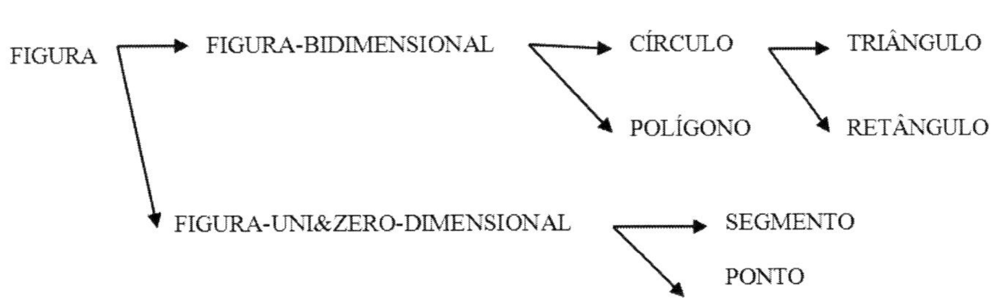

Figura 7.6. Hierarquia de objetos

OBJETOS VERSIONADOS

Uma característica que não está em todos os sistemas orientados a objetos, mas que pode ser extremamente útil, são os objetos versionados. Objetos como um automóvel que está sendo construído ou um livro que está sendo escrito, são exemplos de objetos que passam por inúmeras versões antes de estarem concluídos. Se por algum motivo for importante manter mais de uma versão de um objeto ao mesmo tempo, um mecanismo de controle de versões se faz necessário, pois o mesmo objeto aparecerá várias vezes no sistema. Podemos distinguir os seguintes tipos de versões coexistentes:

- VARIANTE: se de um mesmo objeto são desenvolvidos várias formas (por exemplo, um software é desenvolvido em uma variante para Linux e outra para Windows);
- ALTERNATIVA: são tentadas várias alternativas de desenvolvimento de um objeto, mas somente uma versão permanece como válida (por exemplo, um produto é desenvolvido em madeira e em plástico, mas só uma das alternativas se torna o produto final);
- PARTE: um objeto é desenvolvido em várias partes que depois serão compostas para formarem o produto final (por exemplo, um livro, no qual vários capítulos são escritos por autores diferentes). Além disso, um objeto quando pronto, poderá ter várias VISÕES do mesmo objeto que devem permanecer no sistema (por exemplo, em um software desenvolvido, sobrevivem a visão da *análise*, a visão do *projeto* e a visão da *implementação*).

Com a importância da orientação a objetos e certa confusão que vinha sendo criada em torno deste novo paradigma, a sociedade americana de normas ANSI criou um grupo para tentar uma uniformidade básica na terminologia e nos conceitos, denominado OMG (Object Management Group). Este grupo publicou, em 1992, um padrão de especificação de objetos para comunicação entre sistemas homogêneos, denominado CORBA (Common Object Request Broker). Como os bancos de dados têm algumas características específicas sobre um modelo geral de objetos, foi criado o ODMG (Object Data Management Group) para estender o modelo CORBA com os requisitos específicos de modelos conceituais de bancos de dados. Foi lançado então o *Object Database Standard: ODMG-93*, que se encontra em sua versão 3.0. Mostramos aqui, as principais característica deste padrão. A linguagem associada ao ODMG, a ODL (Object Definition Language) será vista no capítulo 9.

Os conceitos básicos do ODMG são objetos, tipos, operações, propriedades e subtipos. **Objetos** podem ser *mutáveis*, que seriam os objetos propriamente ditos e *imutáveis*, que passam a ser chamados de ***literais***. Objetos e literais podem ser atômicos ou estruturados. Todo objeto possui um *identificador de objetos*, sendo que os literais se identificam por seu próprio valor. Objetos podem ser criados e destruídos. O tempo entre a criação e destruição de um objeto é chamado seu tempo de vida. Literais são eternos.

Conjuntos de objetos que têm alguma semelhança entre si são considerados uma classe de objetos. Todas as propriedades semelhantes são descritas na classe como atributos e relacionamentos, e assumem valores específicos para cada objeto instância da classe. **Tipos** seriam classes de literais ou objetos imutáveis, que têm propriedades próprias, possuem uma interface e uma ou várias implementações.

Operações são definidas por meio de sua assinatura: o nome da operação, os argumentos, resultados e possíveis exceções. Uma operação pode ser aplicada a qualquer instância do tipo. O primeiro argumento da operação é distinguido como o receptor da operação. A implementação de uma operação é chamada de método.

O **estado** de um objeto é definido pelos valores de suas propriedades atuais. As propriedades se dividem em atributos e relacionamentos. Atributos assumem literais como valores enquanto relacionamentos associam objetos entre si. Todos objetos são encapsulados como instâncias de suas classes, que definem sua interface para serem acessados.

Classes podem ser agregadas formando classes compostas. Esta agregação pode ser do tipo Estrutura ou Coleção. Também estão relacionadas hierarquicamente entre si pela relação de generalização.

Sistemas de Bancos de Dados Orientados a Objetos podem ser construídos de uma das seguintes formas:

- Sistema **Objeto/Relacional:** As interfaces e estruturas de dados incorporam conceitos da orientação a objetos, mas o gerenciamento e manipulação dos dados é relacional. (Vantagens: consultas tipo SQL);
- **OODBMS**: tanto os esquemas dos dados como o gerenciamento são orientados a objetos (Vantagens: linguagem integrada, performance);
- **Mapeamento OO-RDBMS:** o gerenciador é relacional, mas possui um interface de modelagem e consultas orientadas a objetos (Vantagens: não afeta aplicações atuais; baixo custo; permite novas aplicações com SGBD atual; flexibilidade para novas aplicações);
- **Servidores especializados:** com camada de integração (Vantagens: integra BDD + Textos + Outras).
- **Software de componentes:** Independência entre o SGBD e as aplicações (Vantagens: acesso remoto universal a DMS local, e-mails, arquivos).

7.5. Visões relacionais e visões de objetos

No parágrafo 2.1 do capítulo 2 foi visto que, segundo a dimensão ponto-de-vista da arquitetura ANSI/SPARC, um sistema é descrito em três níveis distintos. O nível interno, o nível conceitual e o nível externo. No nível externo são desenvolvidos diversos esquemas adequados às diversas aplicações ou setores da organização. Cada esquema externo deverá formar um modelo adequado ao setor que ele pretende atender. Será um subesquema do esquema conceitual, mas poderá ter terminologia própria e até mudanças estruturais. Os nomes das classes, atributos ou relacionamentos podem ser mudados, duas classes podem ser juntadas para formar uma classe do esquema externo, relacionamentos podem ser transformados em atributos e a extensão de uma classe pode ser reduzida por um predicado de seleção. O esquema externo tem que estar de tal forma que atenda a todas as necessidades do setor específico e iniba todo uso não autorizado de dados.

É importante notar que para o usuário, o seu esquema representa um banco de dados que ele pode acessar e manipular segundo suas necessidades. Isto não tem nada a ver com o fato de que este banco de dados é puramente virtual, pois todo acesso será transformado para o esquema conceitual e deste para o esquema interno que representa a estrutura do banco de dados físico.

No próximo capítulo veremos que, ao projetar uma aplicação, existem duas possibilidades: ou se desenvolve primeiro o esquema conceitual, para então derivar os diversos esquemas externos (método *top-down*), ou se projeta primeiro cada esquema externo e a integração destes dará origem ao esquema conceitual (método *bottom-up*).

Segundo a arquitetura ANSI/SPARC, o esquema externo pode ser descrito por um outro modelo de dados do que o esquema conceitual. Assim cada esquema externo poderia ter seu modelo de dados adequado aos dados do setor a ser modelado. Por exemplo, um setor de projeto poderá ter requisitos de modelagem bem diferentes do setor de produção ou do setor de vendas. Esta multiplicidade de modelos não é explorada na literatura e nos restringiremos ao caso em que os esquemas externos utilizam o mesmo modelo de dados do esquema conceitual. Veremos como podem ser definidos os esquemas externos a partir de esquemas conceituais orientados a objetos ou a partir de esquemas conceituais relacionais.

VISÕES DE OBJETOS

A forma mais simples de se derivar um subesquema de objetos é utilizar as abstrações conhecidas. Assim, para reduzir as instâncias de uma classe utiliza-se uma especialização (Fig. 7.7b), para reduzir o número de atributos pode ser aplicada a generalização (Fig.7.7a) e para juntar vários objetos em um só, a agregação é adequada (Fig. 7.7c).

Nem sempre as abstrações são o meio mais adequado para se obter uma visão. Por exemplo, na classe `TRABALHADOR` da *`visão trabalhador`* (Fig. 7.7b) todos os atributos de `EMPREGADO` podem ser herdados, mas na *`visão fabricação`* podemos querer menos atributos. Por exemplo, o salário e a data de admissão provavelmente não interessarão a esta visão. Portanto, será mais adequado definir uma nova abstração, que podemos chamar de `visão-de-fabricação`, que irá escolher alguns objetos da classe origem com alguns atributos. Definimos esta abstração como uma função que, a partir de uma classe cria uma nova com os requisitos desejados. Esta função terá a forma

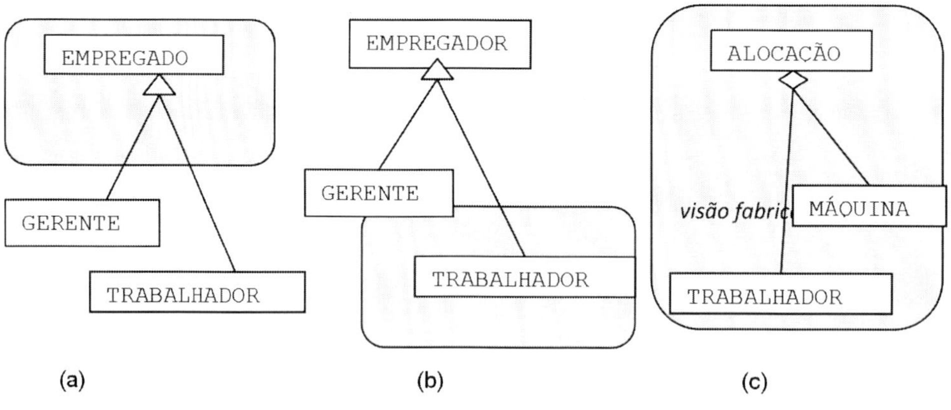

Figura 7.7. Visões de objetos

```
NOVA-CLASSE ← visão-de(CLASSE-ORIGEM; predicado; <lista de atributos>)
```

No exemplo acima poderíamos ter

```
TRABALHADOR ← visão-de(EMPREGADO; categoria='trabalhador'; <nome, turno, habilidades>)
```

VISÃO RELACIONAL

As visões no modelo relacional podem ser construídas a partir dos elementos básicos do modelo. Como uma visão nada mais é do que um esquema derivado a partir das relações do banco de dados, basta encontrar a expressão da álgebra relacional que cria o esquema desejado. Isto sempre é possível devido a qualidade de completeza da álgebra relacional, ou seja, não existe esquema derivável que não possa ser obtido através de uma expressão da álgebra relacional. Uma visão completa será formada por uma ou várias relações derivadas do esquema original. Portanto, a criação de uma visão completa ocorre pela execução de uma ou várias expressões na álgebra relacional e o resultado de cada expressão é passado para o nome de uma relação da visão.

Consideremos as notações:

- A[condição]: a seleção de elementos de A que satisfazem a condição;
- A[at_1,..,at_n]; a projeção de A nos atributos at_1,..,at_n;
- A >< B: a junção de A com B.

No exemplo acima, teríamos, como visão de uma relação

```
TRABALHADOR = (EMPREGADO[categoria='trabalhador'])[nome, turno, habilidades]
```

ou seja, uma seleção seguida de uma projeção.
A criação de uma visão também pode envolver várias relações. Suponhamos o banco de dados

```
USUARIO(UId, Nome, Situação)
EMPRESTIMO(Exemplar, UId, De, Até)
```

E queremos criar uma visão com o nome dos usuários atrasados. Serão os usuários que tenham um empréstimo em aberto (Até=99991231) por mais de 5 dias (De<hoje – 5):

```
ATRASADO = (USUARIO >< EMPRESTIMO[De<hoje-5, Até='*'])[Nome]
```

É a junção natural das duas relações pelo atributo comum UId, selecionando as tuplas com empréstimos em aberto vencidos, projetando no atributo Nome. A notação A >< B significa a junção natural de duas relações.

Um cuidado especial deve ser tomado quanto à manipulação dos dados em uma visão. Por exemplo, se a relação EMPREGADO original ainda tinha os atributos Data-Admissão e Salário não será possível inserir novos trabalhadores na *visão trabalhador*, pois ela não tem acesso a estes atributos. Por essa razão, toda relação do esquema conceitual terá que ter uma visão com acesso a todos os atributos. Pode-se optar por atribuir a um administrador do banco de dados acesso livre a todas as relações do banco de dados. Seria como definir uma visão 'Administrador' formada por todas as relações existentes.

Também deve ser levado em consideração que na visão não podem ser feitas alterações que violem alguma regra do esquema conceitual que não esteja na visão. Por exemplo, não posso efetuar uma devolução na visão formada só pela tabela `ATRASADO`, pois esta operação tem que atualizar o atributo `Situação` de `USUARIO`, que é uma informação que não faz parte da visão.

7.6. Dicionário de dados e transformações entre esquemas

No capítulo 2 foram mostrados uma variedade de elementos adequados a uma boa modelagem conceitual de uma aplicação. Como já foi ressaltado, o enfoque da modelagem conceitual deve ser totalmente voltado para captar, da melhor maneira possível, as estruturas da aplicação em si, e não se preocupar com as estruturas do computador, o tipo do SGBD ou outros detalhes de implementação. Também foi mostrado que, segundo a arquitetura ANSI/SPARC, os três esquemas, externo, conceitual e interno, podem ser descritos por modelos de dados distintos ou não. Em todos os casos, um sistema que está operacional deverá ter os três esquemas bem definidos e todo o processamento de dados efetuado pelas interfaces do esquema externo deverá ser convertido para o banco de dados físico, no qual os dados serão processados. Então deverá haver transformações entre os três níveis e um dicionário de dados que permite a navegação entre estes níveis.

Os casos mais típicos de arquiteturas de aplicações são os seguintes:

	Esquemas Externos	Esquema Conceitual	Esquema Interno
1. Níveis homogêneos relacionais	Relacional	Relacional	Relacional
2. Níveis homogêneos objetos/semânticos	Objetos	Objetos	Objeto/Relacional
3. Níveis heterogêneos	Objetos ou outros	Objetos	Relacional

É claro que há outras combinações possíveis, principalmente para o esquema externo, que pode ter um modelo bem específico para sua aplicação (multimídia, espacial, textual ou outros).

Como foi visto no capítulo anterior, o projeto dos esquemas externos e do esquema conceitual pode ocorrer de duas formas:

1. *Top-down*: primeiro projetar o esquema conceitual global e deste esquema derivar os esquemas externos (ou visões).
2. *Bottom-up*; Projetar cada aplicação separadamente e então realizar a integração de todos os esquemas externos para criar o esquema conceitual.

A forma *top-down* tem a vantagem de os esquemas serem consistentes entre si o que garante que o mapeamento da ações externas para o nível conceitual pode ocorrer sem maiores problemas. Mesmo quando o esquema de uma aplicação tenha um modelo próprio, a conversão de seus dados para o modelo conceitual já estará bem definida pelo processo de criação dos esquemas. Um exemplo típico poderia ser um Sistema de Informações Geográficas. Poderá haver uma interface para manipulação dos dados convencionais e outro dos dados espaciais, cada um com um esquema bem distinto do outro.

No caso do projeto *bottom-up* a situação pode ser bem diferente. Cada projetista de uma aplicação deverá ter liberdade de criar sua aplicação sem levar em consideração outras aplicações ou o esquema conceitual. Após o desenvolvimento das aplicações é criado um esquema conceitual unificado integrando os diversos modelos externos. Este processo também é conhecido como Integração de Visões. Esta abordagem tem a vantagem de cada desenvolvedor de uma aplicação ter total liberdade para criar seu sistema sem ter que aceitar restrições impostas pelo sistema global.

A problemática de diferenças e conflitos entre os esquemas que podem ocorrer nesta integração, tem uma grande semelhança com a integração de vários bancos de dados de uma organização para criação de um Banco de Dados Distribuídos e será analisada no próximo capítulo, em particular na seção 8.2.2. Veremos, nesta seção, mais alguns detalhes sobre o mapeamento entre o esquema conceitual e o esquema interno.

7.6.1. Níveis homogêneos relacionais

No caso de níveis homogêneos relacionais, a transformação do esquema conceitual para o esquema interno é o próprio processo de normalização visto na seção 7.2.3. Ou seja, as relações definidas conforme o usuário as concebeu, baseadas nas estruturas conceituas, são convertidas em uma estrutura ótima para o SGBD. As estruturas originais serão relações que não estão sujeitas a nenhuma restrição de normalização, acompanhadas de possíveis dependências funcionais, dependências multivaloradas e outras regras. São submetidas ao processo de normalização e, para as outras regras, tenta-se criar *triggers* que evitam sua violação.

Neste caso, ocorre um fato que não coaduna com a filosofia dos três esquemas. Após o processo de normalização, as tabelas originais são abandonadas e o usuário terá que entender as estruturas criadas pela normalização. Isto irá influir na definição dos esquemas externos (visões) que, neste caso, serão definidos a partir do esquema relacional interno obtido pela normalização. Do ponto de vista de funcionalidade, esta forma pode até ser mais eficiente, pois um processamento numa visão externa será convertido diretamente para o esquema interno, que descreva as estruturas como os dados estão armazenados.

Sem dúvida, um dos principais papéis do esquema conceitual é permitir um bom projeto do sistema de informação. Uma vez projetado o sistema, e as visões externas e internas desenvolvidas, pode-se discutir a utilidade do esquema conceitual. Mas, essa utilidade irá se fazer notar quando surgirem alterações, adaptações ou extensões do sistema desenvolvido. Nestes casos o papel do esquema conceitual voltará a se tornar muito importante para garantir a integridade do sistema como um todo.

Outra observação a ser feita é que em muitos casos, principalmente em aplicações menores, não haverá a necessidade de desenvolver esquemas externos, pois não estão previstas aplicações locais que só utilizarão parte do banco de dados. Nestes casos, o esquema conceitual atende a todas as necessidades e acaba fazendo o papel de um único esquema externo.

A criação de esquemas externos relacionais é baseada na definição de **visões,** como foi visto na seção 7.5. Uma visão é uma relação virtual criada a partir das relações básicas existentes, por meio de uma expressão da álgebra relacional. Por meio desta expressão, poderão ser eliminados atributos, selecionadas algumas tuplas de uma relação inteira ou juntadas várias relações para formar uma visão integrada. Um esquema externo seria então um conjunto de visões relacionais.

Considerando o esquema inicial (conceitual) de automóveis (Apêndice 2):

```
AUTOMOVEL(PLACA, COR, FABRICANTE, MODELO, (PROPRIETÁRIO, DE, ATE)*)
```

que deu origem ao esquema (interno) normalizado

```
{<DONO-AUTOMÓVEL(Placa, Cor, Proprietário, De, Até)>,
<FABRICA(Fabricante, Modelo) >,
<TIPO(Placa, Modelo), F1>; I1, I2}, com
I1= DONO-AUTOMÓVEL[Placa] Í TIPO[Placa]
I2 = TIPO[Modelo] Í FABRICA[Modelo].
```

Queremos criar uma visão, a partir do esquema conceitual, que contenha a relação dos automóveis atualmente em circulação, sem nos interessarmos pelo seu proprietário nem pela data da aquisição. Isto daria

```
AUTO-ATUAL = (AUTOMÓVEL[Ate=99991231])[Placa, Cor, Fabricante, Modelo]
```

Esta visão, para ser criada a partir do esquema interno, seria definida por

```
AUTO-ATUAL= ((DONO-AUTOMOVEL[Até=99991231])  [Placa, Cor] >< Tipo)><FABRICA
```

7.6.2. Níveis homogêneos objetos/semânticos

Em níveis homogêneos de objetos a criação de esquemas externos se baseia nas visões de objetos vistas no parágrafo 7.5.

O mapeamento lógico entre o esquema conceitual e o esquema interno se baseia em dois pontos principais:

1. O modelo de dados do esquema conceitual pode ser mais rico do que o modelo do gerenciador, necessitando assim, modificações e adaptações;
2. Há regras de otimização do esquema de classes, baseadas em previsões de processamento futuro.

Quanto ao primeiro ponto, suponhamos um SGBD que comporte o modelo ODMG. Este modelo não comporta todos os conceitos descritos no capítulo 2. Vejamos como as principais diferenças poderão ser resolvidas:

- *Relacionamentos com cardinalidades mínima e máxima.* Como o ODMG não prevê as cardinalidades, a única forma de garantir as mesmas é fazer um controle dinâmico. A cada operação de atualização de um relacionamento terá que ser atrelado um *trigger* de verificação do atendimento às cardinalidades pela operação de modificação. O evento seria a operação de modificação e a condição da verificação da cardinalidade.

- *Relacionamentos e atributos de classe.* Estes relacionamentos associam uma classe como um todo a uma ou mais instâncias de outra classe. Estes valores não podem ser armazenados juntos com os relacionamentos de instância sem provocar uma imensa redundância. Uma solução pode ser a criação de uma classe especial que irá armazenar os relacionamentos de classe de todas as classes da aplicação. Para tal, terá que conter os nomes das classes relacionadas e o(s) valor(es) da classe destino.

- *Generalização.* Na generalização vimos que diversas restrições podem caracterizar a relação entre as subclasses e a superclasse, como a exigência de subclasses disjuntas ou a propriedade de cobertura. Estas restrições também terão que ser controladas por meio de operações de controle.

- *Agrupamento.* Neste caso há duas opções. Se os objetos *grupo* não têm propriedades próprias, o agrupamento pode ser transformado em um atributo com valores do tipo conjunto (*set-of*). Quando os objetos *grupo* tiverem atributos próprios, isto não é possível. A classe dos grupos é criada e se estabelece um relacionamento normal entre ela e a classe dos elementos.

- *Agregação.* Para este caso a classe agregada é criada e cada componente terá um relacionamento denominado '*parte-de*' com a classe agregada.

7.6.3. Níveis heterogêneos

A principal tarefa, neste caso, é a transformação de um esquema conceitual definido por um modelo de objetos para um esquema interno relacional. Mostraremos um algoritmo que converte cada um dos conceitos semânticos de um modelo de objetos em elementos do modelo relacional. Este mapeamento se concentrará na transformação dos elementos estruturais e não nos elementos comportamentais, pois o modelo relacional não possui nada comparável ao encapsulamento de operações. Temos então que converter os conceitos de classe de entidades, relacionamento, atributo de instância, relacionamento de classe, generalização, agregação e agrupamento em relação, tupla, atributo e chave.

Recordamos que uma *chave* é dada por um ou mais relacionamentos/atributos que identificam as entidades das classes. O algoritmo se baseia em modelos de dois elementos, ou seja, não distingue relacionamentos de atributos. Ambos são chamados de relacionamentos. O que é conhecido como domínio de um atributo aqui é chamado de classes de domínio, como `INTEGER, STRING, NOME,`

O algoritmo é dividido em duas partes, uma obrigatória e uma opcional. A parte obrigatória pode ser realizada automaticamente, pois consiste em uma transformação direta de conceitos, enquanto a segunda parte necessita da interferência do projetista que determinará detalhes da estrutura final do banco de dados.

ALGORITMO - ***Transformação de um esquema semântico em um esquema relacional:***
PARTE I:

a. para cada classe de entidades crie uma relação com o mesmo nome e inclua os atributos com valores monovalorados;
b. crie um atributo chave (OID) que conterá os valores das chaves do objetos,
c. para atributos multivalorados crie uma relação tendo como atributos a chave da relação criada e o nome do atributo multivalorado;
d. para cada relacionamento 1-1 ou n-1 (ou seja, com cardinalidade máxima 1) crie um atributo para a relação com o nome do relacionamento (ou o nome da classe relacionada), que conterá o OID desta classe;
e. para cada relacionamento n-m (ou seja, em que ambas as cardinalidades são > 1) crie uma relação especial

cujo nome será o nome do relacionamento e dois atributos, cada um com o nome de uma das classes relacionadas. Se uma das classes relacionadas possui uma chave composta, os componentes da chave deverão aparecer como atributos distintos no lugar do nome da classe;

f. para cada generalização, acrescente a chave da superclasse como atributo nas subclasses. Note que, exceto a chave da superclasse, só devem aparecer como atributos os relacionamentos específicos da subclasse;
g. para cada agregação acrescente cada atributo chave das classes componentes como atributo da relação da classe agregada, pois irá formar uma chave composta do agregado;
h. para cada agrupamento disjunto acrescente a chave dos grupos como atributo na classe de elementos;
i. para cada agrupamento não disjunto, cria uma relação especial que relaciona os elementos aos grupos. Terá como atributos as chaves da classe grupo e da classe elementos;

PARTE II:

Esta parte visa reduzir ou eliminar redundâncias no esquema gerado e reduzir classes primitivas (classes de domínio) a atributos. Cada passo é opcional, pois deverá ser verificado se, em certos casos, a redundância possa ser benéfica para aumentar a eficiência.

- para atributos com valores compostos, decida se ficará um só atributo com os valores dos componentes concatenados ou crie um atributo para cada componente; se um componente for multivalorado poderá ser criada uma nova relação, como no passo3 da parte I;
- para uma relação criada em que um dos atributos comuns já é uma chave, o atributo OID poderá ser eliminado;
- para relacionamentos n-m foram criados duas relações, uma para cada sentido. Elimine uma;
- para relacionamentos 1-1 foram criados atributos nas duas relações criadas, um pode ser eliminado. Se, no modelo conceitual, um dos sentidos tiver cardinalidade mínima 0, escolha a classe/relação origem desse sentido para eliminar o atributo;
- para generalizações, ao invés de criar uma relação para cada subclasse, pode ser criada uma única classe com os atributos de todas as classes envolvidas, alguns podendo ser nulos. É criado um atributo adicional, Tipo, que designa a qual subclasse pertence a tupla. Se a generalização for disjunta, este atributo será parte da chave. Se ela não for completa, ele poderá ter um valor nulo.

As decisões tomadas pelo projetista na parte II, terão consequências na manipulação posterior no banco de dados. A maioria das classes foi transformada em relações, mas algumas viraram simples atributos. A maioria dos relacionamentos virou atributo, mas para alguns foram criadas relações específicas. Na hierarquia de generalização, operações sobre as subclasses não fazem distinção entre propriedades definidas em uma subclasse e propriedades de uma superclasse, mas no esquema relacional elas ficam em relações distintas. Em consequência desta situação, uma operação primitiva de inserir, remover ou alterar uma entidade no nível conceitual, pode gerar operações bem distintas no nível interno. O sistema deve ter um dicionário de dados conceitual/interno bem elaborado, pois ele será a base para uma correta conversão das operações conceituais em operações internas. Também deve ser possível que o projetista, após alguns testes de performance, altere algumas decisões tomadas no passo II. Alguns elementos eliminados poderão ser reintroduzidos, já que alguma redundância pode aumentar a eficiência.

O que deve ser enfatizado é que em uma arquitetura com camadas conceitual e interna nunca deverá ser permitido ao usuário ter acesso direto ao esquema interno. O banco de dados interno tem que estar hermeticamente protegido pela camada conceitual, pois o esquema interno é completamente vulnerável a operações inconsistentes com a realidade do modelo conceitual. Com essa garantia não é necessário criar regras sofisticadas para garantir a integridade semântica das relações criadas, pois o mapeamento correto das operações conceituais terá que ser feito para evitar estes riscos.

Vale ressaltar que com o mapeamento a partir de um esquema semântico, como o que acabamos de ver, os problemas de dependências entre atributos não aparecem mais no esquema relacional, pois já foram considerados no esquema conceitual e resolvidos pela forma de mapeamento.

7.7. Bancos de Dados NoSQL

O termo NoSQL (ou *Not SQL*) não significa um novo modelo de dados, é mais a negação de um modelo de dados, no caso, o modelo relacional. Também pode ser entendido como sistemas que não só usam o modelo relacional (*Not Only SQL*). Enquanto em um banco de dados relacional todos os dados estão alocados em tabelas normalizadas, ou seja, contendo tuplas de valores primários, toda estrutura que diverge desta estrutura rígida, pode ser considerada NoSQL. Podem ser atributos com valores não primários ou a falta ou excesso de atributos. Em muitos casos, um sistema NoSQL não possui esquema, devido a variedade das estruturas de seus componentes.

Neste sentido, o modelo relacional não normalizado (NF2), os modelos semânticos, os orientados a objetos e até os anteriores (hierárquico e de redes) podem ser considerados NoSQL. Mas, este nome é aplicado a sistemas mais recentes, altamente complexos e distribuídos, para os quais os princípios do modelo relacional não podem mais ser mantidos, principalmente as qualidades ACID (Atomicidade, Concorrência, Integridade e Durabilidade)[1]. Um Banco de Dados NoSQL pode integrar fontes de dados em formatos diversificados, em volumes muito grandes e com um público de usuários que acessam e manipulam esses dados também muito grande. Dada a diversidade das fontes de informação, estes bancos de dados costumam não ter um esquema global, que descreve toda a aplicação.

Enquanto em sistemas SQL o banco de dados tem uma finalidade de **integração** dos dados de uma organização, em um sistema NoSQL vários bancos de dados de **aplicação** são acessados por alguma forma de interoperabilidade. Este uso de vários bancos de dados distintos também é denominado **persistência poliglota**.

No capítulo 8 serão vistas as diversas formas de Bancos de Dados Distribuídos, que podem compor um sistema NoSQL. Veremos aqui os quatro principais tipos de bancos de dados que podem compor um banco de dados NoSQL. Para cada tipo de banco de dados haverá um modelo e dado específico. Cada banco de dados de aplicação de um sistema NoSQL costuma ser de um destes tipos ou é um sistema relacional ou objeto-relacional.

BANCOS DE DADOS BASEADOS EM CHAVES

Este modelo é extremamente simples, pois pressupõe que o banco de dados é composto por um grande arquivo de **itens** identificados por **chaves**. O detalhe é que a estrutura destes itens não precisa ser tão rigorosa como em uma tabela relacional. O item pode ser estruturado, semiestruturado ou não estruturado.

[1] Vide seção 8.1.2

Por exemplo, sistemas de biblioteca costumam descrever os livros em um formato denominado MARC. Como os detalhes que descrevem um livro podem ser bastante distintos entre um livro e outro, o formato MARC prevê centenas de possíveis itens para descrever um livro, dos quais, cada livro só utilizará alguns poucos. Com esta característica, não é viável definir centenas de atributos ficando a maioria deles em branco. Por exemplo, o registro MARC do livro "*Sistemas de Bancos de Dados – 6ª Edição, de R. Elmasri & S. Navathe*" teria os seguintes itens (resumido):

```
100-1  $a Elmasri, Ramez                           (autor nome)
240-1 0$a Fundamentals of database systems-6th ed.  (título original)
   $l Português                                   (idioma do livro)
242    $a Sistemas de banco de dados               (titulo traduzido)
245-1 0   tradução Marília Guimarães Pinheiro      (dados adicionais)
240    $a 6ª Edição                                (edição)
260    $a São Paulo $b Pearson $c 2010             (editor: local, nome e ano)
300    $a 724p.                                    (numero de páginas)
650-0 4$a Banco de dados                           (palavra chave)
650-0 4$a Projeto de banco de dados                (palavra chave)
700 1  $a Navathe, Shamkant                        (co-autor)
```

Utilizando o ISBN desse livro como chave, teríamos o seguinte registro:

```
<(8-579-36085-4) (100-1  $a Elmasri, Ramez; 240-1 0$a Fundamentals of database
    systems-6th ed. $l Português; 242    $a Sistemas de banco de dados; 245-
    1 0  tradução Marília Guimarães Pinheiro; 240    $a 6ª Edição; 260    $a
    São Paulo $b Pearson $c 2010; 300    $a 724p.; 650-0 4$a Banco de dados;
    650-0 4$a Projeto de banco de dados; 700 1  $a Navathe, Shamkant)>
```

O primeiro campo é a chave dada pelo ISBN e o resto são os itens, separados por ';'. Note que o conteúdo de cada item é identificado pelo código MARC, os itens são de tamanhos diferentes e podem ser repetidos. Se este sistema registrar, além dos livros, para os exemplares poderia ser criado um código `900 $a` contendo o número de tombamento e um `900 $b com` a situação do exemplar, se ele está emprestado ou disponível.

BANCOS DE DADOS BASEADOS EM DOCUMENTOS

O nome Banco de Dados em Documentos não significa, como poderia parecer, que os dados estão em documentos textuais, como em um Sistema de Recuperação da Informação. Neste caso, um documento contém atributos, com um nome e um valor. A diferença com os dados bem formatados do modelo relacional é que os atributos podem variar de um documento para outro, precisando por esse motivo, serem definidos para cada campo de um documento. Há várias formas de modelar relacionamentos entre documentos.

Por exemplo, na linguagem do sistema MongoDB, o registro do livro de Elmasri&Navathe com dois exemplares poderia ser:

```
(a)  {_id: "8-579-36085-4",
              Autores: ["R. Elmasri", "S. Navathe"]
              Título: "Sistemas de banco de dados - 6ª Ed."
              Título original: "Fundamentals of database systems-6th ed."
          Exemplares: [{Nr-Tomb: "123456",
                        Situação: "Disponível" },
                       {Nr-Tomb: "123457",
                        Situação: "Emprestado" }
                      ]
        }
(b)  {_id: "8-579-36085-4",
              Autores: ["R. Elmasri", "S. Navathe"]
              Título: "Sistemas de banco de dados - 6ª Ed."
              Título original: "Fundamentals of database systems-6th ed."
          ExemplaresId: ["123456", "123457"] }
        {_id: "123456",
         Situação: "Disponível" }
        {_id: "123457",
         Situação: "Emprestado" }
```

Na versão (a), os exemplares estão embutidos no registro do livro, enquanto em (b) cada exemplar tem um registro próprio e em cada livro ficam registrados os *ids* dos respectivos exemplares.

O sistema MongoDB permite, como é típico para aplicações NoSQL, um ambiente distribuído de documentos. Neste ambiente, documentos podem ser replicados em vários nós. Neste caso, uma versão é definida como cópia **primária** e as outras serão cópias **secundárias**. Para garantir a consistência dos dados replicados, normalmente operações de acesso e manipulação dos dados devem ser realizados na cópia primária. Nesse caso, as cópias secundárias servem somente para o caso de falha do nó que contém a cópia primária. Em certos casos, para garantir maior eficiência no processamento, pode ser admitido uma leitura direta na cópia secundária, mas sem garantir que o valor seja o mais atual.

Para aplicações com um número muito grande de documentos ou com registros muito extensos, poderá ser útil criar **partições horizontais** ou **verticais** de uma classe de documentos. Maiores detalhes sobre estas técnicas de partição em sistemas distribuídos podem ser vistos na seção 8.2 deste livro.

BANCOS DE DADOS BASEADOS EM COLUNAS

Em bancos de dados baseados em colunas temos uma tabela com chaves de objetos a qual podem estar associadas várias **famílias de colunas**. Cada família de colunas é composta por **colunas** contendo uma chave e um valor. Para pensar esta ordem como tabelas relacionais, uma família de colunas seria uma tabela contendo a chave do objeto como atributo adicional, cada chave de coluna é o nome de um atributo e o valor da columa é o valor do atributo. A diferença em um sistema baseado em colunas é que objetos distintos da mesma tabela podem ter famílias de colunas distintas e, além disso, em tempo de execução podem ser adicionadas novas colunas a uma família. Outra característica é que colunas podem ser versionadas, ou seja, podem ter vários valores cada um com um carimbo temporal (*timestamp*).

Vejamos como ficaria nosso exemplo de livros e exemplares. Nesse caso acrescentamos uma informação adicional, o histórico de empréstimo de cada exemplar, usando a característica de versionamento de colunas.

CHAVE GERAL

8-579-36085-4	

FAMILIA LIVRO

CHAVE	**VALOR**
Nome	"Sistemas de banco de dados - 6ª Ed."
Autores	"R. Elmasri", "S. Navathe"

FAMILIA EXEMPLAR

CHAVE	**VALOR**
Nr.Tomb.	"123456"
Situação	"Disponível"
Tempo	20171101
Nr.Tomb.	"123456"
Situação	"Emprestado"
Tempo	20180115

Cada família é chamada de um agregado de dados do objeto, e a chave geral aponta para todas famílias de colunas associadas a ela.

Exemplos de sistemas baseados no modelo dos Bancos de Dados em Colunas são o BigMap, usado pela Google, e o Cassandra, utilizado pela Amazon.

BANCOS DE DADOS BASEADOS EM GRAFOS

Os três modelos anteriores são chamados de modelos de agregados, pois se baseiam em uma chave e os dados associados a ela são agregados de alguma forma. Estes modelos são adequados para aplicações que geralmente necessitam recuperar o agregado completo das informações de um objeto como uma página na Web ou o registro completo de um livro.

Um outro modelo de dados se baseia na estrutura de um grafo, formado por nós e arestas, os nós contendo informações e a arestas sendo possíveis relações entre estas informações. Esta estrutura pode ser adequada a aplicações que necessitam de menos dados agregados completos e se baseiam mais em navegações por múltiplos relacionamentos. Por exemplo, em um sistema que contém pessoas, livros e assuntos e relacionamentos *'amigo-de'*, *'está-lendo'*, *'tem-assunto'*, uma consulta típica seria *'quais dos meus amigos estão lendo algo sobre o assunto ocultismo?'*.

Como tanto os nós como as arestas podem ter propriedades (atributos), este modelo tem muita semelhança com o modelo Entidades-Relacionamentos (E-R) ou os modelos binários (tipo ER). A diferença é que no modelo de grafos um nó pode ser tanto um valor primitivo como uma entidade complexa e os relacionamentos são arestas dirigidas. Além disso, os modelos de grafos foram criados para atender com eficiência um ambiente distribuído com consultas focadas em múltiplos relacionamentos.

O nosso exemplo dos livros, acrescentando-se um usuário, ficaria (na linguagem do sistema Neoj4j):

```
(l1:LIVRO, {ISBN: '1558606474', Autores: 'Catell, Barry', Título:'ODMG 3', Traduzido: 'do
      inglês'})
(l2:LIVRO, {ISBN: '8521203616', Autores: 'Setzer & Silva', Título:'Bancos de Dados'})
      (u1:USUÁRIO (Nome:'Chiang Tze'})
      (e1:EXEMPLAR, {NrTomb: '050085', Situação: 'Disponível'}
      (e2:EXEMPLAR, {NrTomb: '030125', Situação: 'Emprestado'}
      (l1)-[:TemExemplar] -> (e1)
      (l2)-[:TemExemplar] -> (e2)
      (e2)-[:EmprestadoPara, {Data:201115}] -> (u1)
```

Note-se que dois livros não precisam ter os mesmos atributos e que uma relação pode ter atributos, como *'EmprestadoPara'* tem o atributa *'Data'*.

Esta especificação parece ser simplesmente uma variação linguística das anteriores. A diferença significativa ficará mais na forma de implementar estas cláusulas e no processamento de consultas.

7.8. Comentários bibliográficos

Os modelos de elos explícitos, como os modelos hierárquicos e de redes, já foram parte essencial dos livros sobre bancos de dados, mas agora estão relegados, se ainda são citados, aos apêndices [EN16, Apêndices D e E]. Além do valor histórico, eles ainda merecem ser citados por haverem semelhanças com os atuais modelos orientados a objetos e o modelo NoSQL baseado em grafos. Já o modelo relacional é obrigatório em todo livro sobre bancos de dados. Citamos, como exemplos, o clássico de Date [Dat03] e o nacional de Setzer & Silva [SS05].

O Modelo Relacional de Dados [Cod70] é, ainda, o modelo de dados mais difundido e incorporado na maioria dos SGBDs da atualidade. Introduções detalhadas a este modelo podem ser encontradas em todos os livros-texto sobre bancos de dados, em particular, os clássicos [Dat03], [EN16], [GUW08], [SKS12] e, em português, [SS05]. Estudos mais teóricos podem ser vistos em [Mai83] ou [AHV95].

As limitações semânticas deste modelo foram expostas, por exemplo, por B. Kent [Ke79]. Uma tentativa de incluir mais semântica neste modelo, resultando no que ficou conhecido como Modelo Relacional/Tasmânia

[Cod79] aproxima bastante este modelo do modelo E-R e já incorpora noções de orientação a objetos, como o conceito de *surrogate* para identificar os objetos independentemente dos atributos. Uma outra forma de permitir uma modelagem mais direta de estruturas mais complexas é o Modelo Relacional Não Normalizado, mais conhecido como NF2. Setzer & Silva [SS05] dedicaram um capítulo ao detalhamento deste modelo. Uma extensão do modelo relacional, introduzindo as abstrações de generalização e agregação, é o modelo SHM de Smith & Smith [SS77]

Um dos primeiros trabalhos destacando a importância de considerar a semântica dos dados é o modelo conhecido como Modelo Binário de Abrial [Ab74]. Por isso, esses modelos também são, às vezes, chamados de modelos binários. Outros modelos binários são o SDM [HM81], SAM [SL80] e THM [Sch83]. Este último tem a característica de acrescentar o tempo como primitiva de modelagem.

A classificação de modelos de dados nos tipos ERA, ER e E foi introduzida em [Gri87]. Uma discussão das diferenças entre ERA e ER também pode ser vista no capítulo *Modeling Objects: Using Binary- and Entity-Relationship Approaches* de Odell [Ode98].

O principal representante dos modelos ERA é, sem dúvida, o modelo Entidades-Relacionamentos (E-R) de Chen [Che76]. Trata-se do modelo que mais consideração tem recebido nos textos tradicionais sobre bancos de dados. Outros modelos desta classe, que são considerados extensões do modelo E-R, incluem as abstrações de generalização e agregação [SNF80, BCN93]. Uma apresentação bem detalhada e didática do modelo E-R estendido pode ser vista no livro de Setzer & Silva [SS05]. Além de apresentar um modelo EE-R com todas suas potencialidades os autores introduzem uma linguagem de descrição de esquemas conceituais e também uma linguagem de manipulação, com estrutura semelhante ao SQL. Os modelos binários, citados acima, seriam representantes do tipo ER.

O modelo de dados que segue o princípio de um elemento (modelo E) é o ACM/PCM de Brodie & Silva [BS84]. Este modelo é uma extensão do modelo SHM - *Semantic Hierarchic Model* lançado por Smith & Smith [SS77] que, por sua vez, é uma extensão do modelo relacional introduzindo, pela primeira vez, as abstrações de generalização e agregação. O modelo funcional [Shi81], que vê um banco de dados como conjuntos de entidades ou dados primitivos e funções entre estes conjuntos, também pode ser considerado um modelo do tipo E.

A inclusão da modelagem comportamental no modelo conceitual já foi proposta no modelo ACM/PCM [BS84], enquanto o uso de Redes de Petri para esta modelagem foi sugerida por Heuser et al. [HPR93] e Schiel & Mistrik [SM95].

Uma proposta de um formalismo para descrever modelos de objetos e, com isso, permitir o acréscimo de novas características, foi dada por Schiel [Sch02].

Os bancos de dados orientados a objetos são considerados em todos livros atuais sobre bancos de dados. Os livros de Kim [Kim95] e Khoshafian [Kho94] são integralmente dedicados a este assunto.

A modelagem baseada no modelo EE-R e seu mapeamento para um esquema relacional pode ser visto no capítulo 9 de [EN16] ou na seção 2.9 de Silberschatz et al. [SKS12].

Sobre Bancos de Dados NoSQL pode ser consultado o livro de Sadalage & Fowler [SF13] ou o capítulo 24 de Elmasri & Navathe [EN16].

7.9. Exercícios

1. Seja o esquema, no modelo Entidades-Relacionamentos, de uma família:

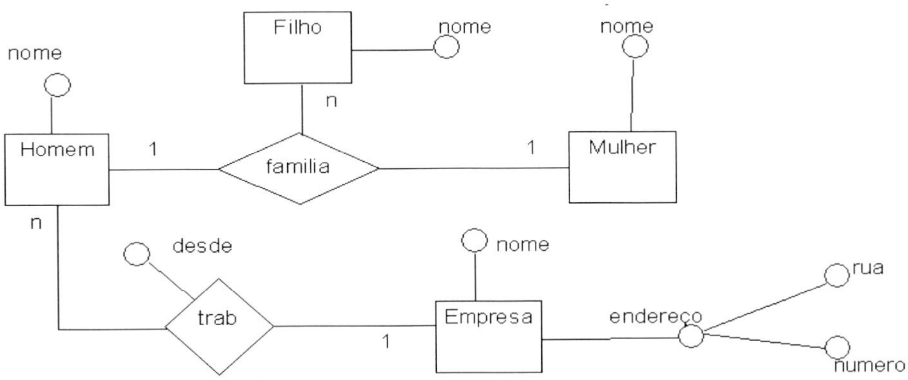

   a. Transforme-o em um esquema sem atributos, i.e. do tipo ER.
   b. Converta-o para um diagrama de classes em UML em que família é uma classe agregando Homem, Mulher e Filhos. Filhos, por sua vez, é um agrupamento de Pessoa e Pessoa é uma generalização de Homem e Mulher.
   c. Altere o esquema anterior para permitir casais homossexuais.

2. Para a solução do exercício 5 do capítulo 3:
   a. Converta o esquema obtido para um esquema do tipo ER, em que todos atributos são relacionamentos.
   b. Transforme o mesmo esquema para o modelo relacional.

3. Considerando que para o sistema do exercício 8 do capítulo 3 foi desenvolvido um esquema de objetos em UML suponha que ele será implementado em um banco de dados relacional. Defina o esquema relacional e as transformações necessárias.

4. No exercício 2 do capítulo 1 foi sugerido estudar o trabalho de B. Kent [Ke79] sobre as limitações do modelo relacional. Proponha soluções, para cada um dos problemas apontados, utilizando modelos de dados semânticos ou orientados a objetos.

5. Nas etapas de normalização ilustradas no Apêndice 1 sobre o sistema SOBI, justifique cada passo e ilustre as possíveis anomalias com exemplos.

6. Para o esquema conceitual do sistema SOBI (Apêndice 1)
   a. Transforme-o em um esquema relacional
   b. Para cada um dos 6 módulos do SOBI crie uma visão relacional que atende às necessidades desse módulo.

7. Imagine uma composição musical como um objeto. Utilize as noções de objetos versionados e as relações *pré-pós* para modelar os diversos estados pelos quais passa uma composição, desde sua concepção pelo compositor até suas diversas execuções. Para cada versão defina possíveis atributos e relacionamentos

com outras classes. Inclua em seu modelo o compositor e os diversos executores da obra. Considere que, dependendo da composição, a execução pode ser por um solista ou por um conjunto musical. Não se esqueça de modelar a forma de execução (Ao vivo ou por equipamento de som) e quando ela foi ou está sendo executada. Considere também que uma composição pode ter duas versões: uma para piano e outra para orquestra.

8. Crie uma especificação formal da relação *pré-pós completa* considerando objetos *c* instâncias de classes |C| e as funções pré(c) como a versão anterior de *c* e pós(c) a versão posterior de *c*. Defina também os conceitos de variante(c) e alternativa(c). Considere uma função atual(c) que determina que *c* é uma versão atual do objeto. Considere os objetos como temporais, sendo instâncias $<c,t> \in |C| \times T$

9. Releia as noções de herança do parágrafo 3.1.3.5 e tente aplicá-las às versões de objetos.

CAPÍTULO 8

ARQUITETURA

O banco de dados é o repositório de todas as informações eletrônicas disponíveis para um sistema de informação. Assim como uma empresa não computadorizada possui fichários, arquivos de correspondências, regulamentos, especificações e outros dados necessários ao seu funcionamento, o sistema de informação computadorizado tem essas fontes de dados parcial- ou totalmente armazenadas no computador. O papel da pessoa responsável pela manutenção e disponibilização destes fichários e documentos é substituído pelo Sistema de Gerência de Bancos de Dados (SGBD).

Do ponto de vista computacional, o banco de dados pode ser visto como uma solução para centralizar todas as informações eletrônicas existentes em uma organização com o objetivo de reduzir gastos com replicações das informações necessárias em aplicações diversas e, ao mesmo tempo, evitar inconsistências entre os dados. A disponibilização das informações adequadas para os usuários autorizados fica a cargo do SGBD.

Com o avanço da informática, tornou-se possível estender cada vez mais o espectro de informações passíveis de um armazenamento, manutenção e disponibilização de forma eletrônica. Além de proporcionar uma significativa redução de custos e consumo de papel, a informatização da gerência dos dados pode tornar seu uso muito mais eficiente e aumentar a segurança contra seu uso indevido.

Enquanto nas primeiras concepções de bancos de dados predominava o princípio de coletar todos os dados dispersos de uma organização em um único local, em diversos ambientes corporativos este princípio se mostrou inadequado. Com as novas tecnologias de comunicação tornou-se mais viável, por diversas razões, manter diversas fontes de informação independentes e, se necessário, realizar acessos integrados a estas fontes.

Mostraremos, neste e no próximo capítulo, as questões tecnológicas relacionadas a dois aspectos fundamentais de um SGBD:

1. A **localização dos dados** (este capítulo): podem estar todos centralizados em um único local ou podem estar distribuídos de diversas formas distintas;
2. A **abrangência de dados** (próximo capítulo): todos os dados podem ter um formato bem definido do tipo texto ou numérico, ou podem ser processados dados em formatos menos fechados, dados derivados ou outras mídias.

8.1. Bancos de Dados Centralizados

Com o avanço da computação em que os computadores ficaram cada vez mais potentes e a comunicação entre locais distantes foi ficando mais eficiente, se tornou possível e recomendável centralizar todos os dados de uma organização em um único local. Todos os arquivos de todas as aplicações ficam centralizados em um único repositório de arquivos interligados, o **banco de dados**.

Como um banco de dados nada mais é do que um conjunto de arquivos interligados entre si, é essencial a forma desta interligação entre os arquivos. Ela pode ser física, por meio de ponteiros, gerando bancos de dados do tipo hierárquico ou de redes, ou pode ser lógica, por meio de valores de atributos, gerando o modelo relacional.

Assim ficou possível controlar a qualidade e integridade destes dados de uma forma global e independente das aplicações e usos individuais dos dados. Principalmente porque uma mesma informação pode ser utilizada por várias aplicações e deverá se manter consistente.

Com o uso de um banco de dados, a parte de estruturação e controle dos dados é separada dos programas e aplicativos. Foi criado um software específico para este fim denominado **Sistema de Gerência de Bancos de Dados (SGBD)**. O SGBD tem como objetivos:

1. Disponibilizar, para cada aplicação, todos os dados de que ela necessita, como se esses estivessem separados do resto;
2. Evitar que uma aplicação acesse dados indevidos a ela;
3. Controlar o processamento integrado de todas as aplicações, principalmente o acesso concorrente aos mesmos dados;
4. Permitir a criação e manutenção do banco de dados global, independentemente de qualquer aplicação;
5. Permitir, a partir de um esquema global do banco de dados, a criação e manutenção de esquemas locais dos dados (visões) para cada aplicação específica.

No capítulo 1, na seção sobre o histórico de sistemas de informação (Seção 1.1.) foram apresentadas, na discussão dos sistemas de 2ª geração, as principais caraterísticas de um sistema de gerência de bancos de dados, como acesso aleatório, controle de concorrência, segurança dos dados e eficiência.

As principais características de um SGBD para atender adequadamente a seus diversos usuários são garantidas por dois elementos: o controle de visões e um sistema de transações.

8.1.1. Visões

Uma **visão** de um banco de dados é determinada por um subesquema do banco de dados que determina quais classes de dados e, destas, quais atributos estão disponíveis para cada aplicação. A determinação deste subesquema se dará por meio de três tipos de operações sobre o esquema principal:

Partição horizontal: seleção de algumas tuplas de uma dada relação. Por exemplo, para criar uma visão dos professores entre os usuários do sistema de biblioteca[8]:

```
PROFESSORES = SELECT * FROM USUARIOS WHERE TIPO="Prof"
```

Outro exemplo seria a determinação de todos os livros com, pelo menos, um exemplar emprestado:

```
LIVRO-EMP = SELECT * FROM LIVRO WHERE LIVRO.ISBN=EXEMPLAR.ISBN AND COUNT(EXEMPLAR.
```

[8] Para descrever a criação de visões utilizamos a sintaxe da linguagem SQL, que será apresentada em detalhes no próximo capítulo.

```
ISBN=EMPRESTIMO.ISBN)>0
```

1. **Partição vertical**: exclusão de alguns atributos. Por exemplo, dos livros emprestados só quero o nome e autor:

```
DADOS-LIVRO = SELECT Autores, Titulo FROM LIVRO-EMP
```

2. **Relações derivadas**: uma nova relação pode ser criada pela junção de outras. Por exemplo, à relação de livros emprestados, queremos acrescentar o nome do usuário a quem o livro está emprestado:

```
EMP-USUARIOS = SELECT LIVRO-EMP.* USUARIO.Nome FROM LIVRO-EMP, USUARIO WHERE USUARIO.ISBN
    = LIVRO-EMP.ISBN AND LIVRO-EMP.ISBN = EMPRESTIMO.ISBN
```

Deve ser enfatizado que as relações de uma visão são tabelas virtuais, elas não existem populadas com dados no banco de dados. Ao serem consultadas, os respectivos dados são obtidos das relações da base geral, por meio da execução do `SELECT` que definiu a visão. Também haverá restrições quanto à manipulação dos dados de uma visão, pois esta está sujeita às restrições do banco de dados. Por exemplo, da relação EMP-USUARIOS não posso simplesmente eliminar uma tupla, pois esta eliminação só pode ocorrer em consequência da devolução de um exemplar do livro.

Para um usuário a visão de sua aplicação é o seu banco de dados. Ele pode consultar seus dados e, se tiver autorização, poderá executar operações que alteram este banco de dados local. Fica a cargo do SGBD converter estas ações em operações sobre o banco de dados global.

Em nosso exemplo do sistema de biblioteca, podemos identificar dois tipos de usuários: o *bibliotecário* e o *usuário-cadastrado*. Para o esquema global:

```
LIVRO(ISBN, Autores, Titulo, Editora, Ano)
EXEMPLAR(ISBN, Nr-Tomb, Estado)
USUARIO(Uid, Nome, Tipo, Situacao)
EMPRESTIMO(Uid, Nr-Tomb, De, Ate)
RESERVA(ISBN, Usuário, Data)
ASSUNTO-DE-LIVRO(ISBN, Pal-chave)
```

Prevemos as seguintes operações para cada tipo de usuário:

```
Bibliotecário:
cadastrar-livro(j); cadastrar-usuário(u,tipo);
```

Usuário-cadastrado (supondo que o processo de empréstimo e devolução seja automizado):

```
consulta-livro(tit); empréstimo(l,u); devolução(ex,u) e reserva(u,l).
```

O bibliotecário, para poder realizar suas tarefas, terá a sua disposição as relações

```
LIVRO(ISBN, Autores, Titulo, Editora, Ano)
EXEMPLAR(ISBN, Nr-Tomb, Estado)
USUARIO(Uid, Nome, Tipo, Situacao)
ASSUNTO-DE-LIVRO(ISBN, Pal-chave)
```

e o usuário-cadastrado terá a visão:

```
LIVRO(Autores, Titulo, Editora, Ano)
EXEMPLAR(Nr-Tomb, Estado, Uid)
EMPRESTIMO(ISBN, Uid, Nr-Tomb, De, Ate)
USUARIO(Uid, Nome, Tipo, Situacao)
RESERVA(ISBN, Usuário, Data)
```

Note que, para atender às demandas do usuário o sistema disponibiliza duas relações sem o atributo chave `ISBN`. Na consulta, ele entra com o título do livro (ou parte dele) e o sistema retorna todos os livros com este título, utilizando o atributo chave `ISBN` para verificar quais exemplares estão disponíveis. No caso de uma reserva, o atributo `Estado` de `EXEMPLAR` é alterado para `'reservado'` e a identificação do usuário é colocada no atributo `Uid`.

8.1.2. Transações

Uma **transação** é uma agregação de várias ações que, conjuntamente, realizam uma transformação válida em um banco de dados. Um SGBD deve estar apto a processar um número significativo de transações ao mesmo tempo. Para que o banco de dados se mantenha consistente com o mundo no qual ele está inserido, o sistema de processamento de transações deve garantir certas características básicas. Estas características são denominadas ACID – Atomicidade, Consistência, Isolamento e Durabilidade:

- **Atomicidade**: Uma transação é indivisível, ou seja, ou ela processa todas as ações que a compõe ou nenhuma delas;
- **Consistência**: As ações que compõem uma transação deverão ser tais que esta sempre leva um banco de dados de um estado consistente para um novo estado consistente;
- **Isolamento**: Como o SGBD pode estar processando várias transações concorrentemente, esta concorrência não deve afetar o resultado de cada transação. Ou seja, qualquer reordenamento ou serialização das transações irá produzir o mesmo resultado.
- **Durabilidade**: O resultado de uma transação não deve ser desfeito por outra.

O grande desafio do SGBD é garantir a manutenção destas qualidades sem afetar demasiadamente a eficácia do sistema. Deverá permitir o máximo de concorrência entre as transações sem afetar a qualidade de isolamento.

No exemplo das duas visões acima, poderá ocorrer de duas transações `empréstimo(l,u)` e `reserva(u,l)` serem executadas simultaneamente com o mesmo livro. Como ambas irão acessar e alterar o atributo `Situação` de `EXEMPLAR` o sistema deverá garantir que durante a execução de uma delas a outra não possa acessar este atributo.

8.2. Bancos de Dados Distribuídos

Uma das principais motivações do conceito de banco de dados é a centralização de todos os dados eletrônicos de uma organização, a fim de facilitar a manutenção de sua integridade e permitir o que é chamado de independência dos dados. Ou seja, os dados da organização existem independentemente das aplicações individuais e também são controlados de forma centralizada.

Todavia, esta ideia conceitualmente válida e bem justificada, pode se tornar menos recomendável ou inviável por razões técnicas ou administrativas. Há diversas razões que podem justificar a distribuição da localização e administração dos dados:

- *Autonomia local*: ao contrário do esquema de visões em um banco de dados centralizado, o administrador do local tem autonomia para manter seu banco de dados;
- *Eficiência*: aplicações locais têm suas necessidades de comunicação com o banco de dados central reduzidas;
- *Confiabilidade*: se um local tiver uma falha, os outros continuam operando;
- *Disponibilidade*: uma replicação dos dados entre vários nós aumenta a disponibilidade dos mesmos;
- *Aceleração do processamento de consultas*: consultas globais podem ser divididas em subconsultas processadas em paralelo.

Com a tendência de distribuição de computadores de baixo custo em muitos locais de uma organização, a localização dos dados perto dos locais de seu uso se tornou bastante atrativa.

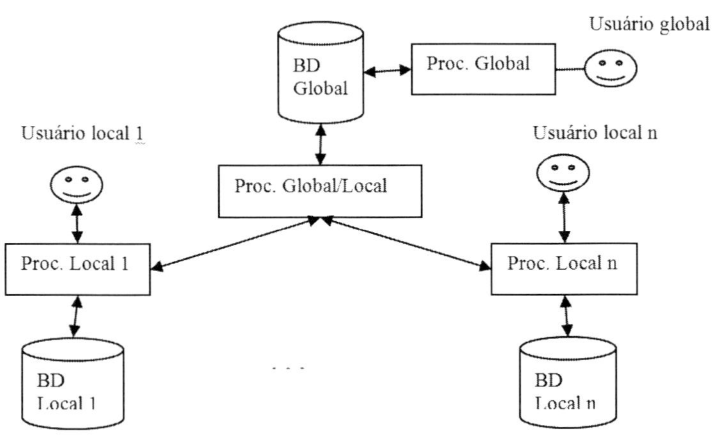

Figura 8.1: Arquitetura de um Banco de Dados Distribuído

Também podem ocorrer questões administrativas ou políticas de distribuir a responsabilidade (e a localização) sobre os dados entre os setores que os usam. Isto ocorre principalmente quando duas organizações são juntadas e os respectivos bancos de dados são integrados para a nova administração global. Apesar destas tendências e justificativas para distribuir os dados de uma organização, poderá haver a necessidade de suprir demandas globais sobre os dados existentes de forma integrada.

Definimos um Banco de Dados Distribuído (BDD) como uma estrutura de dados composta por vários bancos de dados distintos com seus usuários locais, mas integrados de alguma forma para atender a demandas globais

(Figura 8.1). Cada componente de um BDD é chamado de nó, que pode ser um SGBD ou outra fonte de dados que atende a um domínio de aplicação. Considerando um sistema de arquivos de uma aplicação que não estão organizados em um SGBD como um banco de dados de 1ª geração (vide seção 1.1) consideraremos, salvo aviso em contrário, todo nó composto por um banco de dados. Os nós do BDD poderão estar fisicamente distantes entre si, interconectados por uma rede local ou à distância. Também podem, o que é menos frequente, ser implementações independentes em um mesmo local. Apresentamos, nas próximas seções, as diversas formas como a integração pode acontecer e os diversos papéis que os nós podem assumir. Veremos que os elementos mostrados na figura 8.1 podem assumir papéis bem distintos, dependendo do tipo de BDD, ou até não existirem. Após a discussão das possíveis estruturas de um BDD e os possíveis conflitos a serem resolvidos, mostramos as consequências desta arquitetura para o processamento de consultas globais e o controle da concorrência entre transações.

8.2.1. Estruturas

Dependendo dos detalhes dos componentes da arquitetura mostrada na Figura 8.1, teremos diversos tipos distintos de bancos de dados distribuídos ou não. Os principais aspectos e respectivas opções a serem considerados são:

- **Autonomia** - representa a distribuição do controle dos dados distribuídos e até que ponto os SGBDs locais têm que levar em consideração restrições globais. Opções:
  - A0 = integração total: Todos os dados do BDD estão sob controle global;
  - A1 = autonomia parcial: Só partes do BD local estão sob controle global;
  - A2 = isolamento total: Cada local tem total autonomia de processar seus dados.

- **Distribuição** - representa a distribuição dos dados em locais distintos. Opções:
  - D0 = centralizado: todos os dados, seu controle e seus usuários estão centralizados em um local;
  - D1 = sistemas hierárquicos: existem dois níveis de componente do BDD, formando uma hierarquia;
  - D2 = sistemas *peer-to-peer*: todos componentes do BDD são semelhantes.

- **Heterogeneidade** - podem ocorrer diversas diferenças (heterogeneidades) entre os BDs locais - hardware, modelo de dados, software de SGBD, modelo conceitual. Opções:
  - H0 = homogêneo: existe um modelo conceitual global único e os modelos locais são derivados deste;
  - H1 = heterogêneo: Cada local tem seu próprio esquema conceitual e o esquema global, se existir, representa uma integração parcial ou total dos esquemas locais.

Em princípio, cada combinação das opções dos aspectos apresentados representa um formato possível de um BDD. Mas, algumas combinações não fazem muito sentido e outras não são significantes. Por exemplo, se tivermos um sistema centralizado (D0) não faz sentido falar em autonomia parcial (A1) ou total (A2), logo as combinações <A1, D0, Hx> e <A2, D0, Hx> não fazem sentido. Por outro lado, um Banco de Dados Multimídia pode ser centralizado mas heterogêneo. Seria uma combinação <Ax, D0, H1>.

Vejamos as características de cada aspecto e as principais possibilidades de combinação.

AUTONOMIA

Um nó totalmente integrado ao BDD não pode realizar nenhuma atividade sem que ela esteja em acordo com o sistema global. Isto inclui tanto a execução de transações como alterações no esquema conceitual local. Em uma autonomia parcial ou isolamento, um nó pode ter três tipos de autonomia:

1. Autonomia de projeto: O desenvolvimento da aplicação local de um nó não precisa levar em consideração requisitos da aplicação global;
2. Autonomia de comunicação: a disponibilização de dados de uma aplicação local para o sistema global fica a cargo do próprio local;
3. Autonomia de execução: toda a manipulação dos dados locais independe de restrições globais.

Também pode haver diversos tipos de usuários locais, alguns com mais autonomia e outros com menos.

Se uma aplicação global ou de outro local necessita de dados de um local, ela será considerada um tipo de usuário local.

DISTRIBUIÇÃO

Se o banco de dados não é centralizado, há duas opções de distribuição: hierárquica ou horizontal. Na distribuição hierárquica pode haver um nó principal que retém os principais dados e atende a diversos componentes que atendem aos usuários (arquitetura cliente/servidor), ou pode haver várias aplicações locais cujos dados são integrados e agregados para criar um banco de dados gerencial (***Data Warehouse***). Na distribuição horizontal uma série de bancos de dados distintos estão interligadas para uma troca de informações entre si.

A arquitetura **cliente/servidor** é logicamente semelhante a um banco de dados centralizado com uma estrutura de visões compostas por esquemas externos, em que cada visão atende a um tipo de cliente. A diferença é a localização distinta de cada cliente e a utilização de software distinto daquele do servidor, para atender demandas específicas do cliente. Esta situação gera a necessidade de solução de questões de interoperabilidade entre os dois ambientes.

A separação entre cliente e servidor também pode prejudicar o sincronismo entre as ações nos diversos clientes, dificultando o controle de concorrência das transações no servidor. Este problema pode ocorrer tanto por questões de demora na comunicação entre cliente e servidor quanto nos casos de falha técnica na comunicação.

Outra diferença com a estrutura de visões é que o cliente pode ter, além do acesso aos dados do servidor, dados locais próprios. Neste caso é chamado de cliente gordo. Estes dados locais não estão acessíveis aos outros usuários do sistema, mas têm que estar consistentes com os dados do servidor utilizados pelo cliente.

Quando em um BDD não há só usuários locais, como na arquitetura cliente/servidor, mas existem tanto aplicações globais como locais, chamamos o sistema de **Multibanco de Dados (MBD)**. Existem vários tipos de MBDs, dependendo dos tipos de integração e autonomia. Os principais são:

1. **MBD integrado**: apesar de os dados serem distribuídos, não existe autonomia local e o controle é centralizado. Mesmo assim haverá usuários globais e usuários locais;

2. **MBD federado fortemente acoplado**: existe um esquema global que permite uma visão e acesso a todos os dados, mas mesmo assim, há autonomia local. Ou seja, o sistema é uma federação de aplicações locais cujos esquemas e dados estão coordenados entre si. Neste caso, ainda podemos distinguir sistemas:
   a. Com dados globais: o esquema global abrange, além dos dados de todos os nós, um banco de dados globais, somente acessível aos usuários globais;
   b. Sem dados globais: neste caso o MBD possui um esquema global de todos os dados da federação, mas não há dados globais;
3. **MBD federado fracamente acoplado:** neste não caso há uma visão ou esquema global do sistema como um todo. A comunicação entre os membros da federação ocorre por meio de mediadores ou agentes móveis. Estes agentes recebem uma consulta e verificam qual dos membros da federação pode atendê-la.

A federação de um MBD pode ser simples ou múltipla. Na federação múltipla os membros da federação também podem ser federações.

Um tipo diferenciado de MBD federado fortemente acoplado com dados globais é o ***Data Warehouse***. Neste caso existe um banco de dados global, mas este não é composto por dados autônomos, independentes dos dados locais, mas seus dados são todos derivados dos dados locais. Por isso o BD global também é chamado de **visão materializada**.

A motivação de uma organização para criar um *Data Warehouse* é quando, além das necessidades locais, atendidas pelos respectivos bancos de dados, a organização tem necessidades de informações gerenciais, baseadas na integração destes dados distribuídos. Para atender a este requisito é realizado um complexo processo de extração de dados significativos das aplicações locais, que são agregados e integrados entre si, alimentando o *Data Warehouse (DW)*. Como este processo de integração pode se tornar bastante complexo e demandar muito tempo, ele ocorre de forma assíncrona com sua utilização, geralmente em intervalos periódicos em horários em que há pouco processamento de transações locais. O DW geralmente não possui dados próprios, tudo é derivado das fontes operacionais. Além disso, ele costuma ser um banco de dados temporal, pois os dados existentes são mantidos, e os novos dados são adicionados aos existentes.

Um MBD federado fracamente acoplado (também chamado de **Banco de Dados Federado**) é a segunda opção de distribuição, que é horizontal ou *peer-to-peer*. Neste caso, várias aplicações independentes têm um interesse comum e decidem compartilhar seus dados entre si. Criam uma federação de aplicações e meios de comunicação que permitem o acesso às fontes dos outros membros. Cada membro da federação se torna um usuário em potencial dos outros sistemas. Um exemplo seria a integração do acesso às bibliotecas universitárias de um estado. Elas podem se associar e desenvolver um aplicativo de acesso integrado aos acervos de todas as bibliotecas. Outro caso seria uma loja com franquias espalhadas pelo país. Para certas informações, uma franquia deseja acessar os dados das outras, por exemplo, dados sobre um novo cliente.

Um caso extremo de um BDD federado é a *Web*. Neste caso, cada página pode ser considerada um membro da federação e o conteúdo da página e das páginas ligadas a ela será o BD local. Além desses dados abertos, também podem participar dessa federação bancos de dados locais com interfaces adequadas a pesquisas externas. Um browser que permite a navegação pela *Web* terá um repositório global com os índices de cada página, que pode ser considerado o esquema global deste BDD federado.

Vejamos como fica a arquitetura genérica de um BDD mostrada na figura 8.1 para cada tipo de BDD. No sistema cliente/servidor o banco de dados global representa o servidor que contém a totalidade dos dados ou sua maioria. Não existe usuário global, todo acesso ao servidor ocorre através dos sistemas locais, os clientes. Se o cliente for do tipo gordo, terá um banco de dados local que não é visível pelos outros usuários. No *Data Warehouse* existem usuários locais que só acessam seus próprios dados operacionais e o banco de dados global é o *Data Warehouse*, acessados pelos gerentes e executivos da organização.

Já no MDB federado fracamente acoplado, não existe banco de dados global. O acesso aos dados locais ocorre a partir de um diretório global sobre a distribuição dos dados ou por meio de agentes móveis que procuram os dados nos devidos locais.

É claro que pode haver sistemas híbridos, que integram várias das estruturas apresentadas.

HETEROGENEIDADE

Dependendo da semelhança ou diversidade da estrutura e composição de nós de um banco de dados distribuído ele é denominado de homogêneo ou heterogêneo. Esta distinção pode ser determinada por diversos tipos de heterogeneidade. As principais são:

- Hardware;
- Sistema Operacional;
- Modelo de Dados – um sistema pode ser um BD relacional e o outro um Banco de Dados Textuais;
- SGBD - dois nós podem ter um esquema relacional, mas implementados em softwares distintos;
- Formato dos dados – o software pode ser o mesmo, mas entidades e estruturas semelhantes foram modelados de forma distinta.

Daremos, neste texto, mais atenção na última heterogeneidade, que considera as diferenças estruturais entre as diversas fontes de dados. Ou seja, dados semelhantes foram modelados de forma distinta e dados diversos foram modelados de forma idêntica.

Um Banco de Dados Distribuído **homogêneo** pode ser visto como um banco de dados centralizado em que nem todos os dados estão fisicamente no mesmo local. Há um esquema global único, mas as tabelas (ou classes) ou partições delas podem estar em localizações distintas. Ele geralmente é desenvolvido de forma *top-down*, ou seja, após o desenvolvimento do esquema global único é decidido a distribuição dos dados de acordo com os esquemas locais. Esta distribuição pode ocorrer nas seguintes formas, considerando um banco de dados relacional:

- Localização de uma tabela integral: uma relação completa do esquema global é alocada em um local.
- Partição horizontal: segundo alguma regra especificada, as tuplas de uma relação são distribuídas nos locais.
- Partição vertical: em uma mesma relação, as colunas de alguns atributos ficam em um nó e outros atributos em outro.
- Replicação: os elementos de uma partição horizontal ou vertical não são disjuntos, ocorrendo replicação de dados.

Em muitos casos a localização ou partição dos dados ocorre segundo uma regra previamente definida. Por exemplo, se temos uma classe global `PESSOA` pode haver um local que trata de idosos e outro de ativos. A localização de um tupla de uma pessoa vai depender do atributo 'idade' ou 'atividade'. Deverá haver um processo de detecção de possíveis mudanças dos valores dos atributos que podem provocar uma movimentação de uma tupla de um local para outro. Neste exemplo também vemos o caso de possível replicação, pois uma pessoa pode ser idosa e ativa ao mesmo tempo.

Vale ressaltar que em um esquema de distribuição podem ser combinadas várias das formas citadas.

Um BDD **heterogêneo** geralmente é criado com a junção de bancos de dados locais que já existiam e foram integrados posteriormente. Isto pode ocorrer tanto em um Banco de Dados Federado como em um *Data Warehouse*. Em um BDD poderão ocorrer heterogeneidades em diversos níveis:

1. Nível de aplicação: as diversas aplicações que compõem o BDD não foram desenvolvidas de forma coordenada entre si e, com isso, poderão ocorrer conflitos de nomes e estruturas. Também os objetivos das aplicações podem ser distintos, sendo que uma necessita de um banco de dados e outra de um sistema de recuperação de informação.
2. Nível de software: mesmo baseadas no mesmo modelo de dados, as aplicações estão implementadas em softwares de SGBD distintos;
3. Nível de modelo de dados: os componentes do BDD são baseados em modelos de dados distintos, que podem ser relacional, objeto-relacional, orientado a objetos, dados textuais ou multimídia.

Discutiremos, na próxima seção, questões de heterogeneidade do primeiro e do terceiro nível, que é o que caracteriza as diferenças de forma mais expressiva.

É claro que também poderão ocorrer vários tipos de heterogeneidade. A distribuição dos dados também pode ser funcional, em que certos nós do BDD cumprem um papel específico, como em um *Data Warehouse* ou uma arquitetura Cliente-Servidor. Em outros casos, como nos Bancos de Dados Federados, os membros da federação cumprem tarefas semelhantes, mas com dados específicos para cada local.

O principal problema a ser resolvido em um BDD heterogêneo é a questão do entendimento correto do significado das informações contidas em um nó por outro ou pelo sistema do usuário global.

8.2.2. Solução de conflitos

Uma tarefa comum em Bancos de Dados Distribuídos é a necessidade de unificar as informações contidas em duas ou mais fontes de dados para possibilitar um processamento integrado.

Para um BDD homogêneo com uma manutenção controlada e consistente dos dados não devem ocorrer conflitos. Para atributos repetidos em vários locais, tem que ficar claro se eles são aditivos ou repetidos. Atributos aditivos devem ser somados para obter o seu valor global, por exemplo, o atributo 'renda' de uma pessoa. Já atributos repetidos (como 'data-de-nascimento') deverão ter o mesmo valor em todos os nós. Se isto não ocorrer, a melhor estratégia será definir um atributo como 'matriz' e os outros como 'cópias'. Em caso de divergências prevalecerá o valor da versão 'matriz' do atributo.

Em um BD heterogêneo a situação já é bastante diferente. Analisaremos aqui as diferenças de formato de dados que podem ocorrer, pois são os conflitos que podem ser resolvidos por um programa. Os principais conceitos utilizados na modelagem de uma aplicação são *Entidade, Atributo, Relacionamento e Método*, além das possíveis abstrações (*generalização, agregação* e *agrupamento*). Como as aplicações locais foram projetadas de forma independente, podem ter ocorrido diferenças na utilização desses conceitos para modelar coisas semelhantes. Os principais conflitos e suas possíveis soluções são:

- *Entidade x Entidade*: Neste caso podem ocorrer os seguintes casos:
  - Entidades com o mesmo nome, mas significando coisas distintas. As classes locais devem ser renomeadas com uma identificação do local. Por exemplo, duas classes 'Usuário' em locais A e B serão renomeadas para Usuário-A e Usuário-B.
  - Entidades com o mesmo nome, mas significando coisas semelhantes. Deve ser criado uma generalização que incorporará a união das duas classes e com os atributos agregados de ambas. Por exemplo, neste caso, duas classes 'Usuário' em locais A e B serão renomeadas para Usuário-A e Usuário-B, e será criado uma generalização das duas, denominada Usuário.
  - Entidades com nomes distintos, mas significando o mesmo tipo de entidade. Será criada uma generalização das duas classes com um novo nome.
- *Entidade x Atributo*: Se um dado em um local é classificado como entidade e no outro valor de um atributo prevalece a entidade, o atributo é removido e convertido em relacionamento com uma classe criada com o nome do atributo. Um exemplo seria a autoria de um livro, pode ser um atributo '`Autores`' ou um relacionamento '`escrito-por`' entre as classes `AUTORES` e `LIVRO`.
- *Entidade x Relacionamento*: Nesse caso também prevalece a entidade e o relacionamento é convertido em uma classe agregada das classes relacionadas. Como exemplo, teremos o caso de um casal, que pode ser uma agregação entre `HOMEM` e `MULHER` ou um relacionamento '`casado-com`'.
- *Relacionamento x Atributo*: semelhante ao conflito entre entidade e atributo, aqui também o atributo é convertido em um relacionamento.
- *Atributo x Método*: esta situação pode ocorrer se em um local tivermos um atributo dinâmico, cujo valor é recalculado toda vez que for consultado. Este dinamismo é implementado convertendo o atributo em método. Se no outro local o atributo é estático e é modelado como tal, ele pode ser convertido em método constante, que sempre retorna o mesmo valor. Um exemplo típico seria um atributo '`idade`' que ou é fixo e alterado uma vez por ano ou é um método que consulta a data de nascimento para calcular a idade.
- *Abstração x Relacionamento*: O uso das abstrações de Generalização, Agregação e Agrupamento nem sempre é utilizado de forma adequada. O modelador não suficientemente familiar com estas abstrações irá substituí-las pelo uso de relacionamentos entre as classes em questão. Como o uso de relacionamentos é mais liberal, por possuir uma semântica mais fraca, em uma junção automática das duas fontes, as abstrações deverão ser convertidas nos relacionamentos 'é-um' (Generalização), 'parte-de' (Agregação) e 'elemento-de' (Agrupamento).

Estes processos de solução de conflitos poderão ser acionados em dois momentos. Se o BDD possui um esquema global abrangendo todos os dados dos nós, a solução será acionada no momento da geração deste esquema a partir dos esquemas locais, ou então, ele já existe e um novo local deve ser incorporado ao BDD. Haverá um Esquema Local-Local que atende aos usuários locais e um Esquema Local-Global, que descreve as informações locais na estrutura do esquema global. As consultas globais dirigidas ao Esquema Local-Global serão traduzidas para o Esquema Local-Local e o resultado sofrerá uma tradução inversa.

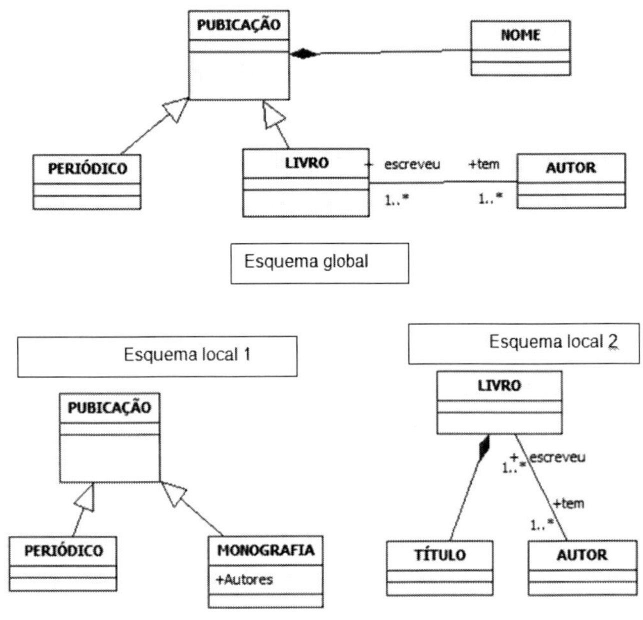

Figura 8.2: Integração de dois esquemas locais

No caso de um MDB federado fracamente acoplado, em que não há esquema global, deverá haver um mediador ou agente móvel que recebe uma consulta global e tenta traduzi-la para uma consulta local. Nesse momento algumas técnicas de solução de conflitos deverão ser acionadas a fim de disparar uma consulta local adequada. Mostramos, na Figura 8.2. um exemplo de criação de um esquema global a partir de dois esquemas locais. No local 1 há uma classe de publicações que é dividida em periódicos e monografias. Já no local 2 não há periódicos, logo só há uma classe de livros, que é uma subclasse de monografias. Por outro lado, neste local, os autores de livro são colocados em uma classe em que cada instância representa os autores de um livro. Estes são modelados como um agrupamento de instâncias de uma classe contendo autores de livros. No esquema global é mantida a generalização de periódicos e monografias para publicações e a modelagem dos autores de livros como grupos de autores. O `LIVRO` do local 2 passou a ser denominado de `MONOGRAFIA` no esquema global e o atributo '`Título`' de `LIVRO` passou a ser '`Nome`' de `PUBLICAÇÃO`.

Neste pequeno exemplo aparecem, além de algumas das questões apresentadas antes, algumas questões de nomes, como a escolha entre `LIVRO` e `MONOGRAFIA` ou os atributos 'Nome' e 'Título'. O critério geral, que também se aplica aqui, é sempre escolher o conceito ou estrutura mais genérica para o esquema global.

8.2.3. Processamento de consultas

É claro que, dependendo do tipo de BDD, o processamento de consultas será bastante diferente. Em um Multibanco de Dados, fortemente acoplado, o usuário global terá um esquema global a sua disposição segundo o qual ele irá descrever sua consulta de forma transparente, sem precisar saber onde os dados a serem recuperados se encontram. O modelo de dados do esquema global poderá ser distinto do dos locais. Nesse caso, o processamento de uma consulta poderá passar pelas seguintes fases:

1. *Consulta Global:* Consulta expressa na visão global do BDD;
2. *Consulta Global-Local*: Poderá haver uma visão global dos dados de cada local. A consulta global será particionada para ser processada nos locais candidatos que terão os dados consultados;
3. *Consulta Local*: A consulta global-local é traduzida para a linguagem do banco de dados local, para ser executada;
4. *Resultado local*: São os possíveis dados gerados a partir da execução da consulta local;

5. *Resultado local-global*: Os resultados locais são convertidos para o formato do modelo global;
6. *Integração dos resultados locais-globais*:. Os resultados dos diversos locais são integrados para serem apresentados ao usuário.

Para que este processamento possa ser executado, deverá haver dicionários que dão suporte aos processos de conversão Global-Local das consultas e Local-Global dos dados. Além disso, o processo de integração deverá levar em consideração possíveis conflitos e inconsistências entre os dados dos diversos locais.

Em um Multibanco de Dados, fracamente acoplado, em que não há esquema global, o procedimento terá que ser diferente. Um caso bastante comum é quando o BDD é homogêneo, ou seja, todos os BDs locais são modelados de forma semelhante. Um caso típico seria uma franquia, que possui lojas espalhadas no país. Pode haver a necessidade de consultar os dados de um cliente nas outras lojas, por um motivo de segurança. Para casos como este, uma solução seria utilizar um agente de software móvel que recebe a especificação da consulta e percorre todos os locais a procura do resultado. Esta pesquisa pode ser do tipo booleano, do tipo "*existe algum lugar no qual o cliente X está inadimplente?*" Ou cumulativa, como: "*qual o faturamento total do cliente X em todas as lojas* ou então *em quais lojas o cliente está cadastrado?*" No primeiro caso, se o agente encontrou a resposta, ele pode retornar o resultado, enquanto nos outros dois, ele sempre irá percorrer toda a rede.

8.2.4. Controle de concorrência

Em um ambiente distribuído, o controle de concorrência nem sempre precisa ser funcionalmente muito distinto do caso centralizado. A principal diferença é que uma transação no BDD deverá ser fracionada em subtransações a serem executadas em paralelo. Para garantir a integridade neste ambiente, distinguimos a transação que deu origem ao processo, chamada de coordenador, e as subtransações envolvidas, os participantes. Note-se que o coordenador pode ser um usuário global ou qualquer local que necessite de dados de outro local para processar seus dados. O processo é dividido em duas fases:

1. *Preparação*: O coordenador envia mensagens a todos participantes sobre as ações pretendidas, cada participante executa suas ações sobre o sucesso, mas bloqueia os resultados. O coordenador é avisado sobre o sucesso da ação.
2. *Execução*: Se um participante retornar um aviso negativo, toda a ação é abortada. Se todos resultados forem positivos, todas ações são confirmadas e os respectivos resultados liberados.

Uma situação diferente ocorre em um BDD homogêneo com replicação de dados. Neste caso é essencial manter a consistência entre as diversas cópias de um mesmo dado, para evitar que duas transações tenham informações distintas sobre o mesmo dado. Uma solução, para evitar a necessidade de bloqueio de todas as cópias de um dado, é declarar um local dos dados como 'original' e os outros como 'cópias'. Assim, se uma transação tentar acessar uma cópia do dado, basta verificar se o original está bloqueado. Se ele estiver disponível, ele será bloqueado, liberando a execução da ação pretendida que, após sua execução, irá liberar o bloqueio.

8.3. Bancos de Dados na Web

Com a crescente importância da interconexão de computadores formando a Internet e o acesso a páginas contendo conteúdos diversos, formando a imensa rede de informações chamada *World Wide Web* ou simplesmente **web**, tornou-se cada vez mais importante a criação de bancos de dados que pudessem ser acessados por aplicações da web. O formato mais comum das páginas instaladas na web é o HTML (*Hyper Text Markup Lnaguage*). Nesta linguagem é possível formatar os mais diversos tipos de dados, como textos, imagens e outros tipos de dados. Além disso, ela permite definir links (apontadores) para outros pontos da página ou para outras páginas na web. A formatação e estruturação dos conteúdos da página é determinada por marcas (*taqs*), que permitem toda a riqueza de apresentação dos dados. Enquanto as tags HTML são usadas principalmente para destacar a formatação, poderá ser dado mais significado aos dados por especificações XML, uma linguagem de marcação que permite marcar os trechos dando-lhes o significado devido. Para cada página na web '`https:...`" (p.ex. *https://pt.wikipedia.org/wiki/ Linguagem_de_script*) o seu código fonte HTML pode ser visto em "`view-source: https: ...`" (p.ex. *view-source: https://pt.wikipedia.org/wiki/Linguagem_de_script*). Neste código podem ser vistos hiperlinks para scripts da linguagem de script usada.

Uma página HTML não precisa ser estática, só disponibilizando os dados contidos nela; ela pode conter formulários a serem preenchidos, botões e outros recursos que a tornam dinâmica, ou seja, a pessoa que vê a página pode inserir dados e acionar ações que realizam alguma atividade desejada. Esta dinâmica de uma página precisa ser programada em uma linguagem de programação. Este tipo de programação tem uma característica peculiar, pois precisam ser criados diversos trechos de programa, cada um realizando alguma funcionalidade interativa da página. Estes trechos são conhecidos como ***scripts***, e a linguagem correspondente é chamada **linguagem de script**. Geralmente estas linguagens são interpretadas, ou seja, não são compiladas e o código fonte é executado no momento em que for ativado. Entre as linguagens de script mais usadas atualmente citamos JavaScript, Python e PHP.

Há dois tipos distintos de dados na web que podem ser úteis para um sistema de informação. Primeiro, podemos ter dados contidos em uma página web (em formato HTML, XML ou outros) que podem ser úteis. Além disso, os dados podem estar em um banco de dados convencional, implementado em algum gerenciador, e queremos acessar estes dados a partir de uma página Web.

Uma página na web contém dados semiestruturados, cuja problemática foi discutida na seção 3.2. A troca de informações entre locais na web pode ocorrer no formato XMI[9], um padrão baseado em XML específico para troca de informações, ou em JSON[10], que é derivado do JavaScript.

Assim como um banco de dados é acessado pela linguagem SQL, existem linguagens específicas para acessar dados na Web em formato XML, como a linguagem XQuery. Para formatos derivados de XML, como RDF, existe a linguagem SPARQL. Estas linguagens serão vistas no capítulo 9 (seção 9.8.3).

---

[9] XML Metadata Interchange - https://pt.wikipedia.org/wiki/XMI
[10] Java Script Object Notation - https://www.json.org/

8.3.1. Arquitetura

A dinâmica da web é baseada em uma estrutura cliente/servidor. O computador do cliente é a máquina do usuário que, através de um navegador (*browser*) acessa páginas HTML, armazenadas no servidor, transmitidas pelo protocolo HTTP.

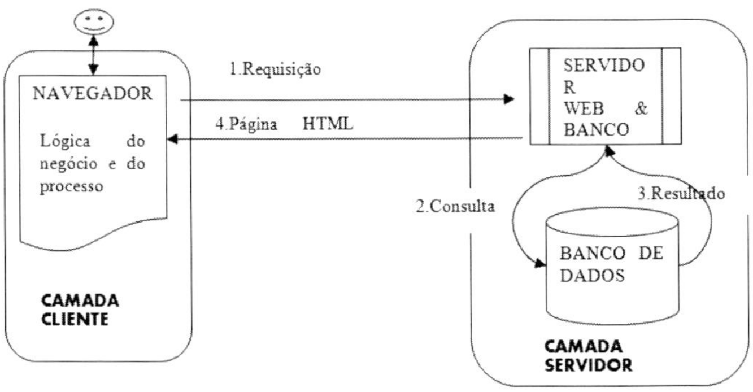

Figura 8.3. Arquitetura de bancos de dados na web

A partir da página do navegador, o usuário escolhe um programa específico para suas necessidades, que pode ser um motor de busca genérico, como Google ou Yahoo, a página de um banco, um site de notícias, de comércio eletrônico, etc. Esta solicitação do usuário é enviada ao servidor adequado ao tipo de serviço solicitado que envia uma página HTML correspondente. Se a página for dinâmica, poderá ocorrer um diálogo entre o cliente e o servidor até que as necessidades forem satisfeitas. Para não sobrecarregar o servidor, que pode estar atendendo um número grande de clientes, algumas tarefas também podem ser realizadas por meio de scripts alocados na página do cliente.

Dependendo destas necessidades, o servidor poderá acessar um banco de dados para obter as informações necessárias para atender o usuário. Se em uma aplicação convencional de bancos de dados este acesso ocorre a partir de um programa aplicativo, no caso de um servidor web, o acesso parte dos scripts inseridos em uma página HTML. Temos, nesse caso, uma arquitetura de 2 camadas, como mostrado na Figura 8.3.

O cliente, através da página HTML em que ele está navegando preenche alguns dados e aciona um botão solicitando algum serviço. Essa requisição é enviada pela página ao servidor web especificado, usando o protocolo HTTP[11]. Se a requisição requer dados de um banco de dados, o servidor aciona uma consulta ao mesmo e recebe o resultado. O resultado é inserido em uma página dinâmica e retornado ao cliente.

Também existe a opção de uma arquitetura em 3 camadas, em que o servidor web é separado do servidor do banco de dados. Neste caso, na camada do cliente fica somente a interface de diálogo, enquanto a lógica do negócio e dos processos fica no servidor web.

Trechos de uma linguagem de script podem estar tanto no cliente como no servidor. Mas, as rotinas de interação entre uma página web e um banco de dados são todas programadas no servidor.

Em uma aplicação web o cliente também é chamado de ***front-end*** e o servidor de ***back-end***. Se algumas tarefas puderem ser resolvidas no *front-end* é recomendável implementar os scripts necessários para sua realização nele, o que permite reduzir uma possível sobrecarga do *back-end*, que pode estar atendendo a um grande número de clientes simultaneamente.

[11] HyperText Transfer Protocol

Se a página do *front-end* não necessitar de dados de um banco de dados mas, somente, elementos de outra página web, a arquitetura é semelhante, só que a outra assume o papel de *back-end* e envia os dados solicitados de volta, sem consultar nenhum banco de dados.

8.3.2. Acesso ao banco de dados

Vamos ilustrar como seria criado um registro em nosso banco de dados de livros e como seria processado uma consulta, utilizando a linguagem JavaScript no cliente.

CRIAÇÃO DE UM REGISTRO DO BANCO DE DADOS

O cabeçalho do documento HTML fornece informações gerais e o título da página, chamada aqui de 'Exemplo':

```
<!DOCTYPE html>
<html lang="en">
<head>
    <meta charset="UTF-8">
    <title>Exemplo HTML</title>
</head>
```

No corpo do documento é determinado que se trata de um 'Cadastro de livro' e a tag 'input' fixa o tipo ('tipy') e a identificação ('id') dos valores a serem recebidos:

```
<body>
    <div>
        <h1>Cadastro de livro</h1><br>
        ISBN
        <input tipy="text" id="isbn"><br>
        Autores
        <input tipy="text" id="autores"><br>
        Titulo
        <input tipy="text" id="titulo"><br>
```

Em seguida, a tag '<button>' cria um botão, interativo com o usuário, que permite realizar uma ação na página, 'onclick' determina que a função javascript 'cadastro()' irá enviar os dados para o *back-end* em um servidor remoto.

```
        <button onclick="cadastro()">Cadastro</button>
    </div>
```

A tag '<script>' indica um código em uma linguagem de script. Ela indica a "url" em que está postado o *back-end*, onde será realizado o armazenamento dos dados em um banco de dados. As linhas seguintes são: a criação do objeto 'livro', com os seus atributos (isbn, autores, titulo).

```
<script>
   const url = "https://sei-bib.herokuapp.com";
   var livro = {};
   livro.isbn = document.getElementById("isbn").value;
   livro.autores = document.getElementById("autores").value;
   livro.titulo = document.getElementById("titulo").value;
```

A função 'document.getElementById("isbn").value' busca o valor do elemento com o id 'isbn' em *document*, a ser atribuído ao atributo 'isbn' do objeto 'livro'. As demais linhas fazem a mesma coisa para os outros atributos do livro.

O script realiza o cadastro do livro por uma ação chamada *fetch*, que realiza solicitações ou envio de dados, pelo protocolo 'http'. O *fetch* recebe os parâmetros 'url' e o objeto de envio. O tipo de solicitação ou envio é especificado através do atributo '*method*' do protocolo 'http', que possui os métodos - POST, GET, PUT, PATCH e DELETE. Neste caso será usado o 'POST', para o envio dos dados:

```
function cadastro() {
   fetch(url + "/cadastro",{
       method:"POST",
       newLivro: livro
   })
```

Uma instrução '*then*', que é uma função assíncrona, põe em uma fila de espera as respostas do servidor, enquanto o programa continua sua execução normalmente. No caso, ou é o aviso de que o livro foi cadastrado com sucesso ou um alerta de que o livro já existe.

```
.then((reponser) => {alert("Livro cadastrado!")})
.catch(alert("IBSN " + document.getElementById("ibsn").value + " já cadastrado!"));
          };
```

CONSULTA AO BANCO DE DADOS

Vejamos agora como é executada uma consulta ao banco de dados, como exemplo, a pesquisa de livros com um dado título. Determina-se que a 'pesquisa' será pelo 'título do livro':

```
<div>
   <h1>Pesquisa de livro</h1><br>
   Titulo
   <input tipy="text" id="tituloLivro"><br>
   <button onclick="pesquisa()">Pesquisa</button>
   <p id="livro"></p>
</div>
```

Neste caso a função 'pesquisa()' utilizará o método GET do 'http':

```
function pesquisa(){
    fetch(url + "/consulta",{
       method:"GET",
       nomeLivro: document.getElementById("tituloLivro").value
        })
.then((reponser) => {document.getElementById("livro").innerHTML = reponser;})
      .catch(document.getElementById("livro").innerHTML = " Não há livro com o título
informado");

           };
```

O resultado da consulta, fornecido pela função *getElementById*, é disponibilizado na página por uma instrução denominada *innerHTML*. Ela notificará o resultado da consulta ou o insucesso da operação.

ACESSO AO BANCO DE DADOS

No servidor existe uma classe Json `LivroController` que irá tratar das requisições do cliente sobre os livros.

```
public class LivroController {
private LivroRepository livroRepository;
```

O comando `POST` irá receber as solicitações de cadastro

```
 @POST
@Consumes({"application/json"})
@Path("/cadastro")
  public void cadastrarLivro(String content){
        Livro livro = Json.jsonToLivro(content);
        return livroRepository.save(Livro);
  }
```

A solicitação irá ativar o método `save` de uma classe chamada de `livroRepository`. Este `save` irá executar o comando SQL para inserir os dados no banco de dados:

```
public void save(Livro livro) {
    PreparedStatement stm = this.con.prepareStatement("INSERT INTO livros\n" "VAL-
     UES ("+ livro.getTitulo() +" , "+ livro.getAutores() +", "+ livro.getIsbn() +
     ");");
   ResultSet rs = stm.executeQuery();
}
```

Para o caso da consulta o `GET` recebido em `livroController` irá ativar um método `findByName` em `livroRepository`:

```
@GET
@Produces("application/json")
@Path("/consulta")
public String getLivro(String nome){
    Livro livro = new Livro();
    livro = livroRepository.findByName(nome);
    return Json.parse(livro);
}
```

Que irá executar o SELECT correspondente em SQL:

```
public class LivroRepository {
    private Connection con;
    public Livro[] findbyName(String name) {
  PreparedStatement stm = this.con.prepareStatement("SELECT * FROM livros\n" + "WHERE
  titulo='"+ name +"';)");
    ResultSet rs = stm.executeQuery();
    return rsToArrayLivros(rs);
    }
```

O resultado será retornado em um array denominado `rs`.

8.4. Comentários bibliográficos

Os diversos aspectos de bancos de dados, tanto os centralizados como os distribuídos, são muito amplos e possuem uma vasta bibliografia de livros-texto, que apresentam muitos detalhes sobre a arquitetura de um SGBD, principalmente as técnicas de armazenamento dos dados, processamento de consultas e controle de concorrência. Há os textos clássicos de Date [Dat03], Elmasri & Navathe [EN16], Silberschatz et al. [SKS12], e Garcia-Molina et el. [GUW08].

Características de Bancos de Dados Distribuídos podem ser vistos nos livros texto de Özsu & Valduriez [ÖV11], Bukhres & Elmamgarid [BE96] e de Casanova & Moura [CM85]. Também são tratados nos capítulos 7 e 8 de Melo et al.[MST97], em particular, os BDDs heterogêneos são tratados no capítulo 8. Também podem ser vistos nos livros clássicos como, por exemplo, o capítulo 25 de Elmasri & Navathe [EN16] ou o capítulo 20 de Date [Dat03].

Os bancos de dados na Web estão recebendo cada vez mais atenção nas edições mais recentes dos livros texto como Elmasri & Navathe [EN16], que trata da programação para a Web em PHP no capítulo 11 e de XML no capítulo 13. A migração de dados relacionais para dados semiestruturados e XML pode ser vista no livro de Abiteboul et al. [ABS00].

Uma introdução didática à arquitetura de bancos de dados na web pode ser encontrada na publicação de Idroos et.al. [IPRS16].

8.5. Exercícios

1. Porque a replicação de dados pode ser útil em um BDD? O que pode ser feito para evitar inconsistências no processamento de transações em um sistema com replicação de dados?

2. Porque um Data Warehouse pode ter o formato <A2, D1, H1>? Explique cada componente.

3. Discuta o formato de uma arquitetura cliente/servidor.

4. Justifique porque o sistema de movimento das contas correntes dos clientes de um banco, com um número significativo de agências espalhadas, pode ser considerado um BDD com o formato <A1, D1, H0>.

5. Dê exemplos concretos dos diversos conflitos possíveis, descritos na seção 8.2.2 e mostre as vantagens ou limitações de uma opção de solução escolhida.

6. Considere o sistema SOBI do apêndice como um banco de dados distribuído com três tipos de usuários: O bibliotecário utiliza os módulos SECADA e SINT, um pesquisador anônimo utiliza os SECON e o SERES e o usuário cadastrado é atendido pelo SEMP.
   Crie uma visão para cada tipo de usuário.

7. Considere o sistema SOBI do apêndice como um banco de dados distribuído em três nós: Um para os módulos SECADA e SINT, um para o SECON e o SERES e o terceiro para o SEMP.
   a. Crie um esquema para cada nó e considere que dados utilizados em vários nós são duplicados.
   b. Mostre que este BDD é do formato <A1, D2, H1>. Explique que tipo de autonomia os nós podem ter e que regras globais deverão ser levadas em consideração.

CAPÍTULO 9

LINGUAGENS

Antes de discutirmos em detalhes algumas linguagens para bancos de dados, procuraremos situá-las no contexto do banco de dados e do sistema de informações. Vimos que um banco de dados é um repositório complexo e controlado de todos os dados persistentes de um sistema de informações.

Não fazem parte do banco de dados, no nível computacional, o sistema operacional e o hardware e, no nível do sistema de informação, as pessoas e documentos envolvidos no sistema e os programas aplicativos. Esses programas aplicativos existem para realizar tarefas complexas de computação relacionadas à aplicação que podem ou não necessitar de acessar o banco de dados. Como já foi discutido no capítulo 2, há uma tendência histórica, desde a 1ª geração até a orientação a objetos, de esvaziar cada vez mais estes programas aplicativos e incorporar cada vez mais elementos ao sistema de banco de dados. Assim, a 2ª geração procurou extrair as estruturas de dados dos programas e a 3ª geração, em particular a orientação a objetos, tenta fazer o mesmo com os procedimentos. Mas, como em muitos casos estes programas ainda não podem ser totalmente eliminados, devem ser levados em consideração como componentes do sistema de informação.

Assim, destacamos as seguintes características das linguagens para bancos de dados:

- Ao contrário das linguagens de programação em geral, elas são persistentes no sentido de que todos os dados processados persistem para além do encerramento da execução de um programa escrito;
- Elas devem interagir com os programas aplicativos, escritos em linguagens de programação convencionais. A estas se chamam de linguagens hospedeiras, pois hospedam comandos da linguagem de banco de dados para acessar o mesmo;
- Um banco de dados possui três interfaces bem distintas, cada qual com 'sua linguagem': a criação do banco de dados, o uso paramétrico e o uso *ad-hoc*. Esta última forma de interação tem que ser interpretada, pois deve permitir a formulação e execução imediata de uma consulta ao banco de dados.

O uso paramétrico do banco de dados nem sempre se dá através de um programa escrito em uma linguagem de programação convencional que hospeda comandos de acesso ao banco de dados. A inexistência de programas aplicativos desenvolvidos em uma linguagem de programação convencional pode se dar por diversos motivos. Aplicações relativamente pequenas podem ser desenvolvidas utilizando sistemas que possuem linguagens integradas que realizam tanto as tarefas específicas de banco de dados como o processamento em geral. No outro extremo, pode ser possível utilizar um SGBD orientado a objetos e encapsular todo o processamento nos métodos associados às classes de objetos. Neste caso, processar uma aplicação se restringe em acionar um método específico que irá realizar ou coordenar todas as tarefas a serem realizadas.

Na tentativa de fundir as áreas de programação e bancos de dados podem ser seguidos dois caminhos. Prover os bancos de dados com características completas de programação ou estender uma linguagem de programação incorporando as características de bancos de dados. Um exemplo histórico dá uma inclusão de recursos de criação e manipulação de bancos de dados relacionais na linguagem PASCAL, foi denominado PASCAL/R. A linguagem de programação GALILEO foi criada com o objetivo de possibilitar a programação de aplicações em geral, incluindo características de persistência dos bancos de dados. Outro exemplo é a adaptação da linguagem de programação orientada a objetos SmallTalk para criar e manipular dados no SGBD-OO GemStone. Também com base na linguagem LISP foi criado um ambiente completo de desenvolvimento e administração de aplicações complexas denominado CLOS[12].

9.1. Tipos de linguagens - LDD, LCD, LMD, LC

Uma das diferenças entre linguagens de bancos de dados e linguagens de programação é que, essas últimas têm por objetivo construir um ou vários programas que, uma vez prontos, serão entregues ao usuário para serem utilizados. Em sistemas de bancos de dados, é feita uma distinção entre projeto do banco de dados, projeto das aplicações, uso paramétrico do sistema e uso aleatório do sistema. Em consequência deste fato, 'programar' um sistema de banco de dados envolve vários tipos de linguagens distintas, que passamos a descrever. Esta distinção é principalmente funcional, ou seja, diversas linguagens de bancos de dados abrangem todas estas funcionalidades.

LINGUAGEM DE DEFINIÇÃO DE DADOS – LDD

Todo projeto de banco de dados, como foi visto no capítulo 3, dá origem a um esquema que descreve a aplicação como um todo (o esquema conceitual) e, eventualmente, também as visões locais do sistema, ou os esquemas externos. A ênfase nestes esquemas é nas estruturas de dados que descrevem a aplicação, mesmo que, com a orientação a objetos, a descrição comportamental do sistema faça parte do projeto conceitual. A descrição deste esquema para o sistema de banco de dados se dá através de uma *Linguagem de Definição de Dados – LDD.* Esta linguagem permitirá descrever classes, atributos, relacionamentos, abstrações e operações em sistemas orientados a objetos, ou então, descreverá tabelas, atributos e chaves, em sistemas relacionais.

Por outro lado, esta linguagem se aplica à descrição das estruturas internas de dados de acordo com o SGBD a ser utilizado na aplicação. Assim, pode ser considerada um recurso para descrever o esquema interno da aplicação. O esquema conceitual estará definido por diagramas, tabelas e formulários. Mas, como a fronteira entre estes dois esquemas não é muito nítida, uma LDD pode ser usada em todos os níveis. Também a definição de visões (para o esquema externo) faz parte da LDD. Podemos imaginar, por exemplo, um ambiente em que o esquema conceitual é descrito por uma LDD textual ou gráfica, e existe um programa convertendo automaticamente esta descrição para o esquema interno, gerando as tabelas do SGBD.

Em sistemas orientados a objetos, a linguagem de definição de dados considera os métodos ou operações como um tipo de atributo especial. Se, por um lado, um atributo retorna um valor, se consultado, um método executa uma tarefa, se chamado. Na LDD só é descrita a interface do método, também chamada de assinatura. Esta inclui o nome, os parâmetros com os respectivos tipos e o tipo do resultado. O corpo do método, ou seja, as ações que ele executa, pode ser programado em uma linguagem de programação convencional, como Java ou C++, ou em uma linguagem de manipulação (LMD) própria do sistema.

[12] http://www.aiai.ed.ac.uk/~jeff/clos-guide.html

LINGUAGEM DE MANIPULAÇÃO DE DADOS – LMD

A criação de rotinas ou programas que acessam e modificam um banco de dados é composta de dois componentes que estão interligados entre si: o algoritmo ou a lógica do programa aplicativo e o acesso aos dados propriamente dito. Esta distinção entre estes dois componentes é uma das principais diferenças entre a programação convencional e a programação com acesso a um banco de dados. Na programação convencional todos os dados utilizados nas variáveis internas se perdem ou são armazenados em arquivos criados e manipulados pelo próprio programa. Como um banco de dados geralmente é uma estrutura mais complexa de diversos arquivos integrados, acessados por diversos programas, se torna necessário esta distinção entre a lógica da aplicação e os comandos de acesso aos dados.

Chamamos de *Linguagem de Manipulação de Dados (LMD)* este componente de acesso ao banco de dados. A LMD oferece recursos para a inclusão de novos elementos no banco de dados, a remoção de dados e a atualização dos campos individuais dos objetos armazenados. Para que um comando da LMD possa ser executado, todo o esquema do banco de dados já deve ter sido criado por comandos da LDD. A LDD cria um banco de dados 'vazio' e a LMD preenche e altera este banco.

Existem várias formas de a LMD ser usada. Destacamos as principais:

1. Execução direta dos comandos da LMD pelo usuário para alterar os dados do BD;
2. Interação da LMD com uma linguagem de programação convencional como C, C++ ou Java. É criado um programa misto contendo elementos das duas linguagens e símbolos especiais que destacam qual linguagem está sendo usada em cada linha de código. Este programa misto é analisado por um pré-processador que substitui os comandos da LMD por chamadas de funções e entrega o programa modificado ao compilador da linguagem de programação;
3. Ao invés do uso de uma linguagem de programação, o SGBD oferece uma linguagem integrada que permite tanto realizar a lógica da aplicação como o acesso ao banco de dados;
4. Criação de pequenos módulos de programas que são armazenados junto com os dados e podem ser chamados como funções em outros comandos da linguagem do banco de dados para retornar valores do banco de dados ou realizar algumas tarefas. Em sistemas SQL são conhecidos como *stored procedures* e em sistemas orientados a objetos podem ser utilizados para implementar os métodos ou operações dos objetos.

A opção 1 oferece ao usuário *ad-hoc* a possibilidade de acessar e alterar diretamente o banco de dados. Ela também pode estar embutida em interfaces amigáveis ou visuais de aplicações especiais que necessitam deste acesso direto ao banco. Ela deve ser usada com muita cautela pois todo o trabalho de garantir a integridade do banco de dados com rotinas específicas de controle do acesso aos dados não deve ser invalidado por esta opção de acesso direto aos dados. A opção 2 é a mais universal e recomendada para sistemas de informação mais complexos. Na opção 3, evita-se problemas de impedância entre estruturas de dados das linguagens de programação e da linguagem do banco de dados. Mas, por outro lado, fica-se amarrado a uma única linguagem proprietária do SGBD para implementar todo o sistema. Finalmente, a opção 4 é uma forma elegante de implementar funcionalidades básicas do sistema, independentes de programas aplicativos específicos. Principalmente as questões da integridade podem ser garantidas por meio de *stored-procedures*.

Dada a sua característica de uso frequente da manipulação e acesso aos dados do banco, a LMD deverá interagir com os outros principais componentes do sistema, ou seja, as interfaces de entrada de dados, os geradores de relatórios e os programas aplicativos.

LINGUAGEM DE CONTROLE DE DADOS - LCD

Descrever restrições de integridade de uma aplicação faz parte da atividade de projeto do sistema. Ao contrário de programas convencionais, em que o controle de integridade faz parte do programa aplicativo, em bancos de dados há uma separação entre manutenção e controle das estruturas de dados (o banco de dados) e o seu uso. Com esta separação é possível projetar e implementar o controle da integridade dos dados de forma independente de sua manipulação.

Neste sentido a LCD é muito ligada à LDD. Além do mais, como vimos no parágrafo 2.3, uma boa parte das restrições de integridade é implícita, ou seja, está integrado à descrição do esquema de dados. Assim, as definições de tipos, chaves, cardinalidades, subclasses, etc. determinam restrições embutidas na estrutura do banco de dados, ou seja, definidos pela LDD. Mas, geralmente sobram restrições que não podem ser expressas na definição do esquema conceitual. Caso o SGBD não disponha de uma LCD específica para estes casos, estas restrições adicionais terão que ser incluídas ou nas operações conceituais (na LMD) ou nos programas aplicativos. Como uma restrição de integridade se refere diretamente aos dados e não às operações, esta solução pode não ser a ideal, pois, conforme novas operações vão sendo criadas, há que ter o cuidado de repetir as restrições sobre os dados afetados pela nova operação. Portanto, se várias operações acessam um mesmo dado, a mesma restrição terá que ser repetida em todas as operações.

Existem duas formas principais de se expressar restrições de integridade por meio de uma LCD:

1. Por meio de um mecanismo de detecção de potenciais violações de integridade (eventos) e procedimentos que evitam a violação (*triggers*). Para toda operação que, em certos casos, pode provocar uma inconsistência, amarra-se um evento a esta operação e o *trigger* irá verificar se a alteração é válida. Caso não for, irá tentar corrigir o erro ou, se isto não for possível, irá anular a operação.
2. Por meio de uma linguagem que permite expressar diretamente as restrições de integridade, sem se preocupar com as operações. Esta, sem dúvida, é a forma mais genérica e mais elegante de promover o controle dos dados, garantindo sua integridade, pois permite uma conversão mais direta das regras que regem a aplicação para o sistema. O problema desta forma é seu alto custo para o sistema. Como não é dito quem irá ferir a integridade, a detecção de uma situação irregular fica a cargo do sistema, o que, em certos casos, pode se tornar muito caro para a eficiência.

LINGUAGEM DE CONSULTAS - LC

A linguagem de consultas irá permitir a um usuário qualquer obter do banco de dados os dados de que ele necessita. Para tal, ele deve conhecer o esquema do banco de dados e, de alguma forma, criar uma expressão formal que caracteriza os dados que ele procura.

Os dados envolvidos por uma consulta podem ser divididos em dois tipos, os **dados de projeção**, que são aqueles procurados pelo usuário, e os **dados de seleção**, que são os dados informados para se obter o resultado. Assim, por exemplo, na consulta '*me forneça o nome e número de matrícula de todos os estudantes com empréstimos atrasados por mais de uma semana*'. As informações '*estudantes*' e '*empréstimos atrasados por mais de uma semana*' dão os dados de seleção, enquanto a relação dos nomes e números de matrícula, são dados de projeção.

Uma linguagem de consultas pode, também, fazer parte da LMD, pois para atualizar o banco de dados, é necessário ter acesso a eles. Além disso, tanto a LMD como a LC serão utilizadas pelos usuários finais do sistema e não pelos projetistas. Mesmo assim, preferimos separar a LC, pois ela tem uma finalidade distinta que, além de diferenciá-la dos objetivos da LMD, requer um formato totalmente distinto. Como já foi dito, o usuário da LMD é o usuário paramétrico do banco de dados, ou seja, quem utiliza o sistema com muita frequência e de forma rotineira. O usuário não paramétrico, ou usuário *ad hoc*, que é aquele que chega esporadicamente ao sistema para obter alguma informação do momento, é quem usará a LC. Portanto, esta linguagem deve prever um usuário não familiarizado com o sistema e, muitas vezes, nem familiarizado com a informática em geral. Por isso, a forma de expressar consultas ao sistema, ou deve ser próxima à linguagem natural ou deve permitir um acesso visual ao banco de dados sem conhecimento prévio do mesmo.

Outra diferença entre LMD e LC é que a primeira altera o estado do banco de dados, portanto é suscetível ao controle de integridade, uma vez que uma mudança nos dados pode criar um banco de dados inconsistente. Isto não acontece com uma consulta. Para consultas só pode haver restrições de segurança, para impedir um acesso indevido aos dados.

Veremos, nos próximos parágrafos, a linguagem SQL, o padrão de acesso a bancos de dados relacionais e objeto/relacionais, e as linguagens do modelo ODMG, uma proposta de padrão para sistemas orientados a objetos. Discutiremos ainda as interfaces visuais de consulta a bancos de dados e linguagens formais DATALOG, F-Logic e Transaction Logic.

9.2. Formas de linguagens – ad-hoc, hospedeira, integrada

Existem duas formas básicas de interação com um banco de dados:

1. Um acesso direto ao banco de dados, para os usuários chamados de *ad-hoc*, pois a ação a ser realizada não está definida previamente, mas é determinada no momento da interação.
2. Por uma linguagem de programação que pode ser uma linguagem própria integrada ao SGBD ou um programa em uma linguagem qualquer, como C, C^{++}, Python ou Java, que possui uma extensão para interagir com o banco de dados.

Na primeira forma, o usuário deve saber ou ser informado do que está contido no banco de dados, pois costuma estar pouco familiarizado com detalhes da estrutura do banco de dados. Costuma ser um gerente de uma empresa, um usuário externo que faz um acesso pela internet ou um usuário esporádico. As linguagens para acesso direto ao banco de dados podem ser textuais ou visuais. As linguagens textuais são declarativas permitindo ao usuário expressar diretamente o que necessita, sendo, na maioria dos casos, uma consulta ao banco dos dados. A principal representante deste tipo de linguagem é a SQL. Linguagens visuais geralmente estão inseridas no contexto de um domínio específico de sistema. Assim, existem mapas para aplicações geográficas, figuras ou movimentos para aplicações de objetos móveis, tabelas e campos numéricos específicos para aplicações gerenciais. Existem diversas técnicas de manipulação visual para estas aplicações, como barras de rolagem, zooms, etc.

A interação com o banco de dados por uma linguagem de programação é usada para aplicações mais paramétricas de atualização do banco de dados ou geração de relatórios periódicos ou sob demanda. Os programas podem estar incluídos em um sistema de informação mais amplo que realiza diversas tarefas de uma organização.

A maioria dos SGBDs possui uma linguagem de programação completa, chamada de **linguagem integrada,** com todo o poder de expressão de uma linguagem de programação comum acrescido de mecanismos de interação com o banco de dados, permitindo tanto a criação e alteração de tabelas quanto a manipulação dos dados.

Para aplicações desenvolvidas em uma linguagem integrada a um SGBD desaparece a figura do programa aplicativo independente do banco de dados. Tudo é integrado. O problema com esta solução é a dependência total dos programas aplicativos de um SGBD específico. A migração para outro SGBD não é possível e muito menos é possível um programa acessar dois bancos de dados de fabricantes diferentes.

A outra forma de interação com o banco de dados por uma linguagem de programação é o uso de uma linguagem de programação convencional, chamada de **linguagem hospedeira**. Esta interação pode ocorrer de forma implícita, quando no programa hospedeiro são inseridas chamadas a rotinas de acesso ao banco de dados, ou de forma explícita, quando, seguindo um símbolo diferenciador (p. ex. $) são inseridos comandos da linguagem de acesso direto ao banco de dados. A forma implícita de interação foi a maneira como os primeiros SGBDs interagiam com os programas aplicativos. Programas que hospedam trechos explícitos de uma linguagem de acesso ao banco de dados, passam por um processo chamado **pré-compilação** que irá transformar as rotinas explícitas em chamadas implícitas, para então poder ser analisado pelo compilador convencional da linguagem de programação.

Um problema da interação com linguagens hospedeiras é o chamado **descasamento de tipos** (*type mismatch*). Apesar de, em princípio, a maioria das linguagens de programação e os bancos de dados terem aparentemente os mesmos tipos de dados, como *inteiro, real, string,* etc., existem diferenças de detalhes como tamanho dos tipos numéricos, formas de arredondamento, tratamento de variáveis indexadas que, em processamentos de grandes massas de dados numéricos, podem redundar em diferenças significativas. Também pode acontecer que, devido a particularidades na conversão de números entre o programa e o banco de dados, um teste de igualdade entre um número externo com um número interno ao BD pode resultar em igual para números diferentes ou vice-versa. Assim, dois programas logicamente idênticos escritos em linguagens de programação diferentes podem obter resultados distintos, mesmo executados com os mesmos dados.

As principais razões que podem levar à adoção da linguagem hospedeira são:

- A empresa já possui muitos programas escritos em uma linguagem de programação que também é bem dominada pelos seus profissionais. Por isso, não há interesse em refazer tudo com uma nova linguagem;
- A empresa possui vários SGBDs de fabricantes diferentes e são necessários programas que processam a conversão de um ambiente para outro;
- A utilização do banco de dados é marginal na aplicação e, por isso, não justifica o uso de uma linguagem de banco de dados;
- O SGBD não possui uma linguagem integrada.

Mostraremos, mais adiante, um exemplo da interação entre uma linguagem hospedeira e uma linguagem de banco de dados.

9.3. A linguagem relacional SQL

A linguagem SQL[13] é, atualmente, a linguagem padrão ANSI/ISO para SGBDs relacionais. Ela se origina da linguagem SEQUEL[14] definida no âmbito do projeto System-R da IBM. Este projeto representou o ponto de partida da IBM em direção aos gerenciadores baseados no modelo relacional, que resultou nos produtos SQL/DS e DB2.

Devido a sua ampla divulgação, o SQL muitas vezes é tomado como base para criação de novas linguagens que acabam se tornando extensões do SQL. Fala-se em linguagens 'tipo SQL' (*SQL-like*). Assim, temos, por exemplo, as linguagens OQL (a ser vista mais adiante) de manipulação de objetos e a linguagem TSQL2 para bancos de dados temporais, ambas 'tipo SQL'.

O padrão SQL foi sendo estendido ao longo dos anos para acompanhar a evolução dos bancos de dados. A primeira grande extensão foi o SQL-92 ou SQL2. As principais extensões introduzidas foram novos tipos de dados, *join* externo, catálogos, domínios, controles pelas cláusulas **ASSERT** e **CHECK**, tabelas temporárias, linguagem de manipulação de esquemas, SQL dinâmica, conexões e tabelas de informação de esquemas. Algumas destas extensões se basearam em características de SGBDs existentes, outras em conceitos do modelo relacional básico (como domínios) ou da linguagem SEQUEL que não tinham sido incluídos no SQL original (como asserções).

A próxima extensão, denominada SQL:1999 ou SQL3, se baseia em um subconjunto do SQL-92 e oferece diversas facilidades adicionais. Existem facilidades não procedurais, que consideram *triggers,* consultas recursivas e a possibilidade de atualização de visões assim como o predicado LIKE para pesquisa em textos. As facilidades procedurais incluem funções e procedimentos armazenados que podem ser executados a partir de um programa SQL. Finalmente, SQL:1999 considera algumas características da orientação a objetos, como definição de tipos estruturados, herança e o tipo REF que permite criar referências entre objetos de classes distintas.

Com o crescimento de aplicações na Internet surgiu a necessidade de integrar os bancos de dados com fontes de dados de acordo com novos padrões. Foi criado o SQL:2003 para aperfeiçoar as características da orientação a objetos do SQL:1999, incluindo um atributo identidade (para o *oid*) e a integração com a internet foi levada em consideração com a especificação de um SQL/XML. Finalmente, a versão SQL:2006 permite armazenar e manipular dados XML e é integrada com a linguagem XQuery, que permite acessar dados relacionais convencionais e XML.

Neste parágrafo introduzimos os principais elementos do SQL relacional, isto inclui o SQL básico, o SQL92 e parte do SQL:1999.

Para ilustrar os conceitos introduzidos, utilizaremos o exemplo padrão deste livro (Apêndice 1), um banco de dados de livros, exemplares, usuários e empréstimos, cujo esquema relacional é:

```
LIVRO(ISBN, Autores, Titulo, Editora, Ano)
EXEMPLAR(ISBN, Nr-Tombamento, Estado)
```

[13] Structured Query Language (apesar do nome, esta linguagem não é muito estruturada, não é só de consultas e nem é uma linguagem de programação completa)

[14] Structured English Query Language

```
USUARIO(Uid, Nome, Tipo, Situação)
EMPRESTIMO(Nr-Tombamento, UId, De, Até)
ASSUNTO(Pal-chave, Contexto)
ASSUNTO-DE-LIVRO(ISBN, Pal-chave)
```

Os atributos sublinhados formam a chave da relação.

9.3.1. Linguagem de Definição de Dados - LDD

A LDD do SQL possibilita a criação de tabelas com seus atributos, a alteração da estrutura de tabelas, sua destruição e a definição de visões sobre tabelas já criadas. Visões são utilizadas em aplicações em que, de acordo com a arquitetura ANSI/SPARC, tanto os esquemas externos como o esquema conceitual se baseiam no modelo relacional.

Novas tabelas são criadas com o comando:

```
CREATE TABLE <nome> {<nome-atributo: tipo>}*
                    {<restrição de integridade>}*
```

Ao <nome> definido para a tabela é associada uma lista de pares <nome-atributo: tipo>, definindo os atributos com seus domínios. As restrições de integridade serão consideradas pouco mais a frente, ao falarmos da LCC do SQL.

Como convenção para facilitar a leitura das instruções SQL, escreveremos nomes de relações com letras maiúsculas, nomes de atributos começando com uma letra maiúscula e palavras reservadas do SQL em negrito.

O esquema em SQL, exceto a relação de assuntos, seria:

```
CREATE TABLE LIVRO
        (ISBN       CHAR(10),
        Autores     CHAR(60),
        Titulo      CHAR(50),
        Editora     CHAR(20)
        Ano         ANO;
CREATE TABLE EXEMPLAR
        (ISBN       INTEGER,
        NrTomb      INTEGER,
        Situação    INTEGER);

CREATE TABLE USUARIO
        (UId        INTEGER,
        Nome        CHAR(30),
        Tipo        CHAR(3),
        Situação    INTEGER);

CREATE TABLE EMPRESTIMO
        (NrTomb     INTEGER,
        UId         INTEGER,
        De          DATE,
        Ate         DATE);
```

Os tipos **INTEGER, CHAR(n)** e **DATE**, são predefinidos do SQL. Atributos do tipo **DATE** são da forma ano-mês-dia, ou seja, o dia 1 de abril de 2021 seria 20210401. Existem diversos outros tipos de dados. Por exemplo, os atributos ***De*** e ***Ate*** da tabela **EMPRESTIMO** especificam um período de dias em que o exemplar esteve emprestado para certo usuário. Existe um tipo de dado denominado **INTERVAL**, que permite especificar um intervalo de tempo como dias, horas, anos, etc. Para o nosso exemplo, poderíamos ter os atributos **(De DATE, Duração INTERVAL DAY)**. Os tipos **DATE** e **INTERVAL** podem ser operados entre si. Por exemplo, no exemplo modificado, teríamos EMRESTIMO.ATE = EMPRESTIMO.De + EMPRESTIMO.Duração. Analogamente, se queremos, a partir do esquema original, obter a duração do empréstimo, calculamos EMPRESTIMO.Ate - EMPRESTIMO.De. Vale notar que SQL distingue dois tipos de intervalos, que não podem ser misturados. Intervalos Ano-Mês e intervalos Dia-Minuto-Segundo.

Não existe um tipo que só especifica um ano, que poderia ser **YEAR**. Por isso, no atributo Ano de **PUBLICACAO** utilizamos outro recurso do SQL, a definição de novos tipos ou domínios. Em SQL novos domínios podem ser definidos usando os tipos básicos existentes acrescidos de uma restrição. É a cláusula **CREATE DOMAIN**. Portanto, para completar o esquema acima, falta acrescentar

```
CREATE DOMAIN ANO AS INTEGER CHECK ANO > 1000 AND ANO < 2100
```

que cria um tipo denominado ANO como subconjunto do tipo INTEGER, com a restrição de que o inteiro deve estar entre os números 1000 e 2100.

Esta cláusula **DOMAIN** é pouco usada, o que pode dar origem a operações ou situações inadequadas. Por exemplo, no esquema de nossa biblioteca há dois atributos denominados Situação, um na tabela USUARIO e outro em EXEMPLAR. Apesar do mesmo nome, têm semântica distinta. A Situação de USUARIO especifica quantos exemplares ele tem emprestado, podendo assim assumir valores inteiros de 0 a 5, se 5 for o limite de empréstimos. Já a Situação de EXEMPLAR mostra se o exemplar está disponível (valor=0), reservado (valor=1) ou emprestado (valor=2). Esse abuso de linguagem, usando um mesmo nome para dois domínios distintos, pode dar origem a operações inválidas. Por exemplo, na álgebra relacional, poderíamos fazer uma junção entre USUARIO e EXEMPLAR pelo atributo Situação, o que não faz sentido nenhum. Isto seria evitado dando nomes distintos aos atributos e definindo um **CREATE DOMAIN** para cada um. Em todo caso, para não confundir o usuário, o atributo Situação de exemplar foi alterado para Estado em nosso exemplo.

Tabelas já criadas podem ser alteradas e removidas completamente do banco de dados. Para acrescentar os atributos CPF e Endereço à tabela **USUARIO**, escreveríamos

```
ALTER TABLE USUARIO
ADD COLUMN CPF INTEGER;
ADD COLUMN Endereço CHAR(50);
```

Um problema com o acréscimo de atributos a tabelas já existentes é quais valores eles assumirão para as tuplas existentes nesta tabela. Como estes atributos não têm valores para as tuplas já existentes no banco de dados, são inicializados com valores nulos.

Se descobrimos que o tipo CHAR(50) é insuficiente, podemos fazer

```
ALTER TABLE USUARIO
ALTER COLUMN Endereço CHAR(100);
```

Para eliminar de novo o atributo `Endereço`:

```
ALTER TABLE USUARIO
DROP COLUMN Endereço
```

Finalmente, para eliminar totalmente uma tabela, fazemos

```
DROP TABLE USUARIO
```

Operações de inserção e remoção de valores do banco de dados serão apresentadas na seção 9.3.4 sobre a LMD – Linguagem de Manipulação de Dados.

Também faz parte da LDD a definição de visões sobre um esquema de banco de dados existente, com o comando **CREATE VIEW.** Este comando será visto mais adiante, pois utiliza o comando **SELECT**, a ser visto na próxima seção sobre a LC (seção 9.3.2).

9.3.2. Linguagem de Consultas - LC

Apresentamos agora a parte mais significativa do SQL, que é a sua linguagem de consultas. Ela possui um único comando, o comando **SELECT**, que permite expressar toda e qualquer consulta a um banco de dados relacional. Pode ser mostrado que este comando é relacionalmente completo, no sentido de ser possível declarar qualquer expressão da álgebra relacional por uma cláusula **SELECT**. De fato, o **SELECT** possui detalhes que vão além da álgebra relacional. Inclui-se nisto, principalmente as chamadas funções de agregação, como **SUM, MAX, AVERAGE**, etc. Novas versões da linguagem SQL também permitem consultas recursivas. Esta propriedade estava antes reservada a linguagens diretamente baseadas em lógica, como DATALOG (vide § 9.7 adiante).

Vale ressaltar que o resultado de um **SELECT** será sempre uma relação. Esta relação pode receber um nome (cláusula AS) ou não. Será usada para ser visualizada, impressa e inserida como componente de outro comando SQL.

A sintaxe principal do **SELECT** é a seguinte

```
SELECT { * | <lista de atributos>}
        FROM {<relação>[<var>]
        [WHERE <condição>]
        [GROUP BY <atributo>]
        [HAVING <condição>]
        [ORDER BY <atributo>]
        [AS <nome>];
```

A principal função do comando **SELECT** é extrair os valores de atributos selecionados do banco de dados (<lista de atributos> ou * para todos) de algumas relações (cláusula **FROM**) segundo certas condições (cláusula **WHERE**). De acordo com a filosofia do modelo relacional, a execução de um **SELECT** cria uma nova relação, temporária, com os atributos da lista do **SELECT** e a extensão de acordo com as condições do comando. Esta relação não precisa ter nome e, dependendo do contexto em que está inserido o **SELECT**, esta relação poderá ser mostrada em um monitor, impresso em uma impressora, passada para um programa hospedeiro ou então o comando está inserido em outro comando SQL, que pode ser outro **SELECT**, um comando de manipulação (**UPDATE**, **DELETE**), uma criação de visão (**CREATE VIEW**) ou a cláusula **CHECK**.

À relação resultante do **SELECT** também pode ser dado um nome explícito, que poderá ser usado em outros **SELECT**s. Neste caso usa-se a cláusula **AS** `<nome>`. Antes de entrar em detalhes sobre os usos deste comando, damos uma pequena explicação sobre cada componente:

SELECT { * | <lista de atributos>} – na cabeça do *select* é definida a estrutura da relação resultante. Um * significa que todos os atributos das relações consultadas devem aparecer. A <lista de atributos> irá conter uma seleção de atributos das relações consultadas escolhidas para a relação resultante. Se houver ambiguidade entre vários atributos com o mesmo em relações distintas, esta será resolvida pela colocação do nome da relação antes da variável ou pelo uso de variáveis, como veremos mais adiante. O resultado mostrado também pode ser um valor calculado a partir de valores do banco de dados. Para obter este resultado são usadas funções especiais, chamadas funções de agregação. Por exemplo SELECT AVG(Sal) irá obter o valor médio do atributo Sal de uma relação citada na cláusula **FROM**.

`FROM` {<relação>[<var>],} – aqui são enumeradas as relações necessárias para a execução da consulta. Para cada relação citada, todos seus atributos poderão ser referenciados nas outras partes do SELECT. Os nomes de relações devem expressar de forma sucinta o conteúdo da relação. Por isso, costumam ser relativamente longos. Se um atributo é citado diversas vezes no SELECT é possível definir variáveis para estas relações, que serão usadas nas referências a seus atributos. Por exemplo, podemos ter FROM EMPRESTIMO E, LIVRO L. O uso de variáveis se torna obrigatório se for necessário realizar dois acessos a uma mesma relação. Veremos adiante um exemplo com um "FROM EMPRESTADO A, EMPRESTADO N" seguido de um "WHERE A.Ate=N.De". Nesse caso são escolhidos pares de tuplas de EMPRESTIMO tal que o atributo Ate de uma é igual ao atributo De da outra.

`WHERE` <condição> – esta cláusula estabelece as condições que devem ser satisfeitas pelas tuplas que serão escolhidas para o resultado do SELECT. Poderá conter expressões lógicas de relações numéricas (P.ex. "A.Ate=N.De AND A.Ano>2005"). Também há uma variedade de predicados predefinidos em SQL que podem ser utilizados. São eles: BETWEEN, NULL, IN, LIKE, EXISTS, UNIQUE, OVERLAPS, SOME, ANY, ALL e MATCH. Alguns deles serão apresentados neste texto.

`GROUP BY` <atributo> - esta cláusula é utilizada para agrupar os resultados da consulta segundo o valor de um (o mais) atributo(s). Cada grupo é formado por tuplas com o mesmo valor neste atributo. A formação destes grupos geralmente é um passo intermediário para a aplicação de uma função de agregação definida em um outro atributo na cláusula SELECT. Neste caso, a função de agregação não se aplicará à relação toda, mas a cada grupo. O resultado será uma relação contendo uma tupla para cada grupo contendo o resultado da aplicação da função. Assim, um "SELECT COUNT(*)FROM ASSUNTO GROUP BY Contexto" irá retornar o número de assuntos existentes para cada contexto.

`HAVING` <condição> - é uma condição adicional que pode ser aplicada ao resultado do FROM. Se houver um

GROUP BY, se aplicará a cada grupo. Por exemplo, se ao exemplo acima for acrescido "HAVING Contexto LIKE 'Banco%'" irá considerar só os grupos cujo contexto começa com 'Banco'.

ORDER BY <atributo> - é uma forma de ordenar as tuplas da relação resultante para sua visualização ou impressão.

AS <nome> - Com esta cláusula a relação resultante receberá um nome que poderá ser usado em outros selects.

Não apresentaremos toda funcionalidade do **SELECT**, mas vamos introduzir os principais elementos deste comando ilustrando-os por meio de exemplos.

OPERAÇÕES SOBRE UMA ÚNICA RELAÇÃO

Comecemos pela seleção de todas as tuplas de uma relação:

```
SELECT *
FROM LIVRO
```

cria uma tabela contendo todos os livros armazenados no banco de dados, com todos seus atributos (Fig. 9.1). Se queremos alguns livros, por exemplo só os da editora Addison-Wesley, fazemos

LIVRO

ISBN	Autores	Titulo	Ano	Editora
1558606474	Catell, Barry	The Object Data Standard: ODMG 3.0	2000	Morgan Kaufmann
8521203616	Setzer, Silva	Bancos de Dados	2005	E. Blücher
0136086209	Elmasri, Navathe	Fundamentals of Database Systems-6th Ed	2011	Addison-Wesley
8534612439	Page-Jones	Fundamentos do Desenho Orientado a Objeto com UML	2001	Makron

Figura 9.1 Relação de livros

```
SELECT *
    FROM LIVRO
    WHERE Editora = 'Addison-Wesley'
```

Se queremos só os autores e títulos de livros publicados a partir de 2005, declaramos

```
SELECT Autores, Titulo
    FROM LIVRO
    WHERE Ano >= 2005
```

OPERAÇÕES SOBRE VÁRIAS RELAÇÕES - JUNÇÕES

O objetivo de uma junção é criar uma nova relação a partir de duas ou mais relações existentes, de acordo com algum critério ou condição que determina quais das tuplas das relações origem estão relacionadas para formarem instâncias da nova relação. A junção mais primitiva possível é a junção incondicional, que irá produzir o produto cartesiano das tuplas das relações componentes. Seria o caso de:

```
SELECT *
        FROM LIVRO, EMPRESTIMO
```

Como esta junção não faz muito sentido, geralmente ela vem acompanhada de uma condição de junção na cláusula `WHERE`. Assim, se queremos criar uma relação de todos os empréstimos, incluindo dados do exemplar, teremos:

```
SELECT *
        FROM EXEMPLAR EX, EMPRESTIMO EM
        WHERE EX.NrTomb = EM.NrTomb
```

Neste caso, a relação resultante terá os atributos de `EXEMPLAR` e de `EMPRESTIMO`, ou seja, teremos a relação da figura 9.2. O atributo `NrTomb` só aparece uma vez e só aparecerão os exemplares que estão ou foram emprestados. Se um exemplar já foi emprestado várias vezes, aparecerá repetido na relação. Os atributos temporais **`De`** e **`Até`** de **`EMPRESTIMO`** informam o tempo quando um exemplar esteve ou está emprestado a um certo usuário.

ISBN	NrTomb	Situação	Uid	De	Ate
1558606474	030125	2	P01	20031020	20031110
8521203616	050085	0	E02	20090131	20090518
1558606474	030125	2	E01	20031115	99991231

Figura 9.2 Histórico de empréstimos

Se quisermos os empréstimos atuais, o atributo `Até` deve conter a data atual. Como não queremos atualizar este atributo todo dia, em `Até` é colocado um valor fixo 99991231 no momento do empréstimo, significando que o exemplar está emprestado no momento. Se quisermos a lista dos livros (autor e título) que têm algum exemplar emprestado no momento, sem nos interessarmos para quem, fazemos

```
SELECT L.Autores, L.Titulo
        FROM EMPRESTADO E, LIVRO L
        WHERE E.Ate = 99991231 AND L.ISBN=E.ISBN
```

obtendo o resultado da figura 9.3.

Autores	Titulo
Catell, Barry	The Object Data Standard: ODMG 3.0

Figura 9.3 Livros emprestados

Sempre quando a consulta envolve mais de uma relação, é recomendável identificar as relações por variáveis. Enquanto nos exemplos citados o próprio nome da relação poderia ser usado como variável, o uso de variáveis se torna obrigatório quando há várias referências à mesma relação. Por exemplo, se queremos saber todos os autores e títulos de livros da mesma editora que publicou o livro com `ISBN=8521203616`, fazemos

```
SELECT L2.Autores, L2.Titulo
        FROM LIVRO L2, LIVRO L1
        WHERE L2.Editora = L1.Editora AND L1.ISBN = 8521203616
```

Vejamos mais um exemplo do uso de variáveis para a criação de uma nova relação. Queremos criar uma tabela relacionando todos os casos em que um exemplar passou diretamente de um empréstimo para outro. Queremos saber a data desta passagem e os nomes dos usuários. Para dar um nome aos novos atributos, pode ser usado a cláusula `AS`.

```
SELECT U1.Nome AS U-Ant, U2.Nome AS U-Novo, U2.De AS Data
     FROM USUARIO U1, USUARIO U2, EMPRESTIMO E1, EMPRESTIMO E2
     WHERE U1.Uid = E1.Uid AND U2.Uid = E2.Uid AND
             U1.Ate = U2.De AND E1.NrTomb = E2.NrTomb
```

Esta operação daria o resultado mostrado na figura 9.4.

U-Ant	U-Novo	Data
Lao Tze	Chiang Tze	20031110

Figura 9.4 Empréstimos transferido

Com os exemplos vistos até agora, mostramos que os operadores de seleção, projeção e junção da álgebra relacional podem ser realizados em SQL. A `seleção`, que escolhe algumas tuplas de uma relação de acordo com uma condição dada, é dada por um

```
SELECT * FROM <relação> WHERE <condição>.
```

A `<condição>` estabelece quais tuplas serão selecionadas de `<relação>`. Já a *projeção* sobre os atributos `A1,..,An` de uma relação R é dada por **`SELECT A1,..,An FROM R`**. A *junção* ocorre quando temos várias relações na cláusula **`FROM`** e o atributo de junção é especificado na cláusula **`WHERE`**. A junção natural, que se baseia na igualdade dos valores de atributos com o mesmo nome, a cláusula **`WHERE`** determinará as respectivas igualdades.

Note-se que a maioria das consultas reais com um **`SELECT`** determina uma combinação de vários operadores da álgebra relacional, ou seja, uma expressão completa da álgebra é convertida em uma única cláusula **`SELECT`**.

Também as operações de união e interseção de conjuntos podem ser realizadas em SQL, uma vez que toda relação do modelo é considerada um conjunto de tuplas.

Por exemplo, supondo que além da relação `LIVRO` exista outra relação contendo fichas de relatórios técnicos, denominada `REL-TEC` com a seguinte estrutura:

```
REL-TEC(NumRel, Autores, Titulo, Ano)
```

Queremos criar uma relação de todas as publicações, contendo os autores e títulos. Fazemos

```
SELECT Autores, Titulo
       FROM LIVRO
UNION
SELECT Autores, Titulo
       FROM REL-TEC
```

De forma semelhante, o operador `INTERSECT` pode ser usado para obter a interseção de duas tabelas. Supondo que, ao invés de termos uma relação única de todos os usuários, tenhamos duas relações;

```
ESTUDANTE(UId, Nome, Situação)
PROFESSOR(UId, Nome, Situação)
```

Para obter a relação dos usuários que são estudante e professor, fazemos:

```
SELECT *
       FROM ESTUDANTE
INTERSECT
SELECT *
FROM PROFESSOR
```

Deve ser observado que tanto na união como na interseção as tabelas têm que ser compatíveis. Duas tabelas são união-compatíveis ou interseção-compatíveis se possuírem exatamente os mesmos atributos. Esta compatibilidade tem que acontecer com as tabelas resultantes do **`SELECT`** e não com as tabelas originais citadas na cláusula **`FROM`**. Foi o que aconteceu na união de tuplas de `LIVRO` com `REL-TEC`.

Ao invés de provocar uma junção de tabelas por meio do estabelecimento das condições de junção na cláusula **`WHERE`**, SQL permite usar o termo **`JOIN`** na cláusula **`FROM`**. Existem vários tipos de junções em SQL. Os principais tipos são:

- Junção incondicional
- Junção natural
- Junção condicional
- Junção externa

A **junção incondicional** é o caso de se criar o produto cartesiano de duas relações. Por exemplo, se temos três relações com um atributo cada `DIA(D)`, `MÊS(M)` e `ANO(A)` e qualquer combinação destes três valores é considerada uma data válida, podemos fazer:

```
SELECT *
        FROM DIA CROSS JOIN MES CROSS JOIN ANO
```

A **junção natural** ocorre quando o critério de junção é a existência de atributos com o mesmo nome e a junção ocorre quando os valores destes atributos são iguais. O exemplo acima, de relacionar livros que têm ou tiveram um exemplar emprestado (figura 9.3) se baseia no fato de o atributo ISBN ter o mesmo valor nas duas relações. Portanto, pode ser reescrito eliminando a cláusula **`WHERE`** como:

```
SELECT *
        FROM LIVRO NATURAL JOIN EMPRESTIMO;
```

Enquanto a junção natural se baseia na igualdade de nome e conteúdo de atributos, com a junção condicional qualquer relação entre atributos compatíveis pode ser determinada. Suponhamos uma relação que mostra usuários que transferiram empréstimos um para o outro no mesmo dia (Figura 9.4). Antes de criar a relação dos pares de nomes como requerido, fazemos uma junção condicional da relação EMPRESTIMO consigo mesmo, associando tuplas em que a data de devolução (Ate) de uma coincida com a data de empréstimo (De) da outra:

```
SELECT D.Uid, E.Uid, D.ATE
        FROM EMPRESTIMO D JOIN EMPRESTIMO E
        ON D.Ate=E.De AND D.NrTomb = E.NrTomb
```

Como esta relação retorna os identificadores e não os nomes dos usuários, ele será aninhado da seguinte forma:

```
SELECT U1.Nome, U2.Nome, D.Ate
        FROM USUARIO U1, USUARIO U2
        WHERE (U1.Uid, U2.Uid) IN
                SELECT D.Uid, E.Uid
                        FROM EMPRESTIMO D JOIN EMPRESTIMO E
                        ON D.Ate=E.De AND D.NrTomb = E.NrTomb
```

Este comando determina a mesma relação da figura 9.4.

As junções consideradas até agora são conhecidas como junções internas. Em uma junção interna é verificado quais tuplas das relações envolvidas casam com a condição de junção e só estas serão combinadas para compor a nova relação. Pode ocorrer de querermos colocar na relação resultante também as tuplas que não casaram, preenchendo os atributos que não se aplicam com valores nulos. Esta forma de junção é chamada de **junção externa**. Ao se juntar duas relações R1 e R2, podemos querer manter, além das tuplas que casaram, (1) todas tuplas que não casam tanto de R1 como de R2, ou (2) manter só as de R1 ou (3) só as de R2.

Para esses 3 casos temos, respectivamente, o **FULL OUTER JOIN**, o **LEFT OUTER JOIN** e o **RIGHT OUTER JOIN**. O primeiro caso é denominado, simplesmente, OUTER JOIN. Vamos ilustrar a junção externa considerando as duas relações

```
LIVRO_R(ISBN, Nome, Autores, Título), e
EMPRESTIMO_R(ISBN, Uid, De, Ate).
```

Para facilitar a ilustração, criamos as relações LIVRO-R com dois atributos a menos da original e EMPRESTIMO_R em que o atributo NrTomb foi substituído por ISBN.

Podemos querer um histórico dos empréstimos de todos os livros, mesmo aqueles que nunca foram emprestados. Com uma junção interna estes últimos ficariam de fora da relação resultante. Mas, se fizermos

```
SELECT *
      FROM LIVRO_R L OUTER JOIN EMPRESTIMO_R E
ON L.ISBN = E.ISBN
```

obtemos a relação da figura 9.5. Note-se que as duas últimas tuplas representam livros que nunca foram emprestados, sendo que os atributos referentes ao empréstimo contêm o valor especial '*null*'.

<u>ISBN</u>	Autores	Titulo	Uid	De	Ate
1558606474	Catell, Barry	The Object Data Standard: ODMG 3.0	P01	20031020	20031110
8521203616	Setzer, Silva	Bancos de Dados	E02	20090131	20090531
1558606474	Catell, Barry	The Object Data Standard: ODMG 3.0	E01	20031115	99991231
0136086209	Elmasri, Navathe	Fundamentals of Database Systems	null	null	null
8534612439	Page-Jones	Fundamentos do Desenho Orientado a Objeto com UML	null	null	null

Figura 9.5 Histórico completo dos empréstimos de livros

No **OUTER JOIN** podem sobrar tuplas das duas relações juntadas. Se queremos somente uma delas, usamos o **LEFT OUTER JOIN** ou o **RIGHT OUTER JOIN**. Por exemplo, a relação de livros em nosso exemplo padrão (Apêndice 1) contém 4 livros. Vamos supor que o livro de *Page-Jones* foi removido do banco de dados:

```
DELETE FROM LIVRO WHERE ISBN=8534612439
```

Esta remoção não afeta o histórico de empréstimos realizados, registrado em EMPRESTIMO. Agora, podemos querer obter a relação de todos os empréstimos realizados de livros que não existem mais no banco de dados. Para tal, juntamos primeiro `LIVRO` com `EMPRESTIMO` de forma a manter também empréstimos de livros que não existem mais. Mas, livros que nunca foram emprestados não interessam. Isto é conseguido com um **`RIGHT OUTER JOIN`**:

```
SELECT *
      FROM LIVRO_R L RIGHT OUTER JOIN EMPRESTIMO_R E
      ON L.ISBN = E.ISBN
```

resultando na relação da figura 9.6. Note-se que na parte do empréstimo não há valores nulos.

ISBN	Autores	Titulo	Uid	De	Ate
1558606474	Catell, Barry	The Object Data Standard: ODMG 3.0	P01	20031020	20031110
8521203616	Setzer, Silva	Banco de dados	E02	20090131	20090531
1558606474	Catell, Barry	The Object Data Standard: ODMG 3.0	E01	20031115	99991231

Figura 9.6 Histórico completo de livros emprestados

Na figura 9.7 mostramos duas relações, uma de assuntos em geral (a) e outra de assuntos associados a livros (b). Podemos ter assuntos que não estão associados a nenhum livro e livros para os quais não foi determinado nenhum assunto. Os itens (c) e (d) mostram o uso dos dois `OUTER JOINS` parciais para obter uma relação de todos os assuntos, com os respectivos livros associados (c) e uma relação de todos os livros, com os respectivos assuntos associados (d).

ASSUNTO

Nome	Contexto
ODMG	Bancos de Dados
Orientação a Objetos	Sistemas
Bancos de Dados	Gerência de dados
UML	Engenharia de Software
Projeto de Sistemas	Engenharia de Software
Java	Linguagem de Programação

(a) Relação de assunto

ASSUNTO-DE-LIVRO

ISBN	Nome
1558606474	ODMG
1558606474	Orientação a Objetos
8521203616	Bancos de Dados
8534612439	UML
8534612439	Orientação a Objetos
0136086209	Bancos de Dados

(b) Relação de livros com seus assuntos

ASSUNTOS E LIVROS (com todos assuntos)		
ISBN	Nome	Contexto
1558606474	ODMG	Bancos de Dados
1558606474	Orientação a Objetos	Sistemas
8534612439	Orientação a Objetos	Sistemas
8521203616	Bancos de Dados	Armazenaemnto
0136086209	Bancos de Dados	Armazenamento
8534612439	UML	Engenharia de Software
null	Java	Linguagem de Programação

(c)uso do RIGHT OUTER JOIN

ASSUNTOS E LIVROS (c. todos livros)		
ISBN	Nome	Contexto
1558606474	ODMG	Bancos de Dados
0136086209	Bancos de Dados	Armazenamento
1558606474	Orientação a Objetos	Sistemas
8521203616	Bancos de Dados	Bancos de Dados
8534612439	UML	Enga de Software
3390012439	*null*	*null*

(d) uso do LEFT OUTER JOIN

Figura 9.7. Ilustração dos tipos de JOIN

COMANDOS ANINHADOS

Sabemos que no corpo da cláusula **WHERE** do **SELECT** devem ser especificadas as condições que escolhem o resultado adequado para certa consulta. Para obter este resultado final pode ser necessário realizar diversas operações sobre o banco de dados gerando resultados intermediários que servirão de base para o resultado final. Ou seja, uma consulta complexa pode exigir a realização de subconsultas cujos resultados serão combinados para atender à consulta original. Uma forma de fazer isto é criar estas relações intermediárias com a cláusula **AS**. Assim, a realização de uma consulta complexa é composta pela execução de uma sequência de comandos SQL sendo que o último deles gera os resultados desejados.

Uma forma mais compacta de se obter o mesmo resultado é efetuar diretamente a consulta toda, encaixando as subconsultas como parte da consulta global. Esta solução usa os comandos **SELECT** aninhados. Teremos um **SELECT** externo que, em sua cláusula **WHERE** é confrontado com o resultado de outro **SELECT**, o interno. Este confronto ocorre por um predicado **EXISTS, IN** ou estes com um **NOT** na frente.

Lembramos que um dos princípios do modelo relacional de dados é que o resultado de qualquer operação sobre relações é também uma relação. Como relações são conjuntos, as operações de conjuntos, como união, interseção, diferença, etc. podem ser aplicadas a relações resultando em novas relações. Por esse princípio, processar uma consulta, quer seja em álgebra relacional, quer seja em SQL, significa operar relações/conjuntos até obter a relação/conjunto contendo exatamente os dados procurados.

Assim como expressões complexas em matemática são escritas com o uso de parênteses, em SQL usa-se o aninhamento de **SELECT**s para obter o mesmo efeito.

Suponhamos que queremos encontrar uma lista dos livros que têm um exemplar emprestado neste momento. Podemos, primeiro, determinar os empréstimos atuais com

```
SELECT ISBN
FROM EMPRESTIMO
WHERE Ate=99991231
```

e agora determinar quais livros estão nesta relação. Ou seja, temos que executar um `SELECT` sobre a tabela de livros considerando resultado do `SELECT` anterior. Isto pode ser feito aninhando os dois comandos, da seguinte forma:

```
SELECT *
FROM LIVRO
WHERE ISBN IN
       (SELECT ISBN
       FROM EMPRESTIMO
       WHERE De=99991231).
```

Suponhamos agora que a relação `EMPRESTIMO` tem mais um atributo que contém a multa acumulada, caso o respectivo empréstimo esteja com seu prazo esgotado. Temos então a relação

```
EMPRESTIMO-2(NrTomb, Uid, Multa, De, Ate)
```

Queremos agora obter a relação dos usuários que têm algum exemplar com empréstimo em atraso. Podemos fazer

```
SELECT U.Nome
FROM USUARIO U NATURAL JOIN EMPRESTIMO-2
WHERE EXISTS
       (SELECT *
       FROM EMPRESTIMO-2
       WHERE Multa > 0 AND Ate = 99991231).
```

Para todo empréstimo em que houver uma multa atual o `SELECT` interno retorna um conjunto não vazio o que torna o **`EXISTS`** verdadeiro. Se não houver multa, o **`EXISTS`** é falso e o nome do usuário não é selecionado. O **`SELECT`** externo irá mostrar os nomes dos usuários com multa.

FUNÇÕES DE AGREGAÇÃO, GROUP-BY e HAVING

Um recurso que não está previsto na álgebra relacional é o uso de funções de agregação. São funções que calculam novos valores a partir dos dados armazenados. As principais funções são as que, dado um conjunto de valores, obtêm o maior valor, o menor valor, a soma ou o valor médio. Neste sentido, são valores que não estão explicitamente armazenados no banco de dados, mas são obtidos a partir destes.

Estas funções são aplicadas ao conjunto dos valores de um atributo de uma relação e calculam o valor solicitado. Também podem ser aplicadas a subconjuntos da tabela, definidos por uma cláusula **GROUP BY**, que definiremos a seguir. O resultado da aplicação de uma função de agregação forma um conjunto unitário contendo o valor resultante da aplicação da função. Se a relação é dividida em subconjuntos (pelo **GROUP BY**) a função se aplica a cada grupo e retorna o conjunto dos resultados dos valores destes grupos.

As principais funções previstas em SQL são:
MAX – obtém o valor máximo do conjunto;
MIN – obtém o valor mínimo do conjunto;
AVG – obtém o valor médio do conjunto;
SUM – obtém a soma dos valores do conjunto;
COUNT – conta a quantidade dos elementos do conjunto.

Vamos começar mostrando o uso destas funções com dois exemplos. Primeiro, queremos saber quantos empréstimos estão em aberto. A instrução seria:

```
SELECT COUNT(*)
FROM EMPRESTIMO
WHERE Ate=99991231
```

Para saber, dos empréstimos em aberto e em atraso, a menor, a maior e a médias das multas faríamos:

```
SELECT MIN(Multa), MAX(Multa), AVG(Multa)
FROM EMPRESTIMO-2
WHERE Ate=99991231 AND Multa > 0
```

Muitas vezes, queremos aplicar uma função de agregação a subconjuntos distintos da tabela e não a todos de uma vez. Por exemplo, podemos querer saber a média das multas devidas dos professores e dos estudantes, separadamente. Para resultados deste tipo, o SQL oferece a cláusula **GROUP BY** `<critério>` em que um critério de partição da tabela toda em subconjuntos disjuntos permite a aplicação repetida da função a cada grupo. Se o critério determinar *n* grupos, o resultado da seleção será *n* tuplas, uma para cada grupo.

Vejamos a questão das multas de professores e estudantes. Como `EMRESTIMO` não tem a informação do tipo de usuário, obtemos isto por uma junção desta tabela com a de usuários, já separando só os atributos de interesse:

```
SELECT E.Uid, U.Tipo, E.Multa
FROM EMPRESTIMO-2 E, USUARIO U
WHERE E.Uid= U.Uid AND E.Multa>0 AND E.Ate=99991231
AS ATRASADOS
```

Este **SELECT** cria uma tabela contendo os usuários com empréstimos em atraso, incluindo a informação sobre o tipo de usuário. Supondo que esta tabela tem o nome de `ATRASADOS` calculamos a média das multas de cada grupo com

```
SELECT Tipo, AVG(Multa)
FROM ATRASADOS
GROUP BY Tipo
```

Também podemos realizar a mesma operação trocando a tabela intermediária por um aninhamento das duas consultas

```
SELECT U.Tipo, AVG(E.Multa)
FROM USUARIO U NATURAL JOIN EMPRESTIMO-2
WHERE EXISTS
      (SELECT *
      FROM EMPRESTIMO-2
      WHERE Multa > 0 AND Ate = 99991231)
      GROUP BY Tipo
```

Restrições adicionais aos grupos podem ser estabelecidas por uma cláusula `HAVING`. Por exemplo, se queremos só as multas dos estudantes fazemos

```
SELECT Tipo, AVG(Multa)
FROM ATRASADOS
GROUP BY Tipo
HAVING Tipo = `Est`.
```

9.3.3. Linguagem de Controle de Dados (LCD)

Sabemos da discussão sobre a integridade dos dados em um banco de dados (Capítulo 3), que existem dois tipos de integridade, a integridade estática, que se refere aos estados válidos de um banco de dados, e a integridade dinâmica, que se refere a mudanças de estado válidas. A linguagem SQL oferece recursos para ambos os tipos de integridade. Para a integridade estática é utilizada a Linguagem de Definição de Dados com a qual são definidas estruturas que inibem a inserção de valores errados nas relações. Para as restrições dinâmicas há recursos específicos associados às operações, que impedem mudanças inválidas.

RESTRIÇÕES ESTÁTICAS

Ao criar uma relação com o **CREATE TABLE** podem ser determinadas várias limitações ao tipo e formato dos dados adequados a serem armazenados. Consideramos os seguintes tipos de restrições:

1. Definição de domínios para os atributos;
2. Cláusulas adicionais associadas a um atributo ou à tabela.

Como para cada atributo de uma tabela é definido um domínio de valores possíveis, este domínio já serve como uma restrição, pois evitará o armazenamento de valores fora dele. Os principais domínios básicos da linguagem são **INTEGER, CHAR(n)** e **DATE**, além de outros. Como estes domínios podem ser genéricos demais paras certos atributos, é possível criar novos domínios mais específicos pela especificação **CREATE DOMAIN**. Neste sentido, se tivermos um atributo `Idade` em uma tabela de pessoas, ao invés de defini-lo como do tipo **INTEGER** é possível criar um tipo `IDADE`:

```
CREATE DOMAIN IDADE AS INTEGER CHECK Idade >0 AND Idade <100
```

e usar como domínio do atributo `Idade`. Uma limitação da linguagem SQL é que ela não permite definir tipos totalmente novos. Com o **CREATE DOMAIN** só é possível restringir um tipo básico ou derivado existente na linguagem SQL, citado no **AS**.

Uma definição precisa de um domínio poder ser uma tarefa trabalhosa que nem sempre compensa. Por exemplo, na tabela `EXEMPLAR` de nosso exemplo há um atributo `NrTomb` que é um código numérico de 6 algarismos. Esses algarismos poderiam ter um significado em sua composição, como sendo um ano seguido de um número sequencial. Estes detalhes nem sempre podem ser capturados pela cláusula **CREATE DOMAIN**. Por isso, em nosso exemplo do número de tombamento, há duas opções. Ou destacamos o caráter numérico de `NrTomb` definindo um tipo **INTEGER**, ou destacamos o tamanho do código como sendo de 6 algarismos, por um tipo **CHAR(6)**. A escolha certa irá depender do que poderá acontecer com este atributo, em seu uso. Se a ordem destes números for importante (operações < e >) o tipo **INTEGER** será melhor. Caso contrário, o **CHAR(6)** poderá ser mais adequado.

No **CREATE TABLE** existem recursos para destacar qualidades especiais de certos atributos ou grupos de atributos. Os principais são:

- **NOT NULL** - colocado após a definição de um atributo, garante que ele nunca assumirá um valor nulo;
- **UNIQUE** – especifica que um valor para esse atributo não poderá se repetir em mais de uma tupla;
- **CHECK** – o domínio do atributo pode ser restrito pela restrição `CHECK`. Ao invés de criar um domínio `IDADE`, o atributo poderia ser declarado como
  `Idade INTEGER CHECK (Idade > 0 AND Idade < 100);`

Além destas restrições por atributo, também há restrições que envolvem vários atributos, que serão colocadas após a lista dos atributos. São as cláusulas **PRIMARY KEY**, **UNIQUE** e **FOREIGN KEY**. Vamos explicá-las pelo exemplo das tabelas de livros e de empréstimos:

```
CREATE TABLE LIVRO
        (ISBN  INTEGER PRIMARY KEY,
        Autores       CHAR(60),
        Titulo CHAR(40)       NOT NULL,
        Ano           INTEGER,
        Editora       CHAR(10));

CREATE TABLE EMPRESTIMO
        (Uid          INTEGER       NOT NULL,
        NrTomb INTEGER        NOT NULL,
```

```
De              DATE,
Ate             DATE,
            PRIMARY KEY (NrTomb, De));
            UNIQUE (NrTomb, Ate));
            FOREIGN KEY (NrTomb) REFERENCES EXEMPLAR,
            FOREIGN KEY (Uid) REFERENCES USUARIO);
```

As cláusulas **PRIMARY KEY** e **UNIQUE** determinam que o valor deste(s) atributos(s) é único na relação. Quando se referirem a um único atributo, também podem ser colocadas ao lado da especificação. Na tabela de empréstimos definimos dois conjuntos de 2 atributos como chave (pelo **UNIQUE**). **NOT NULL** determina que o respectivo atributo não pode ter valores nulos. Note-se que esta tabela contém o histórico de todos os empréstimos abertos e já realizados. Se contivesse só os empréstimos atuais, o atributo `Ate` poderia ser eliminado e a chave seria só o `NrTomb`.

A especificação de uma chave estrangeira (**FOREIGN KEY**) determina que as entidades da tabela referenciada não podem ser manipuladas livremente. Por exemplo, no caso do empréstimo, não posso remover ou alterar a chave de um exemplar enquanto está emprestado. Mas, em certos casos, podemos querer relaxar esta restrição. Por exemplo, pode ocorrer uma mudança na chave do usuário (`Uid`) e não queremos remover todos os empréstimos dele antes de efetuar esta mudança. Para herdar o novo código do usuário, podemos especificar:

```
FOREIGN KEY (Uid) REFERENCES USUARIO ON UPDATE CASCADE
```

Analogamente, um **ON DELETE SET NULL** iria colocar um valor nulo caso a tupla referenciada fosse deletada.

Para a especificação explícita de restrições de integridade o SQL oferece formas para especificar restrições estáticas (**CHECK** e **ASSERT**) e dinâmicas (**TRIGGER**). Em uma restrição estática é estabelecida uma regra que não pode ser violada por nenhuma operação **INSERT, UPDATE** ou **DELETE** que ocorra no banco de dados. Esta restrição pode estar acoplada diretamente a uma tabela específica (**CHECK**), sendo restrita a valores nesta tabela, ou ser independente, podendo envolver várias tabelas (**ASSERT**).

O **TRIGGER** é uma regra acoplada a uma operação de alteração do banco de dados, e verifica certas ocorrências e condições. Ao invés de simplesmente proibir uma ação, permite a especificação de novas (re-)ações consequentes.

A cláusula **CHECK**, definida acima, permite definir, de uma forma bastante livre, restrições adicionais ao conteúdo de uma tabela ou na definição de um novo domínio.

Na tabela `USUARIO` temos um atributo `Tipo` que, apesar de ser declarado como **CHAR(4)** só pode assumir dois valores "Prof" ou "Est". O atributo `Situação`, declarado como **INTEGER** pode ter um valor entre 0 e 5, indicando o número de exemplares atualmente emprestados a ele. Para garantir estes valores, podemos acrescentar, no final da criação da tabela:

```
CREATE TABLE USUARIO
----
Tipo CHAR(4)
Situação INTEGER
```

```
PRIMARY KEY (Uid)
CHECK (TIPO IN ('Prof', 'Est'))
CHECK (Situação >=0 AND Situação <=5)
```

Existe outra forma de especificar estas restrições. Ela se aplica principalmente aos casos em que um mesmo tipo de atributo reaparece em várias tabelas. Ao invés de colocar o **CHECK** na definição da tabela é criado um novo tipo de domínio. Um exemplo típico é um atributo `Estado-Civil`, que pode ocorrer em várias tabelas. Por exemplo, se tivermos nossos usuários divididos em duas tabelas, uma de professores e outra de estudantes, ambas com este atributo, teríamos que repetir o **CHECK** nas duas definições. Nesse caso, criamos um domínio com este nome e fazemos as restrições só uma vez:

```
CREATE DOMAIN ESTADO-CIVIL CHAR(10) DEFAULT 'solteiro'
     CHECK (VALUE IN
          ('solteiro', 'casado', 'divorciado', 'viuvo')).
```

Nesse caso, também ilustramos a possibilidade de inicializar o respectivo atributo com um valor default, no momento da criação de uma nova tupla.

Para especificar restrições gerais, que possam envolver mais de uma tabela não é possível usar o **CHECK**, pois este se restringe aos dados de uma única tabela. Regras gerais são chamadas de *assertions* e têm a estrutura:

```
CREATE ASSERTION <nome> CHECK <restrição>
```

A restrição geralmente contém um ou mais comandos `SELECT` para determinar valores que podem ou não podem ocorrer no banco de dados.

Por exemplo, podemos querer garantir que não pode haver dois empréstimos do mesmo exemplar simultaneamente. Para tal, devemos garantir que os intervalos de tempo definidos pelos atributos `De` e `Ate` são disjuntos. Usaremos um predicado existente em SQL, específico para a comparação de elementos temporais. É o

```
<evento-temporal> OVERLAPS <evento-temporal>
```

em que `<evento-temporal>` pode ser um intervalo `(tempo-inicio,tempo-fim)` ou uma duração a partir de um instante `(tempo-início, duração)`.

A regra que garante empréstimos de um mesmo título têm que ser disjuntos, seria a seguinte

```
CREATE ASSERTION empréstimos-disjuntos CHECK
       (NOT EXISTS (SELECT * FROM EMPRESTIMO E1, EMPRESTIMO E2
                         WHERE E1.NrTomb=E2.NrTomb AND
                         (E1.De,E1.Ate) OVERLAPS (E2.De,E2.Ate)))
```

Vejamos outra restrição. O atributo `Situação` de `USUARIO` mostra quantos exemplares estão atualmente emprestados ao usuário. Mesmo que o domínio deste atributo já esteja limitado ao número 5 (o máximo de empréstimos aceitos) pode haver uma regra de que estudantes só podem emprestar até 3 exemplares. Esta restrição poderá ser garantida por meio de

```
CREATE ASSERTION lim-emp-estudante CHECK
        (NOT EXISTS (SELECT * FROM USUARIO
                                WHERE Tipo='Est' AND Situação > 3 ))
```

Como pode ser observado, a tabela EMPRESTIMO só faz crescer, pois todos históricos dos empréstimos ficam mantidos no banco de dados. Podemos querer restringir este histórico para um máximo de até 10 empréstimos por exemplar. Isso ficaria assim

```
CREATE ASSERTION lim-hist-emp CHECK
        (SELECT COUNT(*) FROM EMPRESTIMO
                                GROUP BY NrTomb)<=10)
```

Esta restrição é um exemplo típico de um problema com uma solução facilmente especificada, mas dificilmente implementada. Será que o SGBD terá que, a cada operação que envolve a tabela EMPRESTIMO, verificar todos grupos de exemplares para saber se algum está violando a regra? Veremos adiante como esta questão pode ser resolvida de forma mais eficiente com a noção de *trigger*, que permite focar a análise só no ponto que realmente pode afetar a integridade.

RESTRIÇÕES DINÂMICAS E AÇÕES AUTOMÁTICAS

Vimos, até agora, diversas formas de garantir, em SQL, que os dados de um banco de dados estejam corretos. Estas regras fazem parte do esquema de dados, sem se referirem a qualquer operação. Ou seja, o que importa é que o banco de dados se mantenha consistente, independentemente de quais operações fazem alterações.

Por outro lado, se um banco de dados está consistente, o que pode torná-lo inconsistente são as operações que alteram seu estado. Restrições estáticas genéricas, como o ASSERTION, têm o problema de sua implementação eficiente, pois pode ser difícil determinar os instantes ideais para testá-las. Para evitar esta indefinição, pode ser recomendável acoplar a regra diretamente à operação candidata a ferir uma integridade. Com isso, o momento da verificação da regra fica explicitamente determinado, que será o momento da execução da operação. Além disso, há restrições de integridade de transição. Nesse caso os pré- e pós-estados podem estar corretos, mas a transição ser inválida. O exemplo clássico é a regra '*salários não podem baixar*', que está acoplada à operação de atualização do salário do empregado.

Restrições dinâmicas podem ser formuladas pelas Regras ECA (Evento-Condição-Ação), como foi visto na seção 4.3. Lembremos que o *Evento* pode ser uma operação ou alguma outra ocorrência (por exemplo, um sinal externo ou uma mudança no relógio). Na ocorrência do evento a condição estabelecida é testada e, se for verdadeira, a ação é executada. Esta estrutura pode ser usada tanto para evitar operações indesejadas ou incompletas. A operação seria o *Evento* e a situação indesejada a *Condição* e a *Ação* poderia ser uma operação corretiva desta combinação indesejada ou o anulamento da operação original.

SQL oferece o conceito de *trigger* para realizar regras ECA. Podemos distinguir dois tipos de *triggers*. Um em que para a ocorrência do evento a ação é executada uma única vez, é chamado de *statement trigger*. O outro, o *row trigger*, é executado para todas as tuplas de uma relação. A estrutura geral é

```
CREATE TRIGGER <nome_do_trigger>
        {BEFORE | AFTER |INSTEAD OF} <evento> ON <tabela>
        [REFERENCING OLD AS <nome_antes> NEW AS <nome_após>]
        [FOR EACH ROW]
        [WHEN <condição>]
        BEGIN <comandos SQL> END
```

A primeira linha da o nome ao *trigger*; a segunda determina se a ação do *trigger* deve ocorrer antes, depois ou em substituição do evento descrito a seguir. Este evento geralmente é uma operação do SQL, como `INSERT`, `UPDATE` ou `DELETE`. Também pode ser colocado uma conjunção como, por exemplo, `INSERT OR UPDATE`. A terceira linha é usada para regras de integridade de transição, que necessitam de acesso aos valores anterior e posterior de um mesmo atributo. O `FOR EACH ROW` da linha seguinte é usado para *row triggers*, o `WHEN` a seguir determina uma condição opcional para a execução do trigger e, finalmente, o bloco `BEGIN..END` contém a ação a ser executada.

Vejamos um exemplo de um *statement trigger* e outro de um *row trigger*. Suponhamos uma tabela de empregados e outra tabela contendo um único valor, o salário mínimo:

```
EMP(Nome, Cargo, Setor, Salario)
SAL-MIN(Valor)
```

Para uma atualização salarial de um empregado temos que ter certeza que o salário não foi rebaixado:

```
CREATE TRIGGER sal-mantido
        INSTEAD OF UPDATE ON EMP
        REFERENCING OLD ROW AS ant NEW ROW AS nov
        WHEN ant.Salario > nov.Salario
 BEGIN aviso('O salário de', EMP.Nome, 'não pode ser rebaixado' END
```

Ao invés de atualizar um salário para menor é chamada uma função `aviso()` que relata a situação. Vejamos agora outra situação: o salário mínimo pode aumentar e, consequentemente, alguns empregados podem ter um salário inferior ao novo salário mínimo. Neste caso, todas tuplas de empregados terão que ser verificadas:

```
CREATE TRIGGER novo-sal-min
        AFTER UPDATE OF Valor ON SAL-MIN
        FOR EACH ROW
        WHEN EMP.Salario < max(Valor)
       UPDATE EMP SET Salario = max(Valor)
```

Como a tabela SAL-MIN só contém um valor, para extrair este valor tanto faz usar a função max(), min() ou avg(). Todas irão retornar o mesmo valor.

Vejamos ainda, um exemplo no sistema da biblioteca. Como empréstimos devolvidos são mantidos na tabela correspondente, a operação de devolução de um exemplar irá gerar um `UPDATE` na tabela `EMPRESTIMO`, atualizando o atributo `Ate` para o dia atual, designado por '*hoje()*'.. Podemos criar um *trigger* para atualizar o atributo `Situação` na tabela `USUARIO`. Teremos

```
CREATE TRIGGER atualiza-situação
        AFTER UPDATE OF Ate ON EMPRESTIMO
                WHEN Ate = hoje()
        UPDATE USUARIO SET Situação = Situação-1
                WHERE USUARIO.Uid=EMRESTIMO.Uid
```

Este trigger não é uma restrição de integridade, mas é uma regra ativa, ou seja, realiza ações consequentes de outras ações realizadas.

Vimos nos últimos *triggers* que a delimitação da ação por `BEGIN` e `END` é optativa no caso de a ação envolver uma única atividade.

9.3.4. Linguagem de Manipulação de Dados (LMD)

A linguagem SQL parte do princípio de que os recursos básicos de manipulação, que são a inserção de remoção de tuplas e a atualização de atributos, estão inseridos em um programa aplicativo escrito em uma linguagem de programação convencional. Mostraremos como utilizar as operações `INSERT`, `DELETE` e `UPDATE` para alterar o banco de dados. A interação destas operações com os programas aplicativos será mostrada na seção 9.5. Também pode ser considerado um banco de dados sem programas aplicativos. Neste caso, o usuário terá acesso direto a estas três operações.

Para inserir novas tuplas em uma relação, existem duas formas. Uma, que insere uma única tupla, é dada por

```
INSERT INTO <tabela> VALUES <tupla>
```

A tupla indicada deve conter, na ordem, valores para todos os atributos da tabela. Se faltar um valor será colocado o valor '*null*'. Para a execução da inserção, todos os valores devem estar de acordo com seus respectivos tipos e nenhuma restrição `NOT NULL` ou `UNIQUE` deve ser violada.

A outra forma consiste em inserir em uma tabela várias tuplas, a partir de uma seleção de tuplas de outra

```
INSERT INTO <tabela> <select>
```

Suponhamos que chegou um novo livro na biblioteca a ser cadastrado. A operação poderá ser:

```
INSERT INTO LIVRO VALUES ("1234567890","Ramakrishnan & Gehrke", "Database Management Systems-3th E.",2004,)
```

Neste caso, supomos que desconhecemos o nome da editora, por isso o último atributo ficou em branco. Se uma inserção de tuplas fizer parte de um programa hospedeiro (vide seção 9.5.) poderemos ter variáveis no lugar destas constantes.

Suponhamos agora que, a partir da tabela `USUARIO`, queremos preencher uma nova, `U-ESTUDANTE(Uid, Nome, Situação)` contendo só os usuários estudantes, já criada por um `CREATE TABLE`. Fazemos o seguinte

```
INSERT INTO U-ESTUDANTE
        SELECT Uid, Nome, Situação
        FROM USUARIO
        WHERE Tipo = "Est"
```

Note-se que, após a execução desta instrução, a inserção de uma nova tupla em `USUARIO` não irá manter `U-ESTUDANTE` atualizado. Isto poderá ser conseguido com o conceito de visão (VIEW) a ser visto no próximo parágrafo.

A remoção de informação do banco de dados é bastante simples. A sintaxe é

```
DELETE FROM <tabela> WHERE <condição>.
```

Por exemplo, se queremos remover o usuário "Lao Tze", fazemos

```
DELETE FROM USUARIO WHERE NOME = "Lao Tze"
```

Também podemos remover todas tuplas de uma tabela. No exemplo seguinte limpamos a tabela criada e depois removemos a própria tabela:

```
DELETE FROM U-ESTUDANTE
DROP U-ESTUDANTE
```

É claro que, neste exemplo, a execução só do `DROP` também remove a tabela com todo seu conteúdo. Mesmo assim, escrever os dois comandos pode ter um efeito mais adequado. Podemos ter um *trigger* que, para cada estudante removido, verifica se ele tem pendências de empréstimos e/ou multas. Este trigger terá como evento um **`AFTER DELETE ON`** `U-ESTUDANTE`. Logo, o `DELETE` se torna necessário.

Finalmente, além de introduzir ou remover informação pode-se atualizar as tabelas, trocando valores de atributos de tuplas. É o

```
UPDATE <tabela> SET <atribuições> [WHERE <condição>].
```

No exemplo do `INSERT` mostramos a inclusão de um novo livro. Se, após esta inserção descobrirmos a editora do livro, que estava faltando, fazemos

```
UPDATE LIVRO SET Editora = "McGraw Hill"
       WHERE ISBN = "123456789"
```

Uma atualização do salário mínimo na tabela `SAL-MIN` com o valor de uma variável *novo-sal-min* seria

```
UPDATE SAL-MIN SET Valor = novo-sal-min
```

A ausência da cláusula `WHERE` provoca uma atualização do atributo respectivo em todas as tuplas da tabela. No exemplo específico, a tabela só tem uma tupla.

9.3.5. Visões

O esquema de um banco de dados representa uma visão global da estrutura integrada de todos os dados da organização. Como foi visto no capítulo de modelagem, nem todo setor que usa o banco de dados precisa e nem deve ter acesso a este banco de dados global. Cada setor tem suas necessidades específicas, tanto de abrangência dos dados quanto de autorização de manipulação. Isto, na arquitetura ANSI/SPARC é chamado de esquema externo. É pelos esquemas externos que os usuários finais interagem com o banco de dados, seja diretamente ou por meio de um programa aplicativo.

A linguagem relacional SQL prevê o caso de ela ser usada para os três esquemas (externos, conceitual e interno). O esquema conceitual seria um esquema relacional possivelmente não normalizado, pois ele deve refletir as entidades existentes naturalmente na aplicação, e não transformações visando a otimização do espaço e armazenamento dos dados. Isto já é tarefa do esquema interno. O esquema externo será formado por esquemas parciais derivados do esquema conceitual. Cada tipo distinto de usuário terá a visão adequada aos dados que ele precisa acessar e processar.

Em SQL estes esquemas são denominados de visões (*views*). Uma visão é criada pelo comando

```
CREATE VIEW <nome-tabela> AS <select>;
```

Como o comando `SELECT` sempre retorna uma relação, esta relação receberá o nome dado pelo `CREATE VIEW`. Se um usuário precisa de várias relações para seu esquema, ele declara um `CREATE VIEW` para cada relação.

É importante destacar que as relações criadas por comandos `CREATE VIEW` não representam nenhum dado novo no banco de dados. São apenas uma forma diferente de ver os dados. Por isso podem ser consideradas relações virtuais, ou seja, não contêm dados primitivos, seus conteúdos são obtidos a partir das relações básicas.

Vejamos como seria a criação de duas visões no sistema de biblioteca. A primeira é um setor que só se interessa pelos usuários estudantes. A outra visão necessita acessar a relação dos livros em que todos exemplares estão emprestados.

```
CREATE VIEW ESTUDANTE AS
        SELECT Uid, Nome, Situação FROM USUARIO
                WHERE TIPO = "Est";
CREATE VIEW EM-FALTA AS
        SELECT * FROM LIVRO
                WHERE
                NOT EXIST (LIVRO.ISBN = EXEMPLAR.ISBN AND
                        EXEMPLAR.Estado = 0);
```

Como a visão é aquilo que o usuário vê do banco de dados, ele deve poder consultar e manipular esta visão. Uma consulta é um comando `SELECT` em que na cláusula `FROM` aparecem visões. Analogamente, manipular uma visão significa aplicar comandos de `INSERT`, `DELETE` e `UPDATE` a visões. Esta solução aparentemente simples pode se tornar difícil de ser implementada.

Primeiro as consultas. Como uma visão é uma relação virtual, dependente das relações de base, os dados consultados devem ser obtidos das respectivas relações de base. Para tal, a consulta à visão tem que ser convertida em uma consulta às relações básicas. Em bancos de dados grandes com números significativos de consultas, este processamento pode se tornar bastante oneroso.

Uma solução alternativa é a chamada 'materialização das visões'. Neste caso, as relações definidas pelas visões criadas serão preenchidas com os dados adequados. Assim o processamento de uma consulta será imediato. Como os dados da visão são derivados, qualquer alteração nas relações base deverá ser propagada para as visões, para evitar inconsistências. Esta propagação é chamada de update incremental. Por exemplo, consideremos o exemplo da visão `ESTUDANTE` definida acima. Se, por exemplo, o usuário *u5* muda de status de estudante para professor, teríamos um

```
UPDATE USUARIO
SET status = ´Prof´
WHERE USUARIO.Id=u5
```

Este `UPDATE` terá como *update* incremental:

```
DELETE FROM ESTUDANTE
WHERE ESTUDANTE.Id=u5
```

Vejamos outro exemplo de update incremental na visão `EM-FALTA`. Neste caso, a atualização ocorre na visão, em decorrência de uma alteração em uma relação base. Consideremos que há um módulo do sistema que cuida dos empréstimos e ocorre uma devolução de um exemplar. Suponhamos que o usuário *E01* resolve devolver o exemplar 30125 e, com isso, o livro correspondente, que é o 1558606474 torna a ter um exemplar disponível. As operações de devolução seriam:

```
UPDATE EMPRESTIMO
SET Ate = hoje /* uma devolução atualiza o atributo 'Ate'
.  Supomos que 'hoje' contenha a data atual */
```

```
WHERE UId=E01 AND NrTomb=30125

UPDATE USUARIO
SET Situação = Situação-1
WHERE UId='E01'
```

Com isso, o livro com ISBN 1558606474 volta a ter um exemplar disponível e deve sair da visão `EM-FALTA`. Teremos o update incremental

```
DELETE FROM EM-FALTA
WHERE ISBN= 1558606474
```

Para o caso inverso, na realização de um empréstimo, a inserção em `EM-FALTA` só deverá ocorrer se o exemplar emprestado for o último. Note que estas operações nas visões só serão necessárias na solução da visão materializada. Nos outros casos, uma consulta à visão posterior às operações nas relações base irá refletir a nova situação.

As operações de atualização nas visões terão que ser propagadas para as relações base. Como uma visão é só uma parte de uma relação, isto pode se tornar difícil ou impossível. Por exemplo, se for inserido um novo elemento na relação `ESTUDANTE` esta operação terá que ser propagada para `USUARIO`. Só que `USUARIO` tem um atributo denominado '`Tipo`' que não existe em `ESTUDANTE`. O sistema não saberá como preencher este atributo. Este mesmo problema pode acontecer se uma visão for formada a partir de uma junção de várias relações base, aproveitando alguns atributos de cada uma.

Para estes problemas o SGBD terá que adotar alguma estratégia básica de como proceder. Poderá recusar as operações, preencher os atributos faltantes com valores nulos ou permitir que o usuário defina um procedimento específico para as atualizações de visões. Por exemplo, no caso da inserção de um novo estudante, o usuário poderá especificar que o atributo '`Tipo`' em `USUARIO` deverá ser preenchido pela constante 'Est.'. O inconveniente desta solução é que representa uma intervenção de um usuário de uma visão em elementos do banco de dados que não existem na visão. Além disso, pode haver casos em que uma simples constante não resolve a questão. Teria que ser definido um procedimento (ou *trigger*) que analisa a situação da inserção para criar os dados adicionais adequados.

9.4. As linguagens para Bancos de Dados Orientados a Objetos

Se o banco de dados a ser desenvolvido der suporte à definição e manipulação de objetos, que pode ser um BDOO – Banco de Dados Orientado a Objetos ou um BDOR – Banco de Dados Objeto-Relacional, precisamos de linguagens de definição, consulta e manipulação de objetos. Apesar de os produtos de SGBD para estes modelos oferecerem suas próprias linguagens LDD e LMD, existe um padrão do grupo ODMG – *Object Data Management Group* que serve de base para estas linguagens. Apresentaremos neste parágrafo, baseadas neste padrão, as linguagens ODL – *Object Definition Language* para a criação de classes de objetos e a OQL – *Object Query Language* para a especificação de consultas a um banco de dados definido pela ODL. Para a manipulação de objetos, não existe uma linguagem específica (OML), pois a manipulação em um SGBDOO ocorre pela execução dos métodos encapsulados nos objetos, que são codificados em linguagem de programação convencional. Neste sentido, o ODMG prevê que os métodos de manipulação de objetos podem ser programados em qualquer linguagem de programação universal como Python, Java, C, C++, Smalltalk e outras. O que fica para ser especificado é a amarração das variáveis da linguagem de programação com os atributos do BDOO.

Para a especificação de restrições de integridade não foi previsto nenhuma linguagem pelo grupo ODMG. O que está sendo usado em grande escala para prover este componente importante de um sistema de objetos é a linguagem OCL - *Object Constraint Language*, um produto do ambiente de projeto e especificação de sistemas UML – *Universal Modeling Language*. Como a maioria dos sistemas não dá suporte a execução de restrições especificadas em OCL, todo o controle de restrições de integridade tem que ficar embutido nos códigos da implementação dos métodos. Esta solução é bastante problemática, pois para sistemas grandes com muitos objetos distintos, é difícil manter uma visão global das restrições de integridade do sistema como um todo.

A linguagem SQL também oferece, em suas versões mais recentes, elementos para a definição e manipulação de objetos.

9.4.1. Linguagem de Definição de Objetos - ODMG/ODL

A estrutura de um sistema baseado em objetos é uma coleção de classes que determinam os tipos dos possíveis objetos do sistema. Logo, definir um BDOO é essencialmente a definição de classes.

Uma classe ODL tem a estrutura (simplificada):

```
class <nome-classe> [extends <nome-classe>]
(extent <nome-extensão> [key <atributos chave>])
      [attribute <tipo> <nome-atributo>;]*
      [relationship [set | list] <nome-classe> <nome-rel>
         inverse <nome-classe> :: <nome-rel-inverso>]*
      operações
```

Uma classe tem um nome, uma extensão (cláusula `extent`) e pode ser subclasse de outra (cláusula `extends`). Para a extensão, podem ser definidos um ou vários atributos-chave. Em seguida, são especificadas uma lista de atributos, uma lista de relacionamentos e uma lista de operações. Cada atributo tem um tipo e um nome e nos relacionamentos no lugar do tipo fica a classe relacionada. Um relacionamento múltiplo é caracterizado pela cláusula *set*. Se os objetos relacionados são ordenados é usado a cláusula *list*. As cláusulas *set* ou *list* caracterizam que um relacionamento pode ser múltiplo (1-n). Cada relacionamento terá um relacionamento inverso. Se este inverso também é do tipo *set*, o relacionamento será do tipo n-m.

Após os relacionamentos, são especificadas as operações, na forma de lista de parâmetros de entrada e saída. Uma operação possui um nome, uma lista de parâmetros que podem ser de entrada ou de saída e, possivelmente, um valor de retorno. Sua estrutura é:

```
<tipo> <nome> (<lista de parâmetros>) [raises(mensagem)]
```

em que <tipo> especifica o tipo de retorno. Se for *void* não há retorno, senão, pode ser um tipo como *float, integer, Object*. Cada parâmetro é precedido de um termo *in, out* ou *inout*. Um parâmetro de entrada (*in*) não pode ser modificado e um de saída (*out*) será preenchido na operação. O *inout* é de entrada, mas pode ser modificado. A cláusula *raises* especifica uma condição de erro. Por exemplo

```
void pub-do-ano(in Ano, out set<MONOGRAFIA>)
raises("nenhuma_publicação_neste_ano")
```

associada à classe PUBLICACAO se aplica às publicações do tipo monografia e cria um conjunto das publicações do ano dado.

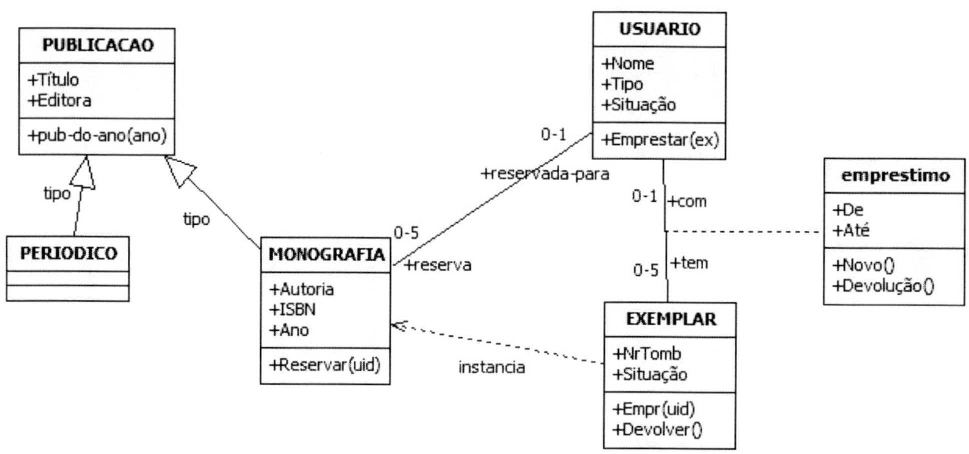

Figura 9.8 Extrato do Diagrama de Classes do Sistema de Biblioteca

Mostramos a criação das classes do esquema da figura 9.8. Uma publicação tem um título e um ano de publicação e uma operação de mostrar todas as publicações de um ano dado:

```
class PUBLICACAO (extent PUBLICACOES)
      attribute string titulo;
      attribute string editora
      void pub-do-ano(in Ano, out set< MONOGRAFIA>),
      raises("nenhuma_publicação_neste_ano")
```

Uma monografia é uma subclasse de publicação. Além do ISBN ela tem um atributo multivalorado que contém o conjunto de seus autores. Ela pode ser reservada por um usuário:

```
class MONOGRAFIA (extent MONOGRAFIAS key ISBN)
extends PUBLICACAO
      attribute string ISBN;
      attribute set <string> autoria;
      attribute unsigned short ano;
      relationship USUARIO reservado-para
         inverse USUARIO :: reserva
```

```
        void reservar(in ISBN, out reservado-para)
```

Modelamos a autoria de uma monografia como um atributo multivalorado contendo o conjunto dos nomes dos autores. Se o sistema necessitar de armazenar mais informações sobre cada autor, este atributo teria que ser substituído por um relacionamento com uma classe `AUTORIA` que, por sua vez, é um agrupamento de instância de uma classe `AUTOR` (vide Figura 3.21) ou então poderia ser um relacionamento *1-n* entre `MONOGRAFIA` e `AUTOR`.

Um exemplar instancia uma publicação e tem um número de tombamento como chave. Ele pode estar disponível (situação=1), reservado (situação=2) ou emprestado (situação=3):

```
class EXEMPLAR (extent EXEMPLARES key nrTomb)
        attribute string nrTomb
        atribute enum TipoEx {1,2,3} situação
        relationship PUBLICACAO instancia
```

Já o usuário pode ser de dois tipos e a situação refletirá quantos exemplares ele tem emprestado:

```
class USUARIO (extent USUARIOS)
        attribute string nome;
        attribute enum TipoUsuario {Prof, Est} tipo;
        attribute integer situação;
        relationship set <MONOGRAFIA> reserva
           inverse MONOGRAFIA :: reservado-para;
        relationship set <EXEMPLAR> empresta
           inverse EXEMPLAR :: emprestado-para;
```

O empréstimo representa uma classe associativa. Assim, terá como chave as identificações do usuário e do exemplar emprestado. Dois atributos do tipo data informarão o tempo do empréstimo e duas operações realizam a criação de um novo empréstimo e a devolução de um exemplar emprestado:

```
class EMPRESTIMO (extent EMPRESTIMOS key com, tem)
        attribute USUARIO com;
        attribute EXEMPLAR tem;
        attribute date De;
        attribute date Ate;
        Object novo(in com,tem)
        void Devolucao(in tem, out date Ate)
```

Note que na criação de um novo empréstimo, o atributo `De` terá a data atual e o atributo `Ate` terá *99991231*, que representa um empréstimo em aberto.

Como uma publicação pode ter vários autores, definimos um novo tipo, `Autoria`, que conterá listas de autores. Outra forma de modelar esta situação é por um relacionamento entre a classe `MONOGRAFIA` e uma classe `AUTOR`:

```
class MONOGRAFIA
extends PUBLICACAO
        relationship set <AUTOR> autoria
           inverse AUTOR :: escreveu;
        relationship set reservado-para USUARIO
           inverse USUARIO :: reserva
```

Existem vários recursos da ODL que não apresentamos aqui. Existe um número considerável para os tipos dos atributos, e também são permitidos atributos estruturados, (cláusula *struct*). Há outros conceitos, como módulos e interfaces, que não são muito usados.

Detalhes não considerados aqui são o agrupamento de diversas classes em um esquema maior em módulos, a especificação de interfaces, tipos de atributos e detalhes sobre a especificação das operações.

9.4.2. Linguagem de Consulta a Objetos - ODMG/OQL

A linguagem de consulta a bancos de dados orientados a objetos ou objeto-relacionais OQL segue o estilo da linguagem relacional SQL introduzindo o mínimo de acréscimos necessários para permitir o acesso aos objetos do banco. Uma consulta OQL tem a estrutura

```
SELECT <expressões resultado> FROM <variáveis>
WHERE <expressões consulta>
```

O resultado de uma consulta OQL pode ser um multiconjunto de valores, um multiconjunto de objetos ou uma estrutura combinando vários atributos e/ou objetos. O tipo destes resultados é determinado em 'expressões resultado' do `SELECT`. No `FROM` são definidas variáveis associadas a extensões de classes, de atributos ou de operações a serem utilizados nas 'expressões consulta' do `WHERE`.

Vejamos, baseado nas classes ODL definidas no parágrafo anterior, como fica a consulta por autores e títulos de livros publicados a partir de 2005:

```
SELECT liv.Autores, liv.Titulo
        FROM LIVROS liv
        WHERE liv.Ano >= 2005
```

Uma consulta a todas as publicações que têm pelo menos um exemplar emprestado seria:

```
SELECT m.titulo, m.editora, m.ano
FROM MONOGRAFIAS m, EXEMPLARES ex
WHERE EXISTS(ex.instancia=m AND ex.situação=3)
```

Note-se que `titulo` e `editora` são atributos de *m* por herança, já que toda monografia é uma publicação. Variáveis podem ser definidas não só para classes explícitas, mas também para objetos derivados. Por exemplo, se quero o título e autoria de todos os livros emprestados por "Lao Tze":

```
SELECT m.titulo, m.autoria
FROM USUARIOS u, u.tem.instancia m
WHERE u.nome="Lao Tze" AND u.tem.instancia = m)
```

Na cláusula `FROM` é determinado um usuário *u*, para o qual `u.tem` determina o conjunto de exemplares que ele tem, e `u.tem.instancia` determina, para cada exemplar, a monografia instanciada. No WHERE é escolhido o usuário de nome "Lao Tze", e as monografias das quais ele tem um exemplar emprestado. Para estas monografias é mostrado o título e os seus autores.

9.4.3. Linguagem de Controle de Objetos – UML/OCL

Informações estruturais do modelo conceitual de uma aplicação, como classes, atributos e relacionamentos entre eles, podem muito bem ser especificados de uma forma visual por um diagrama de classes. A definição de processos abstratos de possíveis operações de manipulação dos objetos pode ser determinada por diagramas de interação, diagramas de estado ou redes de Petri.

Para a especificação de regras de negócio ou restrições de integridade não existe forma visual. Já o uso de linguagem natural é ambíguo demais para permitir um processamento automático. Por esse motivo, a proposta da linguagem UML, que é essencialmente visual, apresenta uma linguagem textual e formal para permitir a especificação de todas as restrições de integridade acopladas a objetos, classes e operações, denominada OCL (*Object Constraint Language*). Trata-se de uma linguagem declarativa, ou seja, ela permite descrever com precisão as restrições necessárias, mas não provoca nenhuma alteração do estado do sistema. Pode-se determinar a integridade de um sistema. Mas, para usá-la na manutenção da integridade do sistema, terá que ser integrada a um ambiente de regras de produção, que influem diretamente nas ações que podem tornar o sistema inconsistente.

Lembramos, do capítulo 4, que existe uma integridade implícita, determinada pelo próprio esquema gráfico de classes e uma integridade explícita, que precisa ser estabelecida por uma linguagem formal.

Expressões OCL podem ser especificadas em dois pontos distintos de um esquema de objetos:

1. **Invariantes** são associadas à especificação de uma classe de objetos, determinando restrições que devem ser observadas por todas as instâncias desta classe;
2. **Pré e Pós-Condições** ficam associadas às operações ou métodos da classe, que evitam a execução de uma operação que possa tornar o banco de dados inconsistente.

Pode-se observar uma semelhança com as restrições em SQL, sendo as *assertions* análogas às invariantes e os *triggers* às pré e pós-condições.

OCL é uma linguagem formal e declarativa, ou seja, ela permite expressar com precisão as restrições desejadas, mas não realiza nada, ou seja, suas especificações terão que ser implementadas por um interpretador que terá que garantir que elas não sejam violadas.

Os termos de uma expressão podem ser nomes de classes, chamados de tipos, nomes de atributos e de associações, e operações. Se temos uma classe `A` com um atributo `At1`, uma classe `B` com um atributo `At2`, e uma associação `rel` de `A` para `B`, podemos acessar o atributo `At1` por `A.At1` e, a partir de `A` caminhar para `B` e acessar `At2`, escrevendo `A.rel.At2`.

Vejamos como se pode expressar invariantes e condições para a realização de operações em OCL.

INVARIANTES

Toda expressão OCL é inserida em um contexto, que, no caso de uma invariante, será uma classe. A notação básica para expressar invariantes é

```
context <nome do context> inv:
 <expressão OCL>
```

Assim, se queremos garantir que o atributo `Situação`, que mostra quantos exemplares estão emprestados ao usuário, é um valor entre 0 e 5, escrevemos

```
context USUARIO inv:
        self.Situação >=0 and self.Situação<=5
```

Uma expressão sempre se refere a uma instância da classe. No exemplo, esta instância é determinada pelo termo `self`. Também pode-se suprimir a palavra `context` e substituir o `self` por uma variável. O exemplo ficaria sendo:

```
u : USUARIO inv:
        u.Situação >= 0 and u.Situação <= 5
```

Esta expressão pode ser lida como '*para todo usuário u, sua situação será um valor entre 0 e 5*'.

Muitos argumentos de uma expressão OCL retornam um conjunto. No diagrama da figura 9.8 existe uma associação entre `USUARIO` e `EXEMPLAR` chamada de `empréstimo`. Escrever `self.empréstimo` no contexto do usuário irá determinar um objeto do tipo `Set(EXEMPLAR)`, que será o conjunto de todos exemplares de livros emprestados pelo usuário `self`. Para aplicar alguma função a este conjunto usa-se a notação `self.empréstimo ->`. Assim, para garantir que o atributo `Situação` do usuário contém o número de livros emprestados, escrevemos:

```
context USUARIO inv:
        self.Situação = self.empréstimo -> size
```

A função `size` determina a cardinalidade do conjunto. O que chamamos de conjunto pode ser um pouco mais geral. OCL considera um tipo **coleção**, e distingue três subtipos: conjunto (*set*), multiconjunto (*bag*) e sequência (*sequence*). Chamaremos instâncias do tipo `Collection` de `collection`, assim como as do tipo `Set` de `set`, do tipo `Bag` de `bag` e as do tipo `Sequence` de `sequence`. Além do `size` há outras funções que se aplicam a coleções em geral ou a um dos três tipos. Vejamos as principais funções que se aplicam a todos os tipos de coleção:

`collection -> size` (determina a cardinalidade da coleção)

`collection -> isEmpty:Boolean` (retorna verdadeiro se a coleção for vazia)

`collection -> sum` (retorna a soma de uma coleção de números)

`collection -> exists(expressão):Boolean` (retorna verdadeiro se pelo menos um elemento da coleção satisfaz a expressão).

`collection -> iterate(expressão)` (retorna o resultado por uma iteração sobre todos os elementos da coleção).

Vejamos agora algumas operações que só se aplicam a um dos subtipos como `Set`, `Bag` ou `Sequence`:

`set -> union(set2:Set) : Set` (retorna o conjunto união de `set` e `set2`)

`set -> union(bag) : Bag` (retorna a união de `set` e `bag repetindo os elementos comuns`)

`set -> select(expressãoOCL) : Set` (retorna o subconjunto de `set` dos objetos que satisfazem `expressãoOCL`)

`set -> collect(expressãoOCL) : Bag` (aplica `expressãoOCL` aos elementos de set. Como os resultados para várias instâncias podem coincidir, o resultado será um bag)

`bag -> asSet() (converte um multiconjunto em conjunto removendo os elementos repetidos)`

`sequence -> append(object)` (cria uma nova sequência acrescentando o objeto `object` no final)

`sequence -> subSequence(in : Integer, fim : Integer)` (determina a subsequência de `sequencia` começando na posição `in` e terminando na posição `fim`).

Muitas das operações citadas para um tipo também existem para outro. Por exemplo a operação `collect` também se aplica a sequências. Por exemplo, se queremos substituir, em uma sequência de números, todos negativos por 0, fazemos:

```
sequence -> collect(self < 0 implies self = 0)
```

Vamos introduzir alguns dos principais tipos de invariantes por meio de exemplos baseados no diagrama de classes da Figura 9.8.

Queremos determinar que, se o usuário é um estudante, o limite de exemplares emprestados é 3 ao invés de 5. Para tal, se o valor do atributo `Tipo` de USUARIO for '*Est*' o atributo `Situação` não pode passar de 3 e o número de exemplares associados ao usuário pela associação `emprestimo` também não pode passar de 3. Temos então

```
context USUARIO
inv: self.Tipo = "Est" implies self.emprestimo -> size <=3
inv: self.Tipo = "Est" implies self.Situação <=3
```

Considerando a invariante anterior, que garante que o atributo `Situação` reflete o número de exemplares emprestados, basta escrever uma destas duas invariantes, pois a outra será consequência das anteriores. Uma terceira forma de expressar este mesmo fato é escrever que para todo usuário que seja estudante, o número de empréstimos não pode passar de três. Ou seja

```
context USUARIO
inv: self -> forAll(u|u.Tipo = "Est" implies u.emprestimo -> size <=3)
```

Traduzindo, temos que '*para todo usuário, se ele for do tipo estudante o número de empréstimos será menor ou igual a* 3'. Queremos agora garantir que só monografias podem ser emprestadas. Fazemos isto colocando uma invariante em `EXEMPLAR` que exige que a `PUBLICACAO` que ela instancia é uma `MONOGRAFIA`. Para garantir que a respectiva publicação é uma monografia usamos a cláusula `oclIsKindOf`:

```
context EXEMPLAR
inv: self.emprestimo -> notEmpty implies self.instancia -> oclIsKindOf(MONOGRAFIA)
```

Interpretando esta expressão ela diz que "*todo exemplar que tem algum empréstimo é do tipo MONOGRAFIA*".

Para um esquema conceitual descrito por um diagrama de classes em UML, nem todas características desenhadas possuem elementos linguísticos para descrevê-los. Lembremos das limitações da linguagem ODL descritas na seção anterior. Estes recursos podem ser garantidos por asserções OCL. Por exemplo, para o esquema da figura 9.8 queremos garantir que a generalização de `PERIODICO` e `MONOGRAFIA` para `PUBLICAÇAO` pelo critério `tipo` é disjunta. Utilizamos as cláusulas `forAll` e `oclIsKindOf`:

```
context PUBLICACAO
inv: forall(p|p.oclIsKindOf(PERIODICO) implies not p.oclIsKindOf(MONOGRAFIA))
```

Assim como esta última regra, toda a semântica embutida em um diagrama de classes pode ser definida por meio de regras OCL.

PRÉ E PÓS-CONDIÇÕES

Além de descrever invariantes que devem ser satisfeitas por todas as instâncias da respectiva classe, pode-se determinar pré- e pós-condições aos métodos de uma classe. É uma forma mais elegante de evitar que métodos realizem transformações não desejadas do que inserir estas restrições ao código de implementação do método. Estas regras podem mudar com o tempo e esta solução evita a reescrita do respectivo método.

A notação OCL deste contexto é

```
context <nome da classe>::<método>
pre <restrição>
post <restrição>
```

Começamos mostrando as condições para a realização de um empréstimo:

```
context EXEMPLAR::Empr(uid)
pre self.emprestimo -> not(exists(e|e.Até=99991231))
post self.Situação='emp'
```

Para que um exemplar esteja emprestado é preciso que haja um registro em `empréstimo` com a data `Até` em aberto. Esta situação é modelada com a data fictícia de 99991231. A pré-condição garante que não há nenhum registro deste tipo para `self`. A pós-condição verifica se a situação reflete o fato de estar emprestado.

Reservar uma publicação só faz sentido quando todos seus exemplares estão emprestados, o que é dado pela situação dele ter o valor 1:

```
context PUBLICACAO::Reservar(uid)
pre forall(e:EXEMPLAR|(e.instancia=self implies e.Situação=1) )
```

A linguagem OCL também pode ser usada para formalizar a semântica dos diagramas utilizados na linguagem UML. Inclusive as operações sobre coleções OCL podem ser especificadas por meio dos formalismos mais básicos. Ilustramos isso na definição da união de conjuntos:

```
set -> union(set2 : Set) : Set
post: T.allInstances -> forAll(elem |
  result -> includes(elem) =
set -> includes(elem) or set2 -> includes(elem))
```

9.5. Integração do banco de dados com a aplicação

Um banco de dados não existe por si só. Ele é criado, mantido e usado pelos seus usuários. Além da forma direta de se realizar estas tarefas com a linguagem SQL em uma interface interativa, existem formas de acessar um banco de dados a partir de um programa aplicativo.

Seja qual for a linguagem de programação em que esta aplicação foi escrita, ela deve ter acesso ao banco de dados. Também o surgimento e novas linguagens e o desaparecimento de outras não deve afetar a manipulação do banco de dados. Por isso, há formas de interagir com um banco de dados a partir de programas em linguagens convencionais como Python, C++ e Java, ou linguagens específicas, como PL/SQL.

Basicamente, existem 3 formas de interagir com um banco de dados a partir de uma aplicação:

1. Interação estática – a lógica da interação é definida em tempo de compilação dos programas aplicativos. Estes programas podem estar escritos em linguagens hospedeiras (linguagens de programação hospedando comandos SQL) ou linguagens integradas;
2. Interação dinâmica – o programa aplicativo determina os detalhes da interação com o BD em tempo de execução, ou passando os comandos SQL como parâmetros (SQL/CLI ou JDBC);
3. Procedimentos pré-compilados (*Stored procedures)* - os procedimentos de acesso e manipulação do banco de dados são previamente armazenados no SGBD e chamados sob demanda pelos programas aplicativos.

Nas soluções 1 e 2 pode ocorrer a chamada confusão de tipos (*impedance mismatch*). Cada linguagem de programação tem um sistema próprio de tipos e os tipos dos dados contidos no BD são predefinidos pela linguagem (SQL ou ODL). Até os tamanhos de tipos como **`INTEGER`** ou variantes como **`SMALL-INTEGER`** podem variar de uma linguagem para outra. Com isso, o processamento de grandes massas de dados pode acumular erros que podem se tornar significativos. Nesse caso, o programador tem que ter um cuidado especial no controle desses erros.

Como a solução 3 supõe uma linguagem própria do fabricante do SGBD, ela não será tratada aqui. Vejamos as outras duas soluções.

9.5.1. Integração estática

Na integração estática, o programador da aplicação deve conhecer bem a estrutura do banco de dados e, ao desenvolver sua aplicação, irá programar os acessos ao banco. Isto pode acontecer por meio de uma linguagem de programação hospedando comandos SQL ou por uma linguagem integrada.

A interação por meio de linguagens hospedeiras é realizada a partir de um programa escrito em uma linguagem convencional, como COBOL, C/C++, Java ou outras, no qual são inseridos comandos SQL, identificados por uma notação especial. Um programa assim criado se torna um misto de comando nas duas linguagens. A linguagem de programação convencional é chamada de **linguagem hospedeira.** Para diferenciar os comandos SQL dos da linguagem hospedeira, eles têm a estrutura

```
EXEC SQL <comando SQL>;
```

Assim, não pode haver confusão entre as duas linguagens. Um programa hospedeiro é analisado por um compilador especial chamado de **pré-compilador**. Esse identifica todos os comandos SQL embutidos e os troca por chamadas a procedimentos, que irão realizar a tarefa solicitada. O programa assim transformado será então entregue ao compilador da linguagem hospedeira. Por exemplo, um programa hospedeiro em Java terá a terminação "sqlj".

A troca de informações entre o programa hospedeiro e o SQL ocorre por meio de variáveis. As variáveis comuns são definidas no programa e processadas como qualquer outra variável. Para trocar valores das variáveis do programa com o SQL, elas devem ser usadas com o prefixo *:<nome-da-variável>* tanto nos comandos de manipulação, como **INSERT** e **UPDATE**, como na cláusula **FROM** do **SELECT**.

Vejamos um exemplo de um programa em C para obter a situação de um usuário:

```
(1) EXEC SQL BEGIN DECLARE SECTION;
(2) varchar nome;
(3) integer sit;
(4) EXEC SQL END DECLARE SECTION;
(5) print("Entre com o nome do usuario:");
(6) scanf("%s", &nome);
(7) EXEC SQL
(8)    SELECT Situação FROM USUARIO INTO :sit
        WHERE nome = :nome;
(9) if (SQLCODE == 0)
(10)  if (sit == 0) printf("Usuario está sem empréstimos")
(11)    else printf("Usuario está com", sit, " empréstimos")
(12) else printf("usuário não existe");
```

Para destacar as variáveis que serão usadas na comunicação com o banco de dados, sua declaração deverá ser precedida por um **EXEC SQL BEGIN** e sucedida por um **EXEC SQL END** (linhas 1 e 4). Na linha 5, um comando em C solicita o nome de um usuário. Este valor obtido é então usado na consulta, descrita na linha 8. Note-se que no trecho "**WHERE** nome = :nome" o primeiro 'nome' se refere ao atributo da tabela USUARIO, enquanto ':nome' representa o conteúdo da variável do programa C.

Para passar um valor do banco de dados para uma variável específica do programa hospedeiro, após a lista de atributos do **SELECT** é incluída uma cláusula **INTO** que determinará as variáveis do programa a receberem os valores retornados (':sit' no exemplo).

Uma questão importante a considerar é o fato de um comando **SELECT** em SQL sempre retornar um conjunto de tuplas que satisfazem à consulta. Já a lista de variáveis da cláusula INTO, que receberá o resultado da consulta, que representa uma única tupla e não um conjunto. No exemplo anterior, não houve problema porque a consulta só retornou um único usuário. Mas se, por exemplo, quisermos os nomes de todos os usuários que estejam com algum livro emprestado, teremos que processar uma lista obtida do banco de dados.

Em outras palavras, o programa hospedeiro deve poder acessar as tuplas retornadas por um **SELECT**, uma a uma. Este acesso é feito por um apontador especial, denominado **cursor**. Este cursor representa um ponteiro para uma tupla de uma relação. Um cursor é definido para um **SELECT** específico. No decorrer do programa, o cursor é ativado, pode avançar e é desativado.

Os recursos para este procedimento são os seguintes. O cursor é definido por

```
DECLARE <nome-do-cursor> CURSOR FOR <select>
```

Para ativar o uso do cursor, ele é posicionado antes do início da tabela pelo comando

```
OPEN <nome-do-cursor>
```

Para caminhar na tabela, avançando uma posição, executa-se

```
FETCH <nome-do-cursor> INTO <variáveis do progr. hospedeiro>
```

e, para desativar o cursor (para uma possível reabertura posterior), temos

```
CLOSE <nome-do-cursor>
```

O programa C/SQL para recuperar o nome de todos os usuários que têm algum livro emprestado seria:

```
(1) EXEC SQL BEGIN DECLARE SECTION;
(2) varchar nome;
(3) EXEC SQL END DECLARE SECTION;
(4) EXEC SQL DECLARE USUARIOS CURSOR FOR
```

```
(5) SELECT nome FROM USUARIO WHERE Situação > 0;
(6) EXEC SQL OPEN USUARIOS;
(7) EXEC SQL FETCH USUARIOS INTO :nome;
(8) while (SQLCODE == 0){
(9)   printf("Usuario com empréstimos: ", nome)
(10)  EXEC SQL FETCH USUARIOS INTO :nome;
(11)  }
(12) EXEC SQL CLOSE USUARIOS;
```

Neste caso, o cursor é declarado nas linhas 4-5. O programa começa na linha 6 com o '**OPEN** USUARIOS' executando o **SELECT** declarado na linha anterior. Cada tupla do resultado desta execução é acessado por um dos **FETCH** subsequentes (linhas 7 e 10). Quando SQLCODE não for mais 0, o cursor chegou ao final da lista.

Os exemplos do uso de cursores mostrados foram de realização de consultas ao BD. Um cursor também pode ser usado, de forma análoga, para realizar operações de atualização. Neste caso a declaração do cursor fica sendo

```
DECLARE <nome-do-cursor> CURSOR FOR <select>
        FOR UPDATE <lista-de-atributos>
```

A lista de atributos determina os atributos a serem atualizados. Se essa for vazia, trata-se de um **DELETE**.

Para acessar um banco de dados Oracle a partir de um programa em Java, foi desenvolvida uma tecnologia específica, denominada SQLJ. O uso do SQLJ se baseia em uma série de detalhes do ambiente de programação Java a serem considerados, que não serão detalhados aqui, por serem específicos deste ambiente Oracle/Java. Um programa do tipo *jsql* será convertido em chamadas de funções JDBC, a ser discutido na próxima subseção.

Linhas com comandos SQL são precedidas de '#sql' para distingui-las de linhas em Java. No papel do cursor temos em SQLJ um elemento chamado de *iterator*. Assim como o cursor recebia as tuplas recuperadas, o *iterator* é uma estrutura que conterá os objetos recuperados com os atributos escolhidos. Há duas modalidades de *iterators*. Ou se define a lista dos nomes dos atributos com seus respectivos tipos (*named iterator*) ou somente a lista dos tipos (*positional iterator*). Neste caso a fixação dos nomes dos atributos ocorrerá por um comando **FETCH** adicional. A variável do iterador é inicializada em '*null*' seguido da fixação do comando SQL a ser executado. Um comando *while* irá executar o SQL para uma linha da tabela, até a tabela terminar (função next() para o *named iterator* e endFetch() para o *positional iterator*).

Mostraremos aqui o uso do *named iterator*. Para se ter uma ideia desta interação repetimos o exemplo da recuperação dos usuários que têm algum exemplar emprestado em SQLJ:

```
(1) string nome, tipo;
(2) #sql iterator NomeUs {String nome, String tipo)
(3) NomeUs u = null;
(4) #sql u = SELECT nome FROM USUARIO WHERE Situação > 0;
(5) while (u.next() {
```

```
(6) System.out.printline("Nome: " + u.nome + "Tipo: " + tipo);
(7) } ;
(8) u.close();
```

Em (1) são definidas as variáveis java, (2) define o iterador e sua estrutura, (3) cria o iterador '*u*' e o inicializa, (4) é o SQL a ser executado para cada linha, 5-7 é o corpo do while que imprime toda linha de USUARIO que satisfaz o *while* e, finalmente, (7) encerra o iterador.

Neste exemplo não houve interação entre valores externos e os atributos do banco de dados. Bastou definir os componentes do iterador com os mesmos nomes dos atributos do banco de dados, no caso 'nome' e 'tipo'. Vejamos mais um exemplo em que ocorre esta interação. Seja a consulta "*retorne todos os empréstimos de um usuário dado*':

```
(1) string nome, tipo, uid, titulo;
(2) date dtemp;
(3) nome = readEntry("Entre com o nome do usuário:")
(4) try {
(5) #sql{SELECT Uid INTO :uid FROM USUARIO WHERE Nome= :nome}
(6) }   catch (SQLException {
(7)        System.out.println("Usuário " + nome + "não existe");
(8)        Return; }
(9) System.out.printline("Empréstimos de " + nome);
(10) #sql iterator NomeEmp {String titulo, Date dtemp)
(11) NomeEmp em = null;
(12) #sql em = SELECT l.Titulo, dtemp.De FROM LIVRO l, EMPRESTIMO emp, USUARIO u
WHERE .u.Nome = :nome AND u.Uid=emp.Uid AND emp.Dt-Emp=:dtemp;
(13) while (em.next() {
(14) System.out.printline("Título: " + u.nome + "Data empréstimo: " + dtemp);
(15) } ;
(16) u.close();
```

Neste exemplo temos algumas novidades. Um comando SQL pode retornar uma mensagem de erro por não ter sido possível executá-lo. Este erro é levado em consideração na linha (4) pelo comando *try*, e na linha (6) o *catch* utiliza o comando `SQLException` para determinar o que deve acontecer neste caso. No exemplo, é uma mensagem de que o usuário não existe. O iterador denominado *em* (linha 12) irá receber o título e a data de empréstimo dos empréstimos efetuados pelo usuário lido na linha (3).

Um programa SQLJ será convertido em chamadas de funções JDBC, a ser discutido na próxima subseção.

Com o uso de duas linguagens, uma para a lógica da aplicação e outra para o acesso a banco de dados pode ocorrer a chamada confusão de tipos (*impedance mismatch*). Cada linguagem de programação tem um sistema próprio de tipos e os tipos dos dados contidos no BD são predefinidos pela linguagem (SQL ou ODL). Até os tamanhos de tipos como **INTEGER** ou variantes como **SMALL-INTEGER** podem variar de uma linguagem para outra. Com isso, o processamento de grandes massas de dados pode acumular erros que podem se tornar significativos.

Nesse caso, o programador tem que ter um cuidado especial no controle desses erros.

Uma outra forma de desenvolver aplicações com acesso a um banco de dados é utilizar uma **linguagem integrada**, que permite realizar ambas as funcionalidades: a lógica da programação e os acessos ao banco de dados. Nesse caso, pode ser usada uma linguagem integrada fornecida pelo fabricante do SGDB (como a linguagem PL/SQL do Oracle) ou o padrão SQL/PSM, uma extensão do SQL incluindo estruturas procedurais *if/then/else* e *loop* além de comandos de entrada/saída de dados.

9.5.2. Interação dinâmica

Por interação dinâmica entende-se uma forma de programar uma interação com o banco de dados sem saber, de antemão, qual será o comando SQL a ser executado. Isto pode ocorrer, por exemplo, ao se desenvolver uma interface visual de acesso ao banco de dados em um Sistema de Informações Geográficas. Quando o usuário formulou, graficamente, sua consulta, esta será convertida em SQL e executada no banco de dados.

Uma forma de realizar esta tarefa é uma API (*Application Programming Interface*) que realiza chamadas de funções contendo o comando SQL na forma de um *string* (cadeia de caracteres) e os valores das variáveis e atributos. A API compila estes comandos, os executa e retorna os resultados como parâmetros de saída.

Esta forma permite o acesso a bancos de dados distintos a partir de um mesmo programa e sem definir, a priori, os acessos SQL aos bancos de dados. Esta flexibilidade tem como preço de exigir, em certos casos, um esforço de programação maior para lidar com a diversidade de possíveis resultados. Também deve ser levado em consideração que, nesse caso, consultas estão em linguagem-fonte que terão que ser compiladas em código executável no momento de sua chamada.

Para permitir a comunicação entre linguagens de programação e bancos de dados de uma forma portável e padronizada, foi proposto pela Microsoft, nos anos 90, o padrão ODBC (*Open Database Connectivity*), que permite acessar um banco de dados relacional, independente do respectivo fabricante.

O ODBC serviu de base para o desenvolvimento de outra API, o padrão SQL/CLI (*Call Level Interface*). Para programas em Java, foi desenvolvido o JDBC (*Java Database Connectivity*). Também existem conversões entre os padrões ODBC e JDBC.

9.5.3. Chamada a procedimentos pré-compilados

O projeto de um banco de dados pode incluir, além do projeto estrutural do esquema conceitual, um projeto de operações conceituais, independentes dos programas a serem desenvolvidos, para implementar as funcionalidades gerais do sistema. Em outras palavras, deseja-se pré-programar os acessos válidos ao banco de dados, restando aos programas aplicativos somente implementar a lógica do negócio. Estas operações são conhecidas como *stored procedures*.

Uma *stored procedure* possui variáveis de entrada e de saída. Ela é criada com um comando

```
CREATE PROCEDURE <nome> OUT <parâmetros> IN <parâmetros>
```

```
BEGIN <procedimento> END//
```

Vejamos o exemplo da consulta ao status de um usuário, agora como *stored procedure*:

```
CREATE PROCEDURE sit-usuario OUT Situação IN @nome
BEGIN
 SELECT Situação FROM USUARIO
       WHERE nome = @nome;
 END//
```

Para executar este procedimento a partir de um programa, basta escrever no programa aplicativo

```
CALL sit-usuario(situação, 'Lao-Tze')
```

A sintaxe para escrever as *stored procedures* pode variar um pouco, dependendo do SGBD sendo usado. Também o ambiente do SQLJ prevê formas de programar procedimentos pré-compilados em Java.

9.6. Linguagens formais

Um banco de dados, assim como um sistema de informação, representa um extrato de uma realidade que é do interesse dos usuários do sistema. Neste sentido representa um conjunto de fatos verdadeiros e, por exclusão, determina fatos falsos. Este pequeno mundo pode ser especificado por um formalismo lógico, mas ao contrário das teorias lógicas da matemática, vive em constante mutação. Cada fato novo registrado no sistema determina um novo mundo ou uma nova teoria.

Para garantir a precisão e consistência de uma descrição formal deste mundo e suas mutações, foram propostas diversas linguagens formais, cuja utilização pode garantir a correção do sistema em questão. As linguagens convencionais para bancos de dados, como SQL ou ODL, também são bastante precisas, mas sua criação foi mais baseada na sua utilidade prática do que na precisão formal.

Nas linguagens convencionais para bancos de dados existe uma LDD (Linguagem de Definição de Dados), que determina as estruturas dos dados a serem armazenados, uma LMD (Linguagem de Manipulação de Dados), que possibilita o povoamento do banco, e uma LCD (Linguagem de Controle dos Dados), que garante que os dados correspondem a regras e restrições estabelecidas. Para o contexto formal, esta distinção não é tão explícita, pois um programa formal acaba englobando todos estes aspectos.

Em um programa baseado em lógica, como Prolog, cria-se todos os fatos explícitos por meio de cláusulas constantes, e regras que permitem deduzir novos fatos implícitos a partir de fatos constantes ou previamente deduzidos. Um programa lógico pode ser utilizado para dois tipos de derivação:

1. *Comprovar* um fato do programa;
2. *Retornar* todos os dados que satisfazem uma certa condição.

No primeiro caso, este fato é acrescentado ao programa e ele é executado. A execução irá confirmar se o fato é consistente com o mundo representado pelo programa. Já no segundo caso, acrescenta-se um predicado com uma ou várias variáveis livres. Estas variáveis serão preenchidas com todos os dados que satisfazem o predicado. Ou seja, o programa retorna o conjunto dos dados que satisfazem a condição estabelecida.

Sem nos atermos a detalhes de notação, ilustramos os dois casos com um pequeno exemplo. Sejam os 4 fatos e 2 regras:

```
1. tem-discípulo(Lao Tze, Chiang Tze)
2. tem-discípulo(Lao Tze, Wang Bi)
3. tem-discípulo(Chiang Tze, Guo Xiang)
4. tem-discípulo(Kung Fu Tze, Wang Bi)
5. influenciou(X,Y) <- tem-discípulo(X,Y)
6. influenciou(X,Z) <- tem-discípulo(X,Y) AND influenciou(Y,Z)
```

Com este programa, para testar se Lao Tze influenciou Guo Xiang acrescentamos o fato `influenciou(Lao Tze,Guo Xiang)` substituímos em (6):

```
influenciou(Lao Tze, Guo Xiang) <- tem-discípulo(Lao Tze,Y) AND influenciou(Y, Guo Xiang)
```

e, trocando Y por Chiang Tze obtemos

```
influenciou(Lao Tze, Guo Xiang) <- tem-discípulo(Lao Tze,Chiang Tze) AND influenciou(Chiang Tze, Guo Xiang)
```

o que é confirmado pela regra (6).

Por outro lado, se queremos saber todos que foram influenciados por Lao Tze, escrevemos

```
influenciou(Lao Tze, X)
```

e deduzimos

(7) `influenciou(Lao Tze, Chiang Tze) <- tem-discípulo(Lao Tze, Chiang Tze)` substituindo (1) em (5);

(8) `influenciou(Lao Tze, Wang Bi) <- tem-discípulo(Lao Tze, Wang Bi)` substituindo (2) em (5);

(9) `influenciou(Chiang Tze, Guo Xiang) <- tem-discípulo(Chiang Tze, Guo Xiang)` por (5);

(10) `influenciou(Lao Tze, Guo Xiang) <- tem-discípulo(Lao Tze, Chiang Tze) AND influenciou(Chiang Tze, Guo Xiang)` substituindo (3) e (9) em (6).

Logo, deduzimos que Lao Tze influenciou Chiang Tze, Wang Bi e Guo Xiang.

A maior diferença entre um banco de dados e um programa lógico é uma situação mais ou menos subjetiva. No programa lógico os fatos existentes e derivados são pouco voláteis e o programa é utilizado para comprovar fatos verdadeiros sob demanda. Já no banco de dados, os fatos constantes ou os dados são de um volume bem mais significativo e eles são frequentemente alterados, por meio de acréscimos, remoções e alterações. Em outras palavras, além dos processos de recuperação de dados a manipulação dos dados exerce um papel fundamental. Além disso, em bancos de dados temos dois níveis estruturação da informação: o esquema ou dicionário de dados (a intenção) e os dados propriamente ditos (a extensão). Ambos podem ser alterados para refletirem melhor o mundo que está sendo modelado. Cada novo estado criado pela alteração deve se manter consistente e íntegro.

Veremos nesta seção, linguagens para descrever com precisão um banco de dados relacional dedutivo (DATALOG), um banco de dados orientado a objetos (F-Logic) e o comportamento de um sistema (Transaction Logic).

9.6.1. Modelo Relacional - DATALOG

As tabelas contidas em um banco de dados relacional podem ser consideradas predicados extensionais, determinando fatos verdadeiros. Assim, em nosso exemplo do sistema de biblioteca, a tabela de usuários seria dada por

```
1. USUARIO(P01, Lao Tze, Prof, 0)
2. USUARIO(E01, Chiang Tze, Est, 1)
3. USUARIO(E02, M. Ghandi, Est, 0)
4. USUARIO(P02, Kung Fu Tze, Prof, 0)
```

E os empréstimos são

```
1. EMPRESTIMO(030125, P01, 20181020, 20181105)
2. EMPRESTIMO(050085, E02, 20171020, 20170531)
3. EMPRESTIMO(030125, E01, 20181110, hoje)
```

O que está denotado como '*hoje*' representa a data atual. A estes predicados podem ser acrescidos regras ou predicados intencionais, que determinam novos fatos derivados:

```
ATRASADO(u2) ← USUARIO(u1,u2,u3,u4,u5), EMPRESTIMO(e1,e2, e3, e4), u1=e2, e4=hoje, hoje-e3>5
```

Este exemplo mostra um banco de dados de 4 usuários, 3 empréstimos e uma regra que caracteriza usuários atrasados como os que estão com um empréstimo por mais de 5 dias.

Formalmente um banco de dados DATALOG é um conjunto de cláusulas formadas por fatos e regras. Um **fato** é um predicado em que todos os argumentos estão preenchidos por valores constantes, representando o que é conhecido explicitamente como verdadeiro no sistema. Formalmente, são os axiomas da teoria.

Uma **regra** é um tipo especial de fórmula, conhecida como cláusula de Horn. Uma cláusula de Horn é uma implicação *SE condições ENTÃO conclusão* em que as condições são uma conjunção de predicados e a conclusão é um único predicado. Os argumentos dos predicados podem ser variáveis ou constantes. Todas as variáveis são consideradas quantificadas universalmente.

Em DATALOG esta fórmula é escrita como

```
conclusão ← condições
```

A conclusão é chamada de cabeça da regra e as condições são o corpo. Os fatos de um programa DATALOG serão regras sem condições. Para distinguir variáveis de constantes, as variáveis iniciam com letras minúsculas enquanto as constantes com letras maiúsculas ou números.

Os predicados que formam as condições podem ser de dois tipos:

1. Nomes de fatos ou novos predicados derivados
2. Predicados de comparação, como =, <, > para números e = para textos.

O significado de uma regra é que se todas as condições forem verdadeiras então a conclusão também é verdadeira. Ser verdadeiro significa que para as variáveis existe uma substituição das variáveis a partir das constantes existentes nos fatos que satisfaz a regra. No exemplo mostrado `ATRASADO(Chiang Tze)` seria verdadeiro já que as condições

```
USUARIO(E01,Chiang Tze, Est, 5), EMPRESTIMO(030125,Chiang Tze, 20171110, e4), e4=hoje,
hoje-20171110>5
```

podem ser confirmadas aplicando as regras 4, 7 e 8 acima.

Uma **consulta** significa acrescentar a um programa DATALOG (que representa o banco de dados) um fato $P(X_1,..,X_n)$ em que cada argumento é uma variável ou uma constante. A execução da consulta irá tentar confirmar as constantes e preencher as variáveis da consulta com todos os valores que as satisfazem. Para diferenciar a cabeça da consulta de outras cabeças de regras dedutivas, ela é denotada por `?P(X1,..,Xn)`. Se não for possível confirmar as constantes e preencher as variáveis o fato é refutado.

Uma questão importante é o processamento da consulta, ou seja, o procedimento para escolher quais regras aplicar para determinar o resultado. Existem dois procedimentos padrão para esta tarefa. Um, o encadeamento para frente (*foreward-chaining*), parte dos fatos e aplica as regras até conseguir confirmar a consulta. O encadeamento para trás (*backward-chaining*) parte da consulta e tenta confirmá-la colocando-a como cabeça de outras regras. Vejamos na base DATALOG exemplificada acima como seriam os dois procedimentos para uma consulta que pretende verificar quem está com algum empréstimo atrasado, ou seja, é a consulta `?ATRASADO(x)`:

ENCADEAMENTO PARA FRENTE:

Consulta: `?ATRASADO(x)`

Como o argumento da consulta é o nome de um usuário, é testado, para cada usuário, se ele está atrasado:

```
USUARIO(P01, Lao Tze, Prof, 0)                                   [fato 1]
?ATRASADO(Lao Tze) ← USUARIO(P01, Lao Tze, Prof, 0), EMPRESTIMO(030125, P01, 20171020,
20171105), P01=P01, 20171105=hoje, hoje-20171020>5        [regra 8 com fatos 1 e 2]
```

: falha, pois e4 ¹ hoje

`USUARIO(E01, Chiang Tze, Est, 1)` [fato 2]

`?ATRASADO(Chiang Tze) ← USUARIO(E01, Chiang Tze, Est, 1), EMPRESTIMO(030125, E01, 20171110, hoje), E01=E02, hoje=hoje, hoje-20171110>5 [regra 8 com fato 2 e fato 4]`

: confirmado `ATRASADO(Chiang Tze)`

De forma semelhante é deduzido que M. Ghandi não tem empréstimo atrasado e Kung Fu Tze não tem nenhum empréstimo.

ENCADEAMENTO PARA TRAS:

Da consulta obtém-se

`ATRASADO(x) ← USUARIO(u1,x,u3,u4,u5), EMPRESTIMO(e1,e2, e3, e4), u1=e2, e4=hoje, hoje-e3>5 [regra 8]`

`ATRASADO(Chiang Tze) ← USUARIO(E01, Chiang Tze, Est, 1), EMPRESTIMO(030125, E01, 20171110, hoje), E01=E02, hoje=hoje, hoje-20171110>5` [substituindo fato 2 e fato 4 em regra 8]

: confirmado `ATRASADO(Chiang Tze)`

A linguagem DATALOG básica possui várias extensões e características que a diferenciam de outras linguagens:

- Como linguagem lógica permite regras recursivas. Por exemplo, a tabela de assuntos `ASSUNTO(Pal-chave, Contexto)` pode ter um auto relacionamento É-UM(Pal1, Pal2) que determina uma hierarquia de assuntos. Assim, se tivermos as relações É-UM(Livro, Publicação), É-UM(Periódico,Publicação) e É-UM(Publicação, Documento). Podemos definir recursivamente a relação É-UM-G: É-UM-G(x, y) ← `É-UM(x, y); É-UM-G(x, z) ← É-UM-G(y, z), É-UM(x, y.` Com isso garante-se a validade de É-UM_G(Livro, Documento).
- Ao contrário de Prolog, em DATALOG uma consulta retorna todos os valores que a satisfazem. Assim, `?ATRASADO(x)` retornará o nome de todos os usuários que estão atrasados.
- DATALOG não permite funções nos argumentos. Assim não há nada como P(x1, x2, f(x1,x2)), por exemplo.
- Uma extensão de DATALOG permite cláusulas negativas. Poderíamos ter `USUÁRIO(u1,u2,Est,u4) ← not(USUÁRIO(u1,u2,Prof,u4))` Que garante que todo usuário que não for professor será um estudante.
- Além de constantes e variáveis podem ser permitidas funções escalares nos argumentos. Por exemplo, a expressão `hoje-e3>5` na regra de `ATRASADO(u2)` só é permitida com esta extensão. Também podem ser acrescidas funções de agregação como MAX, MÉDIA.

9.6.2. Esquemas de Objetos - F-Logic

Apesar de a linguagem DATALOG também permitir a especificação de esquemas de bancos de dados relacionais, ela é usada, principalmente, para acrescentar aos dados explícitos de um banco de dados, regras de dedução de dados implícitos e restrições de integridade.

Para um modelo semântico de dados, que dá suporte aos conceitos de objetos, abstrações, relacionamentos com cardinalidades e outras funcionalidades, é preciso de uma linguagem adequada para garantir com precisão a semântica de todos estes conceitos.

Apresentamos a linguagem F-Logic que foi desenvolvida como extensão de cláusulas de Horn para a especificação formal de esquemas e regras para um banco de dados orientado a objetos. Assim, a linguagem combina o poder de um banco de dados dedutivo com a riqueza de modelagem de um banco de dados orientado a objetos.

Como em outras linguagens baseadas em cláusulas de Horn, uma especificação *F-Logic* é da forma

```
cabeça ← corpo
```

'corpo' é uma conjunção de cláusulas e 'cabeça' é uma cláusula que será verdadeira sempre que 'corpo' for verdadeiro.

Estruturas de classe são fatos incondicionais descritos por

```
classe::superclasse[nomeAtributo *=> tipo,..., nomeMétodo@(parâmetros)* => resultado,...] ←
```

Se a classe não é subclasse de outra '::superclasse' fica em branco. '*' significa que o atributo é herdável, '=>' significa que o atributo é monovalorado, caso contrário especifica-se '=>>'. Tanto nomes de atributos como relacionamentos são declarados em 'nomeAtributo'. Para atributos, 'tipo' é um dos tipos predefinidos da linguagem, como INTEGER ou STRING. No caso de um relacionamento, no 'tipo' aparece a classe relacionada. O '@' distingue um método de um atributo. Nesse caso, 'resultado' será um tipo, um nome de classe ou nome de atributo que contém o resultado da aplicação do método.

Para distinguir classes, atributos, relacionamentos e variáveis usamos a seguinte notação: Nomes de classes e tipos são todos em letras maiúsculas, atributos e relacionamentos têm a primeira letra maiúscula e variáveis são todas em minúsculas. Valores de variáveis ou são números ou são colocados entre aspas ''.

Vejamos como o subesquema do diagrama de classes do sistema de biblioteca (Figura 9.8) seria especificado em F-Logic:

```
PUBLICACAO[Título *=> STRING, Editora *=> STRING, instanciado_por *=>> EXEMPLAR, reservada-
      por *=> USUARIO, Reservar@(uid)*=> reservada-por] ←
USUARIO [Nome => STRING,..,.tem =>> EXEMPLAR, reserva => PUBLICACAO] ←
MONOGRAFIA::PUBLICAÇÃO[Autoria =>> STRING, Ano =>INTEGER] ←
EXEMPLAR[Num_tomb => INTEGER, com => USUARIO, Instancia => PUBLICAÇÃO] ←
EMPRESTIMO[De => DATE, Até => DATE, Parte1 => USUÁRIO, Parte2 =>> EXEMPLAR, Novo@() =>
      empréstimo, Devolução(eid) => empréstimo] ←
```

Para os **métodos** aplicados às instâncias de uma classe, sua especificação ou assinatura é declarada como um *F-Atom*. Por exemplo, o método 'emprestar', que incrementa o valor da 'situação' do usuário identificado por 'id', em USUARIO ficaria

```
USUARIO[emprestar@(ex) => sit, tem(ex)] ←.
```

Note-se que isto é somente uma declaração do método, sem especificar o que ele faz. O seu comportamento fica para a linguagem de transações.

Cláusulas *F-Logic* também podem ser usadas para especificar regras de dedução e restrições de integridade. Neste caso, além de *F-Atoms* também podem ser usados predicados comparativos. Variáveis são precedidas pela declaração `FORALL`. Por exemplo, para garantir que um estudante empreste no máximo 3 livros, teríamos a cláusula

```
FORALL id, nom, tipo sit ([sit<=3] ← USUARIO(id, nom, tipo, sit) AND tipo='Est').
```

No esquema da figura 9.8 há uma classe associativa, `EMPRESTIMO`. Vejamos como é garantido que uma instância de `EMPRESTIMO` coincide com os relacionamentos `Tem` e `Emprestado_por`:

```
FORALL d,p,u EMPRESTIMO(de, ate, u, ex) AND ate=99991231 ↔ Tem(u,ex) AND Emprestado_
por(ex,u)
```

e a garantia de que '`Emprestado_por`' é o relacionamento inverso de '`Tem`' é dada por

```
FORALL u,p Tem(u,p) ↔ Emprestado_por(p,u)
```

Note-se que o uso de ↔ é uma simplificação para duas cláusulas, uma para o → e outra para o ←.

Também podem ser especificados objetos instância em F-Logic. Cada especificação é um *F-Atom*. Por exemplo, as instâncias de `USUARIO` são especificadas pelos *F-Atoms*:

```
'Lao Tze':USUARIO
'Chiang Tze':USUARIO
'M.Ghandi':USUARIO
'Kung Fu Tze':USUARIO
```

Cada atributo de um objeto é especificado por um *F-Atom*. Para simplificar a notação, vários *F-Atoms* podem ser juntados em um *F-Molecule*. Assim, teríamos, para o objeto 'LaoTze' o *F-Molecule*:

```
laotse:USUARIO[Uid->'P01'; Nome → Lao Tze'; Tipo → Prof', Situação →0].
```

Se um objeto *ob* tem um atributo multivalorado *At* com valores *v1* e *v2,* teríamos a especificação

```
ob[At->>{v1, v2}]
```

Uma **consulta** é uma regra só com variáveis na 'cabeça'. O 'corpo' especifica as condições da consulta e as variáveis citadas na 'cabeça' recebem todos os valores que satisfazem às cláusulas do corpo. Assim, uma consulta aos nomes de usuários que têm pelo menos um empréstimo seria

```
FORALL nom ← USUARIO(id, nom, tipo, sit) AND sit>0
```

9.6.3. Comportamento - Transaction Logic

Mesmo que Redes de Petri e Diagramas de Atividades sejam uma forma bastante precisa de se expressar o comportamento de um sistema, elas são linguagens gráficas que necessitam ser traduzidas para uma forma linear e computável. Existem diversas propostas de especificação formal das transações e operações de um sistema em uma linguagem textual, como Dynamic Logic[15] e Transaction Logic[16].

Mostraremos aqui os principais elementos da linguagem *Transaction Logic*, que pode ser considerada uma complementação de *F-Logic* para a parte comportamental de um sistema. Estas duas linguagens foram implementadas em um sistema denominado Flora-2[17].

Uma transação é composta por várias ações conectadas entre si por operadores específicos. Como toda cláusula em lógica, ela pode ser verdadeira, se a lógica de sua execução tiver sucesso, ou falsa, caso contrário.

Os operadores de *Transaction Logic* são os seguintes, dados duas ações A e B:

- A ⊕ B: Conjunção sequencial – execute A e, se A terminar corretamente, execute B. A transação é verdadeira se ambas as ações foram executadas.
- A ⊗ B: Disjunção sequencial – execute A e, independente de seu sucesso, execute B. A transação será verdadeira se uma das ações terminar.
- A | B: Conjunção concorrente – Execute A e B concorrentemente. Se ambas tiverem sucesso, assim terá a conjunção.
- A δ B: Disjunção concorrente – Execute A e B concorrentemente. Se uma delas tiver sucesso, assim o terá a disjunção.
- •A: Atomicidade: se A é uma transação então •A garante que em alguma falha na transação, todas as ações que tiveram sucesso, são desfeitas, anulando seus resultados.

Cada ação pode ser outra transação ou uma operação das operações primitivas `insert(fato)` ou `delete(fato)`. Um fato é expresso pelo nome de um predicado e uma lista de valores de seus atributos.

Vamos ver como seria a especificação da transação de empréstimo de um livro, como especificado na figura 5.4. Neste processo há três realizações possíveis: (1) Se o livro solicitado não existe, o usuário recebe um aviso correspondente; (2) Se o livro existe, mas não há exemplar disponível, o livro é reservado; (3) Se há um exemplar disponível o empréstimo é registrado na ficha do usuário e no atributo correspondente do registro do exemplar.

```
(1) get(liv,u) ⊕ "Livro inexistente" ← not(LIVRO[ISBN → liv]) ⊕ stop
(2)get(liv,u) ⊕ insert(RESERVA(liv,u,hoje))← (LIVRO[Uid → liv] ^ not(EXEMPLAR(ntomb,
   isbn, 0, [Instancia => PUBLICAÇÃO[ISBN → liv]]) ⊕ stop
(3)get(liv,u) ⊕ • [atualiza(u)| registra(ntomb) | insert(EMPRESTIMO(ntomb,u,hoje,void)) ←
   EXIST(LIVRO[Uid → liv] ^ EXEMPLAR(ntomb, isbn, 0, Instancia => PUBLICAÇÃO.ISBN=liv])]
   ⊕ stop
```

[15] https://pt.wikipedia.org/wiki/Lógica_dinâmica
[16] https://pt.wikipedia.org/wiki/Lógica_de_transações
[17] http://flora.sourceforge.net/

A transação (3) utiliza as duas subtransações

```
atualiza(u) ← delete(USUARIO(u,nom,tipo,sit)) ⊕ insert(USUARIO(u,nom,tipo,inc)) ←
inc=sit+1 ^ sit<5
registra(ntomb) ← delete(EXEMPLAR(ntomb, isbn, sit) ⊕ insert(USUARIO(u,nom,tipo,1)) ←
```

A primeira transação especifica que, após obter os dados do livro e usuário, se não houver nenhum livro com ISBN igual a *liv*, mande a mensagem correspondente. No segundo caso, existe o livro, mas nenhum exemplar está disponível (Situação = 0) para empréstimo. É criado uma reserva. Já no caso (3) há um exemplar disponível. São realizadas as três operações paralelas de atualizar a situação do usuário, registra o exemplar como emprestado e cria um registro do empréstimo. Note-se que a subtransação `atualiza(u)` está condicionada à condição de que o usuário tem no máximo 4 empréstimos. Se isto não for o caso, toda a transação será anulada, dada a condição de atomicidade. A variável assinalada por 'hoje' representa uma função que retorna a data atual.

Uma variante para as três ações necessárias para realizar o empréstimo seria especificar, no fluxo principal, só o registro do empréstimo e deixarmos as atualizações como efeitos colaterais. Teríamos

```
(4)get(liv,u) ⊕ •[insert(EMPRESTIMO(ntomb,u,hoje,void))← EXIST(LIVRO[Uid→liv] ∧
EXEMPLAR(ntomb, isbn, 0, Instancia => PUBLICAÇÃO[ISBN →liv]]))] ⊕ stop

(5)atualiza(u) ← insert(EMPRESTIMO(ntomb,u,hoje,void))

(6)registra(ntomb) ← insert(EMPRESTIMO(ntomb,u,hoje,void))
```

As ações (5) e (6) seriam efeitos colaterais de (4).

9.7. Linguagens não convencionais de consulta

A forma mais comum de obter informações de um banco de dados é por meio de uma linguagem textual, denominada Linguagem de Consulta. Ou seja, característico de um sistema utilizando um banco de dados é possuir uma interface *ad-hoc* em que o usuário pode expressar suas necessidades de informação. As linguagens de consulta, como SQL, possuem uma sintaxe precisa e bem definida, para que a consulta possa ser interpretada e executada em um banco de dados. Este fato implica em duas características do uso de linguagens de consulta textuais:

1. O usuário da linguagem deve dominar perfeitamente a sintaxe dela para poder expressar sua consulta;
2. O usuário deve conhecer exatamente o esquema do banco de dados a ser consultado, pois só assim conseguirá citar as tabelas e atributos corretamente.

Os usuários finais de um banco de dados podem, muitas vezes, ser leigos no uso de linguagens de programação e não conhecer com precisão a estrutura do banco de dados. Assim, as características que garantem a qualidade de uma Linguagem de Consulta podem ser um complicador para esse tipo de usuário. Ele sabe o que quer, mas não necessariamente saberá expressar esta necessidade de forma correta na linguagem.

Como um dos principais objetivos de uma boa aplicação de bancos de dados é facilitar a acesso às informações armazenadas, foram desenvolvidas interfaces de consulta alternativas mais adequadas a estes usuários. O objetivo é substituir detalhes sintáticos de uma Linguagem de Consulta textual por uma linguagem mais natural ou formas visuais de mostrar o banco de dados e de construir a consulta. Podemos distinguir três tipos de linguagens não convencionais para consultar um banco de dados:

1. Linguagem natural. O usuário escreve ou fala o que procura em linguagem natural;
2. Formulários. O usuário preenche em formas que mostram a estrutura do banco de dados, as informações que deseja;
3. Interfaces visuais. Em bancos de dados multimídia as formas especiais dos dados são mostradas e utilizadas para construir a pergunta.

9.7.1. Linguagem natural

Para evitar a necessidade de o usuário do banco de dados conhecer a estrutura exata do banco de dados e todos os detalhes sintáticos de uma linguagem de consultas, podem ser construídos sistemas que permitem um diálogo em linguagem natural. Terá que ser possível entender a necessidade do usuário, convertê-la em uma consulta formal e o resultado da execução desta consulta será reconvertida à linguagem natural.

O formato deste diálogo pode ser em linguagem escrita ou falada. No caso da linguagem falada o sistema terá que ser estendido com um *reconhecedor de fala* e um *conversor entre texto e fala*. Consideremos um texto escrito e um banco de dados relacional.

Um sistema de Interface em Linguagem Natural para Bancos de Dados (ILNBD) possui um dicionário especial que relaciona radicais de palavras com termos linguísticos e conceitos do banco de dados. Ele terá a seguinte composição:

1. Analisador de Linguagem Natural. Extrai do texto os termos e suas classes gramaticais;
2. Tokenizador. Dado o radical de um termo ele encontra, baseado no dicionário, os conceitos que o contém. Os conceitos são classificados como 'relações', 'atributos' ou 'valores';
3. Associador. Associa termos do banco de dados aos conceitos encontrados;
4. Gerador da consulta. Baseado nos conceitos obtidos, é criado uma consulta SQL;
5. Checador e equivalência. Verifica se a consulta gerou várias consultas SQL distintas. Neste caso, retorna solicitando um aperfeiçoamento da consulta;
6. Executor da consulta. Aplica a consulta SQL ao banco de dados;
7. Conversor da resposta. A resposta obtida é convertida em linguagem natural.

Seja, por exemplo, a consulta '*Quais são os usuários em atraso?*'. O termo 'Quais' é identificado como referência a valores de um atributo, 'usuários' é uma relação e 'em atraso' está no dicionário como uma propriedade entre os atributos `Dt-Emp` e `Dt-Dev` da relação `EMPRESTIMO`. O Associador converte o '*Quais usuários*" em `USUARIOS.Nome` e '*atraso*' em `EMPRESTIMO.DtDev=99991231 AND HOJE() - EMPRESTIMO.DtEmp > 5`. Finalmente é gerada a consulta

```
SELECT Nome FROM USUARIO
    WHERE EMPRESTIMO.Uid = USUARIO.Uid AND EMPRESTIMO.DtDev=99991231 AND hoje()
- EMPRESTIMO.DtEmp > 5
```

É claro que nem toda expressão em linguagem natural é tão simples como este exemplo. Podem surgir ambivalências ou incompreensões intransponíveis. Nestes casos, o sistema pode tentar expor as partes que não conseguiu identificar e solicitar um esclarecimento. Por exemplo, se o sistema não souber o que significa 'em atraso', pode ser solicitado um esclarecimento. O usuário irá responder algo como '*um empréstimo que ainda não foi devolvido e que foi emprestado há mais de 5 dias*'.

9.7.2. Consultas baseadas em formulários

Para evitar as dificuldades e limitações de uma interface em linguagem natural, pode-se mostrar ao usuário o esquema do banco de dados (geralmente relacional) e pedir a ele de expressar sua consulta indicando em formulários adequados quais são as informações procuradas.

A principal linguagem segundo este paradigma é a linguagem Query-by-Example (QBE). Ao invés de ter que escrever uma consulta, em QBE são mostrados ao usuário as tabelas existentes com seus atributos. Vendo estas tabelas, a consulta é criada preenchendo-se nas tabelas os atributos de interesse. Na figura 9.9, mostramos uma consulta ao BD da biblioteca para obter os títulos e anos de publicação de livros editados pela Addison-Wesley após o ano 2000.

LIVRO				
ISBN	Autores	Titulo	Ano	Editora
	P.	P.	>2000	Addison Wesley
			P.	

Figura 9.9. Consulta em QBE

Os atributos de interesse são marcados pelo prefixo 'P.'. As condições da consulta são colocadas nos campos de forma bem intuitiva. Todas as outras relações também são mostradas, mas ficam em branco.

Vejamos outra consulta, que envolve duas relações. Seja a consulta *Mostre os usuários e livros que estão emprestados.*

LIVRO				
ISBN	Autores	Titulo	Ano	Editora
_LX		P.		

EMPRÉSTIMO			
NrTomb	Uid	Dt-Emp	Dt-Dev
_TX	_UX		99991231

USUÁRIO			
Uid	Nome	Tipo	Situação
_UX	P.		

EXEMPLAR		
NrTomb	ISBN	Situação
_TX	_LX	

Figura 9.10. Consulta em QBE

Na figura 9.10 são mostradas as 4 relações necessárias. Um exemplar está emprestado se ele ocorrer na relação de empréstimos com a data de devolução como '99991231', o que significa 'em aberto'. Todo sinal começado por '_' representa uma variável. Elas são usadas para caracterizar a junção de dados de diferentes tabelas.

Em QBE também é possível descrever inclusões e exclusões de registros ou valores de atributos. Para caracterizar estas operações na linha que descreve a operação é colocado um 'I.' (insert), um 'D.' (delete) ou um 'U." (update), este último fica no atributo correspondente. Ilustramos estas operações considerando um novo empréstimo:

USUARIO			
Uid	Nome	Tipo	Situação
_UX	Lao Tze		U.S+1

EXEMPLAR		
NrTomb	ISBN	Situação
050085	8521203616	U.1

EMPRESTIMO			
NrTomb	Uid	Dt-Emp	Dt-Dev
050085	_UX	hoje()	99991231

Figura 9.11. Operação em QBE

Um exemplar do livro de Setzer&Silva é emprestado para Lao Tze. Com isso, é inserido o novo empréstimo em `EMPRESTIMO` e os atributos `Situação` de `USUARIO` e `EXEMPLAR` são atualizados.

Encerramos esta breve apresentação de QBE com um exemplo que mostra mais duas possibilidades. Primeiro uma autorreferência de uma tabela a ela mesmo e a alocação dos resultados da consulta em uma tabela chamada de RESULTADO. Queremos listar todos os casos em que um empréstimo ao ser devolvido é diretamente repassado para outro. Queremos ver os dois usuários e a data da transferência (vide este exemplo também na seção sobre SQL).

EMPRESTIMO			
NrTomb	Uid	Dt-Emp	Dt-Dev
	ID1		D
	ID2	D	

USUARIO			
Uid	Nome	Tipo	Situação
ID1	*N1*		
ID2	*N2*		

RESULTADO		
U-Anterior	U-novo	Data
_N1	_N2	_D

Figura 9.12. Tabela de resultados em QBE

Existem extensões e adaptações da linguagem QBE para outros tipos de bancos de dados, como bancos de dados orientados a objetos ou *data warehouses*.

9.7.3. Linguagens visuais

Um banco de dados pode comportar dados não convencionais, como dados espaciais, dados móveis ou vídeos e músicas. Para estas formas nem sempre uma expressão textual é a mais adequada para expressar uma consulta. Pode-se aproveitar o tipo de formato dos dados para descrever as necessidades de informação e mostrar os resultados.

Um Sistema de Informações Geográficas conterá a localização espacial de certos dados ou fenômenos. Além disso, essas informações espaciais poderão mudar com o decorrer do tempo. Assim, uma consulta a um Sistema de Informações Geográficas irá mostrar mapas e figuras como resultado, para dados móveis poderá ser mostrado um trecho de interesse.

Vamos ilustrar alguns casos de interfaces visuais. O primeiro exemplo mostra um sistema que acompanha e registra a movimentação do trânsito em uma cidade (Figura 9.13).

O usuário formula sua consulta especificando três parâmetros: o atributo analisado (volume de trânsito), o critério de agregação (direção aos bairros adjacentes do bairro 'Getúlio Vargas') e a restrição temporal (uma data). Na figura abaixo é visualizado um mapa dos bairros em questão e flechas cuja espessura destaca o volume de trânsito. O maior volume é realçado por uma flecha em vermelho e uma matriz de vizinhanças apresenta outra forma de visualizar esta movimentação. Também é mostrado a versão SQL desta consulta, com a qual fica claro a dificuldade que um usuário teria para especificar a consulta diretamente nesta linguagem.

```
SELECT dmad.org_bairro AS origem, dmad.dst_bairro AS destino,
       td.hh24 AS hora, COUNT( DISTINCT mf.obj_id ) AS num_objmov
  FROM MovimentoFato AS mf   INNER JOIN
       DirMovAdjDim  AS dmad ON (mf.movadj_id = dmad.movadj_id) INNER JOIN
       TempoDim      AS td   ON (mf.tempo_id  = td.tempo_id   )
 WHERE td.data = to_date('15-fev-2009', 'DD-mon-YYYY')
 GROUP BY origem, destino, hora
```

(a)

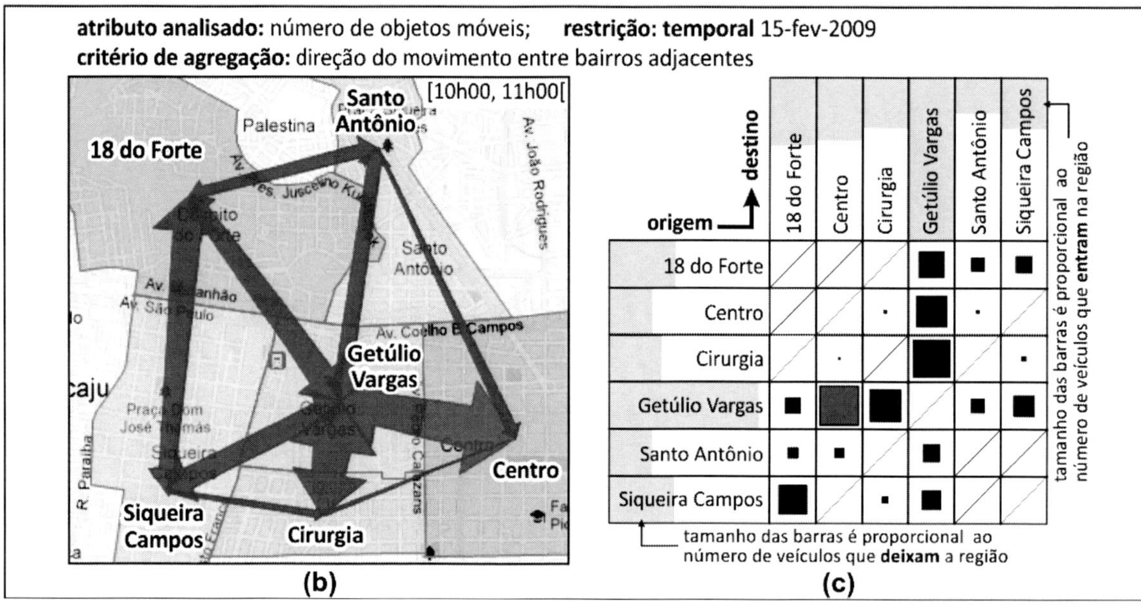

Figura 9.13 Visualização de objetos móveis

O segundo exemplo mostra uma consulta a um Sistema de Informações Geográficas com diversas informações atuais e históricas. O processo de uma consulta a esse sistema é realizado em 4 passos:

1. Defina a área geográfica de interesse
2. Escolha os atributos de interesse. Defina possíveis operadores espaciais, temporais ou relacionais e preencha eventuais valores;
3. Adicione os atributos à consulta;
4. Execute a consulta e visualize os resultados.

Existem formas visuais de escolher as áreas de interesse para uma consulta. Também operadores espaciais como *toca(area1, area2)*, *contido_em(area1, area2)* e operadores temporais, como *antes(t1, t2)* podem ser convertidos e expressões SQL com algumas adaptações. Para alguns operadores espaciais topológicos é necessário uma versão do SQL estendido com operadores espaciais, como o PostGis. Assim, por exemplo, o *toca(area1, area2)* tem a operação *touches(area1, area2)*.

Em um sistema espaço-temporal os objetos poderão conter, além de atributos convencionais, atributos espaciais, visualizados por mapas ou tabelas, e atributos temporais, visualizados por gráficos ou tabelas.

Seja a consulta '*quais os distritos vizinhos à Cidade de Campina Grande/PB tiveram menos de 50 autorizações de internamento hospitalar no corrente ano*". A figura 9.14. mostra uma interface multidimensional de um sistema permitindo interações espaciais (janela esquerda superior), escolha dos atributos (janela esquerda inferior), determinação das condições espaço-temporais e convencionais (janela à direita), e visualização da consulta (janela central inferior).

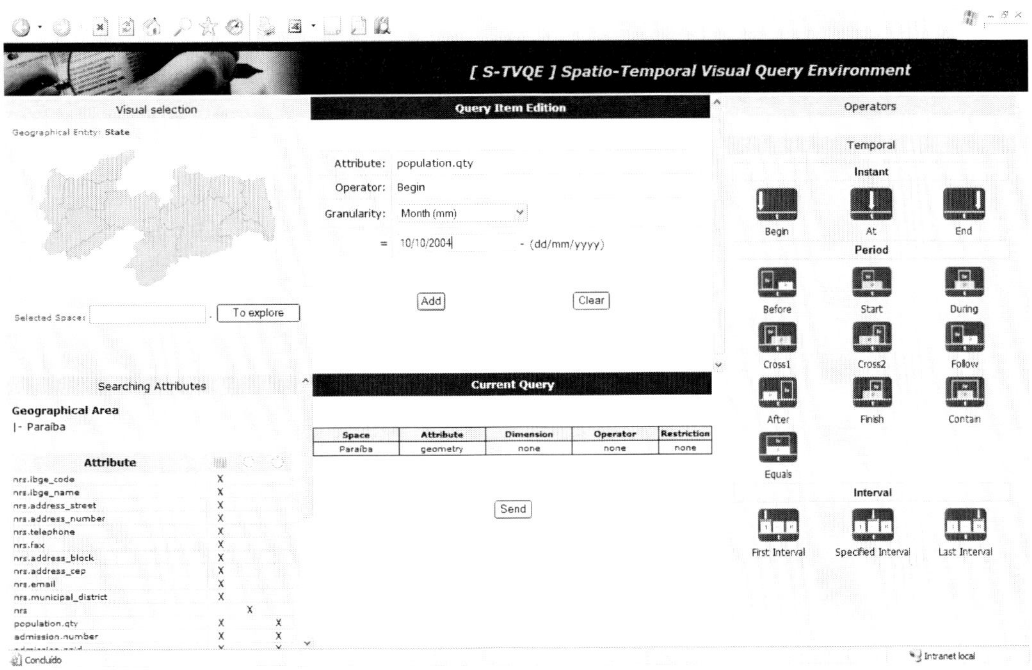

Figura 9.14. Interação com um Sistema Espaço-Temporal

O resultado espacial da consulta aparece na figura 9.15.

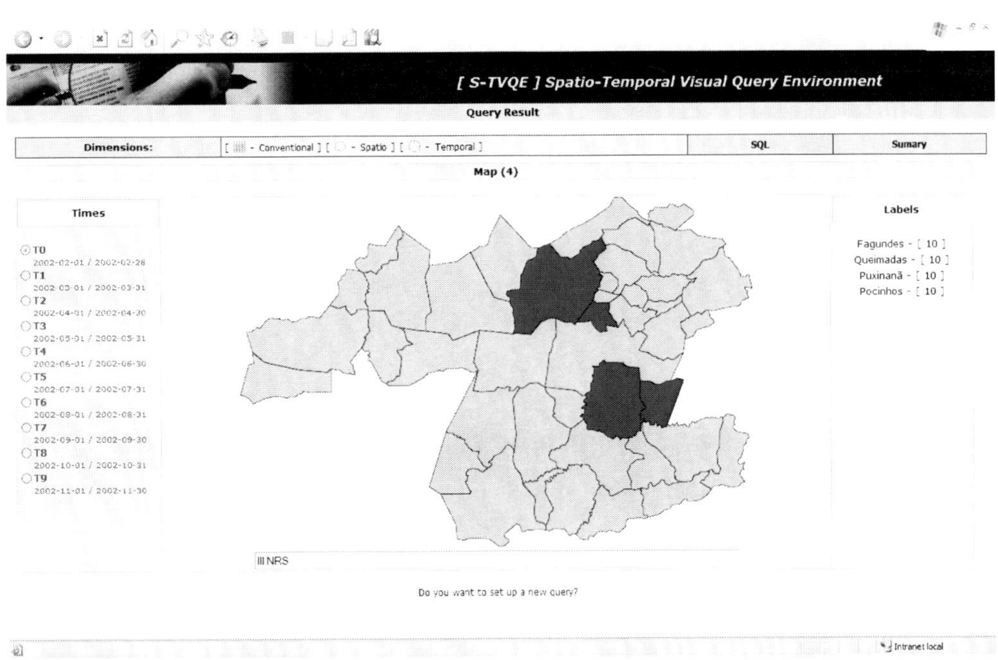

Figura 9.15. Resultado espacial da consulta

9.8. Linguagens para a Web

9.8.1. Formatos e dados na Web – HTML, XML e derivados

Para melhor poder visualizar os dados contidos em uma página na Web, eles estão formatados na linguagem **HTML** (*Hypertext Modeling Language*). Com HTML os trechos de texto ficam demarcados por *tags*, que são palavras especiais, delimitadas por parênteses angulares (< e >) e determinam alguma qualidade especial do texto delimitado por uma *tag* de abertura `<nome>` e uma *tag* de fechamento `</nome>`. Em uma *tag* também podem ser definidos alguns atributos. Assim, no exemplo a seguir, a tag '`<body lang=PT-BR style='tab-interval:35.4pt'>`' tem um nome '`body`' e dois atributos, um definindo a linguagem do texto e o outro o estilo do texto.

Com esta técnica pode-se determinar a forma como o trecho demarcado deve ser visualizado e dar alguma informação sobre o significado deste trecho.

Por exemplo, o texto

Sistemas de Informação

e

Bancos de Dados

ficaria em HTML como

```
<!DOCTYPE HTML>
<head>
.....
</head>
<body lang=PT-BR style='tab-interval:35.4pt'>
<p class=MsoNormal align=center style='text-align:center'><b style='mso-bidi-font-
weight:normal'>Sistemas de Informação</b></p>
<p class=MsoNormal align=center style='text-align:center'><span class=GramE>e</
span></p>
<p class=MsoNormal align=center style='text-align:center'><i style='mso-bidi-font-
style:
normal'>Bancos de Dados<o:p></o:p></i></p>
</body>
</html>
```

Vemos que há informação sobre a língua ('*PT-BR*'), sobre o alinhamento centralizado, sobre o destaque em negrito (*<b>* ... *</b>*) e, na terceira linha, o formato itálico (*<i>*... *</i>*).

Enquanto HTML se concentra em detalhes da apresentação de textos ou outras mídias, foi criada uma linguagem específica para a utilização de marcadores (*tags*) que dão significado a um trecho envolto por duas *tags*: **XML** (*Extensible Markup Language*). Esta linguagem permite que os trechos de um documento recebam um significado, e o texto marcado seja legível tanto por humanos como por programas.

Por exemplo, se temos na página o registro de um livro com seus exemplares, este fato será destacado de seguinte forma:

```
<?xml version="1.0" encoding="ISO-8859-1"?>
<livro isbn="8521203616" título=»Bancos de Dados» autores="Setzer, Silva">
  <exemplares>
    <exemplar nr="1">
      <NrTomb>050085</NrTomb>
<ISBN>8521203616</NrTomb>
<situação>0</situação>
    </exemplar>
    <exemplar nr="2">
      <NrTomb>050086</NrTomb>
<ISBN>8521203616</NrTomb>
<situação>1</situação>
    </exemplar>
  </exemplares>
</livro>
```

A princípio, a criação de *tags* em XML é totalmente livre. Mas, dependendo da aplicação, pode ser proveitoso predefinir quais as possíveis *tags* que poderão aparecer no documento. Com isso, a sua interpretação fica bem mais precisa. A linguagem para esta definição prévia é denominada **XMLS** (*XML Schema*). Pode-se observar uma significativa semelhança entre dados XML baseados em um esquema XMLS e bancos de dados relacionais. A diferença é que a estrutura de dados em XML é mais liberal do que uma estrutura relacional. Os objetos instância de um esquema XMLS podem não ter todos os campos (atributos) previstos no esquema e também podem repetir um mesmo campo várias vezes. Com essa irregularidade, fica mais difícil criar um banco de dados XML. Uma solução simplista é colocar o texto XML completo em um atributo do tipo texto e criar um programa que extrai os campos deste texto.

A simplicidade e expressividade de XML tem motivado o surgimento de linguagens derivadas com propósitos mais específicos. Assim, temos a linguagem **RDF** (*Resource Description Framework*), dedicada a descrever propriedades de recursos, como páginas Web ou elementos XML. É formado por triplas <recurso, propriedade, valor>.

Um esquema XML específico para descrever recursos digitais como vídeos, imagens e textos, é a proposta Dublin Core (**DC**). O DC propõe um conjunto fixo de 15 metadados que serão usados para descrever os recursos. Para fazer distinções mais detalhadas, esses metadados podem ser qualificados por meio de subconceitos. Há uma certa semelhança entre DC e o código para referências bibliográficas MARC.

Um registro para o livro citado acima seria:

```
<dc:title>Bancos de Dados</dc:title>
<dc:creator>Valdemar Setzer</dcd:creator>
<dc:contributor>Flávio da Silva</dc:contributor>
```

```
<dc:language>pt</dc:language>
```

9.8.2. Ontologias - OWL

Como foi visto na seção 2.3,5. uma forma de aproveitar as informações contidas na Web é a criação de ontologias. Uma ontologia descreve que tipo de informação pode ser encotrada na Web. Para se tornar universalmente acessível, esta ontologia precisa estar descrita em uma forma legível por programas navegadores que procuram esta informação. A linguagem que foi proposta como padrão para este fim é a **OWL** (*Web Ontology Language*), que é baseada em Description Logic. Existem vários formatos de como especificar uma ontologia em OWL. Pode ser em uma linguagem abstrata, pode ser em uma estrutura RDF/RDFS ou pode ser no formato XML/XMLS.

A especificação em uma linguagem abstrata é mais simples e facilita sua criação e compreensão por humanos. Esta especificação pode ser convertida em esquemas RDF ou XML, a serem lidos por outros programas.

Uma ontologia em OWL é formada pela descrição de conceitos, como classes, objetos, tipos de dados, valores de propriedades, anotações e ontologias. A esses conceitos podem estar associados fatos e axiomas.

Vejamos um pequeno exemplo de uma ontologia de bibliotecas:

```
Ontology(owl:biblioteca
  DatatypeProperty(:name)
  ObjectProperty(:autor)
  Class(:Livro)
  Class(:Pessoa)
  Class(:Autor)
  Class(:Usuário)
  ObjectProperty(:empréstimo)
  Class(:Usuário complete :Pessoa
        restriction(:empréstimo (:Livro) maxCardinality(5)))

  Individual(type(Livro)
       value(autor Individual(type(Pessoa) value(nome "Valdemar Setzer"^^xsd:string)))
```

São definidas quatro classes, um relacionamento de empréstimo e o '*complete*' que caracteriza Usuário como subclasse de Pessoa, com a restrição de que todo usuário pode ter um empréstimo de até 5 livros.

Também é definida uma instância (*Individual*) do tipo Livro e o nome de um autor deste livro. Uma parte deste esquema seria traduzida em triplas RDF da seguinte forma:

```
ex:biblioteca rdf:type owl:Ontology .
ex:nome rdf:type owl:DatatypeProperty .
ex:autor rdf:type owl:ObjectProperty .
ex:Livro rdf:type owl:Class .
```

```
ex:Pessoa rdf:type owl:Class .

_:x rdf:type :Livro .
_:x ex:autor _:x1 .
_:x1 rdf:type :Pessoa .
_:x1 ex:name "Valdemar Setzer"^^xsd:string .
```

A segunda parte desta especificação determina que se *x* é um livro que tem um autor *x1*, então *x1* pode ser uma pessoa com o nome "Valdemar Setzer".

A forma pública desta especificação terá uma forma mais legível para programas com *tags* XML.

9.8.3. Consultas – XQuery e SPARQL

Para recuperação de informações contidas em páginas Web, existem linguagens específicas, dependendo do formato das informações. Para páginas XML temos a adaptação de SQL denominada **XQuery**, dados com as estruturas de triplas do RDF podem ser consultadas por **SPARQL**.

XQUERY

Assim como SQL é a linguagem para extrair dados de um banco de dados relacional, XQuery permite recuperar dados de elementos XML. Suponhamos uma página `livros.xml` contendo o registro de dois livros da biblioteca e outros registros:

```
<biblioteca>
<livro>
  <título lang=»port»>Bancos de Dados</título>
  <isbn>8521203616</isbn>
  <autor>Valdemar Setzer</autor>
  <autor>Flávio da Silva</autor>
  <ano>2002</ano>
</livro>
<livro>
  <título ling=»en» ed="7ª">Fundamentals of Database Systems</título>
  <isbn>0133970779</isbn>
  <autor>Ramez Elmasri</autor>
  <autor>Shamkant Navathe</autor>
  <ano>2007</ano>
</livro>
<exemplar>
...
</exemplar>
...
</biblioteca>
```

Uma consulta também terá, como SQL, três componentes principais: o `'for'` determina onde procurar os resultados (corresponde ao `FROM` do SQL), um `'where'` que especifica uma condição e um `'return'` que seleciona quais tipos de dados devem ser retornados. Assim, se no exemplo queremos retornar os autores de livros publicados depois de 2005, escrevemos:

```
for $x in doc("livros.xml")/biblioteca/livro
where $x/ano > 2005
return $x/autor
```

O resultado será

```
<autor>Ramez Elmasri</autor>
<autor>Shamkant Navathe</autor>
```

As cláusulas `for`, `where` e `return`, podem ser simples, como no exemplo, ou compostas. Além disso, existem outras cláusulas, como `order`, `let` e `if-then-else`.

RDF e SPARQL

A linguagem SPARQL é específica para conteúdos descritos por RDF (*Resource Description Framework*>, uma linguagem que especifica informações em triplas `<recurso, propriedade, valor>`. Os elementos de uma tripla podem ser referências a uma URI, que conterá a informação do elemento ou um valor, que pode ser tipado. O `recurso` geralmente é uma URI contendo os dados do sujeito. Ao contrário do XML, que permite o aninhamento em estruturas hierárquicas, toda especificação RDF é linear, cada linha formando uma tripla. O aninhamento é obtido por triplas encadeadas formando um grafo dirigido e valorado com nomes nas arestas.

Supondo que a biblioteca de nosso exemplo está em um site com a URI `http://www.miniblio.org`, os termos utilizados em uma especificação RDF ficam em sites denominados *namespaces*. Em nosso exemplo, usaremos dois *namespace*:

- `rdf::`⟹ `http://www.w3.org/1999/02/22-rdf-syntax-ns.`
- `mbtermos:` ::⟹ `http://www.miniblio.org/termos/` (termos usados na biblioteca hipotética miniblio)

Com isso, ao invés de usar a URI do *namespace*, poderá ser usado o nome correspondente, nas expressões RDF. A forma gráfica do exemplo da biblioteca é mostrada na figura 9.16.

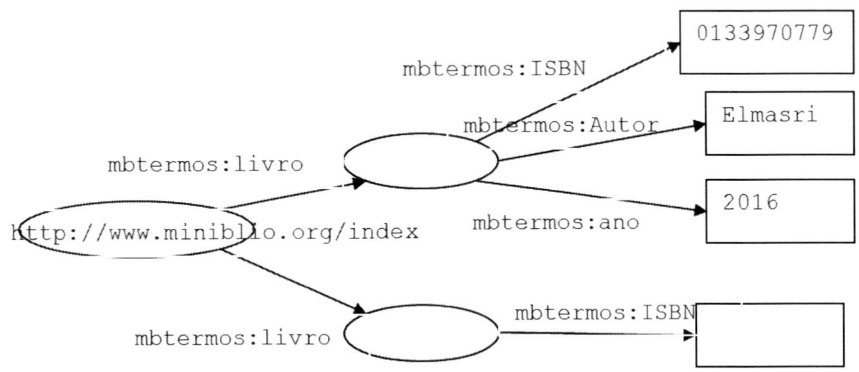

Figura 9.16. Grafo RDF parcial da biblioteca

Mostramos agora como fica esta especificação em RDF utilizando a notação XML:

```
<?xml version="1.0"?>
<rdf:RDF xmlns:rdf="http://www.w3.org/1999/02/22-rdf-syntax-ns#"
  xmlns:mbtermos="http://www.miniblio.org/termos/">
<rdf:Description rdf:about="http://www.miniblio.org/index.html">
  <mbtermos:livro_:l1</mbtermos:livro>
</rdf:Description>
<rdf:Description rdf:about="_:l1">
  <mbtermos:ISBN>0133970779</mbtermos:ISBN>
</rdf:Description>
<rdf:Description rdf:about="_:l1">
   <mbtermos:Autor>R. Elmasri</mbtermos:Autor>
</rdf:Description>
  <mbtermos:Título>Fundamentals of Database Systems </mbtermos:Titulo>
</rdf:Description>
<rdf:Description rdf:about="_:l1">
  <mbtermos:Ano>2016^^http://www.w3.org/2001/XMLSChema#integer</mbtermos:Ano>
</rdf:Description>
</rdf:RDF>
```

As primeiras três linhas determinam a versão do XML e os dois namespaces. Em seguida, vem a tripla que associa um livro à biblioteca. Como este livro é um objeto abstrato, ele recebe uma variável (_:l1) como identificação, para ser citado nas próximas conexões. Agora são definidos os três atributos do livro, ISBN, autor e ano de publicação. Por simplicidade, só consideramos um autor e desprezamos o próximo livro. Como o ano deve ser reconhecido como um número, para poder ser considerado em relações numéricas, ele é tipificado pelo padrão 'integer' do padrão de XMLS do W3 consortium.

Ao invés de usar a terminologia da biblioteca 'miniblio' pode-se optar pela terminologia padrão para documentos bibliográficos, que é o Dublin Core (DC). Neste caso o namespace 'mbtermos' seria substituído pelo namespace dc=http://www.dublincore.org/documents/dcmi-terms/ . Os termos 'Autor', 'ISBN' e 'Ano' teriam que ser substituídos por "Creator', 'Identifier' e 'Date'.

A linguagem SPARQL é sintaticamente muito semelhante à SQL só que, ao invés de acessar um banco de dados, a consulta é processada sobre uma especificação RDF, que pode estar na Internet ou em um banco de dados. Uma consulta é formada por cláusulas:

`PREFIX` – permite definir abreviações para as URI utilizadas
`SELECT` – define as variáveis cujos valores devem serem retornados
`FROM` - informa a URI que contém os dados RDF (opcional)
`WHERE` – formado por linhas com tripas RDF que determinam as condições dos valores a serem retornados.
`FILTER` – Determina uma restrição sobre os valores a serem retornados.

Ilustramos o uso desta linguagem com dois exemplos de consultas:

1. *Quais os autores de livros publicados depois do ano de 2007*:

```
PREFIX mb: http://www.miniblio.org/index.html
PREFIX rdfs: <http://www.w3.org/2000/01/rdf-schema#>
SELECT ?autor
WHERE {mb:livro rdfs:Autor ?autor.
       mb:livro rdfs:Ano ?ano
FILTER(?ano>2007)
}
```

2. *Retorne os títulos e anos de publicação dos livros de Elmasri*:

```
SELECT ?título ?ano
WHERE {mb:livro rdfs:Autor ?autor.
        FILTER regex(?autor, "Elmasri")
       mb:livro rdfs:Ano ?ano
      }
```

Como o nome completo do autor é 'R. Elmasri', o uso da função 'regex()' permite utilizar somente um trecho do nome para recuperar título.

Além da cláusula FILTER, existem outras em SPARQL, como ORDER BY, OPTIONAL, LIMIT, OFFSET e outras.

Um SELECT retorna todos os dados que satisfazem às condições da consulta. Porém, pode haver casos em que não se quer um retorno de dados mas, tão somente, uma resposta se um dado existe ou não. Para estes casos existe a instrução

ASK {condição} – retorna 'true' se a condição for verdadeira

Assim como no SQL, o SELECT retorna uma tabela relacional de dados, em SPARQL também podemos querer retornar triplas que formam um grafo RDF. Neste caso usa-se, ao invés do SELECT um comando CONSTRUCT. Sua estrutura será semelhante à do SELECT, exceto que as variáveis da resposta declarada na consulta devem formar triplas <sujeito, predicado, valor>.

9.9. Comentários bibliográficos

Já nos anos 80 foram realizadas extensões de linguagens convencionais com bancos de dados. Para bancos de dados relacionais foram criados as linguagens Pascal/R, desenvolvida por J. Schmidt na universidade de Hamburgo [Schm80] e Modula/R criada na ETH de Zurique [KMPRZ84]. Dos sistemas comerciais vale citar o GemStone [Gem96], como extensão da linguagem Smalltalk, o CLOS [Lev03], extensão de LISP e o ambiente Delphi [BMMG05] baseado em Object-Pascal. Uma boa ilustração de uso da extensão procedural de SQL da ORACLE, o PL/SQL pode ser visto em [PL02].

O SQL básico é descrito na maioria dos livros-texto sobre bancos de dados, como [SKS12], [Dat04] ou [RG07]. Uma descrição completa e detalhada de SQL-92 está em [MS93]. Sobre SQL:1999 existem poucas referências, citamos [Mat95]. O livro de Melton e Simon sobre SQL [MS93] separa todos os aspectos de controle de integridade em um capítulo a parte, o capítulo 10, incluindo especificações de integridade implícita, como chaves, e explícita, como triggers e *assertions*.

As diversas formas de acesso a bancos de dados a partir de programa aplicativos, escritos em uma linguagem convencional, são assuntos do capítulo 10 de Elmasri & Navathe [EN16]. Ramakrishnan & Gehrke [RK07] discutem a integração por meio de JDBC, SQLJ e SQL/PSM no capítulo 6.

O livro editado por Cattell e Barry [CB00] é a referência sobre ODMG e as linguagens ODL e OQL.

A linguagem formal para bancos de dados DATALOG pode ser encontrada na maioria dos clássicos sobre bancos de dados, como [GUW01, Cap. 10]. ou [AHV95], por exemplo. Uma análise mais detalhada se encontra no livro de Abitebul, Hull e Vianu [AHV95]. A linguagem formal para sistemas orientados a objetos F–Logic foi apresentada por Kifer, Lausen & Wu [KLW95]. Transaction Logic foi um trabalho de Bonner & Kifer [BK96]. As duas linguagens para sistemas OO foram integradas por Ramalho et al. [RRS04], criando a TFL - *Transaction Frame Logic*.

Um sistema de processamento em linguagem natural denominado PRECISE é apresentado por Popescu et al. [PAEKY04]. É mostrado como um simples exemplo já pode gerar problemas de interpretação e como o sistema pode solicitar esclarecimentos do usuário. Apresentam uma teoria considerando tratabilidade semântica e atributos implícitos. Detalhes desta teoria são discutidos em [PEK03].

Linguagens visuais dependem muito do contexto a ser visualizado. Uma introdução breve pode ser vista no artigo da T. Catarci [Ca09]. O exemplo da visualização da movimentação do trânsito em uma cidade foi extraído da dissertação de C.A.S. Almeida [Alm10, APS11]. Uma interface específica para bancos de dados espaço-temporais é o trabalho de Cavalcanti, Schiel & Baptista [CSB09], que foi utilizada no segundo exemplo.

O livro 'Dados Abertos Conectados' de Isotani & Bittencourt [IB15] trata de RDF, Ontologias, OWL e as relações com bancos de dados. A linguagem RDF é apresentada, em português, por Lima & Carvalho [LC05]. Uma apresentação didática do SPARQL foi dada por Veiga, Sena & Bulcão Neto no SBSI [VSB15].

9.10. Exercícios

1. Para o banco de dados de automóveis do Apêndice 2

```
PROPRIEDADE(Placa, P-Nome, De, Até),
PROPRIETARIO(P-Nome, End, Cid, Est)
FABRICA(Fabricante, Modelo),
AUTOMOVEL(Placa, Modelo, Cor)
```

   a. Dê o resultado e significado da consulta

```
SELECT Nome FROM FABRICANTE
      WHERE NOT EXIST
               (SELECT * FROM AUTOMOVEL  A, FABRICANTE  F
                           WHERE A.Modelo = F.Modelo)
```

   b. Faça a expressão em álgebra relacional, cálculo relacional e em SQL para a consulta "*quais os fabricantes que só têm automóveis azuis*".
   c. Faça uma consulta que retorna todas as datas em que um carro mudou de proprietário e os nomes de quem vendeo e de quem comprou.
   d. Crie uma cláusula `ASSERT` que garante que um carro sempre só tem um dono.

2. Para o banco de dados do exercício (1), faça uma rotina em linguagem hospedeira que obtém todos os proprietários de carros de uma cor dada.

3. Seja o banco de dados relacional

```
EMPREGADO(E#, NOME, GRAU, PR#)
PROJETO(PR#, RESP#, ORÇAMENTO)
```

Responda em álgebra relacional e em SQL:

a) Encontre os nomes dos responsáveis por projetos com orçamento maior que R$ 1.000.000,-
b) Encontre os empregados e respectivos projetos para empregados que trabalham em mais de um projeto.

4. No esquema da relação `EMPREGADO(Mat, Nome, Departamento, ..)` se um empregado ainda não está lotado em um departamento é armazenado o valor '`NULL`' no atributo respectivo mas, se o nome do departamento não é conhecido, é armazenado '`UNKNOWN`'. Formule a consulta em SQL para

   "*liste os empregados e seus departamentos em que estão lotados*"

5. Seja o banco de dados relacional

```
FORN(F#, FNOME, STATUS, CID)
PEÇA(P#, PNOME, COR, PESO, CIDADE)
FORNECIMENTO(F#,P#,QUANT)
```

Responda, em álgebra relacional e em SQL:

a. *Obter o nome dos fornecedores que fornecem peças na própria cidade.*
b. *Obter o nome dos fornecedores que só fornecem peças na própria cidade.*
c. *Obter o nome dos fornecedores que fornecem, pelo menos, as peças "P1" e "P2".*
d. *Obter a quantidade de fornecedores que fornecem mais de uma peça. (só em SQL).*

6. Mostre que SQL é relacionalmente completo, isto é, todas as operações da álgebra relacional podem ser realizadas em SQL.

7. Para o banco de dados relacional do sistema SOBI do Apêndice 1 expresse, em SQL, a seguintes consultas:
   a. Quais os usuários com empréstimos em atraso?
   b. Quais os livros que nunca foram emprestados?

8. Como ficariam as duas consultas da questão anterior para o mesmo banco de dados, agora definido em ODL, com a consulta expressa em OQL.

9. Para o banco de dados baseado no diagrama de classes do SOBI (Apêndice 1), especifique, em OCL, as seguintes regras:
   a. Uma publicação emprestada tem que ser uma monografia
   b. Realiza a mesma restrição do item anterior como uma precondição em OCL do método '`emprestar(ex)`' da classe `USUARIO`.
   c. Um artigo não pode estar contido em um livro e nos anais de uma conferência, ao mesmo tempo.

10. Escreva as duas consultas da questão 7 em F-Logic.

CAPÍTULO 10

TIPOS DE DADOS

O processamento dos dados de um sistema de informação ocorre por meio de dois agentes, um que cria os dados e outro que os consome. Ao contrário de um sistema de comunicação, em que estes dois processos estão interligados, no sistema de informação eles são independentes, necessitando o armazenamento dos dados em um banco de dados. Estes dois agentes podem ser humanos ou máquinas. Além da criação e utilização dos dados é essencial sua recuperação.

Estas ações de criação, armazenamento, uso e recuperação irão depender muito do tipo do dado em questão. Cada tipo de dados irá requerer uma forma adequada de ser processado, para que possa ser entendido e utilizado pelo sistema. Veremos, neste capítulo, os principais tipos de dados processados por um computador e como eles podem ser aproveitados em um sistema de informação.

Podemos distinguir duas categorias de dados: dados estáticos e dados dinâmicos. Os dados estáticos são dados imutáveis que podem ser lidos e interpretados individualmente, como números, textos e imagens. Já nos dados dinâmicos ocorre um sequenciamento de elementos primitivos que determina uma interpretação visual (vídeo) ou auditiva (áudio).

Chamamos de **documento,** um arquivo contendo dados estáticos que geralmente estão organizados de forma sequencial e podem ser de diversos tipos[18]. Uma **tabela** é um documento em que seu conteúdo é organizado em linhas e colunas e cada célula é de certo tipo. Geralmente todos os dados de uma coluna são do mesmo tipo.

Dados textuais são construídos a partir de sequências de símbolos alfanuméricos, formados por letras, dígitos numéricos e sinais especiais. Estes símbolos são representados no computador por uma codificação padrão, sendo a codificação mais comum a ASCII[19]. Uma sequência destes símbolos pode formar números, palavras ou outros dados contidos no documento.

O processamento de qualquer tipo de dado pode ser dividido em duas fases:

1. A verificação da correção do dado para o seu tipo;
2. A interpretação do que este dado representa.

Por exemplo, '012-' não é uma representação correta de um número, já '-12' está correto e pode ser interpretado como o número inteiro negativo -12. No caso de um dado textual, ambientes como editores de texto tentam automatizar parcialmente estas duas fases. Ao digitar '*negatvo*' o editor percebe que há um erro ortográfico nesta palavra. Caso encontre um termo correto bem semelhante é efetuada uma correção automática para '*negativo*'. Se o termo está errado, mas uma correção não é clara, ele é destacado por um sublinhado.

[18] Não consideramos aqui Hiperdocumentos que, além de dados estáticos, poderão conter ligações a outros dados, que podem ser dinâmicos. Também existem documentos em que o ato de leitura pode disparar sons e vídeos.

[19] ASCII – American Standard Code for Information Interchange

Também deve ser distinguido entre a representação externa e interna de um dado. Escrever '-12' ou '-12,0' ou até '-012' são formas distintas de representar a mesma informação. Internamente, para números há duas representações: números inteiros e números em ponto flutuante. Cada tipo de número só tem uma única representação interna. No caso de textos e outras mídias, como imagens, músicas e vídeos, há diversos padrões para sua representação em um documento, como txt, docx, odt, pdf, mp3, avi, etc.

Pode haver arquivos com dados de um só tipo, como textos (txt) ou imagens (jpg, gif), mas muitos tipos de arquivos (docx, odt, pdf, xlsx) conterão dados multimídia (textos, tabelas, figuras, imagens), que terão que ser distinguidos pelo editor.

Os arquivos mais adequados para o processamento em sistemas de informação são chamados de **`arquivos de dados`**, que são formados por coleções de registros, cada registro é formado por uma lista de campos ou itens e cada campo terá um valor de um tipo predeterminado. Em analogia a esta estrutura, um banco de dados será formado por uma coleção de arquivos de dados interligados entre si por relações entre os registros.

Ao contrário dos dados estáticos, que são interpretados por um ato de leitura visual ou computacional, os dados dinâmicos necessitam de um sistema executor, que pode ser um tocador de áudio ou de vídeo. Um áudio é interpretado pelo ouvido humano ou gravado por um microfone e o vídeo é percebido pela visão e audição humana ou é registrado por uma câmera adequada. Existem formatos específicos para cada mídia, como wav ou mp3 para áudios e avi ou mp4 para vídeos. No caso dos vídeos, eles terão, em paralelo com a sequência de imagens uma sequência de áudio. Arquivos de dados dinâmicos geralmente contêm um único tipo de dado.

10.1. Dados Tabelares

Como uma das principais utilidades de um computador é a substituição da utilização de fichários e cadastros em papel por um processamento eletrônico, estas fichas são substituídas por tabelas eletrônicas contendo textos, números, datas, imagens e outros dados. Cada item tem um formato bem definido e um significado bem específico. Todos os campos da ficha são alinhados e armazenados em uma tabela. Assim um fichário completo forma uma tabela na qual cada linha representa uma ficha. Cada item da ficha é chamado de um atributo da tabela.

Exemplos de tabelas de dados são fichários dos livros de uma biblioteca, relação dos empregados de uma empresa, contas de uma contabilidade, produtos em estoque, relação de pedidos pendentes, etc.

Note-se que os dados de uma ficha formam uma linha na tabela que representa o fichário. Mas, certos tipos de ficha não são tão facilmente linearizáveis. Por exemplo, em uma contabilidade, cada conta da empresa terá uma ficha com o seu número, seu nome e todos os lançamentos feitos na conta. A ficha terá três atributos: número, nome e lançamentos. Só que lançamentos é, por sua vez, uma lista na qual cada item é formado pelos atributos data, descrição, débito, crédito, saldo atual. Ou seja, os atributos de uma ficha nem sempre conterão valores simples. Um atributo poderá, por sua vez, constituir uma estrutura de tabela com seus atributos, ou poderá conter uma foto ou gráfico.

O modelo de dados criado para o processamento de tabelas (ou fichários) é o modelo relacional (Seção 8.3), pois cada ficha é interpretada como um conjunto de componentes que determinam seu conteúdo. Cada componente será de um tipo e terá um valor obtido do seu domínio semântico.

A problemática da diferença entre tabelas do modelo relacional e tabelas conceituais, é que os componentes (células) das tabelas conceituais podem conter valores complexos, e sua representação em tabelas relacionais só com valores primitivos, tem que ser solucionada pelo processo denominado de normalização (Seção 8.2.3.). Uma tabela em que todos os componentes são valores primitivos é dita estar em primeira forma normal. Para uma estrutura conceitual, como um pedido ou uma conta, terão que ser criadas várias tabelas normalizadas para possibilitar representar toda a informação da estrutura original. A conexão entre estas tabelas será por chaves estrangeiras. Suponhamos as fichas de usuários de uma biblioteca que contêm, para cada usuário, seu nome, telefone, tipo e todos os empréstimos realizados por este usuário. Para cada empréstimo é anotado o número de tombamento do livro, e as datas de empréstimo e de devolução. Este fichário irá gerar duas tabelas:

```
USUARIO(Uid, Nome, Tel, Tipo)
EMPRÉSTIMOS(Uid, NrTomb, De, Até)
```

Nesta conversão foi criado um atributo adicional (Uid) que será utilizado como chave estrangeira na tabela `EMPRÉSTIMOS`. Note-se que com esta solução, os empréstimos de todos os usuários ficarão em uma única tabela, o que não ocorre com as fichas em papel. Como na tabela `EMPRÉSTIMOS` um mesmo exemplar (*NrTomb*) pode ter sido emprestado a vários usuários ou um mesmo usuário poderá ter emprestado o mesmo exemplar em épocas distintas, a chave desta tabela será composta por *Uid, NrTomb* e *De*.

O modelo relacional não normalizado ou os modelos orientados a objetos facilitam a definição de estruturas tabelares complexas, com o recurso de atributos com valores complexos (listas, conjuntos, subestruturas) e evitam a necessidade de criar várias tabelas interligadas por chaves estrangeiras, como visto acima. Todo usuário e todo empréstimo são objetos e possuem um identificador interno (*oid*). Este *oid* irá cumprir o papel da chave estrangeira do modelo relacional.

A definição dos usuários poderá ser da forma:

```
class USUARIO {
        Nome: string;
        Tel: integer;
        Tipo: {'professor', 'estudante'};
        Empréstimos: list of {
                NrTomb: integer;
                De: data;
                Até: data}
        }
```

Um detalhe neste exemplo de empréstimos, que não está explícito na definição acima, é o fato de um mesmo exemplar poder ter sido emprestado a vários usuários, mas não ao mesmo tempo. Para garantir isto, a característica diferenciada dos atributos *De* e *Até* deverá ser levada em consideração declarando estes atributos como temporais.

Essa característica será vista na seção 10.4.

Dados tabelares têm a vantagem da simplicidade de sua representação e o respectivo processamento. Mas a vantagem desta simplicidade só se mantém quando os dados a serem processados também têm uma estrutura semelhante a tabelas com valores. Nas próximas seções serão vistos diversos casos de aplicações que comprometem esta simplicidade.

10.2. Dados imprecisos e dados incompletos

O objetivo de um sistema de informação é reproduzir, da melhor forma possível, o extrato da realidade que está sendo modelado, chamado de **Universo do Discurso (UD)**. A situação ideal é que todas as informações referentes a este extrato sejam conhecidas e estejam disponíveis para serem armazenadas e processadas. O fato é que nem sempre isto acontece. Podemos fazer um cadastro de pessoas incluindo o número do telefone, mas algumas das pessoas não se lembram deste número. Podemos fazer um registro de um crime se uma testemunha viu três pessoas envolvidas, mas só reconheceu duas. A uma pergunta a um doente: a quanto tempo ele sente dores a resposta é "*há muito tempo*". Estas informações, apesar de serem imprecisas ou incompletas, podem ser essenciais para a qualidade do sistema de informação, logo devem ser armazenadas e processadas adequadamente.

Bancos de dados convencionais, assim como programas de computador, não 'gostam' desse tipo de dado. Dados são valores de atributos, que têm um tipo bem definido.

No modelo relacional de bancos de dados, uma primeira aproximação para permitir o processamento de dados incompletos é permitir os chamados 'valores nulos' em atributo. Assim, um atributo 'telefone' pode ficar em branco. Se este atributo for obrigatório, este valor nulo significará que a pessoa tem um telefone, mas ele é desconhecido. Se o atributo for opcional, um valor nulo tem duas interpretações: '*desconhecido*' ou '*não tem*'.

No processamento dos dados de um banco de dados relacional, chamado de Álgebra Relacional, os dados dos atributos são utilizados para determinar relações entre diferentes registros na base. Assim, se dois registros de pessoas têm o mesmo valor no atributo idade, significa que eles têm a mesma idade. Este significado não se aplica aos valores nulos, pois podem representar valores distintos. Se soubermos que dois valores nulos representam o mesmo valor, por exemplo, duas pessoas têm o mesmo telefone (desconhecido), ao invés de se colocar 'nulo', coloca-se algo como 'n_1' nos dois, significando que representam o mesmo dado.

No caso do exemplo do terceiro criminoso, que é desconhecido, não temos um atributo nulo, mas de um objeto que existe, mas é desconhecido. Para considerar este tipo de dados incompletos, o sistema terá que permitir a criação de entidades vazias. Elas existem e fazem parte da extensão de uma classe, mas todos os atributos podem ser nulos. Em um sistema orientado a objetos isso seria criar um objeto (com *oid*) mas sem valores de atributos. Poderá até acontecer que, no decorrer do tempo, alguns valores de atributos se tornem conhecidos e passam a ser registrados no banco de dados.

O terceiro caso de imprecisão é quando temos alguma informação sobre o valor de um atributo, mas só um valor aproximado. Será o caso do "*há muito tempo*" citado acima. Outro caso típico seria a informação de que uma pessoa deixou um emprego "*antes de 2010*". Isto poderia ser registrado no atributo '`Data-saída`' com o valor "<2010".

Esta notação pode não combinar com o tipo deste atributo, que seria `DATA`. Este "*antes de 2010*" representa uma informação imprecisa ou algo que, no mundo real é preciso, mas não conhecido com precisão. Também há casos de dados imprecisos por natureza e não por desconhecimento. É o caso de dados como "*velho*", "*há muito tempo*", "*feliz*". São qualificações linguísticas de uma qualidade sem uma delimitação precisa. No caso da idade de uma pessoa, ser "*velho*" começa sendo falso na juventude e passa, gradativamente, a ser mais e mais verdadeiro, com o passar dos anos. Para diferenciar estes dois casos, chamamos os primeiros de incompletos e o terceiro de impreciso.

Formalmente, uma solução parcial para dados incompletos é considerar uma lógica de três valores. Ao invés de um fato poder ser 'verdadeiro' ou 'falso' ele também pode ser 'possível'. Esta lógica tem que ser bem elaborada para tratar corretamente combinações de fatos com diferentes valores. Por exemplo, se um fato *F* é considerado 'possível' sua negação ~F também será 'possível'. Suponhamos uma relação `EMPRÉSTIMO(exemplar, usuário, de, até)` com uma instância `(2400, 'João', 01/02/2016, >15/02/2016)`. Uma consulta se o exemplar *2400* estava emprestado a '*João*' em *20/02/2016* resulta em uma resposta '*possível*'. O mesmo acontece com uma consulta se o *2400* não estava emprestado ao João nesta data. Uma consulta a todos os exemplares emprestados em *20/02/2016* deverá incluir o *2400*, mas com a observação '*possível*'. Para o atributo '*telefone*' de uma pessoa podem ocorrer dois tipos de incompletude. A ausência do número do telefone pode significar que ele não tem telefone ou que não se sabe qual é. Isto poderia ser resolvido com dois valores distintos. O valor no primeiro caso seria '*não sei se tem*' e no segundo '*não sei qual é*'. Um terceiro valor especial seria '*não tem*', mas este é um valor preciso. Os valores para estes três casos poderiam ser '*possível*', '*desconhecido*' e '*não*' respectivamente.

Dados imprecisos têm uma avaliação diferente. Ser "*velho*" é falso para um jovem de 20 anos, mas com o decorrer dos anos, vai variando de "um pouco verdadeiro" para "razoavelmente verdadeiro" até "totalmente verdadeiro". Ou seja, há uma variação contínua crescente do valor-verdade do fato. A lógica que considera esta variação contínua destes valores é conhecida como lógica nebulosa ou lógica difusa (*fuzzy logic*).

Para o modelo relacional de dados também foram considerados dados desconhecidos com a introdução de um valor especial que um atributo pode assumir, o valor nulo ("*null*"). Neste caso a álgebra relacional deve ser alterada para não levar valores "null" em consideração. Por exemplo, se tenho duas tuplas

```
(2410, 'João', 22/12/2016, "null")
(2400, 'João', 01/10/2016, "null")
```

não significa que estes dois empréstimos foram devolvidos na mesma data. Em outras palavras, em uma operação de junção (*join*) a condição da junção não pode considerar valores "*null*" de atributos. O problema de um valor nulo é que não fica claro qual dos três casos citados acima ele representa: '*não sei qual é*', '*não sei se tem*' ou '*não tem*'.

10.3. Dados Textuais

Como foi visto na seção 2.3.4, a principal fonte de um Sistema de Recuperação da Informação são textos. Além de serem o objeto principal para estes sistemas, textos também aparecem em atributos de objetos como nome, endereço, descrição e diversos outros.

Uma fonte de dados textual pode ser um texto corrido escrito em uma linguagem natural ou um texto marcado, em que trechos de texto corrido estão envoltos por marcações que determinam um significado do trecho em questão.

10.3.1. Textos corridos

Um texto é a expressão de uma informação em uma linguagem predeterminada. Assim como para números há regras precisas que determinam se uma sequência de símbolos representa um número ou não, a correção de um texto é determinada pelo uso correto do alfabeto, das palavras, das sentenças e, além disso, a junção de uma ou mais sentenças para formarem um texto completo que irá expressar uma informação composta.

A análise de um texto envolve, como os outros tipos de dados, duas fases:

1. a análise se o dado representa um texto válido e
2. a determinação do que ele pretende expressar.

Ambas as fases são bem mais complexas do que nos outros tipos de dados, pois envolvem toda a complexidade e ambiguidade da interpretação da linguagem natural.

Supondo que um texto está escrito corretamente, a determinação do seu significado deve passar por várias etapas. A primeira é a determinação de palavras e sua classificação gramatical, como substantivos (nomes próprios e outras entidades), verbos, etc., e termos compostos. Para textos contidos em atributos de objetos, esta etapa pode se tornar redundante, pois o atributo já determina o conceito. Em textos mais longos, o problema reside na delimitação das palavras que compõem um termo. Por exemplo, na frase '*a empresa possui bancos de dados distribuídos em vários setores*', fica difícil determinar se a palavra '*distribuídos*' faz parte do nome '*bancos de dados*' ou descreve a alocação de vários bancos de dados.

Quanto às diferentes notações (como nomes próprios, por exemplo), deve-se proceder a alguma forma de normalização para determinar um termo representativo. Também podem ser realizadas alterações gramaticais para eliminar variações de número e gênero. O tratamento de abreviações pode utilizar um dicionário adequado ou regras que identificam as abreviações mais comuns. Devem ser distinguidos termos significativos e termos não significativos, denominados de *stop-words*. Para as variações gramaticais de um termo significativo, deve ser determinado um radical comum que o representa, processo chamado de *stemming*. A definição de bons termos pode ser melhorada com a determinação de termos compostos. Por exemplo 'banco de dados' é um termo composto do qual o 'de' não deve ser eliminado como *stop-word*.

A identificação e classificação dos termos contidos em um texto é realizada por um processo denominado POS-Tagger (*Part-Of-Speech Tagger*). Para cada termo identificado, o processo insere demarcadores (*tags*) no início e fim do termo que identificam a sua classificação gramatical. Uma marcação pode delimitar uma simples palavra ou um trecho, como sintagmas nominais e verbais.

O ponto principal na análise de um texto é determinar os principais conceitos expressos nele por meio de termos (palavras simples ou compostas). Existem diversos problemas que ainda não têm solução completa. Um caso típico são os pronomes (anátema). Em muitos textos um termo central é citado poucas vezes no texto para, em seguida, ser citado por '*ele*' ou '*ela*'. Outros detalhes semânticos devem ser levados em consideração.

Após a delimitação de um termo, ainda podem ocorrer dois problemas para sua correta interpretação. Sua notação e sua ambiguidade. Por exemplo '*John F. Kennedy*', '*J. F. Kennedy*' e '*John Fitzgerald Kennedy*' são três notações distintas para denominar a mesma pessoa. Já '*JFK*' pode ser a sigla para esta mesma pessoa ou para o aeroporto com esse nome. Uma forma de resolver ou reduzir a ambiguidade de um termo é analisar os termos 'vizinhos'. Esta vizinhança pode ser a frase em que ele está contido, o parágrafo ou um número fixo de palavras antes e depois de sua ocorrência. Esta vizinhança poderá ser comparada com as palavras contidas na descrição de cada significado do termo. Aquele conjunto que for mais parecido com a vizinhança do termo determinará o contexto do mesmo. Se na vizinhança de *JFK* forem encontrados termos como '*voo*' ou '*partida*' trata-se do aeroporto; já se aparecerem '*presidente*' ou '*assassinato*' trata-se do ex-presidente dos Estados Unidos.

Um caso mais geral de notação é o uso de sinônimos ou termos de outros idiomas para um mesmo conceito. A melhor solução para estes casos é o uso de dicionários. A ideia é escolher um termo representativo para cada classe de sinônimos (*synset*). O problema neste caso é que a sinonímia não é uma relação de equivalência muito bem definida. A maioria dos termos classificados como sinônimos não são totalmente equivalentes. Por exemplo '*caro*' é sinônimo de '*elevado*' que é sinônimo de '*superior*'. Mas '*caro*' e '*superior*' não são sinônimos. Além disso, cada termo terá sinônimos distintos, dependendo do seu significado. Por exemplo '*superior*' no sentido de '*ensino superior*' terá outros sinônimos do que no sentido de '*qualidade*'.

Além das características linguísticas de um texto outros dados poderão ser significativos. Por exemplo, pode haver palavras destacadas em negrito, títulos de capítulos e seções, o título e o autor do documento, legendas de figuras, índices remissivos, etc.

Após a identificação dos termos, ainda pode ocorrer uma última etapa, a análise do texto. Na análise do texto é tentado interpretar o que um trecho (sentença, parágrafo) quer expressar. Esta interpretação também vai depender do contexto do texto como um todo.

Uma aplicação típica é a interpretação de avaliações de produtos na internet. O objetivo é determinar quais sentimentos são expressos em uma frase. São detectados termos como '*feliz*', '*gostei muito*' ou então '*não* gostei muito'. A área de estudo para detecção do que uma frase expressa neste contexto é denominada **Análise de Sentimentos** (*Sentiment Analysis*).

10.3.2. Textos marcados

Um texto pode conter, além de seu conteúdo linguístico, outros recursos usados para dar algum destaque ou significado a certos trechos. Assim, uma linha iniciando com 'Título:' conterá o título do documento. Analogamente, pode-se destacar outras informações, como autor, capítulo, etc. Em um texto manuscrito, após escrever 'Telefone:' podemos escrever um número a lápis, o que possibilita atualizar esta informação, caso ela se altere. O mesmo pode acontecer com uma ficha, com os nomes dos campos já impressos. Documentos impressos poderão conter uma gama variada de recursos para destacar trechos, como tipo da letra, tamanho, alinhamento e muitos outros.

Em documentos digitais também se pode utilizar inúmeros tipos de marcações para diferenciar as informações contidas nele. Chamamos estas formas de **textos marcados**. A facilidade de criação e modificação de textos marcados é uma característica de documentos digitais. Devemos distinguir duas versões de um documento digital: sua **representação interna** e sua **visualização**. Na representação interna aparecem as marcas criadas, chamadas de macros, e na visualização aparece o resultado da aplicação das macros ao texto propriamente dito. A marcação de um texto pode ter dois objetivos: determinar uma visualização agradável e significativa, destacando adequadamente as informações contidas; ou dar um significado específico a certos dados, não para um leitor através da visualização, mas para um programa que interpreta o texto.

Os marcadores ou macros contidos na representação interna de um documento são baseados em uma notação especial ou linguagem previamente definida. Por exemplo, em um editor de texto, as formas de diagramação de notações especiais sobre as fontes, formatos, parágrafos são inseridos no texto a ser visualizado no computador. As macros são utilizadas para dividir um documento em capítulos, tabelas, fórmulas matemáticas, destaques de texto como negrito e itálico, além de diversas outras formatações.

Há dois tipos de editores de texto. Uns oferecem botões e menus para que o usuário determine suas formatações que são imediatamente visualizadas no texto sendo escrito (como o MS Word, LibreOffice ou OpenOffice). Os outros se concentram mais no '*o que*' escrever e não no '*como*'. Para o '*como*' o usuário escolhe o tipo de documento que deseja escrever (artigo, carta, relatório, etc.) e usa o padrão deste tipo já com suas macros predeterminadas. Durante a escrita ele usa macros adequadas para destacar algum trecho do texto. Todas as formatações só aparecem na versão visual do documento, a ser mostrada em separado.

Por exemplo, o sistema **LaTeX**, usa macros para determinar a formatação de um texto. Cada tipo de documento, como um artigo, uma tese ou um cartão de visitas, possui um padrão predefinido de macros que é utilizado para se escrever um texto deste tipo. O documento está dividido em componentes, como capítulos, seções e bibliografia. Vejamos, por exemplo, o texto em LaTeX

```
\documentclass {article}
\usepackage[portuguese]{babel}
\title{\textbf{Tao Te Ching}}
\author{Lao Tze}
\begin{document}...
\section{Capítulo 40}As dez mil coisas nascem a partir do que existe (e tem nome).E o que
existe nasce do que não existe (e não tem nome).
...
\end{document}
```

A primeira linha especifica que se trata de um documento com a estrutura de um artigo. Segue a especificação do português como idioma. A macro `\title` já determina a posição, o tipo e tamanho da letra. Com `\textbf` garante-se o título em negrito. O início e final do texto principal do documento são marcados e os capítulos também. O texto descrito aparecerá como

> **Tao Te King**
> Autor: Lao Tze
>
> ...
> Capítulo 40
> `As dez mil coisas nascem a partir do que existe (e tem nome).`
> `E o que existe nasce do que não existe (e não tem nome).`
> ...

Além do visto nesse pequeno exemplo, existem muitas outras especificações em LaTeX para fórmulas matemáticas, figuras, referências bibliográficas e outros.

Enquanto LaTeX foca em facilitar a forma de apresentação de um texto digital, a linguagem HTML (*HyperText Markup Language*) é utilizada para descrever páginas na Web. Ela permite descrever as mais diversas visualizações de textos, tabelas, figuras, áudios e vídeos. Ela é interpretada pelos navegadores da internet e assim as páginas podem ser entendidas em todas as localidades que têm um interpretador HTML. O texto HTML do documento mostrado antes seria, com diversas simplificações, o seguinte:

```
<html>
<head>
<meta http-equiv=Content-Type content="text/html; charset=windows-1252">
...
</head>
<body lang=PT-BR>
<div class=WordSection1>
<p class=MsoNormal align=center style='text-align:center'><b><span
style='font-size:16.0pt;font-family:"Arial","sans-serif"'>Tao Te King</span></b></
p>
<p class=MsoNormal align=center style='text-align:center'><span
style='font-size:16.0pt;font-family:"Arial","sans-serif"'>Autor: Lao Tze</span></
p>
...
<p class=MsoNormal style='text-indent:0cm'><span style='font-size:14.0pt;
font-family:"Arial","sans-serif"'>Capítulo 40</span></p>
<p class=MsoNormal style='text-indent:0cm'><span style='font-size:11.0pt;
font-family:"Courier New"'>As dez mil coisas nascem a partir do que existe (e tem
nome).</span></p>
...
</div>
</body>
</html>
<html>
<head>
<meta http-equiv=Content-Type content="text/html; charset=windows-
```

O formato HTML não é para ser criado por um humano, como o LaTeX, mas é gerado por um programa, como um editor de texto ou um sistema da web.

Todo editor de textos gera um documento digital em um formato interno próprio, como o Microsoft Word (formato docx), Libre Office (formato odt) ou o formato de portabilidade da Adobe (pdf).

O uso de marcações em um texto não é só usado para determinar uma melhor apresentação do seu conteúdo, mas também pode ser utilizado para representar detalhes do significado das informações contidas no documento. Isto pode ser especificamente útil em documentos na Web, para que o significado das informações neles possa ser entendido em outro ambiente. Com este intuito foi criada a linguagem **XML – Extensible Markup Language**. Assim como HTML, um documento XML é gerado por um programa que coloca as informações que ele produz em um formato textual para que um outro sistema possa entendê-lo. Assim como um banco de dados contém essencialmente dados estruturados, XML é um formato adequado para colocar estes dados disponíveis na Web. Sistemas de comércio eletrônico e similares são casos típicos que utilizam XML para descrever as informações sendo trocadas.

Enquanto HTML é adequado para formatar páginas Web estáticas, ou seja, páginas que têm um conteúdo fixo e imutável, para páginas dinâmicas, que possuem campos a serem preenchidos e atualizados por programas em execução, pode-se usar XML. Vejamos o exemplo do registro de um livro:

```
<?xml version="1.0" encoding="ISO-8859-1"?>
<livro>
  <titulo> Fundamentos de Sistemas de Bancos de Dados</titulo>
  <autores>
    <autor tipo="principal">Ramez Elmasri</autor>
    <autor tipo="secundário">Shamkant Navathe</autor>
  </autores>
  <editora>Campus</editora>
  <situação reservas="quantidade">"0"</situação>
</livro>
```

A cada reserva e remoção de uma reserva, o campo `<situação>` é atualizado. Nota-se que, ao contrário de um banco de dados relacional, é possível considerar atributos multivalorados, como é o caso de `<autores>`. Todos os valores podem ser alterados. Assim, uma reserva do livro, irá alterar o atributo `<situação>`.

Um documento XML pode ser considerado uma coleção de dados **semiestruturados**. Nos dados estruturados ou tabelares, descritos na seção 10.1, existe um esquema de dados separado a priori, e os dados atendem a esta estrutura pela sua posição no arquivo. Na forma de dados semiestruturados o esquema é repetido para cada dado na forma de marcação. Isto tem a vantagem de uma liberalidade bem maior em relação aos dados estruturados. Atributos podem ser repetidos, como é o caso dos vários autores de um livro, podem ser suprimidos, por exemplo, se um livro não tem autor, ou, para certos registros, podem ser introduzidos novos atributos. Por exemplo, para livros que têm mais de uma edição poder-se-ia introduzir, após o título, um atributo sobre a edição. Também a ordem de apresentação dos atributos, não precisa ser sempre a mesma. A desvantagem é a redundância em ter que repetir os nomes dos atributos para cada registro.

A liberdade em introduzir novos atributos em qualquer registro pode dificultar o processamento automático de um documento, pois o programa não saberá o que o espera durante o processamento do documento. Como em muitos casos, os possíveis atributos são previamente conhecidos, usa-se uma linguagem especial para determinar este esquema a-priori. São as linguagens DTD (*Document Type Definition*) ou *XML-Schema*. Com estas linguagens poderá se especificado, como para um banco de dados, toda a estrutura dos dados que virão. Não daremos aqui detalhes sobre essas linguagens, mas ilustramos que, para cada atributo, pode ser especificado sua multiplicidade. O exemplo do(s) autor(es) de um livro terá as especificações `<minOccurs("0"), maxOcurrs="unbouded">`.

XML também é o formato base para se especificar outras linguagens específicas, como Dublin Core (DC) ou RDF (*Resource Description Framework*).

Como um documento XML pode cumprir o papel de um banco de dados, existem linguagens específicas de pesquisa a estes documentos. A principal é XQuery, apresentada na seção 9.8.3.

10.4. Dados Temporais

Tudo que está armazenado em um banco de dados convencional tem validade universal, ou seja, enquanto estiver armazenado, é verdadeiro. Se o fato deixa de ser válido, é removido. Mas, há situações em que o sistema de informação necessita de informações passadas e/ou futuras para atender aos seus propósitos. Pode ser um sistema de planejamento que deve registrar metas ou eventos futuros, ou então, o sistema necessita do histórico de certas informações para fazer análises adequadas. Para atender a estes requisitos, o sistema deverá conter não somente dados atuais, mas registrar desde quando os dados atuais são válidos e manter dados que foram válidos, mas não o são mais. Para os dados futuros, deverá permitir o armazenamento de situações que ainda não existem, mas poderão ou deverão ocorrer. Estes dados são chamados de **dados temporais** nos quais seu valor terá uma dimensão temporal. Assim, um dado temporal terá um valor d e um tempo t, o que denotamos por $<d,t>$. Um banco de dados que permite o processamento deste tipo de dados é denominado **Banco de Dados Temporais**.

Mostraremos primeiro as características dos tempos e, em seguida, as qualidades especiais dos dados temporais.

10.4.1. O tempo

Para caracterizar a dimensão temporal de um sistema partimos de um conjunto T de todos os **instantes de tempo**, que é totalmente ordenado e contínuo. Conceitualmente há duas formas de considerar os elementos de T. Matematicamente T pode ser considerado isomorfo ao conjunto R dos números reais. Nesse caso ao número 0 corresponderia o tempo 'presente', aos números negativos correspondem os instantes passados e aos positivos os tempos futuros. Outra forma de ver o tempo é considerá-lo como uma sequência infinita, mas discreta de instantes temporais formados por dados de um calendário. Dependendo da granularidade necessária para estes instantes, eles podem ser dados em segundos, em dias ou até em séculos. Mesmo que nos sistemas de informação geralmente a segunda interpretação é adotada, em linguagem natural muitas vezes se adota a primeira abordagem como, por exemplo, nas frases '*há muito tempo*', '*mais tarde*', pois elas se baseiam no presente como referência.

A partir dos instantes de tempo em *T*, definimos um **intervalo temporal** $it = <t_1,t_2>$ como um subconjunto conexo de *T* com extremos t_1,e t_2. Ou seja, para todo t∈T, teremos que $t \in it$ Û $t \geq t_1$ e $t \leq t_2$. Denominamos os extremos de um intervalo temporal *it* de t_1 = *inicio(it)* e t_2 = *fim(it)*. Para instantes temporais *t* os extremos coincidem, ou seja, *inicio(t)* = *fim(t)* = *t*.

Entre dois intervalos temporais it_1 e it_2, podemos definir os seguintes predicados:

ANTES(it_1, it_2) ⇔ fim(it_1) < início (it_2)
SEGUE(it_2, it_1) ⇔ fim(it_1) = início(it_2)
SOBREPÕE(it_1, it_2) ⇔ inicio(it_1) < início(it_2) Ù fim(it_1) > início(it_2) ^ fim(it_1) < fim(it_2)
CONTÉM(it_1, it_2) ⇔ inicio(it_1) < início(it_2) ^ fim(it_1)) > fim(it_2)
Para certos casos queremos definir um intervalo temporal que tem um início bem definido mas que ainda é válido no presente. Para caracterizar este presente usamos o termo '*agora*' que representa uma função que obtém o instante atual. Assim, para representar a frase '*desde o início deste século*' temos o intervalo *<01/01/2000, agora>*.

10.4.2. Objetos temporais

Um objeto temporal é um objeto qualquer que não tem uma validade universal, mas há um ou vários intervalos temporais em que ele foi ou será válido e em outros não. Ou seja, dado um objeto *o* existe um intervalo tempo *t* tal que o par *<o,t>* é um fato verdadeiro e para todos tempos *t'* disjuntos de *t*, *<o,t'>* não será válido.

Temos que definir a estrutura deste tempo associado a um objeto. Um objeto pode ser válido em um único instante, pode ser válido por um intervalo temporal ou ser válido em vários instantes e/ou intervalos. Logo, de uma forma geral, o tempo de um objeto será uma sequência de instantes e/ou intervalos. Como sequência, entende-se um conjunto ordenado de instantes e intervalos disjuntos entre si. Essas sequeêcias são chamadas de **elementos temporais**. Portanto, se T é o conjunto de todos instantes temporais e IT o conjunto de todos intervalos temporais, definimos ELT, o conjunto dos elementos temporais como:

$elt \in ELT \Leftrightarrow elt = \{t_1, .., t_n\}$ *com* $t_i \in T \cup IT$ e, para todos t_i e $t_j \in$ *elt* com $i \neq j$, temos $t_i \cap t_j = \emptyset$.
Com isso, podemos definir objetos temporais por uma função
temp: $O \rightarrow ELT$,
em que *O* é o universo de todos objetos. Denotamos um objeto temporal por <o,temp(o)>.

Como um elemento temporal *elt* é um conjunto ordenado de instantes ou intervalos temporais, ele terá um ínfimo e um supremo. Denotamos estes elementos por *inf(elt)* e *sup(elt)*. Com isso, podemos aplicar as relações definidas para tempos aos objetos temporais. Por exemplo, dados dois objetos temporais $<o_1,elt_1>$ e $<o_2,elt_2>$, definimos

ANTES(o_1,o_2) ó fim(sup(elt_1)) < início(inf (elt_2))
Analogamente, pode-se adaptar as relações SEGUE(), SOPREPÕE() e CONTÉM() aos objetos temporais. Vale ressaltar que, neste caso, pode ocorrer que haja dois objetos $<o_1,elt_1>$ e $<o_2,elt_2>$ em que vale SOBREPÕE(o_1, o_2) ou CONTÉM(o_1, o_2) mesmo elt_1 e elt_2 sendo disjuntos!

Com o armazenamento de objetos temporais, o banco de dados adquire uma nova dimensão, a dimensão do tempo. A projeção do banco em um instante de tempo refletirá o estado do universo do discurso naquele instante. Uma caraterística dos objetos temporais é que eles passam a ser perenes, ou seja, se uma informação deixa de ser verdadeira, ela não é removida do sistema. O instante em que ela deixa de ser válida é registrado e, com isso, a informação *passa para o passado.*

Há duas interpretações possíveis para o tempo associado a um objeto. Ele pode representar o tempo quando o fato foi verdadeiro (**tempo válido**), ou quando o sistema tomou conhecimento do fato (**tempo de transação**). Por exemplo, suponhamos que um empréstimo no sistema de biblioteca foi devolvido em 1 de julho, mas esta informação só chegou ao sistema em 1 de agosto, pois o setor de empréstimos estava em recesso. Esta situação terá o seguinte registro no banco de dados:

EMPRESTIMO	NrTomb	id	Dt-Emp	Dt-Dev	Reg-Emp	Val-Reg
	030125	P01	20160610	*	20160610	201600731
	030125	P01	20160610	20160701	201600801	*

Os atributos `Dt-Emp` e `Dt-Dev` representam o tempo de validade do empréstimo e `Reg-Emp` e `Val-Reg` o tempo de transação.

A primeira linha da tabela registra que o empréstimo ocorreu em 10/06/2016 e que até 31/07/2016 este empréstimo estava em aberto no sistema. Já a segunda linha, destaca a situação real do empréstimo, ou seja, ele ocorreu em 10/06/2016 e a devolução ocorreu em 01/07/2016, fato que só ficou conhecido em 01/08/2016. Em outras palavras, todo registro correto no banco de dados terá o atributo '`Val-Reg`' em aberto (*).

Como na maioria das aplicações de bancos de dados temporais não é feita esta distinção entre tempo válido e tempo de transação, consideraremos só o tempo válido nesta seção.

Tempos podem representar o histórico de um objeto como um todo (quando foi criado e quando desapareceu) ou de seus atributos. Neste caso, uma alteração do valor do atributo, passa o valor anterior *para o passado* e associa um novo intervalo ao novo valor. A associação de tempos a um objeto como um todo é chamada de **versionamento de objetos** enquanto os tempos nos atributos é o **versionamento de atributos**.

Vejamos como exemplo de versionamento de objetos, no sistema de biblioteca criado em um banco de dados relacional, a relação que registra os empréstimos efetuados. Um exemplar de um livro é identificado pelo número de tombamento. A tabela dos empréstimos poderá ser da forma:

EMPRESTIMO	NrTomb	Uid	Dt-Emp	Dt-Dev
	030125	P01	20181020	20181105
	050085	E02	20160131	20160531
	030125	P01	20181110	*

Neste exemplo, o livro *030125* esteve emprestado para *P01* de 20/10/2018 até 5/11/2018. Cinco dias depois, em 10/11/2018 foi emprestado ao mesmo *P01* e ainda não foi devolvido.

Neste exemplo podemos ilustrar a semântica específica do tempo em relação aos outros dados. Um mesmo objeto (o empréstimo `<030125, P01>`) pode ocorrer várias vezes na mesma relação, mas em tempos distintos. Também a semântica dos atributos de objetos temporais é diferente. Por exemplo, para saber se *030125* estava emprestado a *P01* em 1/11/2016 a consulta conteria uma tupla `<030125, P01, 1/11/2016>`, que não está contida no banco de dados. O SGBD temporal irá verificar que 1/11/2015 está entre 20/10/2015 e 5/11/2015 e responderá afirmativamente.

Enquanto o versionamento de objetos pode ser representado no modelo relacional acrescentando os dois atributos temporais à relação, no versionamento de atributos, o histórico dos atributos temporais terá que ser colocado em uma tabela separada. Na tabela principal poderá ser mantido só o valor atual do atributo.

Suponhamos que queremos manter, na tabela de exemplares, o histórico de empréstimos, que se reflete no atributo 'Situação', cujo valor 0 significa disponível e 1 emprestado. Neste caso, além do registro da situação atual na tabela de exemplares

EXEMPLAR	NrTomb	ISBN	Situação
	030125	1558606474	0

teríamos o histórico da situação de cada exemplar

HIST-SITUAÇÃO	NrTomb	Situação	Início	Fim
	030125	0	20131015	20131019
	030125	1	20171020	20171105
	030125	0	20171106	*

O exemplar *030125* foi adquirido em 15/10/2013, ficou emprestado de 20/10/2013 a 5/11/2013 e, desde então, está disponível. Note-se que com estes dados será fácil determinar o histórico dos empréstimos dos volumes de uma biblioteca.

As características temporais terão que ser incorporadas à linguagem de consultas ao banco de dados. O processamento de consultas a um banco de dados temporal deverá possibilitar a consulta a relações temporais entre objetos, usando os predicados citados. Além disso, deverá possibilitar uma consulta do tipo '*qual o tempo de (o)?*' para um objeto ou atributo *o* (consulta *walk-through*), ou então, "*quais os objetos válidos em um instante 't'*" (consulta *snap-shot*). Se perguntarmos '*valeu(<o,elt$_0$>)?*' deverá retornar verdadeiro se existir <o, *elt$_1$*> com $elt_0 \subseteq elt_1$.

10.5. Dados Espaciais

Assim como diversos objetos têm uma existência limitada no tempo, outros podem estar localizados em uma posição específica no espaço. São cidades, regiões, pessoas, veículos e muitos outros.

Enquanto o tempo representa uma dimensão linear ordenada de instantes, o espaço é multidimensional. Dependendo da aplicação, o espaço será bidimensional ou tridimensional. A classe mais significativa de sistemas que levam em consideração um espaço bidimensional são os Sistemas de Informações Geográficas.

Um objeto espacial pode ter uma localização **pontual**, como uma pessoa, um veículo ou um cruzamento de duas estradas ou ocupar uma **região**, como uma cidade ou uma nuvem. A identificação de algo como ponto ou área é subjetiva, pois uma pessoa ou um veículo apesar de ocuparem um espaço, geralmente são considerados pontos. Ele também pode ser **fixo**, como uma cidade, um rio, ou **móvel**, como uma pessoa, um veículo no trânsito ou, uma queimada.

Para definir objetos espaciais, consideramos um universo de objetos *O* e um espaço *E*. As características deste E dependerão muito da aplicação. De uma forma genérica, o espaço é composto por pontos distintos. Assim como no tempo, no espaço também há duas formas de se modelar um ponto. A primeira forma seria uma analogia com pontos em espaços de números reais, como R^2 ou R^3. A outra solução é usar referências geográficas, como latitude e longitude ou a altura do nível do mar. A partir do ponto pode-se construir elementos espaciais (regiões) como, por exemplo, uma área geográfica ou um cubo no espaço. Ao contrário do tempo, que é totalmente ordenado, entre elementos espaciais não existe essa ordem total. O que existe são relações topológicas e uma métrica. Essas relações entre elementos espaciais são convertidas em relações entre objetos espaciais.

Um **objeto espacial** é definido por uma função

Esp: $O \rightarrow P(E)$

que, a cada objeto $o \in O$ associa seu espaço Esp(o) como um subconjunto de *E*. Dados dois objetos espaciais o_1 e o_2, com seus respectivos espaços Esp(o_1) e Esp(o_2), consideramos as seguintes relações espaciais entre eles:

DISJUNTO(o_1, o_2) $\Leftrightarrow$ Esp(o_1) $\cap$ Esp(o_2) = $\emptyset$

CONTÉM(o_1, o_2) $\Leftrightarrow$ Esp(o_2) $\subset$ Esp(o_1)

INTERCEPTA(o_1, o_2) $\Leftrightarrow$ Esp(o_1) $\cap$ Esp(o_2) $\neq \emptyset$ ^ Esp(o_1) - Esp(o_2) $\neq \emptyset$ ^ Esp(o_2) - Esp(o_1) $\neq \emptyset$

As regiões de um objeto espacial são espaços métricos, ou seja, dados dois pontos p_1 e p_2 de uma região *reg*, existe uma função métrica $dist(p_1,p_2)$ que determina a distância entre estes pontos. Para um ponto *p* definimos *viz(p,r)*, uma vizinhança de *p* com raio *r*, como o conjunto dos pontos p_i tal que $dist(p,pi) < r$. Todas as regiões de um sistema de objetos espaciais estão contidas em um domínio espacial ou região universal denominado *UE*. Dada uma região *reg*, um ponto *p* é dito estar na fronteira de *reg* se para toda vizinhança de p em *UE* existem pontos p_1 e p_2 tal que $p_1 \in reg$ e $p_2 \notin reg$. O conjunto de todos os pontos de fronteira de uma região é chamado de sua **fronteira**. Dado um objeto espacial *o* a fronteira de *Esp(o)* é denominada a **fronteira** de *o*, e é denominada *Front(o)*. Com isso, podemos definir dois objetos que se tocam por:

ENCONTRA(o_1, o_2) $\Leftrightarrow$ Front(o_1) $\cap$ Front(o_2) $\neq \emptyset$ ^

DISJUNTO((Esp(o_1) - Front(o_1), Esp(o_2) - Front(o_2))

Este *Esp(o) - Front(o)* também é chamado de Interior(o). Se a fronteira de um objeto espacial faz parte dele, ele é chamado de **fechado**, se ela não faz parte dele, ele é **aberto**. Em um objeto aberto, teremos Esp(o) = Interior(o).

Além dessas relações entre objetos espaciais, chamadas de relações topológicas, há outros tipos de relações ou funções chamadas de direcionais, métricas, de rede ou de conjunto. Mostraremos uma função métrica que define a distância entre dois objetos.

O espaço que contém os respectivos objetos é um espaço métrico, ou seja, possui uma medida de distância entre pontos. A unidade desta medida irá variar de acordo com a aplicação, podendo variar de milímetros a quilômetros. Com isso, podemos determinar:

DIST(o_1, o_2) = comprimento da menor reta entre Front(o_1) e Front(o_2)
A um objeto espacial, em particular um objeto geográfico, podem estar associados 5 tipos de dados:

1. **Dados temáticos**: de uma região geográfica Esp(*o*) podem ser destacados diversos temas de interesse, também chamados de camadas. Estes temas, também chamados de grandezas geográficas, podem ser a vegetação, a composição geológica, o clima ou outras grandezas daquela região.
2. **Dados cadastrais**: são atributos gerais como 'proprietário', 'valor' ou a distância de outro objeto geográfico.
3. **Rede**: são as conexões entre objetos espaciais, determinados por relações topológicas. Assim, para dois estados vizinhos e_1 e e_2, valerá ENCONTRA(e_1, e_2) e para um rio r que atravessa e1 teremos INTERCEPTA(r,e_1).
4. **Modelos numéricos**: informações numéricas associadas ao objeto. Por exemplo, para terrenos, podemos ter dados de altimetria, geofísica e geoquímica.
5. **Imagens**: a um objeto espacial ou às várias camadas dele podem estar associadas imagens que ilustram seu(s) estado(s).

A forma de representar dados espaciais em um banco de dados é criar atributos espaciais para os objetos. Assim como atributos de dados convencionais, eles estão associados a tabelas e definidos por um tipo SPATIAL. Por este tipo especial são determinadas técnicas específicas de armazenamento, recuperação e visualização de dados espaciais.

Essencial para um objeto espacial é determinar a área ocupada no espaço em questão. Como este formato no mundo real pode ser bastante irregular, usa-se simplificações para sua representação no sistema. Em um espaço bidimensional, costuma-se usar três tipos básicos para formatar qualquer objeto espacial: ponto, linha e polígono. Uma linha irregular é formada como uma junção de vários segmentos de reta, conectados em seus pontos extremos, e um polígono é um caso especial de linha irregular em que seus extremos se encontram.

Para a representação de dados espaciais em um Sistema de Informações Geográficas, também chamados de dados georeferenciados, há duas técnicas mais usadas:

1. Representação **raster**: uma região é formada por um mapa (matriz) de pontos, chamados de pixels, com diversas tonalidades, formando a imagem. Cada ponto poderá determinar uma cor, uma altitude, uma temperatura ou qualquer outra informação de interesse. A resolução (número de pixels por área) determina a precisão da imagem.
2. Representação **vetorial**: uma região é dividida em pontos, acessíveis por um vetor, e os pontos são ligados por curvas ou retas, A ampliação de uma imagem vetorial não perde tanto a nitidez como no caso da imagem raster.

A representação vetorial é mais indicada para figuras com pontos, linhas e áreas. No caso seriam gráficos e diagramas, assim como mapas de estradas, rios e cidades. Já, imagens contínuas como fotos e mapas de campos costumam ser representadas na forma de raster. Como um mapa geográfico pode conter tanto dados discretos como contínuos, é possível sobrepor dois mapas, um de raster e um vetorial, para formar o mapa de uma região.

Dependendo do software de banco de dados, as características geográficas dos dados podem ser implementadas:

- na forma de atributos comuns com um tratamento especial;
- uso de campos longos (BLOPS) para armazenar os dados geográficos;
- de uma forma dual, separando o armazenamento e processamento dos dados convencionais e dos dados georeferenciados;
- de uma forma integrada, usando SGBDs extensíveis que permitem implementar as caraterísticas e semântica específica dos dados espaciais.

10.6. Imagens, Áudio e Vídeos

Assim como textos e tabelas descrevem alguma informação existente no 'mundo real' por meio de representações textuais, certas entidades ficam mais bem representadas por meio de imagens. Uma imagem é uma representação visual de um objeto real ou abstrato. Este objeto representado pode ser uma única entidade ou pode conter, como uma foto, diversas entidades próximas. Imagens podem ser de interesse pela informação contida nela ou como elementos para um sequenciamento representando uma animação (Vídeo).

Enquanto textos, imagens e vídeos são mídias dirigidas à visão de seu usuário, o áudio é dirigido à audição. Ele poderá conter versões sonoras de textos (a fala) ou outros ruídos (música, gravações de ambientes).

Veremos nesta seção as peculiaridades de cada uma destas mídias quanto a sua estrutura e processamento.

10.6.1. Imagens

Uma imagem representa uma cópia visual de uma realidade. Pode ser uma foto, um desenho de uma região, um diagrama ou uma pintura mais ou menos abstrata. Existe uma relação clara entre uma imagem (representante), e/ou os objetos representados. A questão central no processamento de imagens é identificar os representados, ou melhor, certos atributos e qualidades do representado que são de interesse para o sistema. Também existem objetos visuais totalmente abstratos de relação com alguma realidade. São as pinturas abstratas que não serão consideradas aqui.

Esta identificação do representado depende muito do tipo de imagem. Podemos distinguir dois tipos de imagens:

1. **Imagens concretas**: representam um extrato visual de objetos existentes no mundo real. Podem ser fotos ou desenhos de algo existente, como pessoas, regiões ou imagens de raio-X ou ultrassonografia. Podem ser chamados de modelos icônicos do representado.
2. **Imagens abstratas**: representam alguma situação ou característica, mas sem semelhança visual com o representado. São os modelos analógicos ou simbólicos.

O processamento de dados e imagens é objeto de diversas áreas de pesquisa em computação. Além do *Processamento de Dados*, que transforma dados em dados temos o *Processamento de Imagens*, que transforma imagens em imagens, a *Visão Computacional*, que analisa imagens para gerar dados, e a *Visualização de Dados*, que gera imagens a partir de dados. Em muitas aplicações é necessário o uso de várias destas tecnologias.

Para a formação digital de uma imagem, a sua área de representação é preenchida por pequenos pontos, denominados **pixels**, que irão assumir uma cor para destacá-lo adequadamente. Se a imagem é preta-e-branca, o pixel conterá um número representando a intensidade do ponto. Ser ela for colorida, terá um vetor que determina a cor e intensidade do ponto. A combinação destes pixels permite a visualização adequada do representado.

De uma forma geral, há duas formas de pesquisar dados de imagens:

- Recuperação baseada em metadados;
- Recuperação baseada em conteúdo.

A recuperação baseada em metadados tenta extrair o máximo possível de informações sobre a imagem, como data e local de uma fotografia, legenda de uma figura ou qualquer outra informação existente sobre a imagem. Esta informação é utilizada para a criação de índices e a recuperação é semelhante à recuperação da informação textual.

Para a recuperação baseada em conteúdo, temos que analisar um pouco mais os dois tipos de imagens.

IMAGENS CONCRETAS

Para o reconhecimento de objetos representados em uma imagem concreta, a questão é analisar áreas de pixels e detectar uma semelhança com um tipo de objeto a ser encontrado.

Vejamos, como exemplo, a tentativa de reconhecer um rosto humano em uma foto. O princípio desta tarefa consiste em utilizar uma imagem padrão que representa um rosto e procurar áreas na imagem a ser analisada, semelhantes a este padrão.

Uma forma de determinar esta semelhança, denominada Abordagem Transformacional, consiste em aplicar pequenas operações de transformação nos pixels da área original, aproximando-a do padrão. Quanto menos passos forem necessários para igualar as imagens, maior será o grau de semelhança.

O tipo de um objeto em uma imagem é caracterizado por duas estruturas complementares. Sua **forma** e sua **textura**. A textura de um rosto será caracterizada por ter uma borda da cabeça contendo dois olhos, um nariz e uma boca. Já a forma pode ser mais oval ou mais circular. O padrão de um objeto deverá conter informações sobre estas duas características do objeto procurado.

Para armazenar imagens, uma das estratégias é por meio de Árvores-R (*R-Trees*). Se cada objeto de interesse existente na imagem é identificado por um retângulo, estes retângulos são agrupados por algum critério de proximidade. Este agrupamento pode ocorrer em vários níveis. Para otimizar o armazenamento, a Árvore-R é balanceada e de altura constante. Isto significa que cada nível conterá um número máximo de nós e todo nó folha tem a mesma altura. Uma consulta a elementos de uma imagem também seria na forma de um retângulo que irá procurar a subárvore de nível mais baixo que está contida no retângulo da consulta.

IMAGENS ABSTRATAS

Em imagens abstratas, se houver padrões visuais a serem encontrados na imagem, não são tão facilmente determinados por regiões. Por exemplo, uma aresta que liga dois nós em um grafo, pode ser um segmento reto ou traçado que atravessa toda a imagem.

Para imagens abstratas, há uma gama extensa de tipos de imagens, com significados totalmente distintos. Podem ser algum tipo de grafo, podem ser formas visuais de estatísticas, podem ser criações artísticas abstratas e muitas outras formas.

A melhor solução para estes casos seria ter acesso ao software que gerou a imagem e poder fazer uma transformação inversa para uma versão textual. Por exemplo, o grafo da figura 10.1.a foi gerado pelo programa GraphViz e possui como fonte, o arquivo na linguagem DOT (Figura 10.1.b) Nesta fonte é muito fácil determinar quais nós estão conectados entre si. Analogamente, para estatísticas visualizadas a partir de uma planilha eletrônica, pode-se recorrer à versão textual no formato csv desta planilha.

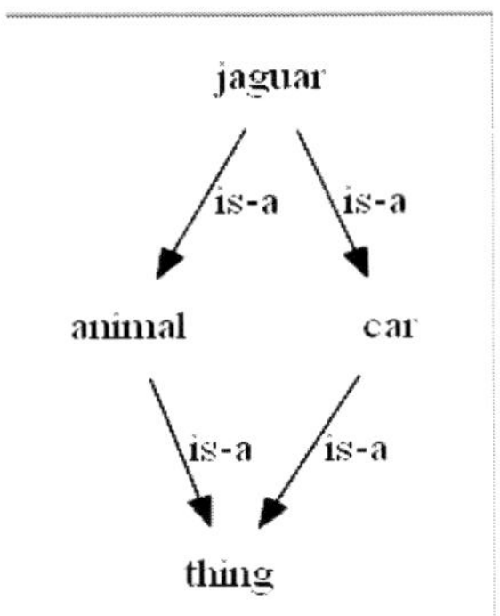

(a)

```
digraph Quatro_Estações {
thing [color=white];
animal [color=white];
jaguar [color=white];
car [color=white];
jaguar -> animal [label="is-a"];
jaguar -> car [label="is-a"];
animal -> thing [label="is-a"];
car -> thing [label="is-a"];
}
```

(b)

Figura 10.1. Um grafo gerado pelo GraphViz e sua fonte na linguagem dot

Se esta identificação reversa for possível, o ideal é armazenar a versão textual da imagem no banco de dados, ao invés da imagem gerada. Assim a recuperação de informações contidas na imagem se resume à identificação das informações contidas na fonte textual.

Um tipo de sistema de informação fortemente apoiado em processamento de imagens é o Sistema de Informações Geográficas. Em sistemas geográficos podemos ter a representação de uma região por uma imagem de satélite ou por um mapa político, hidrográfico ou de trânsito. Enquanto uma imagem de satélite é claramente uma imagem concreta, o mapa já representa uma abstração da realidade da região. Um mapa das linhas de metrô de uma cidade pode ser uma abstração ainda maior, pois mantém só a topologia básica das conexões existentes, alterando significativamente as proporções de distância e localização.

Sistemas de Informações Médicas podem tentar localizar irregularidades em imagens de Raio X.

Um Sistema de Recuperação da Informação pode ser estendido no sentido de não se basear somente nos dados textuais, mas indexar também as figuras. Neste caso, a legenda da figura poderá ser útil como metadado para determinar o contexto do conteúdo dela. Neste caso, o processamento de imagens é semelhante ao de textos. Elas são analisadas previamente para a extração das informações contidas nelas. Essas informações servirão de suporte ao ambiente de consultas, que podem ser textuais ou compostas por padrões de imagens a serem encontradas.

Em outros sistemas, como sistemas médicos, poderá não existir esta fase de indexação e o sistema deverá prover uma forma específica de consultar a base de imagens.

10.6.2. Áudio

Ao contrário das imagens que, assim como os textos, são destinadas a serem interpretadas pela visão de seu usuário (geralmente uma pessoa), o áudio é uma mídia destinada a ser ouvida. Podemos considerar dois tipos distintos de áudio:

1. Áudio de fala. Conterá uma versão auditiva de frases e expressões similares às expressas em textos;
2. Áudio de som. Conterá músicas ou sons que podem ter um significado musical ou ruídos de uma gravação.

Vale ressaltar que, em muitos casos, o áudio poderá conter tanto sons como falas. A distinção dos tipos de conteúdo do áudio é mais uma questão de objetivo de análise do áudio. No áudio de fala, o interesse de sua análise pode residir não só no '*o que*' está sendo falado, mas também no '*como*'. Ou seja, pretende-se detectar, pelo tom da voz e outras características, *quem* está falando.

Em todo caso, nos dados de áudio devemos distinguir dois tipos de interpretação: a *conversão de fala em texto* e a *interpretação de sons* e ruídos.

CONVERSÃO DE FALA EM TEXTO

Este processo é conhecido como **reconhecimento de fala**. Pode acontecer em um ambiente no qual alguém está falando em um microfone e o sistema tenta entender o que está sendo falado e convertê-lo em texto. Outro caso seria a existência de uma gravação de uma ou várias pessoas falando e o sistema tenta detectar o que foi falado.

Como o modo de falar depende muito da dicção de quem está falando, a qualidade deste entendimento pode ser incrementada por um treinamento para que o sistema aprenda a entender o modo daquela pessoa de falar. Neste caso, a taxa de entendimento pode chegar a mais de 90%. Mas, em muitos casos, este treinamento preliminar não é possível. Em todo caso, os principais problemas para uma conversão correta da fala em texto são os seguintes:

- Entonação e timbre do falador;
- Às ambiguidades inerentes a todos os textos como polissemia e homografia ainda pode ocorrer a homofonia, a pronúncia igual de palavras distintas como, por exemplo, 'cem' e 'sem'.
- Colocação correta das pontuações como o ponto, a vírgula, interrogação e citações não podem ser ouvidas.

Uma forma de aumentar a qualidade da interpretação do que está sendo falado é restringir antecipadamente o universo do que pode estar sendo dito na gravação em questão. Por exemplo, em um sistema de atendimento eletrônico a um cliente, o sistema faz perguntas ao cliente que pode responder com 'sim' ou 'não' ou dizendo uma nota de 1 a 9.

Para os casos mais gerais, de reconhecimento de uma gravação qualquer, o sistema é inicializado pela criação de uma base de sílabas e palavras faladas por uma pessoa. Ao ler o áudio, o sistema procura, para cada segmento, semelhanças na base de sílabas ou fonemas.

Para um áudio, cada segmento de uns 10 milissegundos é convertido um vetor numérico cujos coeficientes representam seu conteúdo. Cada palavra ou cada fonema terá um sequenciamento característico destes vetores. Esta técnica, baseada em cadeias de Markov, utiliza treinamentos de pronúncia para identificar os padrões adequados. Existem outras técnicas, baseadas em redes neurais ou o denominado reconhecimento da fala ponta-a-ponta. Enquanto na maioria das técnicas, para que o reconhecimento seja eficaz, terão que ser realizados treinamentos sobre a pronúncia, sobre a acústica e sobre a linguagem em si, na técnica ponta-a-ponta estes três treinamentos ocorrem de uma vez só.

INTERPRETAÇÃO DE SONS

Outro domínio do processamento de áudio se refere à interpretação dos sons ou ruídos gravados em um áudio. Para conseguir essa interpretação, utiliza dois tipos de análises:

- Metadados: informação disponível sobre o conteúdo do áudio, como local e hora da gravação, tópico gravado (música, canto, movimento da rua, etc.) e outras caraterísticas.
- Análise de conteúdo.

Os metadados servirão, por si só, como tópicos a serem armazenados como informações sobre o áudio. Além disso, servirão para classificar o conteúdo gravado como sendo, por exemplo, uma música clássica, o show de um cantor específico ou os ruídos do trânsito em uma rua.

Por exemplo, para a gravação de um trecho da uma canção de Chico Buarque podemos armazenar, como metadados, uma tripla <intérprete, partitura, legenda> que indica *quem* está cantando, quais *notas* estão sendo tocadas e qual *texto* está sendo cantado.

Para analisar o conteúdo de um áudio são aplicadas técnicas de processamento de sinais. Os sinais processados podem representar falas ou áudio. No caso da fala, aplica-se técnicas de reconhecimento de fala, como comentado acima. Para o reconhecimento de áudio, em particular de músicas, há uma área específica de pesquisa, denominada Recuperação da Informação Musical (RIM). A RIM tem semelhanças com a Recuperação da Informação textual (RI), mas com algumas peculiaridades:

- A música é uma linguagem universal, sem a necessidade de tradução;
- Enquanto um texto é a *descrição* de algo diferente dele, a música é ela mesma, e pode ser gravada, analisada e executada.

Assim como em outras mídias, uma música tem metadados, contendo algumas informações sobre ela, e seu conteúdo, que pode ser ouvido ou analisado.

Quanto aos *metadados,* eles podem ser muito escassos e, mesmo para arquivos no formato mp3, que preveem uma ampla gama de metadados, estes são pouco utilizados.

O *conteúdo* de uma música é formado por uma sequência de sons, que têm 3 dimensões ortogonais:

1. A *altura*, que varia de grave até agudo;
2. A *intensidade*, que pode variar entre fraco (*piano*) a forte;
3. O *timbre* que distingue a sonoridade de diferentes instrumentos.

O estudo destas qualidades dos sons é denominado **acústica**. Ela analisa os meios de produção, propagação, audição e interpretação dos sons.

Note-se que em um dado instante de uma peça podem ocorrer vários sons, cada um com características diferentes. Esta sobreposição de sons é chamada de *orquestração.*

Enquanto a altura e a intensidade de um som podem ser determinadas por medidas físicas simples, o timbre é uma qualidade multidimensional não descritível por características simples. O 'lá' de um violino terá um timbre bem distinto do mesmo 'lá' tocado em uma sanfona. Também há sons, como ruídos ou batidas de uma bateria, que têm uma altura indefinida, mas um timbre característico.

O conteúdo de um texto, uma imagem ou um vídeo pode, de alguma forma, ser descrito ou explicado textualmente. O conteúdo musical já passa a ser algo bem mais subjetivo, de difícil descrição.

O desenvolvimento de uma música no tempo é denominado sua *dimensão horizontal* enquanto a sobreposição de vários tons em um mesmo instante é a *dimensão vertical.*

Enquanto um instante musical pode ter as três características citadas (altura, intensidade e timbre), um trecho horizontal de uma música terá mais características importantes:

- *Melodia ou fraseado*: uma sequência de sons de um timbre que expressa uma ideia da música;
- *Orquestração*: combinação de vários sons produzidos por um ou vários instrumentos ou vozes humanas para executar uma música ou um trecho;
- *Rítmo*: é uma sequência de sons sem altura definida que caracteriza uma forma de pautar os sons. Pode ser determinada por instrumentos de percussão. O fundamento de um ritmo é o compasso, que pode ser ¾ ou 4/4.
- *Harmonia*: são combinações horizontais e verticais de sons consideradas agradáveis ao ouvido. A base para a harmonia na música ocidental são as 24 escalas.

Essas características de uma música são denominadas suas facetas. Em resumo, o que caracteriza uma música é o conteúdo das diversas facetas durante sua execução. Para a análise de uma música completa estas são divididas em três grupos, dependendo da sua dimensão horizontal: curtas (timbre, orquestração e acústica), médias (ritmo, melodia e harmonia) e longas (a música como um todo).

Outra diferença entre música e outras mídias é que uma música é determinada em duas etapas. Sua *composição* e sua *interpretação.* O resultado da composição geralmente fica registrado em uma partitura.

Uma *partitura* é uma notação musical para descrever a intenção do compositor do que deve ser tocado. Ela serve de base para um intérprete executar a música. Mas, também pode ocorrer que o compositor interpreta sua música primeiro e depois ela é ou não convertida em uma partitura.

Para a indexação e recuperação de músicas dispõe-se de três tipos de informação:

1. Os metadados
2. A partitura (versão simbólica)
3. A gravação da interpretação da música (versão acústica).

Os metadados e a partitura poderão, em muitos casos, ser suficientes para determinar as características de interesse de uma música. A análise da gravação só será necessária na ausência dos outros dados ou para detectar nuances de uma interpretação específica de uma música. Por exemplo, existem inúmeras interpretações da música '*Asa Branca*' de Luiz Gonzaga. Se não tivermos o metadado informando o intérprete, só uma análise da gravação poderá tentar identificar o intérprete.

A análise dos *metadados* se resume às formas clássicas de identificação de textos, nesse caso, já com domínios predefinidos como autor, nome, intérprete, data.

Para análise da *partitura* será necessário uma representação digital dela em forma de símbolos textuais. Um formato que não mantém toda a riqueza de uma partitura, mas é bastante divulgado é o padrão MIDI (Musical Instrument Digital Interface).

A *gravação* geralmente contém uma sobreposição de vários sons, o que dificulta a identificação de uma melodia e acompanhamento ou de várias melodias sobrepostas. Em muitos casos, prefere-se focar em unidades melódicas menores, denominadas temas ou fraseados. Procura-se encontrar estas frases que podem ser repetidas ou sobrepostas. Frases que aparecem mais vezes são candidatas a temas que caracterizam a música e podem ser utilizadas como unidades de indexação servindo como termos de pesquisa para a recuperação.

Além da pesquisa por melodias ou frases em músicas também há diversas técnicas para analisar as outras dimensões como harmonia, timbre, orquestração e ritmo. Todas estas características podem ser relevantes tanto no processo de indexação de uma peça musical como na formulação de uma consulta e a respectiva pesquisa por músicas que atendem à consulta. Posso escrever ou cantarolar uma frase ou melodia, posso querer peças com um violino (timbre), tocadas em ré menor (harmonia) ou em ritmo de samba.

10.6.3. Vídeos

Um vídeo ou filme é uma sequência de imagens para representar situações em movimento. A estas situações também pode estar associado um áudio registrando os ruídos que ocorreram na respectiva situação.

Mesmo que o armazenamento de um vídeo possa ocorrer de formas bastante diversificadas (mais ou menos compactado), o seu conteúdo pode ser considerado uma sequência de imagens estáticas acompanhadas por uma trilha sonora. O efeito de movimento ocorre pelo chamado *movimento phi*. Este efeito gera a ilusão de movimento para um encadeamento de um objeto em posições mutantes com uma frequência de tempo fixa.

Assim como para as imagens, a fonte de informações sobre vídeos também podem ser

1. os **metadados** associados a ele, que podem oferecer dados sobre sua criação e estrutura (como tipo, autor, título e duração) e seu conteúdo (atores de um filme ou um assalto registrado por uma câmera de segurança);
2. seu **conteúdo**: identificação de movimento de objetos (como pessoas, veículos ou o coração em uma ultrassonografia).

Para análise do conteúdo de um vídeo, temos que determinar quais aspectos contidos nele são de interesse para seu armazenamento e recuperação. Podemos distinguir os seguintes elementos contidos em um vídeo:

1. *objetos móveis*, como pessoas, veículos ou uma queimada;
2. *objetos imóveis*, como casas, portas, ruas;
3. *atividades*, são as ocorrências mostradas pelo vídeo, pode ser uma vídeo-aula, uma colisão de dois carros ou o batimento de um coração. Geralmente é caracterizado pelo deslocamento de objetos móveis.
4. uma *trilha sonora*, é um áudio acoplado à cena.

Para organizar o conteúdo de um vídeo partimos do fato de ele ser uma sequência de imagens. A princípio, a cada imagem podem ser associados os quatro elementos citados. Como em um vídeo pode ocorrer uma frequência de 30 imagens por segundo, o problema seria a grande quantidade de dados que teriam que ser armazenados, sendo que muitos permanecem imutáveis por diversos trechos do vídeo. Por isso, sequências contíguas de imagens são agrupadas em trechos.

Para descrever os trechos que contêm um objeto, chamamos um conjunto de trechos de *sólido* se eles são disjuntos dois a dois e *maximais* no sentido de entre todo par de trechos houver um trecho que não pertencente ao outro. Na figura 10.2 mostramos uma cena com os conjuntos de trechos sólidos de 4 objetos.

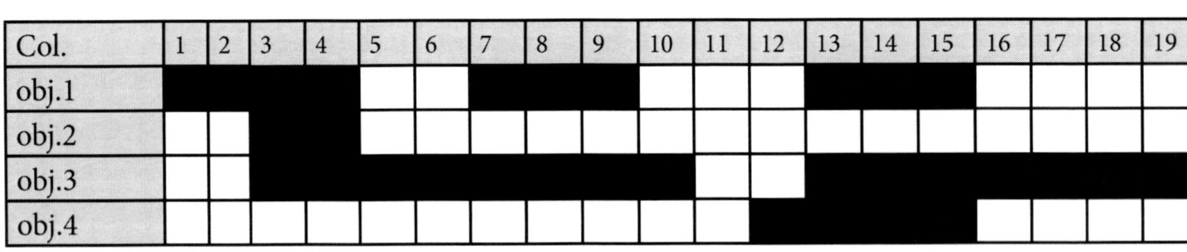

Figura 10.2 Trechos sólidos de quatro objetos

Cada coluna representa um intervalo fixo de tempo e nota-se que há várias colunas contíguas imutáveis (1-2, 3-4, 5-6, 7-9, 13-15 e 16-19). O conteúdo destes trechos só precisa ser armazenado uma vez com sua duração associada. Todos os trechos imutáveis são armazenados em uma árvore binária balanceada, cada folha representando um trecho imutável e seus objetos. Nas camadas superiores dois trechos vizinhos são agregados formando um trecho maior até chegar à cena toda na raiz. Para objetos em movimentos e atividades poderão ser alocados nos nós informações referentes ao movimento.

Para identificar o conteúdo de um vídeo parte-se da identificação do conteúdo de imagens e pelo confronto de imagens vizinhas detecta-se o movimento dos objetos por uma técnica denominada de fluxo óptico. Considerando-se um vídeo como um objeto em três dimensões, duas para a imagem e a terceira para o tempo, pode-se detectar geometricamente a movimentação dos objetos bidimensionais no tempo.

10.7. Conhecimento e raciocínio

Pode-se definir **conhecimento** como sendo '*o conjunto de percepções de um indivíduo em um certo tempo sobre aspectos de um domínio específico*'. Neste sentido, conhecimento é a característica de um indivíduo (geralmente uma pessoa) do que ele sabe sobre um domínio (ou universo do discurso). A percepção serão os fatos ou informações que ele sabe serem verdadeiros. Como diferencial entre conhecimento e informação podemos destacar sua associação ao indivíduo conhecedor e a restrição a um domínio. Com isso, uma mesma informação pode ter uma interpretação diferente dependendo do domínio ou do indivíduo que tem esta informação. Por exemplo, uma pessoa com 40 anos pode ser considerada *madura* para um casamento e *jovem* para assumir um cargo de direção em uma empresa.

O processamento do conhecimento no computador se diferencia do conhecimento humano, pelo fato de que o conhecimento se torna independente do indivíduo que o transmitiu ao computador. Isso tem algumas consequências significativas. O computador poderá agregar o conhecimento de um número considerável de indivíduos humanos e, além disso, não corre o risco de esquecimento. Mas, como veremos, também tem suas limitações, pois em certos casos, conhecimento não é suficiente, e a solução de problemas é auxiliada por fatos como o *bom senso* e a *intuição*, qualidades dificilmente computáveis. Estas qualidades fazem pasrte de um nível acima do conhecimento, chamado de **sabedoria**.

Existem dois tipos de conhecimento, o **conhecimento declarativo** ou factual, que se refere ao *O QUE* é e não é, e o **conhecimento procedural** ou *know-how*, que se refere ao *COMO* algo pode ser feito. Esta divisão dos tipos de conhecimento é semelhante à composição de um programa de computador, composto por valores contidos em variáveis e procedimentos, que processam estes valores. Esta conexão forte entre os dois componentes não é obrigatória no caso do conhecimento. Posso ter um vasto conhecimento declarativo, independente de qualquer procedimento.

Conhecimento declarativo pode ser definido como sendo as '*percepções sobre um domínio*'. Estas percepções podem ser de dois tipos:

1. **Fatos explícitos**: situações reconhecidas como verdadeiras, como o fato '*ele está velho*', eventos curtos '*ela casou* há muito tempo', eventos longos '*viajei nas férias*' ou processos '*ontem choveu*'.
2. **Fatos implícitos ou condicionais**: geralmente são expressos na forma de regras dedutivas '*SE fato-1 ENTÃO fato-2*'. Por exemplo, '*SE estiver com dor de cabeça amanhã ENTÃO não vou à festa*'. Estas regras podem ser fatuais, como o exemplo citado, ou contrafatuais (fatos que poderiam ter acontecido) como '*SE não tivesse tido dor de cabeça ontem ENTÃO teria ido à festa*' ou então probabilísticos, como '*SE estiver com dor de cabeça ENTÃO é pouco provável que eu vá a festa*'.

Note-se a dependência temporal dos fatos. Um banco de dados nada mais é que uma coleção de fatos explícitos.

Fatos implícitos também podem ser definidos pela criação de tabelas virtuais de dados por meio de regras de dedução. Por exemplo, se no banco de dados existir uma relação *filho_de(x,y)* podemos criar novas relações

```
descendente_de(x,z) ⇔ ∃y[filho_de(x,y) ^ (descendente_de(y,z)]
avô_de(z,x) ⇔ ∃y[pai_de(z,y) ^ (pai_de(y,x)]
```

Dada uma relação de pessoas `PESSOA(NOME, IDADE)` podemos criar uma tabela de pessoas maiores de idade por

```
maior_de_idade(n) ⇔ pessoa(n, i) ^ n>17]
```

Um exemplo mais abrangente pode ser o seguinte. Queremos definir uma classe de livros que possuem pelo menos um exemplar disponível. Considerando o esquema:

```
LIVRO(ISBN, Autores, Titulo, Editora, Ano)
EXEMPLAR(ISBN, Nr-Tomb, Situacao)
```

Podemos definir uma classe

```
x ∈ LIVRO_DISPONIVEL ⇔ x ∈ LIVRO ^ ∃z[z ∈ EXEMPLAR ^ x.isbn=z.isbn ^ z.situacao=0]
```

Uma dedução irá ocorrer quando um usuário fizer uma consulta sobre o fato a ser deduzido. Esta situação também pode ser especificada por uma regra E-C-A, vista na seção 4.3, em que o evento é a consulta, a condição é a dedução e ação é a confirmação da consulta. Por exemplo, podemos ter

```
EM avô(x,y)? SE ∃z (pai(x,z) & pai(z,y)) ENTÃO avô(x,y)
EM privilegiado(x)? SE tem-salario(x,s) & s > tem-salario(chefe(x)) ENTÃO
privilegiado(x)
```

A primeira regra especifica quando *x* é avô de *y* e a segunda determina um predicado que caracteriza funcionários privilegiados. Portanto, os dados *avô(x,y)* e *privilegiado(x)* são semelhantes a outros armazenados explicitamente no banco de dados, como *pai(x,y)*, mas são informações derivadas.

O gerenciamento de fatos explícitos e implícitos é denominado **Sistema Baseado em Conhecimento**. Sobre a interação do indivíduo com seu conhecimento deve-se destacar dois aspectos essenciais:

1. A **aquisição do conhecimento**: a forma como se procede a criação de novo conhecimento no indivíduo;
2. O **raciocínio**: a forma como o conhecimento é utilizado para a solução de problemas.

10.7.1. Aquisição do conhecimento

A formação e manutenção de uma Base de Conhecimento é determinada pela maneira de transmissão de um conhecimento para o sistema. Uma forma simplificada deste processo é mostrada na figura 10.3.

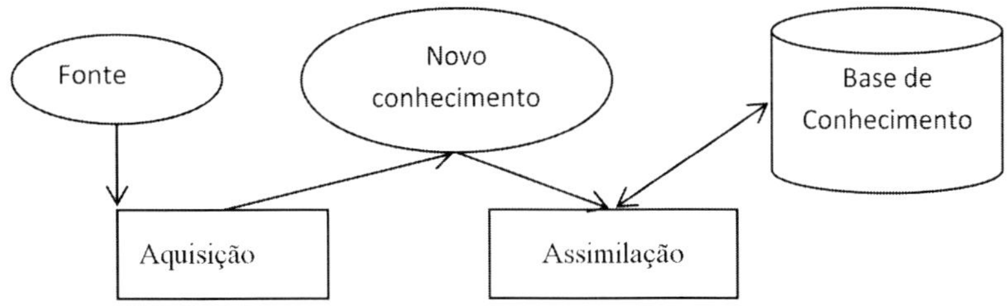

Figura 10.3 Processo de aquisição do conhecimento

A fonte para a aquisição pode ser tanto um especialista do domínio em questão que está fornecendo novas informações ou um documento textual contendo a descrição de fatos ou situações de interesse do sistema. A fonte é interpretada e reformatada para se adequar aos dados da base.

Na assimilação o novo conhecimento é confrontado com a base de conhecimento já existente para introduzir o novo conhecimento ou detectar possíveis inconsistências que irão corrigir o conhecimento existente.

Os dados da base são formados por fatos explícitos e regras. Ambos podem ser precisos, como

```
'situação(ID:"João", Sintoma:"Febre", Doença:"Gripe")'
'SE ("Doença:Gripe") ENTÃO (Sintoma;"Febre")',
```

ou imprecisos, como

```
'situação(ID:"João", Sintoma:"", Doença:"Gripe")'
'SE ("Doença:Gripe") ENTÃO (Sintoma:"Febre", 90%)'.
```

Note-se que a ausência do sintoma "*Febre*" pode significar que ele não tem febre ou que este sintoma não foi medido. No caso da ausência de febre, a assimilação desta regra pode provocar uma alteração no grau de incidência de 90% para 85% por exemplo

Regras como 'SE ("Doença:Gripe") ENTÂO (Sintoma:"Febre"*)*' podem ser consideradas verdades universalmente aceitas ou conhecimento assimilado. Neste segundo caso, a regra significa '*até o momento, todas as gripes registradas vieram acompanhadas de febre*'. Ou seja, é possível aparecer novo conhecimento que irá reduzir esta certeza. Uma situação semelhante pode acontecer em dados de avaliação de venda de um produto, por exemplo, '*SE (Produto: "Caneta reluzente") ENTÃO Avaliação: "ótimo" ou "bom")*'.

Para distinguir o conhecimento universal do assimilado, usamos a notação *SE A ENTÃO B* para regras universais, e, *Conhecido (SE A ENTÃO B, FREQ=n/max)* para conhecimento assimilado.

Nos exemplos acima, poderíamos ter:

```
Conhecido('SE (Doença:"Gripe") ENTÃO (Sintoma;"Febre"), FREQ=18/20)' e
Conhecido('SE (Produto: "Caneta reluzente") ENTÃO (Avaliação: "ótimo"), FREQ=3/10)' e
Conhecido('SE (Produto: "Caneta reluzente") ENTÃO (Avaliação: "bom"), FREQ=7/10)'
```

Além de considerar conhecimento assimilado, um sistema baseado em conhecimento pode levar em consideração informações vagas ou imprecisas. Podemos ter, por exemplo

```
'situação(ID: "João", Sintoma: "Febre alta")', ou
'situação(ID: "João", Idade: "velho")'.
```

Adjetivos como *febre alta*, *velho* ou *atrasado* não têm uma interpretação totalmente precisa. Para o tratamento de conhecimento deste tipo é necessário utilizar formalismos adequados como lógica nebulosa (*fuzzy*), lógica por default ou lógica de 3 valores.

10.7.2. O raciocínio

O processo de solução de problemas em um sistema baseado em conhecimento consiste em encontrar conclusões sobre um problema colocado. Em certos casos não é suficiente procurar soluções para um problema, mas o próprio processo de raciocínio é de interesse para o usuário. Neste caso, o método de raciocínio faz parte do conhecimento, ou seja, o conhecimento de como resolver problemas. O conhecimento do processo de raciocínio pode otimizar significativamente a determinação da solução de um problema. Em certos casos, encontrar o caminho dedutivo adequado pode ser bastante complexo e uma intervenção reduzindo o espaço de caminhos pode significar uma redução significativa do tempo de execução.

Podemos distinguir duas abordagens de raciocínio:

1. **Dedutivo**: O sistema é formado por fatos e regras formais que permitem deduzir novos fatos com precisão.
2. **Heurístico**: Métodos baseados em conhecimento aproximado e recursos de espaço e tempo limitados para conseguir uma solução adequada de um problema.

Um sistema com dados dedutivos e um respectivo motor de inferência é chamado de **Banco de Dados Dedutivo**.

Regras podem ser utilizadas tanto para calcular dinamicamente valores de atributos de objetos como determinar objetos e relações não armazenados explicitamente no banco. Assim, um objeto pode ter um atributo '*idade*' que tem como valor, a expressão '*hoje – data-de-nascimento*'. Também podemos ter uma relação *filho-de(PESSOA, PESSOA)*, que é uma autorrelação entre pessoas. Com isso, podemos definir a relação implícita:

```
neto-de(x,z) ⇔ ∃y[filho-de(x,y) ^ (filho-de(y,z)]
```

Novas classes também podem ser derivadas por fórmulas sobre os objetos da base. Assim, se temos a classe `PESSOA` podemos derivar uma classe `MAIOR_DE_IDADE` pela regra:

```
x ∈ MAIOR_DE_IDADE ⇔ x ∈ PESSOA ^ x.idade >=18
```

Um exemplo mais abrangente pode ser o seguinte. Queremos definir uma classe de livros que possuem pelo menos um exemplar disponível. Considerando o esquema:

```
LIVRO(ISBN, Autores, Titulo, Editora, Ano)
EXEMPLAR(ISBN, Nr-Tomb, Situacao)
```

Podemos definir uma classe

```
x ∈ LIVRO_DISPONIVEL ⇔ x ∈ LIVRO ^ ∃z[z ∈ EXEMPLAR ^ x.isbn=z.isbn ∧z.situacao=0]
```

Note-se que qualquer alteração da situação de um exemplar pode alterar a extensão desta nova classe.

Em um banco de dados dedutivo dada uma consulta '*p(x,y)?*' o processo de comprovação deste fato pode ocorrer por encadeamento direto (*forward chaining*) tentando, a partir da base, deduzir o fato da consulta, ou por encadeamento reverso (*backward chaining*) partindo de '*p(x,y)*' e tentando comprovar este fato instanciando as regras.

Vamos ilustrar isto com um pequeno exemplo. Temos uma base de fatos *filho-de(x,y)* e a pessoa '*h*' quer repassar um valor '*n*' para seus netos. Definimos uma relação implícita neto-de(x,z) definida acima e o banco de dados é formado pelos fatos:

```
filho-de(a,c); filho-de(b,c); filho-de(d,e); filho-de(c,h); filho-de(e,h); filho-de(g,h)
```

A operação de instanciação do valor '*n*' é dada pela regra

```
SE neto(x,h) ENTÃO  neto(n, n)
```

Para a comprovação da condição `neto(x,h)` todos os valores possíveis para a variável '*x*' têm que ser considerados. No encadeamento direto tenta-se preencher as duas cláusulas da definição de `neto(x, h)` e ocorrem as seguintes substituições:

```
filho-de(a,c) ^ filho-de(c,h) ENTÃO neto-de(a,h)!
filho-de(b,c) ^ filho-de(c,h) ENTÃO neto-de(b,h)!
filho-de(d,e) ^ filho-de(e,h) ENTÃO neto-de(d,h)!
filho-de(c,h) ENTÃO falha!
filho-de(e,h) ENTÃO falha!
filho-de(g,h) ENTÃO falha!
```

No encadeamento reverso parte-se de `neto(x,h)`:

```
neto-de(a,h) ENTÃO com (y=c)filho-de(c,h) ^ filho-de(a,c) !
neto-de(b,h) ENTÃO com (y=c)filho-de(c,h) ^ filho-de(b,c) !
neto-de(c,h) ENTÃO falha
neto-de(d,h) ENTÃO com (y=e)filho-de(e,h) ^ filho-de(d,e) !
neto-de(e,h) ENTÃO falha
neto-de(g,h) ENTÃO falha
```

Nos dois casos ocorrem as atribuições `a.valor=n; b.valor=n; d.valor=n`

Da para perceber que para sistemas mais complexos, este processo pode se tornar muito custoso por uma explosão de fatos positivos e falhas sendo deduzidos. Um exemplo extremo é um programa para jogar xadrez. Algoritmicamente é possível escrever um programa que, a cada jogada, calcula todas as sequências possíveis e determina quais levam à vitória. Só que a quantidade destas sequências é da ordem de 10^{125}! Como cada passo em um processo de inferência determina um novo estado de fatos, existem técnicas que avaliam qual novo estado pode estar mais próximo da solução e aquele mais próximo é escolhido para continuar (*Means-ends analysis*).

A abordagem heurística pretende reduzir a explosão de fatos deduzidos e também resolver problemas nos quais o raciocínio para a solução não é especificável de forma tão precisa e formal. As heurísticas também costumam levar em consideração o tipo de problemática a ser resolvido. Por exemplo, em sistemas de diagnóstico médico podemos ter conclusões aproximadas ou valores imprecisos como '*ele é velho*'.

Existem vários aspectos que podem ser levados em consideração para facilitar a solução de um problema: (1) *tendência de confirmação*: ao pensar em uma solução de um problema, já se parte de um viés ou suposição da possível solução; (2) *fixação funcional*: é a determinação preliminar de características de um objeto pelo que é convencional nele; (3) desconsideração de restrições desnecessárias e informação irrelevante.

Outros princípios que podem ser utilizados na solução de problemas são estratégias como divida-e-conquiste, analogia, tentativa e erro, raciocínio impreciso, lógica nebulosa e outras.

10.8. Dados Ativos

Um dado normalmente representa alguma informação estática, no sentido de mostrar o estado de uma entidade ou de um atributo. Quando este estado muda, temos um novo dado. Por outro lado, um sistema de informação não é algo estático, ele está sempre mudando e estas mudanças são tão essenciais como os próprios dados.

Muitas ações de modificação do estado do sistema são ações externas ao sistema, acionadas por algum usuário. Mas, em diversos casos, tanto o momento como a forma da mudança é previsível. Nestes casos, a mudança pode ser programada antecipadamente e o banco de dados deixa de ser passivo e se torna ativo.

Como vimos na seção 4.3, uma notação para descrever dados ativos são as **regras E-C-A** (Evento-Condição-Ação). Neste caso, temos as chamadas regras de produção, quando a ação representa um procedimento ou uma alteração no banco de dados.

Vejamos uma definição preliminar dos três componentes de uma regra ativa:

1. **Evento**: é uma ocorrência de uma mudança detectada. Pode ser uma operação ('*devolução de um livro*'), um evento temporal ('às 17 horas'), condicional ('última pessoa deixou a sala'). Também pode ser composto por vários eventos.

2. **Condição**: é um estado que será necessário para a execução da regra no momento da detecção do evento. Pode ser uma consulta booleana ao banco de dados (c_1:'*sala está vazia*') ou uma consulta a dados externos (c_2: '*cotação do dólar ultrapassou R$3,00*') ou uma referência a um evento situacional ('*pos.voo>5000*'). Também pode ser uma conjunção ou disjunção de condições.
3. **Ação**: representa um procedimento preestabelecido no sistema a ser executado como consequência da ocorrência do evento e da validade da condição (a: '*travar as portas*').

O funcionamento de uma **regra** é dado por

```
ON evento ocorreu IF a condição é verdadeira THEN execute a ação
```

Mesmo que a execução de uma regra parece ser algo direto e imediato há diversos detalhes que podem dificultar a intepretação correta e invalidá-la ou realizar uma ação indesejável. Vejamos o que deve ser levado em consideração para cada um dos três componentes de uma regra e para o mecanismo de execução de regras.

10.8.1. Eventos

Um evento representa uma ocorrência específica em certo instante de tempo. Pode ser uma operação no banco de dados, um sinal ou valor recebido de um dispositivo exterior ou um determinado tempo. Mesmo que sua ocorrência sempre é instantânea (uma operação "*devolução(exemplar)*", um tempo "às 17hs", um estado "*Temperatura = 100*") sua especificação também pode se dar de forma mais aberta ("*Temperatura > 100*" ou "*depois das 17hs*"). Para um evento do tipo operação pode ser determinado se ele ocorre antes ou depois da ação. Assim, dada uma operação *op*, o evento *antes(op)* se torna verdadeiro se alguém está tentando executar *op*, mas ela ainda não foi executada. Já *depois(op)* é o caso normal em que *op* já foi executada. Ainda existe a opção *ao-invés(op)* que evita a execução de *op* no caso de a regra se tornar verdadeira.

As principais estruturas para criar eventos compostos são a conjunção (e_1&e_2), a disjunção (e_1 ou e_2) e a sequência (e_1,e_2).

Os eventos de um sistema de regras são especificados em uma linguagem adequada e armazenados em um repositório de eventos. Cada evento pode estar habilitado ou desabilitado. No segundo caso ele não pode ocorrer.

A detecção da ocorrência de eventos pode ser feita de duas maneiras. Para eventos determinados por operações primitivas "ON insert INTO Empréstimos" ou conceituais "ON devolução(exemplar)" o sistema pode acoplar a estas operações uma rotina de disparo das regras associadas à operação. Para os outros tipos de eventos a detecção ocorre por meio de um processo contínuo, denominado monitor de eventos. Este monitor executa uma varredura cíclica ininterrupta no repositório de eventos checando cada um deles pela sua ocorrência. O ciclo desta varredura irá depender principalmente da granularidade dos eventos.

A questão central reside na determinação da ocorrência de um evento. Por exemplo, se o evento "às 17hs" for detectado às 17'01 ele, a rigor, será falso. Para estes casos terá que ser preestabelecida uma tolerância ou granularidade que pode ser específica para cada evento ou valer para todos. Mesmo para um evento aberto, como "*depois das 17hs*" pode ser determinado por quanto tempo ele ainda deve ser reconhecido como válido.

Para eventos compostos aparecem novas situações. Em uma conjunção $e_1\&e_2$ se e_1 for verdadeiro em t_1 e e_2 em t_2 com $t_1 < t_2$ ela será verdadeira em t_2 caso $t_2 - t_1$ ainda estiver na tolerância. Na disjunção valerá o evento que ocorrer primeiro. Aqui a questão é o que acontece quando o segundo evento ocorrer. Pode ser estabelecida uma tolerância para o evento composto. Se o segundo ocorrer depois da tolerância, determinará uma nova ocorrência do composto. Quando um evento ocorreu e foi detectado, poderá ser estabelecida uma estratégia de desabilitá-lo por um tempo preestabelecido até que ele volte a ser considerado habilitado. Em eventos compostos todos seus componentes terão que ser desabilitados.

Para a sequência de eventos também devem ser levados em consideração várias situações. A princípio, dada uma sequência (e_1,e_2) este evento composto será verdadeiro no tempo de e_2, o caso e_1 tenha ocorrido antes. Mas, o que acontece para a sequência e_1,e_2,e_2? Há duas ocorrências de e_2 após e_1. Isto significa que o evento composto (e_1,e_2) ocorreu duas vezes? Uma solução é a desabilitação dos componentes.

10.8.2. Condições

Enquanto o evento é um acontecimento instantâneo, a condição é um estado que foi alcançado por alguma operação e só mudará por meio de outra operação. Esta condição pode ser um estado do banco do dados ("*exemplar.situação="emprestado*") ou alguma informação externa ao BD ("*dia.hoje ≠ 'domingo*"). Também pode haver condições compostas por conjunção, disjunção ou negação de outras condições.

A condição é avaliada pelo sistema logo após a ocorrência do evento e, sendo verdadeira, irá disparar a ação.

Quando o evento é uma operação que modifica o banco de dados há casos em que a condição para avaliação da regra depende dos estados antes e depois da ocorrência do evento. Suponhamos que em uma empresa, um funcionário é transferido para outro setor com um novo salário e a regra deve impedir que o novo salário seja inferior ao anterior. Teríamos a regra

```
ON novo-cargo(emp, cargo, sal) IF pre(emp.sal) > pós(emp.sal)  DO emp.sal := pre(emp,sal)
```

em que '*pre()*' significa o estado antes do evento e '*pos()*' depois. Ou seja, o novo salário é mantido igual ao anterior. Neste caso, a mudança causada pelo evento deverá ficar em um estado temporário, pois a ação da regra poderá anular seu efeito.

10.8.3. Execução das regras

A semântica de uma regra E-C-A é o princípio

Na ocorrência do evento cheque a condição e dispare a ação

Pode haver casos em que um dos componentes da regra está ausente. Temos uma regra E-A quando não há condição a testar e uma regra C-A que pode ser disparada a qualquer hora, independentemente de algum evento. Uma regra C-A também pode ser considerada uma regra E-A em que o evento é a condição.

A interdependência entre um evento *ev* e um par, condição e ação *cond-ac*, pode ser influenciada por um predicado associado ao evento. Principalmente, quando o evento é uma operação. Assim

- *instead(ev)-cond-ac*: se *cond* for verdadeiro execute *ac* ao invés de *ev*
- *before(ev)-cond-ac*: se *ev* acontecer teste *cond* e acione *ac* antes do resultado de *ev*.
- *after(ev)-cond-ac*: teste *cond* depois da ocorrência de *ev* para acionar *ac*.

Para analisar melhor a execução de uma regra E-C-A devem ser considerados os seguintes estados do banco de dados durante a execução de uma regra:

$$BD_T - \textit{evento} \rightarrow BD_E - \textit{condição} \rightarrow BD_C - \textit{ação} \rightarrow BD_A$$

Ou seja, o estado do banco de dados antes da detecção do evento (BD_T) e os estados após cada componente da regra, respectivamente, BD_E, BD_C e BD_A.

Devemos analisar a execução de um sistema de regras sob dois aspectos: cada regra individualmente e um conjunto de regras integradas.

Para um evento ser detectado pelo sistema ele deve estar habilitado. Caso ele ocorra, ele recebe um carimbo temporal (ev,t) e todas as regras baseadas nele são disparadas. Após a execução destas regras o evento carimbado (ev,t) é desabilitado. Caso ele ocorra de novo em um tempo (ev,t'), ele irá disparar as regras de novo.

REGRA INDIVIDUAL

Como a execução de cada um dos três componentes de uma regra demanda um tempo, podem ocorrer pequenos desvios. Primeiro, pode haver um desvio entre a ocorrência do evento composto e sua detecção. Por exemplo, uma regra que fecha automaticamente as portas de uma sala depende do evento composto "*sala.vazia & depois das 17hs*". A sala é confirmada como vazia e, enquanto é o sinal que confirma "*depois das 17hs*" demora alguns segundos em que uma pessoa entra na sala. As portas serão fechadas sem que a sala esteja vazia. Um caso de desvio entre o evento e a condição pode ser ilustrado com a mesma regra. Neste caso suponhamos que a regra foi criada com o evento "*sala.vazia*" enquanto "*depois das 17hs*" é declarado como condição. A mesma inconsistência descrita acima pode ocorrer, neste caso entre evento e condição. Se este sistema de controle da sala registra cada entrada e saída de uma pessoa, a regra também poderia ser descrita como:

ON saída **IF** sala.vazia & depois das 17hs **ENTÃO** "fechar.portas"

Como o evento desta regra é uma operação, ela só terá que ser avaliada a cada saída de uma pessoa, ao contrário das outras duas modalidades, que terão que ser checadas a cada rodada do monitor de evento.

Para evitar resultados inesperados, considera-se a regra uma transação com três componentes. Assim, certamente teremos $BD_E = BD_C$ e, quando o evento não é uma operação, também valerá $BD_T = BD_E$.

Uma segunda questão é como encaixar a regra com outras transações do sistema. Se o evento é uma operação *op*, esta operação poderá fazer parte de outra transação $T=<a_1,.., a_i, op, a_{i+1},.., a_n, comit>$. Pode haver três possibilidades de disparo de uma regra *R=<op-cond-ação>* na ocorrência do evento *op*:

- Imediato: R é considerado uma parte de T sendo *cond* avaliada e *ac* executada entre a_i e a_{i+1};
- Adiado: o par *cond-ação* é considerado no final da transação T, após o *comit*;
- Separado: a regra R=<*op-cond-ação*> é considerado uma transação independente de T.

Na opção *imediato* também deve ser levado em conta a relativização da operação por *antes(op), depois(op)* ou *ao-invés(op)*.

CONJUNTO DE REGRAS

Um sistema de banco de dados ativos pode possuir uma base considerável de regras ativas armazenadas. Devem ser previstas as possíveis interferências das regras entre si. Uma forma de evitar que após a ativação de uma regra outra possa interferir em seus componentes invalidando-a, pode ser resolvido considerando cada regra como uma transação. Com isso, não será possível que uma regra altere os dados alocados a outra já habilitada como transação.

Mas, ainda resta um caso peculiar. Podemos ter duas regras baseadas no mesmo evento ou com eventos compostos com componentes em comum. Neste caso duas transações ficariam habilitadas ao mesmo tempo. Uma solução para esta situação seria definir prioridades às regras, determinando qual das duas regras habilitadas simultaneamente deverá ter a preferência. Para este caso, deve ficar claro se, após a execução da regra preferencial, a outra terá que ser reavaliada ou não.

10.9. Comentários bibliográficos

Silberschatz, Korth e Sudarshan [SKS12] dedicam seu capítulo 10 à linguagem textual marcada XML e o capítulo 23 à apresentação de alguns tipos de dados, como dados temporais, espaciais e multimídia. De forma similar Elmasri & Navathe [EN15] dedicam seu capítulo 26 aos bancos de dados avançados, tratando de dados temporais, espaciais, ativos, multimídia e dedutivos.

Boa parte das informações sobre dados espaciais foi inspirada no material didático do Prof. Cláudio Baptista [Bap16].

Detalhes sobre a problemática do processamento de imagens e estruturas adequadas para seu armazenamento e recuperação podem ser vistos no capítulo 5 do livro de Subrahmanian [Sub98]. A abordagem transformacional de determinação da similaridade entre imagens está na seção 5.4. Maiores detalhes sobre a recuperação da informação baseada em conteúdo pode ser visto em Lew et.al. [LSDJ06]. O livro de Gomes & Velho [GV94] apresenta, em detalhes, os fundamentos da computação de imagens. A recuperação de músicas por conteúdo é detalhada em [Ori06].

As regras E-C-A foram ingtroduzidas por Dayal, Buchanan e McCarthy [DBM88]. Uma introdução abrangente aos conceitos de dados ativos é o *survey* de Paton e Ortiz sobre bancos de dados ativos [PO99].

10.10. Exercícios

1. Uma pessoa que lê um texto, ao ler uma palavra que pode ter vários sentidos, entende melhor o sentido dela, caso saiba do assunto ou contexto do documento.
    a. Como um programa indexador deste texto poderia fazer o mesmo?
    b. Como seria a tabela de índices associados aos documentos criada por este indexador?
    c. Caso uma biblioteca digital tenha sido criada por um indexador que determina e armazena o contexto de cada termo que ocorre em um documento, como um sistema de pesquisa a documentos deverá interagir com o usuário para criar palavras-chave contextualizadas que serão utilizadas como fonte para a recuperação dos documentos adequados.

2. Mostre que para dois objetos espaciais o_1 e o_2 podemos definir

```
INTERCEPTA(o1, o2) ó ~DISJUNTO(o1, o2) ⇔ ~CONTÉM(o1, o2) ^ ~CONTÉM(o2, o1)
```

3. Mostre que é possível, para dois objetos espaciais, serem disjuntos, mas valer a relação INTERCEPTA(o1, o2).
4. Defina um objeto espacial semiaberto como um objeto que nem é fechado nem é aberto. Dê um exemplo.
5. Seja um banco de dados espaço-temporal relacional com uma relação de fenômenos

```
FENOMENO(Nome, P-Sup, P-Inf, T-Ini, T-Fim)
```

em que a delimitação de cada fenômeno é dada por um retângulo definido pelos pontos P-SUP, P-INF e a duração é determinada pelos instantes T-Ini, T-Fim. Para um fenômeno que ainda é válido, teremos T-Fim = 99991231. Suponhamos que a tupla <'chuva', (x1,y1), (x2,y2), t1, 9999231> seja uma instância de FENOMENO. Queremos registrar que a chuva parou e passou para '*nublado*' na região, exceto em uma sub-região que vai de (x1,y1) até (x3,y2), com x1<x3<x2. Determine as operações relacionais para registrar esta mudança. Note que a tupla original é mantida no banco de dados com o valor de T-Fim atualizado para o tempo hoje(), que é uma função que determina o dia atual. Utilize um UPDATE() para registrar a atualização na tupla atual e dois INSERT(), um para a nova região que ainda está com chuva e outro para a região no estado '*nublado*'.

6. A produção de um produto é realizada por uma cadeia atividades A, B, C, D e E. Faça um sistema de regras que garantem o seguinte processo:
    a. As atividades devem ocorrer em sequência A®B®C®D®E
    b. A atividade B representa um teste da qualidade da matéria-prima fornecida por A. Se ela não for adequada, especificada por uma função *falha()*, ao invés de passar para B o A é repetido.
    c. A passagem de C para D só pode ocorrer se o resultado de C for satisfatório, o que ocorre quando uma função *nível()* for acima de 0,8. Caso contrário, a atividade C deve ser repetida.

Referências

[Ab74] J.R. Abrial "Data Semantics" em *Data Base Management*, W. Klimbie & K.L. Koffman (eds.), North Holland, 1974

[ABS00] S. Abitebul, P. Bunemann & S. Siciu **Data on the Web – From Relations to Semistructured Data and XML**, Morgan Kaufmann, 2000

[AHV95] S. Abiteboul, R. Hull & V. Vianu **Foundations of Databases**, Addison Wesley, 1995

[ACKM04] G. Alonso, F. Casati, H. Kuno, V. Machiraju, **Web Services: Concepts, Architetures and Applications**. Springer Verlag, 2004.

[At92] M. Atkinson, F. Bancilhon, D. DeWitt, K. Dittrich, D. Maier & S.Sdonik "The Object-Oriented Database Systems Manifesto" em "*Building an object-oriented database systems*", Morgan Kaufmann, 1992

[Alm10] C.A.S Almeida *Data Warehouse de Trajetórias: um Modelo Semântico com Suporte à Agregação por Direção dos Movimentos,* Dissertação de Mestrado, COPIN/UFCG, 2010

[ANSI86] T. Burns, "Reference Model for DBMS Standardization", *ACM SIGMOD RECORD, Vol. 15* No. 1, 1986, 19-58

[APS11] C. A. de S. Almeida, C. E. Pires & U. Schiel "Um Modelo de Dados para Trajetórias de Objetos Móveis com suporte a Agregação de Movimentos", *iSYS – Revista Brasileira de Sistemas de Informação Vol. 4,* '2011

[ASB07] F. G. de Andrade, U. Schiel & C.S. Baptista. "Constraint-based Web Services Discovery and Composition". em *Proceedings of the International Conference on Ubiquitous Computing, Systems, Services and Technologies - UBICOMM*, EUA, 2007. v. 1. p. 118-124

[AY00] L. Allain & P. Yim "Modeling Information System Behavior with Dynamic Relations Nets" *Journal of Universal Computer Science Vol. 6* No. 11, 2000

[Bap12] C. Baptista *SIG - Sistemas de Informações Geográficas*, Aulas em https://sites.google.com/site/sigufcg/aulas, 2012, acessado em 2016

[BB01] J.P.Bigus & J. Bigus **Constructing Intelligent Agents Using Java – 2nd Ed.**, Wiley, 2001

[BCN92] C. Batini, S. Ceri & S. Navathe **Conceptual Database Design – An Entity-Relationship Approach**, Benjamin Cummings, 1992

[BCZ01] E. Bertino, B. Catania, G.P. Zarri **Intelligent Database Systems**, Addison-Wesley (2001)

[BHL01] T. Berners-Lee, J. Hendler & O. Lassila "The Semantic Web", *Scientific American*, 2001, 29-37

[BK96] A.J. Bonner & M. Kifer "Concurrency and communication in transaction logic". In *Proc. of the Joint International Conference and Symposium on Logic Programming*, (1996), pp. 142-156.

[BMMG05] y J. Barrow, L. Miller, K. Malan & H. Gelderblom **Introducing Delphi Programming – 4th Edition**, Cape Town, 2005

[BR99] R. Baeza-Yates & B. Ribeiro Neto **Modern Information Retrieval**, Addison/Wesley, 1999

[BS82] M. Brodie & E. Silva "Active and Passive Component Modelling: ACM/PCM" em [CRIS1]

[Cap97] F. Capra **A teia da vida**, Cultrix e Amana key, 1997

[Cat09] Catarci T. 'Visual Query Language' em *Encyclopedia of Database Systems*. L. L. Liu L. & M.T. Özsu (eds) Springer Verlag, 2009

[Coc01] Cockburn, A. **Writing Effective Use Cases**. Addison-Wesley, 2001

[CB00] R. Catell & Barry (eds.) **The Object Data Standard: ODMG-3.0**, Morgan Kaufmann, 2000

[CM85] M.A. Casanova & A.V. Moura **Princípios de Sistemas de Gerência de Bancos de Dados Distribuídos**,

Campus, 1985

[Che76] P.P. Chen "The Entity Relationship Model – Towards a Unified View of Data" *ACM TODS Vol. 1* No. 1, 1976

[Cod79] E.F. Codd, "Extending the Database Relational Model to Capture More Meaning" *ACM-TODS Vol.4*, No.4, 1979.

[Coc01] Cockburn, A. **Writing Effective Use Cases**. Addison-Wesley, 2001

[CRIS1] T. Olle, H. Sol & A. Verrijn-Stuart (eds.) **Information System Design Methodologies: A Comparative Review**, North-Holland (1982).

[CSB09] V.B. Cavalcanti, U. Schiel & C.S. Baptista "Toward a Visual Query System for Spatio-Temporal Databases" em *Visual Query Languages, Representation Techniques, and Data Models M.C. Caschera, A.D'Ulizia & L. Tinini (eds.) Cap. 57*, 2009 p. 987-1002

[Dat03] C. Date **An Introduction to Database Systems (8th. Ed)**, Addison Wesley, 2003

[DBM88] U. Dayal, A. P. Buchanan & D. R. McCarthy, "Rules are Objects Too: A Knowledge Model for Active Object Oriented Database Systems", em *Proceedings of the 2th International Workshop on Object Oriented DataBase Systems,* LNCS 334, Springer Verlag, 1988, p. 129-143.

[DF02] M.J.Druzdzel & R.F.Flynn "Decision Support Systems", *Encyclopedia of Library and Information Science, 2nd Edition*" A. Kent (ed.), New York: Marcel Dekker, Inc., 2002

[DLR95] C. Delobel, C. Lécluse & P. Richard **Databases: From Relational to Object-Oriented Systems**, ITP, 1995

[Eme90] E.A. Emerson "Temporal and Modal Logic" *Handbook of Theoretical Computer Science, Vol. B* " J.van Leeuven (ed.), (1990, p. 995-1072

[EN16] R. Elmasri & S. Navathe **Fundamentals of Database Systems 7th Edition**, Pearsons, 2016

[Fal98] E. Falkenberg et al. **A Framework of Information System Concepts - The FRISCO Report,** IFIP, 1998

[Fow03] Fowler, M. **Patterns of Enterprise Application Architecture**. Addison-Wesley, 2003

[FS83] A.L. Furtado & C.S. dos Santos **Organização de Bancos de Dados**, Campus, 1983

[Gem96] GemStone Programming Guide, 1996 em http://www.laputan.org/pub/sag/GPG.PDF

[GHJV95] Gamma, E., Helm, R., Johnson, R., & Vlissides, J. **Design Patterns: Elements of reusable object-oriented software**. Addison-Wesley, 1995

[Gri87] J.J. van Griethuysen (ed.) *Concepts and Terminology for the Conceptual Schema and Information Base*, ISO TC97/SC3/WG3 Report, revised edition, 1987

[GUW08] H. Garcia-Molina, J. Ullman & J. Widom **Database Systems: The Complete Book 2nd Edition**, Prentice Hall, 2008

[GV94] J. Gomes & L. Velho **Computação Gráfica: Imagem**, IMPA-Série de Computação e Matemática, 1994

[HKL08] R. Hirschheim, H. Klein & K. Lyytinen **Information Systems Development and Data Modeling – Conceptual and Philosophical Foundations**, Cambridge, 2008

[HM81] M. Hammer & D McLeod, "Database Descriptions with SDM: A Semantic Database Model" *ACM TODS Vol. 6* No. 3, 1981

[HPR93] C. Heuser, E. Peres & G. Richter "Towards a complete conceptual model: Petri nets and entity-relationship diagrams", *Information Systems 18/5,* 1993, 275-298

[IB15] S. Isotani & I.I. Bittencourt **Dados Abertos Conectados**, CEWEB, 2015. Em http://ceweb.br/livros/dados-abertos-conectados/

[IPRS16] I.M. Idroos, N. Parthiban, S. Ramachandran & R. Siva *Introduction to Web Databases*, Slideshare em https://pt.slideshare.net/idroos7/web-database-60317328, 2019

[Jac94] Jacobson, I. **The Object Advantage: Business process reengineering with object technology**. Addison-Wesley, 1994

[JSB11] Jacobson, I., Spence, I., & Bittner, K. **Use Case 2.0: The guide to succeding with use cases**. Ivar Jacobson International, 2011

[Ken79] W. Kent "Limitations of record-based information models" *ACM TODS Vol. 4,* 1979, 107-131

[Kim95] W. Kim (ed.) **Modern Database Systems - The Object Model, Interoperability and Beyond**, Addison Wesley, 1995

[KC86] S. Khoshafian & G. Copeland "Object Identity" em Proceedings OOPSLA, 1986

[Kho94] S. Khoshafian **Banco de Dados Orientado a Objeto**, IBPI Press, 1994

[KK03] P. Kroll & P Kruchten **The Rational Unified Process Made Easy: A practicioner's guide to RUP**. Addison Wesley.

[KLW95] M. Kifer, G. Lausen, & J. Wu. "Logical foundations of object-oriented and frame-based languages". *Journal of the ACM, 42(4):*741-843, 1995

[KMPRZ84] J. Koch, M. Mall, P. Putfarken, M. Reimer, J.W. Schmidt, C.A. Zehnder "Modula/R Report", LIDAS Memo 091-83, ETH Zurich, Sep 1983

[Kru03] Kruchten, P. **The Rational Unified Process: An introduction. 3rd Ed.**. Addison-Wesley, 2003

[Lar04] Larman, C. **Applying UML and Patterns: An introduction to object-oriented analysis and design and the unified process 3rd ed.** Prentice-Hall, 2004

[LC05] J.C. de Lima & C.L. de Carvalho **Resource Dscription Framework (RDF)**, RT-INF 003-05, Universidade Federal de Goiás, 2005

[Lev03] N. Levine *Fundamentals of CLOS*, Ravenbrook Limited, 2003 em http://cl-cookbook.sourceforge.net/clos-tutorial/

[Lie07] A. Liew "Understanding Data, Information, Knowledge And Their Inter-Relationships" *Journal of Knowledge Management Practice, Vol. 8,* No. 2, June 2007

[Low06] E.J. Lowe **The Four-Category Ontology: A Metaphysical Foundation for Natural Sciences**, Oxford University Press, 2006, 240pp.

[LSDJ06] M.Lew, N.Sebe, C.Djeraba & R.Jain "Content-based Multimedia Information Retrieval: State of the Art and Challenges, *ACM TOMM Vol. 2, 2006*

[Lum95] N. Luhmann **Soziale Systeme, Grundriss einer allgemeinen Theorie**, Stanford University Press, 1995

[Lut76] T. Lutz **Datenbanken – Praxis, Methode und mathematische Darstellung**, SRA, 1976

[LZ75] B. Liskov & S. Zilles "Specification techniques for data abstractrions", *IEEE Transactions on Software Engineering vol. 1* No.1, 1975, pp. 7-19

[Mai83] D. Maier, "**The Theory of Relational Databases**", Computer Science Press, 1983.

[Mat91] N.M. Mattos **An Approach to Knowledge Base Management,** LNAI 513 Springer Verlag, 1991

[Mat95] N. M. Mattos "An Overview of the SQL-92 and the SQL3 Standard "*Terceira Escola Regional de Informática da SBC*, Caxias do Sul/RS, (1995), 184-214

[MMM93] N. Mattos, K. Meyer-Wegener & B. Mitschang "Grand tour of concepts for object-orientation from a database point of view", em *Data & Knowledge Engineering 9*, 1993, 321-352

[MS93] J. Melton & A. Simon **Understanding the new SQL: A Complete guide**, Morgan Kaufman, 1993

[MST97] R.N. Melo, S.D. da Silva & A.K. Tanaka **Banco de Dados em Aplicações Cliente-Servidor**, Infobook, 1997

[MOF02] "Meta Object Facility (MOF) Specification" em http://www.omg.org/mof, (2002)

[MST97] R.N. Melo, S.D. da Silva & A.K. Tanaka **Banco de Dados em Aplicações Cliente-Servidor**, Infobook,

1997

[MW80] J. Mylopoulos & H. Wong: "Some Features of the TAXIS Data Model" *Proceedings of the VLDB,* 1980: 399-410

[Nev05] R. F. Neves *Acoplamento Estrutural, Fechamento Operacional e Processos Sobrecomunicativos na teoria dos Sistemas Sociais de Niklas Luhmann*, Dissertação de Mestrado, Fac. Fil., Letras e Ciências Humanas, USP, 2005

[OCL02] "The Object Constraint Language" em http://www.omg.org/ocl, (2002)

[Ode98] J. Odell **"Advanced Object-Oriented Analysis & Design using UML"**, Cambridge University Press, 1998

[OMG11] Object Management Group. OMG *Unified Modeling Language™ (OMG UML), Superstructure, Version* 2.4.1. OMG, 2011

[OS96] A. Oberweiss & P. Sander "Information system Behavior Specification by High-Level Petri Nets", *ACM TOIS Vol. 14* No. 4, 1996, 380-420

[ÖV11] M.T. Özu & P. Valduriez **Principles of Distributed Database Systems – Third Edition**, Prentice Hall, 2011

[Pal83] W. Palm III **Modeling, Analysis and Control of Dynamic Systems**, J. Wiley & Sons, 1983

[Pal99] L.A.M. Palazzo "Complexidade, Caos e Auto-Organização" *III Oficina de Inteligência Artificial*, Pelotas, 1999

[PEK03] A.-M. Popescu, O. Etzioni & H. Kautz "Towards a theory of natural language interfaces to databases" em *Proceedings of the 8th International Conference on Intelligent User Interfaces – IUI03*, ACM Press, 2003, PP. 149-157

[PAEKY04] A-M. Popescu, A. Armanasu, O. Etzioni, D. Ko, A. Yates "Modern Natural Language Interfaces to Databases: Composing Statistical Parsing with Semantic Tractability "*Proceedings of the 20th International Conference on Computational Linguistics- COLING '04*" Geneva, 2004

[PL02] "Using PL/SQL", http://www-db.stanford.edu/~ullman/fcdb/oracle/or-plsql.html

[PM88] J. Peckham & F. Maryanski "Semantic Data Models", *ACM Computing Surveys Vol. 20*, Nr. 3, 1988

[PD99] N.W. Paton & O. Díaz "Active Database Systems", *Computing Surveys Vo. 31* No. 1, 1999, 63-103

[Pra12] Praveen – UML Active objects, 2012 https://praveenthomasln.wordpress.com/tag/uml-active-objects/

[Prob01] Probasco, L. *What makes a good Use Case Name?* The Rational Edge. March, 2001

[RG07] R. Ramakrishnan & J. Gehrke **"Database Management Systems – 3rd Edition"**, McGraw Hill, 2007

[Rei85] W. Reisig **Petri Nets, An Introduction**, Springer Verlag, 1985

[Roy70] W. Royce, "Managing the Development of Large Software Systems", *Proceedings of IEEE WESCON*, 26, 1970 :pp. 1–9

[RPLM15] p. Rodriguez-Mier, C. Pedrinaci, M. Lama & M. Mucientes "An Integrated Semantic Web Service Discovery and Composition Framework" *IEEE Transactions on Service Computing Vol. 9* No. 4, 2015, pp. 537-550

[RRS04] F. de S. Ramalho, J.P. Robin & U. Schiel "Concurrent Transaction Frame Logic Formal Semantics for UML Activity and Class Diagrams" *Electronic Notes in Theoretical Computer Science, Vol. 96*, pp. 83-101, 2004

[Schi83] U. Schiel, "An Abstract Introduction to the Temporal-Hierarchic Data Model (THM)", *Proc. 9th VLDB*, Florence, 1983

[Schi91] U. Schiel "An Open Environment for Objects with Time and Versioning", Proc. *East European Conf. on Object Oriented Programming*, Bratislava, Czecho-Slovakia (1991) 116-125.

[Schi02] U. Schiel "Integrity maintenance in extensible databases", em *Database integrity, Challenges and Solution*, J. Dorn & L. Rivero (eds.), IDEA Group Publishing, London, (2002) pp. 322-334

[Schm80] J.W. Schmidt et al „Pascal/R Report", Universität Hamburg, Fachbereich Informatik, Report 66, 1980

[SE91] A. Sernadas & H.D. Ehrich "What is an object, after all?" em *Object-Oriented Databases: Analysis, Design and Construction*, R. Meersmas & W. Kent (eds.), North Holland, 1991, pp. 39-69

[SF13] P. Sadalage & M. Fowler **No SQL distilled: a brief guide to the emerging world of polyglot persistence**, Pearson Education, 2013

[Shi81] D. Shipman "The functional data model and the data language DAPLEX" *ACM TODS Vol. 6*, 1981, 140-173

[SKS12] A. Silberschatz, H. Korth & S. Sudarshan **Sistema de Banco de Dados - 6ª ed.**, Makron Books, São Paulo, 2012

[SL80] S. Su & D.H. Lo "A semantic association model for conceptual database design" em *Entity-Relationship Approach to Systems Analysis and Design*, North-Holland, 1980

[SM95] U. Schiel & I. Mistrik "POKER - Petri-Net Oriented Knowledge Engineering Research" *X Simp. Bras. de Banco de Dados*, Recife, 1995

[SNF80] C.S. dos Santos, E. Neuhold & A. Furtado "A Data Type Approach to the Entity-Relationship Model" em *Entity-Relationship Approach to Systems Analysis and Design*, North-Holland, (1980) pp. 103-120

[SS77] J.M. Smith & D. Smith "Database abstractions: Aggregation and Generalization" *ACM TODS Vol. 2*, no.2, 1977

[SS05] V.W. Setzer & F.S. da Silva **Bancos de Dados**, São Paulo: Edgard Blücher, 2005.

[Sun73] B. Sundgren *An Infological Approach to Data Bases*, Tese de Doutorado, Univ. Stockholm, 1973

[Sub98] V.S. Subrahmanian **Principles of Multimedia Database Systems,** Morgan Kaufmann, 1998

[Swa15] M. Swan **Blockchain – Blueprint ora New Economy**, O'Reilly, 2015

[Ul89] J. Ullman **Principles of Database and Knowledge-Base Systems 2 Vols.**, Computer Science Press, 1989

[UML05] "OMG Unified Modeling Language Specification – Version 2.0" em http://www.omg.org, 2005

[VB82] G. Verheijen & J. van Bekkum "NIAM: An Information Analysis Method" em [CRIS1].

[VSB15] E.F. Veiga, M.V.O. Sena & R.de F. Bulcão Neto *Padrões, Ferramentas e Boas Práticas no Desenvolvimento de Software para Web Semântica,* SBSI2015

[War06] J. N. Warfield **An Introduction to Systems Science,** World Scientific, 2006

[Waz12] R. S. Wazlawick **Engenharia de Software: Conceitos e práticas**. Rio de Janeiro, Elsevier, 2012

[Waz15] R.S. Wazlawick **Análise e design orientados a objetos para sistemas de informação – 3a Edição,** Campus, 2015

[Wie03] R. Wieringa **Design Methods for Reactive Systems,** Morgan Kaufmann**,** 2003

[WJ91] R. Wieringa & W. de Jonge *The identification of objects and roles – Object identifiers revisited,* Techn. al Report IR-267 Vrije Univ., Amsterdam, 1991

[Zin07] C. Zins "Conceptual Approaches for Defining Data, Information, and Knowledge", *Journal of the American Society for Information Science and Technology*, 58(4):479–493, 2007

SOBI - Sistema Operacional de Bibliotecas

O SOBI é um sistema hipotético de controle do acervo de uma biblioteca pública de títulos em papel. Ele é composto pelos seguintes módulos:

- SECADA – Serviço de cadastro de títulos: permite ao bibliotecário registrar novos títulos (monografais e periódicos) no sistema, determinando a indexação correspondente;
- SAQUI – Serviço de aquisições: controla o recebimento de sugestões de novas aquisições, a compra de livros e a assinatura de periódicos;
- SEMP: Serviço de empréstimos: controla o cadastro de usuários da biblioteca, formado por professores e estudantes e acompanha o processo de empréstimo e devolução de títulos;
- SECON - Serviço de consultas: processa o acesso ao acervo por meio de consultas on-line;
- SERES – Serviço de reservas: possibilita a reserva de um título a partir de uma consulta on-line ou da tentativa de um empréstimo de um título indisponível;
- SINT – Serviço de intercâmbio: permite, durante o cadastramento, obter os dados básicos de um título de outras bibliotecas, através do protocolo Z39.50.

ESQUEMA CONCEITUAL

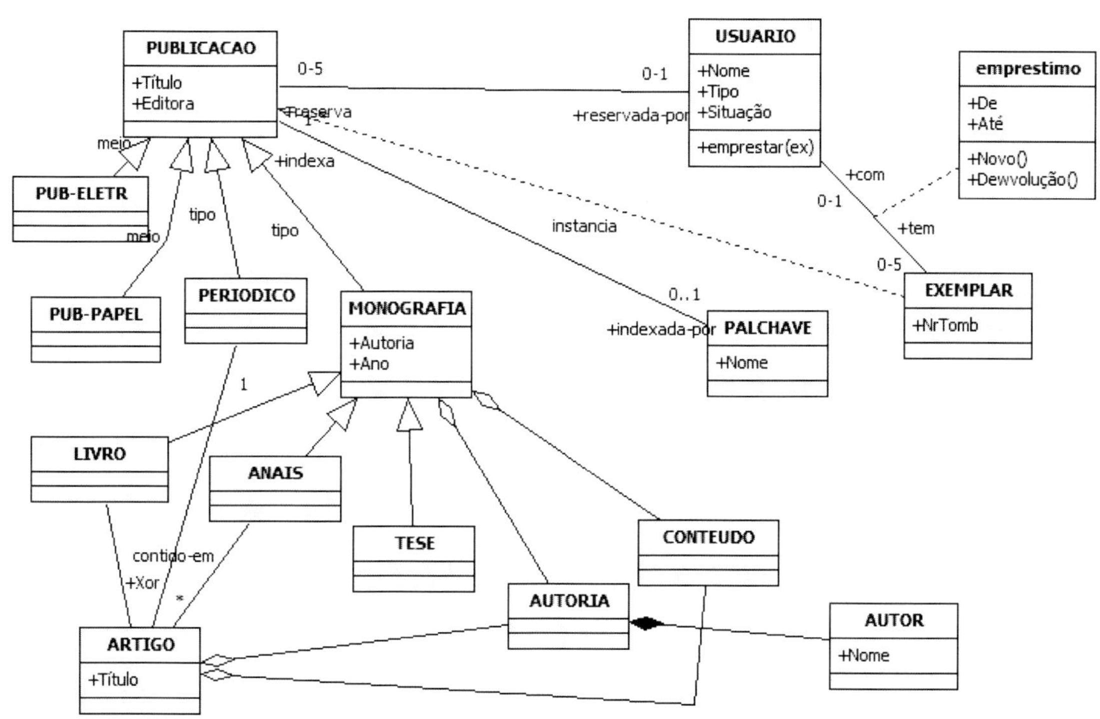

ESQUEMA RELACIONAL

Relação universal, não normalizada:

```
(ISBN, Autores, Titulo, Ano, Exemplar:<Nr-Tomb, Estado, Empréstimo:<Usuário, Tipo, Situação,
      Dt-Emp, Dt-Dev)>*>*)
```

O atributo Exemplar é estruturado e multivalorado e Empréstimo, que é um atributo de Exemplar, também é estruturado e multivalorado. O atributo Estado mostra se o exemplar está disponível (valor=0), reservado (valor=1) ou emprestado (valor=2). Tipo identifica um usuário professor ("Prof.") ou Estudante ("Est."') e Situação indica quantos exemplares estão com este usuário.

NORMALIZAÇÃO

Em 1FN (eliminação de atributos atômicos)

```
(ISBN, Autores, Titulo, Ano, Nr-Tomb, Estado, Usuário, Tipo, Situação, Dt-Emp, Dt-Dev)
F1: Nr-Tomb, Dt-Emp → ISBN, Autores, Título, Editora, Ano, Estado, Usuário, Tipo, Situação,
      Dt-Dev
F2: Nr-Tomb, Dt-Dev → ISBN, Autores, Título, Editora, Ano, Estado, Estado, Usuário, Tipo,
      Situação, Dt-Emp
F3: ISBN → Autores, Título, Editora, Ano
F4: Nr-Tomb → ISBN, Autores, Titulo, Ano, Estado
      F5: Usuário → Tipo, Situação
```

Em 2FN (em decorrência de F1 e F4):

```
LIVRO(ISBN, Autores, Titulo, Nr-Tomb, Estado, Editora, Ano)
F4': Nr-Tomb → ISBN, Autores, Título, Estado, Editora, Ano
F3: ISBN → Autores, Título, Editora, Ano
EMPRESTIMO(Nr-Tomb, Usuário, Tipo, Situação, Dt-Emp, Dt-Dev)
F6: Nr-Tomb, Dt-Emp → Usuário, Dt-Dev
F7: Nr-Tomb, Dt-Dev → Usuário, Dt-Emp
F5: Usuário → Tipo, Situação
```

Em 3FN (em decorrência de F4 → F3 e de F6 → F5):

```
LIVRO(ISBN, Autores, Titulo, Editora, Ano)
F3: ISBN → Autores, Título, Editora, Ano
EXEMPLAR(ISBN, Nr-Tomb, Estado)
F8: Nr-Tomb → ISBN, Estado
EMPRESTIMO(Nr-Tomb, Usuário, Dt-Emp, Dt-Dev)
F6: Nr-Tomb, Dt-Emp → Usuário, Dt-Dev
```

```
F7: Nr-Tomb, Dt-Dev → Usuário, Dt-Emp
USUARIO(Usuário, Tipo, Situação)
F5: Usuário → Tipo, Situação
```

ESQUEMA RELACIONAL NORMALIZADO

Considerando a 3FN acima, alterando o nome e alguns atributos e acrescentando algumas relações não consideradas no começo, temos o seguinte esquema relacional final:

```
LIVRO(ISBN, Autores, Titulo, Editora, Ano)
EXEMPLAR(ISBN, Nr-Tomb, Estado)
USUARIO(Uid, Nome, Tipo, Situação)
EMPRESTIMO(Uid, Nr-Tomb, De, Ate)
RESERVA(ISBN, Usuário, Data)
ASSUNTO(Pal-chave, Contexto)
ASSUNTO-DE-LIVRO(ISBN, Pal-chave).
```

SQL

```
CREATE TABLE LIVRO
       (ISBN  INTEGER,
       Autores       CHAR(60)      NOT NULL,
       Titulo CHAR(40)       NOT NULL,
       Ano           INTEGER,
       Editora       CHAR(10),
       PRIMARY KEY (ISBN));

CREATE TABLE EXEMPLAR
       {Nr-Tomb      INTEGER,
       ISBN          INTEGER,
       Estado INTEGER;
                PRIMARY KEY (Nr-Tomb));
                FOREIGN KEY (ISBN) REFERENCES LIVRO);
```

O atributo *Estado* mostra se o exemplar está disponível (valor=0), reservado (valor=1) ou emprestado (valor=2)

```
CREATE TABLE USUARIO
       (Uid          INTEGER,
       Nome          CHAR(30)      NOT NULL,
       Tipo          CHAR(3),
       Situação      INTEGER       NOT NULL,
                PRIMARY KEY (Uid));
```

```
/* Situação indica quantos exemplares estão com este usuário

CREATE TABLE EMPRESTIMO
       (Uid          INTEGER       NOT NULL,
       Nr-Tomb       INTEGER,
       De            DATE,
       Ate           DATE,
                 PRIMARY KEY (Nr-Tomb, Uid, De));
                 FOREIGN KEY (Nr-Tomb) REFERENCES EXEMPLAR
                 FOREIGN KEY (Uid) REFERENCES USUARIO);

CREATE TABLE ASSUNTO
       (Nome  CHAR(50),
        Contexto    CHAR(50));

CREATE TABLE ASSUNTO-DE-LIVRO
       (ISBN         INTEGER,
        Nome         CHAR(50));
```

Banco de Dados Relacional

LIVRO				
ISBN	Autores	Titulo	Ano	Editora
1558606474	Catell, Barry	The Object Data Standard: ODMG 3.0	2002	Morgan Kaufmann
8521203616	Setzer, Silva	Bancos de Dados	2004	E. Blücher
0133970779	Elmasri, Navathe	Fundamentals of Database Systems - 7th Ed.	2016	Campus
8534612439	Page-Jones	Fundamentos do Desenho Orientado a Objeto com UML	1999	Makron

EXEMPLAR		
NrTomb	ISBN	Estado
030125	1558606474	2
050085	8521203616	0
050086	8521203616	0
000013	8588639173	0

Legenda: Estado=0 (disponível); Estado=1 (reservado), Estado=2(emprestado);

USUARIO			
Uid	Nome	Tipo	Situação
001	Lao Tze	Prof	0
E01	Chiang Tze	Est	1
E02	M. Ghandi	Est	0
P02	Kung Fu Tze	Prof	0

Legenda: Situação=n (n livros emprestados, 0≤n≤5)

EMPRESTIMO			
NrTomb	Uid	Dt-Emp	Dt-Dev
030125	P01	20171020	20171105
050085	E02	20160131	20160531
030125	E01	20171110	99991231

RESERVA	ISBN	Usuário	Data
	1558606474	P01	20171105

ASSUNTO	
Nome	Contexto
ODMG	Bancos de Dados
Orientação a Objetos	Sistemas
Bancos de Dados	Bancos de Dados
UML	Engenharia de Software
Projeto de Sistemas	Engenharia de Software
Java	Linguagem de Programação

ASSUNTO-DE-LIVRO	
ISBN	Nome
1558606474	ODMG
1558606474	Orientação a Objetos
8521203616	Bancos de Dados
8534612439	UML
8534612439	Orientação a Objetos
8588639173	Bancos de Dados

VERSÃO ODL

```
class PUBLICACAO (extent PUBLICACOES)
       attribute string titulo;
       attribute string editora
       void pub-do-ano(in Ano, out set< MONOGRAFIA>),
       raises("nenhuma_publicação_neste_ano")
class MONOGRAFIA (extent MONOGRAFIAS key ISBN)
extends PUBLICACAO
       attribute string ISBN;
attribute set <string> autoria;
       attribute unsigned short ano;
       relationship USUARIO reservado-para
          inverse USUARIO :: reserva
```

```
        void reservar(in ISBN, out reservado-para)
class EXEMPLAR (extent EXEMPLARES key nrTomb)
        attribute string nrTomb
        atribute enum TipoEx {1,2,3} Estado
        relationship PUBLICACAO instancia
class USUARIO (extent USUARIOS)
attribute string nome;
        attribute enum TipoUsuario {Prof, Est} tipo;
        attribute integer situação;
        relationship set <MONOGRAFIA> reserva
           inverse MONOGRAFIA :: reservado-para;
        relationship set <EXEMPLAR> empresta
           inverse EXEMPLAR :: emprestado-para;
class MONOGRAFIA extends PUBLICACAO
        relationship set <AUTOR> autoria
           inverse AUTOR :: escreveu;
        relationship set reservado-para USUARIO
           inverse USUARIO :: reserva
class EMPRESTIMO (extent EMPRESTIMOS key com, tem)
        attribute USUARIO com;
        attribute EXEMPLAR tem;
        attribute date De;
        attribute date Ate;
        Object novo(in com,tem)
        void Devolucao(in tem, out date Ate)
```

Apêndice 2

CoVe - Controle de Veículos

O **CoVe** mantém uma base do historico de veículos em circulação e de seus repsectivos proprietários.

ESQUEMA CONCEITUAL

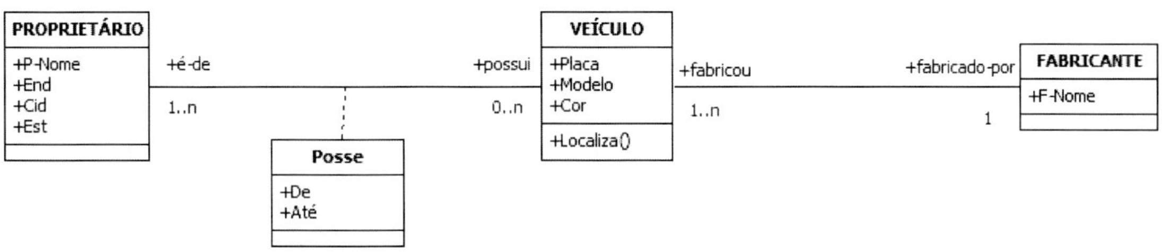

REQUISITOS

R1: Não existem dois proprietários com o mesmo nome;
R2: Um proprietário nunca muda de endereço;
R3; Todo modelo de carro deve ser de exatamente um fabricante;
R4: Toda placa de carro deve estar associada a um carro.

ESQUEMA RELACIONAL

Notação:

- para R(A, {B}, C:<C1,C2>), R é uma relação com três atributos, A é um atributo atomico, {B} é um atributo multivalorado e C é um atributo composto por C1e C2.
- Esquema relacional: {<R1(A1), F1>; <R2(A2), F2>; I}
  - R1 e R2 são nomes de relações
  - A1 e A2 são listas de atributos
  - F1 e F2 são listas de dependências funcionais
  - I é uma lista de dependências de inclusão

RELAÇÃO UNIVERSAL

```
AUTOMOVEL (Placa, Cor, Fabricante, Modelo, {Proprietário:<Nome, End, Cid, Est, De, Até>})
```

Cada automóvel, identificado pela placa, pode possuir diversos proprietários em épocas diferentes.

NORMALIZAÇÃO

1ª FORMA NORMAL

O atributo `Proprietário` é multivalorado e composto. É decomposto, determinando a relação

<AUTOMOVEL' (Placa, Cor, Fabricante, Modelo, P-Nome, End, Cid, Est, De, Até), F1 a F5>

Com as dependências:

F1: Placa ® Fabricante, Modelo, Cor
F2: Placa, De ® Fabricante, Modelo, Cor, P-Nome, End, Cid, Est
F3: Placa, Atë ® Fabricante, Modelo, Cor, P-Nome, End, Cid, Est
F4: Modelo ® Fabricante (cada modelo é de um só fabricante)
F5: P-Nome ® End, Cid, Est

2ª FORMA NORMAL

Em decorrência de (F1 e F2) ou (F1 e F3) são criados

<PROPRIEDADE(Placa, P-Nome, End, Cid, Est, De, Até), F2', F3', F5> e
<AUTOMÓVEL"(Placa, Fabricante, Modelo, Cor), F1, F5>

Sendo

F2': Placa, De ® P-Nome, End, Cid, Est
F3': Placa, Atë ® P-Nome, End, Cid, Est

Também PROPRIEDADE dever ser decomposto mais uma vez, em decorrência de F2' e F5 ou F3' e F5, resultando em

<PROPRIEDADE'(Placa, P-Nome, De, Até), F2", F3">
<PROPRIETARIO(P-Nome, End, Cid, Est), F5>

Sendo

F2": Placa, De ® P-Nome
F3": Placa, Atë ® P-Nome

Com estas decomposições apareceram duas possíveis anomalias.

1. Uma propriedade sem que haja o proprietário correspondente
2. Um automóvel sem o proprietário correspondente

Para evitar estas situações, cria-se dependências de inclusão:

```
I1:    PROPRIEDADE'[p-Nome] Í PROPRIETÁRIO[P-Nome]
I2:    AUTOMOVEL"[Placa] Í PROPRIEDADE'[Placa]
```

3ª FORMA NORMAL

`AUTOMÓVEL"` não está em terceira forma normal, pois F1 e F5 determinam uma dependência transitiva `Placa ® Modelo ® Fabricante`. Portanto `AUTOMÓVEL"` é decomposto em

```
<AUTO(Placa, Modelo, Cor), F1'> e
FABRICA(Fabricante, Modelo), F4>
Além da manutenção de
<PROPRIEDADE(Placa, P-Nome, End, Cid, Est, De, Até), F2', F3'>
```

Sendo

```
F1': Placa ® Modelo, Cor
```

Para garantir que todo modelo de um automóvel tenha um fabricante, tem que ser criada uma dependência de inclusão

```
I3:    AUTO[Modelo] Í FABRICA[Modelo]
```

Podemos agora apresentar o esquema final do nosso banco de dados de automóveis, após alterar superficialmente a dependência de inclusão I2 para

```
I2':   AUTO[Placa] Í PROPRIEDADE'[Placa],
```

ESQUEMA FINAL

Teremos como esquema final do banco de dados

```
{<PROPRIEDADE'(Placa, P-Nome, De, Até), F2", F3">;
<PROPRIETARIO(P-Nome, End, Cid, Est), F5>
<FABRICA(Fabricante, Modelo), F5>;
<AUTO(Placa, Modelo, Cor), F1>; I1, I2', I3}
```

Note que todas as dependências funcionais foram reduzidas a chaves.

ESQUEMA EXTERNO / VISÃO

Se quisermos criar uma visão, a partir do esquema conceitual, que contenha a relação dos automóveis atualmente em circulação, sem nos interessarmos pelo seu proprietário nem pela data da aquisição. Isto daria a expressão relacional

```
AUTO-ATUAL = (AUTO >< (PROPRIEDADE [Até = '99991231'])[Placa, P-Nome, Fabricante, Modelo]
```

SQL

```
CREATE TABLE PROPRIETARIO
       (P-Nome        CHAR(35) NOT NULL,
       End            CHAR(20),
       Cid            CHAR(20),
       Est            CHAR(20),
       PRIMARIY KEY (P-Nome)

CREATE TABLE PROPRIEDADE
       (P-Nome        CHAR(35) NOT NULL,
       Placa          CHAR(7) NOT NULL,
       De             DATE NOT NULL,
       Até            DATE,
       PRIMARIY KEY (Placa, De)
       FOREIGN KEY (Placa) REFERENCES AUTO)
       FOREIGN KEY (P-Nome) REFERENCES PROPRIETARIO)

CREATE TABLE FABRICA
       (Nome-Fab      CHAR(35) NOT NULL,
       Modelo CHAR(10))
       PRIMARY KEY (Modelo)

CREATE TABLE AUTO
       (Placa         CHAR(7)       NOT NULL,
       Cor            CHAR(10),
       Modelo         CHAR(10)      NOT NULL,
       PRIMARY KEY (Placa)
       FOREIGN KEY (Modelo) REFERENCES FABRICA
       FOREIGN KEY (Placa) REFERENCES PROPRIEDADE);
```

VISÕES

Relação dos automóveis atuais:

```
CREATE VIEW AUTO-ATUAL AS
       SELECT Placa, p-Nome, Fabricante, Modelo
       FROM AUTO A, PROPRIEDADE P
       WHERE A.Placa = P.Placa AND P.Até = '99991231'
```

Apêndice 3

Notação de lógica e conjuntos

Dadas expressões A, B e C e um elemento x:

$A \Rightarrow B$: Se A então B

$A \Leftrightarrow B$: A se e somente B

$A \wedge B$: A e B

$A \vee B$: A ou B

$\forall x(A)$: para todo x vale A

$\exists x(A)$: existe um x tal que vale A

$\neg A$: nâo A

$x \in A$: x é elemento de A

$x \notin A$: x não é elemento de A

$A \subseteq B$: A é subconjunto de B

$A \cup B$: união de A e B

$A \cup B$: intersecção de A e B

$A = \emptyset$: A é o conjunto vazio

P(C) : Conjuntos das partes (subconjuntos) de C

Notação EBNF:

$A \leftarrow B$: A se B

[B]* : B uma ou mais vezes

[B] : B é opcional, zero ou uma vez

$A \leftarrow B|C$: A se B ou C

Índice

Símbolos

A

B

C

D

T

U

V

W

X

Impressão e acabamento
Gráfica da Editora Ciência Moderna Ltda.
Tel: (21) 2201-6662